U0920166

文联版
http://www.clapnet.cn

伏尔泰的一生

VIE DE VOLTAIRE

马克斯 · 加洛【法】/著　刘自强　严胜男/译

“阁下，伏尔泰应当被关在他永远既没有笔、没有墨水，也没有纸的一个地方。以他的才智，这个人能够毁掉一个国家。”

秘书对掌玺大臣阿盖索提出的忠告，1732年。

客观的传记，真实的生活

传记文学历史悠久、不可胜数。体裁大致可以分为两类：一类是自传，如古罗马奥古斯丁的《忏悔录》。自卢梭的《忏悔录》问世以来，各种自传体的回忆录、内心日记和小说等大为繁荣，在现当代文学史上比比皆是。另一类是人物传记，如普鲁塔克的《希腊罗马名人传》。这类传记多为后人所作，记载传主的丰功伟绩，令人仰慕。罗曼·罗兰的《名人传》专写名人的苦难，感人至深，可谓独具特色。

伏尔泰是法国启蒙运动的领袖，大名如雷贯耳、彪炳史册。名为《伏尔泰的一生》的传记，不难想象应该是颂扬他在文坛乃至政坛上如何叱咤风云、领袖群伦，其实并非如此。我们了解的伏尔泰，大致是他反对教会和专制，鼓吹自由，主持正义，热爱戏剧，写过《赵氏孤儿》和针砭时弊的哲理小说，总而言之是个无懈可击的伟人。而《伏尔泰的一生》告诉我们，伏尔泰是个私生子，病痛缠身；他以诗成名，以商致富，精于算计，放高利贷；他风流成性，朝三暮四，奉承权贵，出尔反尔；他屡遭打击，晚年时狡兔三窟，与外甥女同居在与瑞士交界的费尔内。他虽然名动欧洲，富比王侯，却两次入狱，多次流亡，担惊受怕，一生不得安宁。

马克斯·加洛从伏尔泰诞生直到去世，逐年记叙了他一生的喜怒哀乐。一切都是那么自然，事出有因：他改名为伏尔泰，因为他是私生子，原来的名字阿鲁埃给他带来不幸；他喜欢诗歌和戏剧，是由于天性聪颖、智力超群；他热爱自由，源自幼年时父亲的歧视和中学里耶稣会士的惩罚；他朝三暮四，因为那些贵妇本身就是荡妇，谈得上什么忠诚和坚贞？他进行无情的讽刺和报复，是别人对他的陷害和打击造成的。他看重金钱、混迹官场，是懂得只有财富才能保障生活，为此需要寻找有权势的靠山；他痛恨专制，是那些权贵们对他表面客气，实际上把他视为异类，以至于他挨打后都无动于衷，甚至幸灾乐祸地把他送进巴士底狱。普鲁士国王弗里德里希看起来对他无比尊崇，其实把他当做榨干橙汁后就要扔掉的橙子皮。总之他并非生来与众不同的伏尔泰，而是由社会造成的伏尔泰。正因为一生颠沛流离，痛定思痛，他才在边境上为自己营造了一个安全的避难所。

马克斯·加洛的叙述简洁生动，言之有据，从平凡的生活细节中反映出社会的腐败、政界的黑幕和学术界的勾心斗角，以及伏尔泰不畏强暴、为维护正义而顽强战斗的一生。全书只有事无巨细的客观叙述，毫无作者本人的主观褒贬，因而为读者呈现了一个真实可感、有血有肉的伏尔泰。

马克斯·加洛并未为尊者讳。伏尔泰鼓动女沙皇屠杀五六万土耳其人，这种行径与启蒙思想家们自由平等博爱的思想背道而驰，令人震惊。他一生以讽刺著称，对敌人固然如此，对于曾与他合作的卢梭也穷追不舍。他揭露卢梭把自己的孩子送进育婴堂的隐私，主张将这个“疯子捆绑起来”，甚至把目不识丁但忠心耿耿地照料卢梭的泰蕾兹说成是“恶毒和可憎的女巫师”，充分显示出伟人伏尔泰也有狠毒的一面。

《伏尔泰的一生》以伏尔泰本人的书信和诗歌等资料为基础，客观详尽地叙述了他的一生，法国读者无疑会觉得兴趣盎然。然而它不是一个情节完整的故事，因此中国读者如果不大清楚书中的人物和事件，就难免会有一点茫然之感。文学史里只写伏尔泰与一个贵族争吵，挨了仆人的棍子，读了这本书才知道那个贵族是摄政王的密探，是他把伏尔泰送进了巴士底狱，也就不难理解伏尔泰为何怒气冲天了。因此阅读本书时如果能结合法国文学的脉络和社会背景，就一定能相得益彰，事半功倍。

本书由我的老同学刘自强先生和严胜男女士翻译，文笔流畅，深得原著神韵。相信本书将进一步促进我国读者对伏尔泰的兴趣，也有助于我们对 18 世纪法国社会和文学的了解。

中国社会科学院外国文学研究所研究员

法国文学研究会会长

吴岳添

2014 年 3 月于北京

目录

{第一部分}

"在我们的生活的美好日子里……"

(1694—1728)

{第二部分}

"这个人能够毁掉一个国家……"

(1728—1733)

{第三部分}

“一个文人的生命是自由”

(1733—1744)

{第四部分}

“一个在五十岁时是国王小丑的可怜虫”

(1744—1748)

{第五部分}

“我失去了我不幸和烦恼生活的支柱”

(1748—1749)

{第六部分}

“伏尔泰，这位著名的普鲁士人”

(1750—1753)

{第七部分}

“离开这里比离开西伯利亚更困难”

(1753年4月—1753年7月)

{第八部分}

“我的朋友，这个国家不是为了我造就的”

(1753年7月—1754年12月)

{第九部分}

“自由！自由！你的王位是在这些地方”

(1754年12月—1758年12月)

1

{第一部分}

“在我们的生活的美好日子里……”

(1694—1728)

1.
伏尔泰，私生子

这个虚弱的人目光炯炯，面容消瘦，表情多变，他就是1756年8月时的伏尔泰。

他62岁了。

他感到自己是自由的。

在这里，离日内瓦不远的地方，在被他命名为德利斯[1]的花园住宅里，他按照自己的心愿生活着。

他可以对自己的外甥女玛丽·路易丝喃喃絮语，外甥女比他年龄小18岁，12年来就是他的情妇，“我亲爱的”，“我的灵魂”，而且他对来自全欧洲的访问者也不隐瞒她是他退隐和幸福生活的伴侣，正是为了她，他才让人把德利斯的一处沙龙改建成剧场，还是为了她，他喜爱在那里排练和演出这样或那样的戏剧。

他感到自己置身于各种宗教虔信者共有的斤斤计较、口是心非和流言蜚语之外，不受君主们和他们的法官的处罚。

他既兴奋又平静。

在三周的时间里，他在德利斯接待了这位哲学家，天才的达兰贝尔，后者满怀热情地对他谈论自己和狄德罗一起构想的编撰一部百科全书的庞大计划。

他久久地凝视着达兰贝尔。他觉得达兰贝尔与丰特内勒相像，人们私下里议论

1　意译为“乐园”。

丰特内勒这位 99 岁的老学者就是达兰贝尔的父亲。

通奸，私生又有什么关系？

他回想起自己的童年，回想起自己的兄长阿尔芒，阿尔芒是他父亲最喜爱的人，是个宗教狂，死去已有 10 年了。他也回想起自己的妹妹玛格丽特·卡特琳·阿鲁埃，她过去常歌唱和弹斯频耐琴[1]，她也去世 30 年了。

他听见欢笑的是玛丽·路易丝，她快乐、机灵，是 12 年前死去的军需官尼古拉·德尼的寡妇。

他为她起了一个只属于他们的名字，“罗莎莉”，他经常对她低语：“为我们一起生活，我亲爱的罗莎莉。”

在达兰贝尔动身走后，伏尔泰的话激起她的反感，他对她说自己确信那位老丰特内勒就是这位哲学家的父亲，因为他们的相貌太相似了。而他，弗朗索瓦·马里·阿鲁埃，叫做伏尔泰，他的父亲并不是沙特莱公证人后来做审计院司务的弗朗索瓦·阿鲁埃，而是一个火枪手，拙劣的军官诗人。

伏尔泰是私生子，是这个罗什布吕内或罗克布吕内的奸生子，随便人们怎么想吧！

但是路易丝表示反对，她捍卫自己外祖母的荣誉……

对整个被遗忘的童年，伏尔泰只通过短暂的闪现想到过，现在它重新回到他的眼前。

他是这个十来岁的孩子，曾给一位赞赏他的朋友写道：

绝不要
将我这样的可怜虫
和基督相比
我只拥有它的苦难
而且确实我远没有一位圣母
作为母亲

他就这样描述自己的母亲玛丽·玛格丽特·多马尔，阿鲁埃的配偶，而对愤慨

1 17-18 世纪广泛流行的一种长方形的小型羽管键琴。

抗议的玛丽·路易丝则回答说自己患了浮肿。

“你知道罗什布吕内因浮肿而死去，而我有一些理由自认为有他的体质。”

他是“罗什布吕内的私生子”。

但是他的母亲并没有犯错误：“她喜爱一个像罗什布吕内这样才气焕发的人胜过喜爱我父亲，我父亲就才华而言本来是一个很普通的人。”

罗什布吕内或者罗克布吕内的私生子，这有什么关系！私生总比愚笨要好。

他回想起比他大九岁的哥哥阿尔芒，阿尔芒是由黎塞留公爵和圣西门女公爵送上洗礼缸的，他们是他父亲公证人弗朗索瓦·阿鲁埃的顾客，阿尔芒确实是婚生子，但是自私，智力有限，他是狂热的冉森派教徒，盲目的宗教狂，迂腐而粗俗，虽然有父亲作为后盾。

弗朗索瓦·阿鲁埃关注文学艺术，他在自己的家里接待布瓦洛、科尔内耶、热杜安神甫，后者是法兰西学院的院士，“除了来我们家不去别人家”，作为邻居来访，他自己也住在旧宫，邻近圣堂。

但是对于伏尔泰来说，这些几乎只是一些回忆。

他回想起他母亲的一句话。她嘀咕说布瓦洛“学问很深但是个蠢人”。

随后是空虚感：这位母亲在 1701 年 7 月 13 日去世。

他只是个七岁的孩子，想把童年封闭在心底。

他知道童年是痛苦的，知道他在 1694 年 2 月 20 日出生后，他的身体是如此纤弱，以至于每一天他的保姆都报告说他就要死去。

或许父亲和母亲都希望他离世？他们已经失去两个孩子，都是刚出生就死去。那么这个弗朗索瓦·马里，通奸生下的儿子，如果上帝愿意的话，让它把他带走吧！人们在离他出生的巴黎几法里[1]的地方，在沙特奈修道院为他简礼付洗。

但是他顽强地活下来，那当然应当叫人给他行洗礼，既然这个行为通过在教区记录簿上登记使他进入社会生活。

这将在 1694 年 11 月 22 日进行，人们将——与圣安德烈－德阿尔教堂的本堂神甫有默契——宣布这个九个月大的孩子是在昨天，11 月 21 日出生的……

他的童年是如此模糊不清，怎么说清楚呢？

我们不想在上普瓦图，在卢登，在圣卢寻找阿鲁埃家族的根。我们只是认可他

1　一法里约为 4 公里。

说的："我的祖父在那里出生。"

的确，从 15 世纪起，就有一个公证人阿鲁埃，他的一个儿子拥有一家大型箩筐编制工场——开始了一种传统——并成为高利贷者，在他的大衣柜里积聚了若干欠债承诺书。

埃尔尼斯·阿鲁埃是弗朗索瓦·马里·阿鲁埃的曾祖父，但是小阿鲁埃后来成为伏尔泰，他抛弃了阿鲁埃家族的纹章——《三火焰图形金质纹章》——和阿鲁埃的名字，这个名字在普瓦图语中意味着"燃烧"。至于伏尔泰的父亲，弗朗索瓦二世，另一个弗朗索瓦·阿鲁埃呢绒和丝绸商的儿子，他在 1675 年在巴黎成为公证人。

他不满足于处理那些大家族、受宠于国王或地位显赫的人们的财产继承等事务，无论事关黎塞留家族、高乃依家族或是尼农·德朗克洛，放浪的女子，"享乐的情妇"，莫里哀的女友，还是事关这个在路易十四宫廷维持笃信宗教女人的规矩道德的曼特农夫人。

在买下财务员的公职之前，弗朗索瓦也放贷。当他向伏尔泰灌输自己的道德经时，伏尔泰只能回答说："父亲，我将做我见到您所做的事吗？"

这位公证人，这个财务员虽然在年轻时经常与他同时代的所有文学家来往，但他依然只是那些"道德狼"中的一匹，在羊羔的皮下掩藏着捕食动物的尖牙利爪。

弗朗索瓦·马里·阿鲁埃这个孩子具有早熟的洞察力、无情的目光，能够揭露所有的虚伪言行，这要归功于弗朗索瓦·卡斯塔涅勒，夏托纳夫神甫，他的"好教父"，这位好教父和罗什布吕内一起，是这个私生子的保护人。

每天，是夏托纳夫神甫俯身在弗朗索瓦·马里的摇篮上，肯定地说这孩子会活下去。

是他安排了在圣安德烈－德阿尔教堂的洗礼。

他发觉到这个体弱多病的孩子的聪明、机敏，于是教他作诗，让他阅读和背诵拉封登的寓言，而且，作为自由思想的神甫，让他熟悉《摩西亚特》，在这首讽刺诗里，人们嘲弄这个被宗教思想"毒害的世界"，而"人类的精神要求一些比神甫的老生常谈更加清楚的证据"。

人们在这首诗里谴责那些"被当做真理的巧妙的谎言"，谎言成为"公共的信仰"，是由在这些谎言中找到自己权力依据的立法者强加的。

弗朗索瓦·马里还没有十岁，但是，在这位自由思想的神甫的引导下已经自由思考，这位神甫是弗朗索瓦·马里的母亲玛丽·玛格丽特的亲近朋友，甚至是情人。

玛丽·玛格丽特像夏托纳夫一样，也认识尼农·德朗克洛。夏托纳夫神甫把还不满十岁、过分瘦弱但酷爱读诗自己也写诗的这孩子介绍给这位 80 多岁年老但有教养的老妇人。

而弗朗索瓦在眼前看到的是“一个满脸皱纹老朽的、几乎只有发黑的黄皮肤包着骨头的妇人”。

他凝视的、锐利的目光没有掉转过去。他想把一切都记住。

“我确信，在 80 岁的时候，”他说，“她的面孔显出暮年最丑陋的印记，她的身体带有暮年的各种残疾。”

尼农·德朗克洛，在心灵深处，被这孩子炯炯有神的目光打动了。她决定立遗嘱把一笔 1000 法郎的款子遗赠给她的公证人阿鲁埃的儿子，“为的是给他买一些书”。

但是这位父亲从来没有把这笔钱交给他的儿子。

在 10 岁的时候，私生子弗朗索瓦 – 马里，那时还叫阿鲁埃，他对人们的生活、人们的谎言、人们的虚伪已经知之甚多了。

他的母亲去世了。他的父亲不是他的亲生父亲。他出生的公认日期并不准确。

没有什么是清清楚楚的。童年是创伤和最初的尝试。外表是骗人的。应当在骗人的外表后面寻找真相。

他不是弗朗索瓦·阿鲁埃的儿子。他远远不是，而且比这要好得多：一个非婚生子。

2.
“这些该死的耶稣会会士……”

“当我是孩子的时候……”伏尔泰开始时说。

两个十年过去了。他三十二岁了。几个月来他生活在伦敦，在1726年秋天的这个夜晚他被邀请去诗人亚历山大·蒲伯和他母亲家进晚餐。

他对这个生病、丑陋、弯腰曲背的男子怀有赞赏和怜悯，这位诗人从12岁起创作一部作品并且刚刚发表翻译的《伊利亚特》和《奥德赛》。

伏尔泰愿意和蒲伯建立一种友好热烈的关系，但蒲伯谨慎克制，疏远冷淡。

而伏尔泰，在晚餐过程中，好像是为了引起注意和同情，抱怨起来。

他也有病。他经常感到就要气力不支，身体疲惫不堪，觉得就要喘不过气来，发热就要把他击垮。

而亚历山大·蒲伯的母亲很惊讶一个如此年轻的男子已经承受疾病的种种攻击。

“当我是孩子的时候……”伏尔泰重复道。

他可以讲述如何，在1704年10月，他还不到十岁时，他尽力控制着自己的激动甚至是恐惧，第一次进入大路易中学，那是法兰西王国最著名的教育机构，耶稣会的纹章。

那些耶稣会会士，他们设立了这所学校，管理这所学校，在学校里任教，想通过赋予它这个名称，为路易十四增光，恭维这位随着岁月流逝、战争连绵、苦难扩展其太阳[1]西斜的国王。耶稣会是被这位君主看中的修会。耶稣会士们聚集在曼特农

1 路易十四被称为太阳王。

夫人身边，她是成为路易十四配偶的虔信者。耶稣会的一些神甫，拉雪兹和勒泰利埃，是国王的忏悔师。而且由于耶稣会施加的影响，这个修会的威望增长了。

必须当大路易中学的学生，在这个培养人才的摇篮里，年轻的贵族和野心勃勃而富裕的平民子弟相聚在一起，在不远的将来占据高等法院、枢密院、各种官职与官爵。

弗朗索瓦·阿鲁埃希望他的儿子弗朗索瓦·马里进入耶稣会学校的六年级，这尤其是因为长子阿尔芒，他是被怀疑为冉森教派的圣马格卢瓦尔神学院的学生。

这个十月，在圣雅克街大路易中学门前，年轻贵族的四轮华丽马车一辆辆地接踵而至。勒科尔尼耶·德西德维尔、达尔让塔尔、勒古·德盖尔朗、菲奥·德拉马尔什，这些穿着镶有花边的美丽天鹅绒衣服和丝织长袜的先生，就要拥有一间单独的房间并且将能雇用他们的仆人。当然，也将为此付钱。

还有一些学生将住在宿舍里，花费较少的钱，然而也得付500里弗尔。他们的身份是平民。

但是公证人弗朗索瓦·阿鲁埃为弗朗索瓦·马里选择了有五个寄宿生住的房间，他们的学习和行为随时由一位学监照看着，他既是教师又是听忏悔的神甫，在早晨5点钟把孩子们唤醒，和他们一起祈祷，在7点30分引导他们上课，在10点钟进餐时坐在他们的桌子旁，随后陪同他们望弥撒，在14点30分重新开始上课，直到18点进晚餐，然后是自习，在21点就寝，就寝前跪着祈祷。

大家随时划十字，祈祷，退省，每周一次忏悔并且为每天的弥撒服务。

伏尔泰回想起图里埃神甫，他的学监，“一位好人，而且我一直爱着他”，或者回想起这位结局凄惨的比安纳兹神甫：“那天晚上，他对我们说再见，第二天早晨，在做过弥撒和封好几封信后，他从四楼猛然跳下……”

因为这所中学，它也是“黑色的过道”，在这里结下仇恨，产生友情和爱情，发生用刀子和那些“粗俗无教养的人”的斗殴——那些仆人，人多势众，可以为他们的“先生们”效力。而对于这些桀骜不驯，有时违抗的学生，或者对耶稣会神甫们耍花招的学生，惩罚他们的是笞杖的击打。

即使对着修辞学课的老师勒热神甫使用吹管的布夫莱尔公爵，他也未能幸免。这个学生裸露身体，那个行刑者——伏尔泰说是刽子手——使劲或不太使劲地击打，肌肤撕裂开，长长的笞杖“使得腹股沟出血并极度地肿胀”。

伏尔泰回想起这七个年头，从六年级到哲学班（从1704年至1711年），在“黑色过道”里缓慢行进的七年。

“当我是孩子的时候……”

伏尔泰咳嗽着，诅咒着，伺候他们用晚餐的仆人们看着他，亚历山大·蒲伯的母亲再次惊讶一个比他儿子年轻十岁的男子已经如此体弱多病。

“啊，”伏尔泰叫喊道，“这些该死的耶稣会士，当我是孩子的时候，这样地鸡奸了我，以至于只要我活着就再也不能恢复健康！”

这是一声狂怒的叫喊，伏尔泰掌握的英语似乎给与它更大的力量：“damned[1]，这些耶稣会士！”

仆人们呆住了。亚历山大·蒲伯的母亲，善良的天主教徒，大惊失色地离开餐桌。

她不能忍受伏尔泰的挑战精神。她将不会听他回忆他上过的拉丁希腊语古典课、修辞学课、哲学课，通过这些课程他掌握了拉丁文，作诗法，希腊－拉丁古代文化的广博知识。

在拉丁希腊语古典课上，那时他 15 岁，他的敏捷、他的才能、他作诗和翻译的高超技艺使他鹤立鸡群。

人们开始了解这位弗朗索瓦·马里·阿鲁埃。

那是 1709 年的冬天。在这场没完没了的西班牙王位继承战争中，失败接二连三；弗朗德勒、奥德纳尔德、里尔等一座座城市被围困、攻占，军队被击溃。

剧冷的天气侵袭这个王国。塞纳河结冰了。人们死于饥饿。

这所中学的教室几乎没有足够的供暖，大家在教室里冷得发抖，争着抢火炉旁边的座位。而修道士们听见伏尔泰说普路托[2]或地狱，神话或宗教，这是一回事：这个或那个都没有任何真实性。而且上天不是天堂，只是“世界的大宿舍”。

他受到叱责。

但他是最引人注目的，人们发表他翻译成法语八音节诗句的一部《圣热纳维耶芙》，那是由修辞学教师中的一位勒热神甫创作的。

那一年——1710 年——的第二位班主任是波雷。弗朗索瓦·马里喜欢在课间休息时与他和图尔纳米纳神甫在一起交谈。他那时是个 16 岁的好学生，获得拉丁语演讲一等奖和拉丁文作诗一等奖，他也热切地关注着外交事件，“喜欢用他的小秤权衡

1 该死的。

2 冥王哈德斯的别名。

欧洲的利益"。

他令人惊讶。一位战争残废军人想给王太子写一封请愿书，弗朗索瓦·马里用几分钟时间就以诗体替他完成了：

您有最伟大国王的高贵血统
承载着他的爱和期望
您没有统治法兰西
但统治着法国人的心灵……

这位残废军人因此获得几个埃居的奖赏，人们在校外谈论耶稣会士的这个学生，都知道他富有才干、早熟，多次获得荣誉。

1710 年 8 月，在发奖的时候，让－巴蒂斯特·卢梭，这位出席仪式的当时大诗人注意到"人们两次叫同一位学生的名字……我询问这位在他的同学们中如此出众的年轻人是谁。人们告诉我这是一个在诗歌上有惊人天赋的小男孩，并提议把他带到我面前，我同意了。一位神甫替我去找他，我看见这位神甫过了一会儿带着一位年轻学生回来，这个学生在我看来十六七岁，其貌不扬但目光有神并机灵，亲切自然地上前拥吻我。"

弗朗索瓦·马里没有告诉让－巴蒂斯特·卢梭自己已经开始写一部五幕悲剧《阿穆利乌斯和努弥托耳》，或者在几分钟的时间里，应波雷神甫的要求，自己创作了一段献给尼禄[1]之死的诗：

一个可恶同谋的母亲死了，
如果我死于自己的手那是我罪有应得
因为我只犯下过残酷的行径
我希望，自杀，以此惩罚自己。

他不喜欢让－巴蒂斯特·卢梭提起他的"相貌"。

"我不知道为什么我的相貌令他感到不快；这显然是因为我长着棕发和我没有一

1 罗马皇帝，以暴虐、放荡出名，曾杀死自己的母亲、妻子及老师。

张歪斜的嘴巴。”

他不再是个小孩子，而是个少年了，他的教父，夏托纳夫神甫从1708年起就把他带领到圣殿集团，那里，在巴黎边缘，在从前圣殿骑士团骑士修道院的旧址，一些自由思想家聚集在亨利四世的一个私生子的后代旺多姆公爵的周围。在这个贵族和富裕平民混杂的集团里，他们精神放浪、思想自由，共同地怀有对思考自由以及灵魂和身体享乐的抑制不住的爱好。

弗朗索瓦·马里，这个私生子，在那里找到他的“集团”。

他喜爱快乐。他借了500里弗尔并为拥有这笔钱支付很高的利息，在出校的日子里他把钱花在游戏和姑娘们身上。

同时他把发奖时作为奖品收到的一部作品交出作为抵押：

“你是我昔日光荣的明证，

为了52个苏我把你当作抵押。”

他希望生活。对自由的希望，虽然被寄宿学校制度，被耶稣会士严格的纪律约束着，在他的心中萦绕。

“我们那时已经是那么大的男孩，那么早地进入社会，以至于，虽然不是自由思想家，我们正走在成为自由思想家的道路上。”弗朗索瓦·马里的一位同窗说。

他要走出这所中学的“黑色过道”，走出这间住五个寄宿生的寝室，摆脱这些学监，摆脱这个宗教，人们迫使他在一天的每个时刻机械地重复其礼仪、祈祷、跪拜，他感到腻味极了。

他起而反抗。

勒热神甫，在修辞学课堂上，对他嚷道：“不幸的人，有朝一日你将成为自然神论的旗帜！”

他仅仅想“生存”，发挥自己的体力与才能，写作，既然神甫们以文学滋养了他，教会他安排词语，运用自如，他的头脑里充满语录和古代典范。

他只有一位表面上的父亲，不确定的出生日期，身体羸弱，必须靠自己成就事业，让人承认他奇特的身份，这将是他的“作品”。

“他渴望着成名”，上过修辞课后大家就这么议论他。

由于他为一位残废军人写的请愿书，人们已经在宫廷里提到他的名字。而在1709年末，他成为刚刚进入这所中学的达尔让松兄弟的朋友，他们是警察总监的儿子。此外，从1704年起，在六年级后，他就接近来自勃艮第一个贵族家庭的菲奥·德拉马什，也接近勒古·德盖尔朗或诺曼底人勒科尔比耶·德西德维尔。

中学的这七年是决定性的几年，硕果累累的几年：发现了一个“集团”，文化、自己的才能、自己的抱负和向往。学会工作和遵守纪律，如果想获得知识和创作一部作品就必须严守纪律。

也发现了智力的竞赛。

图尔纳米纳神甫是位著作家：他住在这所中学里，在这里继续进行研究，与自由思想家对话、论战，是一个进行思想竞赛的有学问人士的形象。

而耶稣会也是一处培养人的大地方，由于其在东方、在中国的传教而面向世界开放。一些神甫传教回来时满载而归，带回的许多信息改变人们对世界的目光。他们由一些年轻的中国人、东方人陪伴，他们撰写一些关于他们旅行见闻的报告。

弗朗索瓦·马里与他们接触。世界对于他不再局限于法兰西王国。他对这些神甫，这些教师，怀有一种子女般的尊敬，充满感激，他们启迪了他的思想。

“但愿我配得上他们的赞扬！请向他们保证我对他们不会动摇的眷恋；我必须热爱他们，他们培养了我，只有魔鬼才不爱那些培育了我们灵魂的人。”他说。

他尤其佩服波雷神甫，波雷神甫是修辞学课的两位教师之一，每天上午教授散文文学，而勒热神甫则在下午讲授诗歌。

“请把我看成您的儿子，我会终生怀着最深的感激和最高的敬意回想起您。”他后来对波雷神甫这么说。

人们教会了他一切。他产生了对戏剧的爱好和乐趣。在 11 岁的时候，也就是 1705 年，他在阅读莫里哀的《安菲特里翁》时开心地笑了。他梦想写悲剧；他创作自己最初的几部戏剧。

戏剧在他看来是主要的艺术。而戏剧是大路易中学的大事，是它独特之处和对社会开放的标志之一。

每年在 8 月发奖的时候，学生们和神甫们进行娱乐，上演一出拉丁悲剧，一段芭蕾舞，一出由学生们扮演的法兰西喜剧，对这些学生来说这是光荣的日子，聚集的观众里有贵族和平民，学生家长，耶稣会士和修道者，神职人员，高雅的女士和年轻的姑娘。人们喝着酒庆祝演出和学年的结束。

大路易中学和耶稣会它们本身就是一个社会，一个世界。

“当我是孩子的时候……”1726 年，在伦敦，在亚历山大·蒲伯家里，伏尔泰这样说。英国诗人的母亲是天主教徒，听到伏尔泰谴责“这些该死的耶稣会士”、这些鸡奸者时，她反感地离开了餐桌。

不过伏尔泰，他或许的确像别的许多人一样承受过某些神甫“有力的”爱抚，也喜欢夸张讽刺，喜欢为了使人不快而激怒人，因为他“渴望出名”而出名也可以通过耻辱获得。

随后，突然间，他回想起少年弗朗索瓦·马里·阿鲁埃别的往事。

“在七年的时间里我受到的培养来自一些无私和不倦培育青年的精神和道德的人。从什么时候起人们希望对自己的老师们不怀感激之情？……他们慷慨地照料我最初的岁月……他们激起我对文艺的爱好和直至坟墓将成为我一生慰藉的情感。没有什么将能从我的心中抹去对波雷神甫的怀念……他上课的那些时刻对于我们是温馨的时刻……我有幸受到不止一位有波雷神甫那样个性的耶稣会士的培养，我知道他有一些配得上他的接班人。最后，在我生活在他们的寄宿学校的七年里，我在他们那里看到了什么？最勤奋、最简朴、最有规律的生活，所有的时刻都用于他们对我们的照料和严格的教育。我可以对此证明，在几千位像我一样被他们培养的人中不会有一个人能说我在扯谎……”

按照伏尔泰的说法，“这些可恶的耶稣会士”原来也是这样的人。

“我昔日的老师，他们永远不该是我的敌人。”

儿童弗朗索瓦·马里·阿鲁埃在 1704 年认识了他们的“社会”。他们的印记将不会磨灭。

他在 1711 年离开他们，用知识武装着自己，渴望着生活和创造。

他 17 岁了。

3.
泥　潭

他面对着他的父亲。

弗朗索瓦·阿鲁埃再次问他想从事什么职业，希望承担什么官爵，什么公职，这时他没有低垂眼睛。

——除了做文学家，别的什么我都不愿意做，他回答道。

他后来回想起当时弗朗索瓦·阿鲁埃勃然大怒。

"我过去有一位爱责骂人的父亲"，弗朗索瓦·马里后来向别人吐露真情。

他的父亲走向前，打量着儿子。文学家？

——这是想成为社会的废物和父母负担的人从事的职业，你是想死于饥饿。他说道。

谈话结束了。

弗朗索瓦·马里后来学习法律、法学，当然谈不上屈服于父亲的决定。他住在父亲家里，父亲的房子坐落在西岱岛，位于法院的院子里。他没有任何收入，因此父亲的意愿具有法律效力。一些不听父命的儿子被关进巴士底狱或者万森城堡，因为他们的父亲向国王提出请求并获得有国王封印的圣旨。

因此必须运用计谋，表现出服从，走进这座像谷仓结构的建筑，它在离莫贝尔广场不远处，被当作课堂。

必须坐在这些平庸的司法界人士中间，倾听一些啰嗦的教员讲解繁琐含混的裁定、法令、判决。

厌恶。蔑视。

波雷和图尔纳米纳神甫曾经以他们的学问让时间和空间的疆界往后退却。听着他们讲课，人们觉得自己成为索福克勒斯和贺拉斯的同代人，或者觉得自己在走遍中国的万里长城。现在，他们的雄辩与博学在哪里？

在这座建筑里，好像身陷泥潭。

弗朗索瓦对着自己房间的镜子看着自己。

通过狭窄的窗户，他看见圣堂和法院。他告别了每天的弥撒、跪拜、祈祷，难道就是为了把自己的思想禁锢在诉讼程序、司法遁词后面，表达自己的意思时只使用律师们肤浅和干巴的语言？

他傲然站在镜子前。

有人说他瘦骨嶙峋？他只是瘦长和瘦削而已。同样的一些人，他学校里的“对手朋友们”——因为他在每次发奖时都从他们那里夺走了所有的桂冠而感到精神大受伤害——还补充说他看起来像个“寻欢作乐者”？他只有炯炯有神和狡黠的目光，喜悦、嘲弄和自信的神色，他不会上任何人的当，会达到自己追求的目标。

他停在那里注视自己，增强自己的意志。他低语道：

“所有那些在艺术上成名的人都是不顾自己父母亲的反对而致力于艺术的，对他们来说天性总比教育更起作用。”

他感到自己有这样的力量、这样的信念、这样的希望，所以他拒绝他父亲为给他安排个好职务而要给他买下的律师、高等法院参事的职位。

——我不要买来的尊敬，他对弗朗索瓦·阿鲁埃说。我将会给自己赢得不用花任何钱的尊敬。

因此，为了达到这个境界，绝对不需要把自己关在这样的建筑里，给自己充填厌恶的法学，哪怕能当上国王的律师，也不能终生把头埋在司法判决的灰尘里。

存在另一种生活，当一个人具有才能在其中引人注目时，它给与人的更多，给与人一切。存在另一个群体，这个群体的人们善于发现、欣赏和喜爱一位诗人。

他接受邀请进入布瓦布德朗和叙利的府邸。穿制服的仆人们请他跟随他们走。

他穿过挂着丝绸窗帘、摆放着镀金枝形大烛台的客厅。

他受到这些自由思想的教士的欢迎：他们是肖利厄、塞尔维安、拉法尔，他也受到叙利先生的欢迎，他们全都聚集在圣殿集团里。

旺多姆骑士，是这个集团的会长，根据国王和虔诚的曼特农夫人的命令，被流放到远离巴黎的地方。

塞尔维安教士有被监禁到万森城堡的危险，因为听到一些朝臣的话，“他对如此的奴颜婢膝感到不耐烦”……

但是，这里，人们继续自由地笑谈一切。人们享受着一切：诗歌、珍稀菜肴和名酒。享受着精神和身体的快乐。

教会的收益或家世遗产的金钱给大家带来各种自由。

他有了这个体验，在这里得到平等的对待，作为诗人受到热烈欢迎，只须显示自己的才能和青春，显示自己对于宗教甚至对于这个在凡尔赛因忧虑和疾病就要灭亡的朝廷的傲视，在此之后，怎么会选择听命于弗朗索瓦·阿鲁埃呢?

生活是在思想和享乐自由一边。诗歌表达这种自由。它巧妙和自由奔放，不是卑躬屈膝和假装虔信。在巴黎，生活着年老的自由思想家。在宫廷里，由耶稣会十分虔诚的忏悔师们围在左右的国王已落掉牙齿，肢体不灵便，他的孙子们、曾孙们，一个接一个就要因天花死去。这个似乎无穷无尽的统治王朝，只剩下一位年老的君主和一个曾孙子。

国王死后，接着来到的是菲利浦·奥尔良摄政王的时期，摄政王是个寻欢作乐的人，但对旺多姆骑士怀有尊敬。他赞赏这位自由思想家，后者四十年来只是在喝醉以后才就寝，“而且没有停止过公开供养一些情妇和继续发表不信宗教和无神论的言论”。

在他周围，在圣殿集团，出身与金钱和思想自由联系在一起，纵情的生活是由诗歌编织成的，人们不受任何伪善欺骗，不受任何习俗约束。

弗朗索瓦·阿鲁埃的提议既平淡又令人生厌，他反复地说法学是家族的传统，阿鲁埃家人曾长期在外省履行法官的职责，但私生子弗朗索瓦·马里摒弃这个家庭。他只依靠自己。他要开辟自己的道路。

几年以后——在1739年——他对他在大路易中学的一位学友达尔让松侯爵说：

“因为那时我没有多少财产……当我进入社会的时候我傲慢地想到，如果必须通过劳动和良好的意愿获得职位，我会像别人一样获得一个职位的。我投身于艺术，而艺术在人们看来是下贱的，因为艺术绝不能把一个人造就为枢密院里的国王顾问。”

他对自己的选择、对自己拒绝一条平坦而可靠的道路，感到十分自豪。

他希望通过描绘自己的道路取得胜利。私生子：人们只知道这个奇特孩子自己的情况，关于他的前辈，一切都是模糊不清和遮遮掩掩的。

而且他说：

“用钱可以当行政法院的调查官，但是用钱决不可能作一首诗——但我作了一首诗。”

他手持笔杆生活着，当他放下笔杆的时候，他在那些文学沙龙里背诵自己的诗歌，在那里他中学学友的母亲们很欢迎他，欣赏他。这个不到二十岁的高大瘦削的年轻人才华横溢，令她们如痴如醉。他的眼睛表明他能够大胆妄为，他在放荡生活方面已经显得如此老练。

他前往圣父街到他朋友费奥·德拉马什的亲戚米默尔侯爵夫人家。

他经常去大路易中学另一个学生达尔让塔尔的母亲费里奥尔夫人的府邸。他在那里见到为了逃避流放判决而躲藏起来的让－巴蒂斯特·卢梭。

他来到方丹伯爵夫人身边，她想让他读她的小说《萨瓦伯爵夫人的故事》。这位美丽而和蔼可亲的五十岁女子顺从地接受这个充满自信和才干的年轻男子的忠告。

在黎塞留公爵夫人的邀请下，他重又拿起笔，她希望他修改她写的诗歌。她赞叹他具备一位大诗人才拥有的精湛技艺和敏捷思路。她奖励他的是她的赞赏、宠爱……和100个路易。

因此，才能和诗歌，不仅打开一座座私人府邸的一扇扇大门，打开热爱诗歌和诗人的侯爵夫人与公爵夫人们的心扉，而且如果你有天分的话，完全可以与国王律师或行政法院的调查官的职位一样，或许更好地填满钱包。成名、金钱、快乐、自由：弗朗索瓦·马里沉醉于为自己描绘的这个前景。

他用黎塞留公爵夫人的100路易，买下一辆四轮华丽马车和两匹马，还为他雇来的仆人们买了几套制服。

他跑遍巴黎看望一位又一位朋友，驶上圣雅克大街并让马车停在大路易中学门前。

几个月前，他还是一个受学监和教员们管束的学生，而现在，仅靠他的生花妙笔和大胆精神，拥有私人华丽马车！

但是黑夜来临了：他住在弗朗索瓦·阿鲁埃的家里，其马厩已经被一匹马、一辆大车和一辆四轮华丽马车占满，他怎么安排自己的车马随从呢？于是引起了混乱，父亲被吵醒后气愤不已，他只好把自己刚刚高高兴兴买来的马车以低价转卖出去。

这是一个失望的时刻，与此相一致的是打击王室家庭的死讯公布时散布开的越来越浓重和阴郁的忧伤悲哀的气氛：

“一位强有力君主的幸运家族

以它的名字使整个欧洲惊恐

我只是路过，他们业已消逝。”

弗朗索瓦·阿鲁埃深感不安。他想使他的儿子摆脱这些沙龙，摆脱圣殿集团，摆脱正步入老年和寻求激情的妇女，摆脱自由思想家。

他把弗朗索瓦·马里放逐到卡昂。

但是，在诺曼底的这座首府，一位多斯维尔夫人向往诗歌，写作，而弗朗索瓦·马里的才能使她倾倒，吸引着她，直到她惶恐地发现他在城里读一些自由思想的诗，经常去库夫里尼神甫那里，那位神甫是耶稣会士、卡昂学校的修辞学教师，他欣赏弗朗索瓦·马里的才干，他们都爱好思想自由。多斯维尔夫人十分愤慨，于是弗朗索瓦·阿鲁埃把他的儿子召回到巴黎。

但是在一座有三百家咖啡馆、成为文人和自由思想家荟萃之地的城市里如何管束一个充满激情的儿子呢？

弗朗索瓦·马里决定竞争由法兰西学院颁发的奖金，这个奖是为“路易十三的愿望”设立的，路易十三的愿望是重建巴黎圣母院的祭坛，这愿望刚刚由路易十四实现。

“王中之王的强有力的声音

在这些地方响起。”

他写道。

他确信自己的颂歌会获奖。因为这么出众，他的人生道路将开辟出来。法兰西学院确实享有崇高的威望：它发给奖金，而宫廷也关注获奖者。

虽然是失去母亲的私生子孤儿，他的成名使得他可以让剧院演出他创作的悲剧《俄狄浦斯》。

他写的每一首诗都发自内心的最深处。他把自己的私生子情况和母亲死去时感到的绝望搬上舞台。他的作品将由人上演。

一位作者将载入埃希勒和索福克勒斯、高乃依和拉辛的悠久流派，还有比这更大的光荣吗？

他已经经常出入剧院，当他看见像奥贝尔小姐和杜克洛小姐这样的一些喜剧女演员走过时，心中充满激情。她们带着高高在上的神情往前走，目光直视，蔑视地撅着嘴，围在她们旁边的是追求者们，衣服上有饰带装饰的年轻贵族或穿着天鹅绒和丝绸服装的老公爵。

上演自己的剧目，取代所有这些贵族，被观众喝彩，光荣地被大家爱戴：这就是目标！

但是，“好责备人的父亲”粗暴地粉碎这个梦想。

他决定再次将弗朗索瓦·马里放逐出去。

夏托纳夫侯爵——弗朗索瓦·马里的教父夏托纳夫教士的兄弟——刚刚被任命为法国驻荷兰的大使。他同意把弗朗索瓦·马里作为私人秘书带去。这个耶稣会士的学生“不会在他的小秤上衡量”欧洲政治？他将看看它是如何安排的。

在海牙，在1713年的9月，弗朗索瓦·马里·阿鲁埃发现了另一个世界。他那时19岁。

他惊讶地读到题为《精华》的这份出版物，它是由一位迪努瓦耶夫人创办的，“拾取”在欧洲流传的有关路易十四和法兰西王国的各种流言蜚语，在废除南特敕令后逃亡到荷兰的成千上万的胡格诺教徒十分喜爱这份出版物。

但是这位迪努瓦耶夫人同时自称“新天主教徒”，她常去法国大使馆，邀请这位年轻的诗人秘书到自己家里进晚餐，他可以是她的小女儿奥兰普的一个对象，奥兰普绰号叫潘佩特，也是在找丈夫的一个年轻姑娘。她曾经与塞文的胡格诺首领让·卡瓦利耶订婚，自然是他的情妇，但不久被抛弃。她听命于自己的母亲。她坦诚而放浪，比弗朗索瓦·马里年长两岁，后者在接触过这么多肌肤松弛的侯爵夫人与伯爵夫人或一夜情的姑娘后，第一次遇见一位可以爱上的年轻女子。

这两位情人在他们的道路上遇到的障碍使弗朗索瓦·马里的爱情具有一个禁果的魅力、一个该接受的挑战的魅力。

必须对大使隐瞒他们的私情，否则大使会被指控利用他的一个秘书带坏胡格诺教徒。

他们使用化装的办法。他们付钱给大使馆的一个仆人作同谋为他们递送信件到神秘可靠的地点。

“相信我，如同相信你自己一样，等我做出一切决定……虽说你是个可爱的女子，毫无疑问，你是个可爱的骑士，我们的门卫觉得你是非常英俊的小伙子……”弗朗索瓦·马里写道。

但是夏托纳夫侯爵得知了他们的艳遇，决定派人把弗朗索瓦·马里送回巴黎。

“永别了，我亲爱的心肝，永别了，我可爱的奥兰普，永别了，我亲爱的……”

而奥兰普回答道：

“是的，我亲爱的孩子，如果我不怀有被世界上我最亲爱的人爱着的美好希望，生活对我会是过分沉重的负担。”

她被热烈地爱着。

弗朗索瓦·马里试图安排奥兰普出逃到法国。他求助于图尔纳米纳神甫，并建议作为埃弗勒主教表姊妹的奥兰普把她的逃亡说成是希望找到真正的天主教信仰、逃离异端的国度。而且弗朗索瓦·马里，胆大妄为，毫不顾忌上帝的注视，给她写道：“你尤其要强调宗教问题……”随后，当她要写信给埃弗勒主教时，他又叮嘱她：“千万记住一定要称呼他大人……”

在耶稣会士中间度过的七年使他学会了解教会人士和其他人……

但是这件事情十分艰难：“我当然向你许诺我将会自尽”。1714 年 2 月，弗朗索瓦·马里在他最后几封信里的一封中这样写道。

其实，奥兰普——和她母亲——从那时起已经有别的打算，这几个月短暂的初恋，真挚而暧昧，充满浪漫与算计，没有以自杀的企图结束，而是因他父亲的愤怒告终。他父亲收到夏托纳夫侯爵的一封信，这封信的语气简直是在指责弗朗索瓦·马里是个坏蛋。

于是审计院的财务员弗朗索瓦·阿鲁埃针对他的儿子获得国王的一封密札，然后考虑把他打发到美洲的岛屿闲待着。

这个威胁可不是无用的：监狱或流放！

必须屈从，答应服从，忘记自己的骄傲，避免监禁或强迫流亡，因此他写道：

“我的父亲，我同意去美洲甚至在那里靠面包和水生活，只要您允许我在我动身之前亲吻您的膝盖。”

也就是跪在弗朗索瓦·阿鲁埃面前，请求他的原谅，同意进入莫贝尔广场附近帕韦－圣贝尔纳街夏特莱代理人阿兰先生的律师事务所。

在昏暗的光线中，弗朗索瓦·马里查阅档案，了解诉讼程序，似乎就这样放弃个人的抱负，而且，不由自主地，获得法律的经验和知识。

他有时在另一个雇员蒂里奥的陪伴下溜出去，发现了像他一样是平民的一个年轻人的友谊带来的快乐。弗朗索瓦·马里倾诉自己的计划、自己的希望、讲他为庆祝实现“路易十三的愿望”而写的赞诗，几周后就要颁发的法兰西学院的奖。

破灭的希望：这个奖被授予迪雅里教士。

法兰西学院的院士们在他们之中的乌达尔·德拉莫特的带领下选择了这位 65 岁的教士。“这是人们到处能遇见但是人们不想在任何地方见到的一个职业诗人！”弗朗索瓦·马里愤慨不已。

他从未感到这样的愤怒也从未表现出这样的蔑视。

他奋笔疾书，写道“迪雅里教士是寄生虫，为的是要做时代的一个才子什么都不缺；他在一顿佳肴中或者以自己的方式或者以他的平庸诗人同僚的方式用拙劣的诗句为自己埋单。”这只是一个“巴那斯的办报人”。

他是一个“泥潭的公民”：

一个深深的漆黑的恶臭的泥潭
发出的气味让人不堪忍受。

虽然自尊心大受伤害，弗朗索瓦·马里发现自己极端的言论引起的轰动却给他带来名声。

公众跟着他走，和他一起嘲笑迪雅里平庸和可笑的诗句，赞同弗朗索瓦·马里的讽刺。

能写这样愚蠢的话：“从灼热的极地到冰冷的极地”？能杜撰这样可笑的地理?

爱打趣的人们站在弗朗索瓦·马里的一边。自由思想家们也赞同他抨击聚会在咖啡馆里的这些“画家、教士、旧货商，喜欢窝在低等但装潢富丽的咖啡馆里的人”。

他摆脱了默默无闻的状态。

路易·于尔班·科马丹，圣昂热的侯爵，被招进枢密院的前总管，他向弗朗索瓦·阿鲁埃请求允许将这位有才干的儿子邀请到靠近枫丹白露的他的圣昂热城堡。审计院的财务员高高兴兴地接受了。

终于，弗朗索瓦·马里走进这座其奢华与精神魅力相匹配的城堡：

科马丹的脑子里承载着
他的时代的活的历史
科马丹的话总是新鲜的
我被他打动

因为在他的头脑里记载着
伟人、才子们
所有的业绩和言语

这位年轻人后来给圣殿集团的首领旺多姆亲王这样写道。这位 20 岁的诗人发现他的世界在这里，他愿意以大胆、财富、智慧和才能赋予的各种自由这样生活着。

科马丹了解路易十四统治时期的所有情况，他也了解并赞扬好国王亨利四世的统治。

弗朗索瓦·马里倾听着，以这些内情充实自己的记忆，同时对自己的悲剧《俄狄浦斯》作最后的修改。

他逃脱了“泥潭”。

失望：那些演员接到他让人送去的剧本后却拒绝上演。

一出悲剧？公众根本不要古式的合唱。他们要爱情，不要悲剧。这位年轻的诗人是个“古典派”，而不是个“现代派”。

弗朗索瓦·马里坚持己见，决定再修改他的悲剧，考虑他参与其中的演员们的意见。

他被他们的生活方式迷住了。他们是一些“私生子”，没有根基，无拘无束。他越来越感受到女演员们的魅力。她们瞧不起他，尤其是这位杜克洛小姐，如此迷人，凭借她的知名度，凭借她的美貌，拥有许多年轻的情人。他是不是太瘦、瘦骨嶙峋或者没钱又是平民？她排斥他。他徒劳地给她写道：

美丽的杜克洛，
您使整个自然陶醉，
美丽的杜克洛，
神是您的对手，

她疏远他：

我歌唱杜克洛，迪泽斯被她所爱；
真值得写……

他 21 岁了。

他不再害怕掉进“泥潭”，但是，在 1715 这一年，当他想到在离开大路易中学后度过的这四个年头，他体会到自己遇到的挫折，最近的挫折，是演员们拒绝上演他的《俄狄浦斯》，这对他的影响最大。

还不用说他依然依附于弗朗索瓦 · 阿鲁埃。

但是在 1711 年就在他心中萦绕的急切与希望现在更加强烈。

他懂得了许多事。当他在中学幻想着未来生活的时候，他没有想象到还有比学监们施加的惩罚更糟糕的情况。

国王的密札、流放也同样打击着旺多姆首领和塞尔维安教士，后者被监禁在樊尚城堡，弗朗索瓦 · 马里写道：

“看这不幸的城堡

关押着才子，然而如此危险……”

他知道塞尔维安之所以被逮捕、监禁，不是因为人们怀疑他犯有鸡奸，而是因为他在虚伪的笃信宗教者治理凡尔赛宫的统治末期敢于自由地思考。

但是路易十四 77 岁了，他未来的继承人将是一个五岁的孩子。摄政或许将由菲利浦 · 奥尔良公爵担任，他与圣殿集团的自由思想家们关系非常密切。此外还必须由年老的国王和他的耶稣会士的顾问们考虑不将政权交给迈内公爵，迈内是路易十四和蒙特斯庞夫人的一个私生子，由虔诚的曼特农夫人控制着。

但是当 1715 年 9 月 1 日，弗朗索瓦 · 马里得知路易十四去世时，他满怀着希望。

如同在 1711 年离开大路易中学时一样，他急不可耐，确信他的生活将改变。

国王死了，摄政王万岁！

4.
“我因此……被关进巴士底狱”

他吃喝玩乐。他跳舞。他作诗。他耽于精神上的满足。

1715 年 9 月 2 日，在高等法院大厅里，他目睹了展读路易十四遗嘱的情况。

听到宣读遗嘱时，他起初担心奥尔良公爵会被剥夺实权，但是高等法院撤销了遗嘱，事实上排除了迈内公爵。

在灵车队于 9 月 9 日前往圣但尼大教堂的路程中，弗朗索瓦 · 马里 · 阿鲁埃看见一群群人大摆宴席、舞蹈、庆幸君主之死，颂扬摄政王，并且企图去纵火焚烧耶稣会士的房舍。

在路易十四死后不久，他又见到了被从樊尚城堡释放的塞尔维安教士，然后又见到从流放处回来的旺多姆首领，对此他并不感到惊讶。

人们尽情欢乐。

这些不信上帝的教士的年龄并不重要。他们愿意直至最后一息生活在快乐和精神游戏中。在他们中间，弗朗索瓦 · 马里 · 阿鲁埃高谈阔论。他神气活现。他大胆作诗、嘲笑一切和众人，他的才能配得上贵族的头衔。在这里诗人们是王子，而王子们是诗人。他沉醉于白酒、放荡、词语：

我知道你们荣幸地
人们对我说，进行狂欢
一位可爱的院长

他的歌声是如此悦耳……

因为肖利厄教士、塞尔维安教士、旺多姆骑士、比西教士、科马丹、叙利公爵，他们不仅是年老的放浪之士和不忏悔的自由思想家；他们也都是才子。

他们倾听弗朗索瓦·马里对他们朗读他的悲剧《俄狄浦斯》，他一直在修改这个剧，并希望法兰西剧院的演员们将能够接受它。他知道他们容易受这些亲王和这些有威望的教士的影响。

他们也受迈内公爵夫人的影响，她是大孔戴的孙女，在重大节日期间——“不眠之夜”——在她的索宫里接待所有的文人、自由思想家、才子。这样做可以使她忘记自己是迈内公爵私生子的配偶，也可以维持反对摄政王——这个攫取了政权的放浪之士——的一个中心。

弗朗索瓦·马里从圣殿集团走向索宫。在那里，受到尊重的人士聚集在旺多姆骑士或迈内公爵夫人周围，他们的声望能使一个文人走出“泥潭”，使其作品在法兰西剧院上演。

有传言说菲利浦·奥尔良与他的女儿贝里公爵夫人有乱伦关系，甚至为了走上王位毒杀路易十四的孙子和曾孙。那么，如果需要作诗反对这位摄政王，把这些传言化为诗歌，为什么不呢？

弗朗索瓦·马里陶醉于他激起的掌声、他受到的称赞。

他自以为在这王族的圈子里能够巧妙地被人们接受。

“我像鳗鱼那样柔软，像壁虎那样灵活，又一直像松鼠那样工作。”他说。

他在索宫举行的晚会上朗读《俄狄浦斯》。他在听众面前鞠躬致意，毕恭毕敬地倾听迈内公爵夫人、孔蒂亲王、波利尼亚克枢机主教和尼古拉·马莱齐厄的评论，马莱齐厄是个博学的人，科学院院士，公爵夫人的情人。

公爵夫人创办了一个“蜜蜂”骑士修会！她是蜂王。她盛情接待客人中的好几位。她评价《俄狄浦斯》。而弗朗索瓦·马里·阿鲁埃接受她的意见：

“你们一致恰如其分地批评在作品中说出爱情这个词，而在这样的作品中索福克勒斯不用这个不适当的无关词藻却写得非常成功。”他说。

但是必须屈从法兰西剧院的演员们的要求，同时让能影响演出人员的有权势的这些大人物高兴。

“我承认孔蒂亲王大人对我作出了最有道理的和最敏锐的批评……”他补充说。

而且他没有忽视与圣殿集团的自由思想家，肖利厄、塞尔维安、库尔坦·比西教士们共进晚餐。他在肖利厄教士、旺多姆首领的陪同下在比西家里吃晚饭：

“这顿晚饭对我的悲剧很有好处，”他写道，“我认为要写一部好作品，只要和你们一起喝四五次酒就行了。苏格拉底在床上上课而你们在餐桌上上课；这使得你们上的课比他上的更正确……”

他很会奉承。他心眼儿多。

这样他的悲剧甚至在被法兰西剧院的演员们接受之前就受到热烈欢迎，再说这个舆论也构成必要的条件使他们接受从1716年起人人都谈论的这出剧。

“人们急不可耐地等待着阿鲁埃先生的《俄狄浦斯》悲剧，人们事先就对这出剧说了许多好话；对于我来说，我难以相信一出极好的甚至一出好的悲剧能是一位年轻人的作品。”有个人说。

让－巴蒂斯特·卢梭回答说：

“已经有很久我听人把小阿鲁埃的《俄狄浦斯》说得好得不能再好。我对这个年轻人有很好的看法，但我很担心由于在这重大的题材中掺杂进爱情，削弱了这个题材中的恐惧。”

弗朗索瓦·马里喜爱围绕着他的这种舆论。他只有22岁，但已经脱离在默默无闻的“泥潭”中行走的这些文人了。他属于那几千个人中的一个，他们在巴黎500 000居民中组成这个“好圈子”，一切在其中决定：名声、权力分配。

在法兰西剧院、在歌剧院、在意大利剧院、在王宫花园、在杜伊勒利王宫、在卢森堡公园，他被人们认识，他的作品被人们阅读，他被人们注视，他与人们相遇。

更好的是：弗朗索瓦·马里是迈内公爵夫人、旺多姆骑士甚至科马丹先生或叙利邀请的几百位人士中的一位。

但是应当证明他的才能、他的大胆。因为鲁莽使人喜欢。于是他写一些讽刺剧本，无情地谴责摄政王乱伦的品行。

如果想在索宫的“不眠之夜”、在迈内公爵夫人的沙龙里取悦于人，那就必须创作这样的作品。

他没有在这些流传开的作品上署名，但是谁会怀疑在笑声和鼓掌声中自己朗读它们的作者呢？甚至即使有他没写的一些作品，人们也归功于他。他知道布勒特伊男爵曾经吐露说：

“作品里的力量和恶意足以使人们把它们归于让－巴蒂斯特·卢梭或阿鲁埃。”

这样成名是有代价的。弗朗索瓦·马里出类拔萃，但是没有什么身份保护他。他既不是教士，也不是骑士，既不是亲王，也不是公爵。而如果说摄政王虽然宽容、理解，他自己也是自由思想家，且接近旺多姆骑士，但希望通过一个姿态表明他不准备接受有人强加给他的各种诽谤，那么弗朗索瓦·马里·阿鲁埃，平民，一个财务员的儿子，年轻无礼的人，就是个十足的罪人。

于是在 1716 年 5 月 5 日，为了“纠正他的轻率和缓和他的冲动”，摄政王命令，“要把他流放到蒂尔”。

但是弗朗索瓦·阿鲁埃为他的儿子求情并获准将儿子软禁在更近处，在叙利－苏尔－卢瓦尔。

在叙利公爵的府邸，人们欢迎他，热情款待他，听他朗读自己的作品。

“他的府邸位于世界上最美好的位置上，”弗朗索瓦·马里写道，“有一处美丽的树林，所有的树木都被顽童或情人们切开，他们无所顾忌地在树皮上写下他们的名字……人们让我惬意地流放是对的，既然我与人们归罪于我的那些侮辱性歌曲毫无关系……”

弗朗索瓦·马里可以在一处沙龙里让人认为他是人们归于他的所有作品的作者，但是，受指控后，即使面对明摆着的事实，他也大叫大嚷地抗议。

或许从中学起他就懂得应当做一条“鳗鱼”并且从不承认。

他在叙利府邸重新获得这种宽舒的生活，有工作——他想写关于亨利四世统治时期的一部史诗作品，他重新加工《俄狄浦斯》，并且自然地，他把各种情景改写成诗——有“一百个戴假面人出席”的舞会，有盛宴，有“在乐器声中送上桌的精美点心”。

叙利公爵在府邸的主楼的二层设置了一座剧院，客人们在剧院里成为演员：年轻的苏珊·卡特琳·利夫里就是其中之一，弗朗索瓦·马里成为她的情人。她 20 岁。他十分满意。

但是冬天临近了。

“我了解我能及的范围，”他说，“我不适合长期住在同一个地方……人们完全可能让我在这里待相当长的时间以至于变得不幸……”

流放必须停止。他给摄政王写信。他真诚地发誓：他怎么可能以这样的文体写这样的诽谤?

他赞扬、他恭维：

上帝珍爱的亲王，你今天当
你的君主的父亲，当他的人民的支柱
……
伟大的亲王，愿你今天变得
比奥古斯特更加宽容，比他更加幸福！

只要人们想表现自己，这就是人类的法则，社会的准则。

弗朗索瓦·马里甚至在调遣词语中感到一种强烈的快乐。这是能够出色表现任何作品的能手的快乐。

1716年10月20日，对他的指控被解除了。他和苏珊·卡特琳·利夫里回到巴黎。他不再去住在他父亲家里，而是住在卡朗德尔街的帕尼耶韦尔，那是一处带家具出租的房舍，在那里他感到更加自由，不那么受到摄政王的奸细们的监视。

他被介绍给摄政王。他保证自己的真诚、自己的仰慕，但他的印象是摄政王带着怀疑讥讽的态度听着他表白。

这是因为虽说弗朗索瓦·马里·阿鲁埃能够控制自己的言语，他不懂得该低垂自己的眼睛，不露出自己灼灼的目光。

因为他已经恢复了巴黎令人兴奋的生活。他从此拥有一位钦佩他的伴侣。

为了苏珊·卡特琳，他在画家拉吉利埃面前摆出姿势。他的目光是自信的，他戴着路易十四朝臣那样蜷曲的假发。他像朝臣那样风度优雅，穿着有花边和锦缎衬托的蓝色天鹅绒衣服。他把帽子放在胳膊下，左手伸进背心。他笑容可掬，雄心勃勃。

这是一位心满意足的情人，一位著名的诗人。

在1717年的这个一月，他不是刚刚得知法兰西剧院同意上演他的悲剧？

他的作品将这样在这些观众面前上演，他们就要站着拥挤在正厅后排，贵族坐在包厢里或坐在放在舞台两边的扶手椅上，这将是迈出的怎样一步啊！

所有在巴黎有地位的人士都将来到这个演出厅。

传言在他周围散布。他再次成为迈内公爵夫人的客人。在这些晚会上，在索宫的这些“不眠之夜”，他朗读一些散文故事：科西·桑科塔、独眼的脚夫。

自由的思想、对娱乐的爱好、肉体享受通过一些似乎平凡的情节在其中表现出来。

年轻的女子科西·桑科塔，通过委身于三个情人，挽救她的丈夫、兄弟和儿子。小错误，大善事！至于独眼的脚夫，他只看到事情的好的一面，因此沉湎于生活的享乐中。

弗朗索瓦·马里沉醉于自己取得的成功。人们把一出讽刺剧归功于他，这出剧暴露王国人民承受的苦难、监狱、腐败的财界人物、罪恶、勒泰利耶神父，路易十四的忏悔师、曼特农夫人和达尔让松警察总监，后者是弗朗索瓦·马里在大路易中学两个学友的父亲。

人们可以在作者愤慨的笔下读到："我看见了，就要把一切说出来，那受人深爱的耶稣会士。"

煽动性的言论：难道阿鲁埃没有一个冉森教派的哥哥吗?

"有的人，"伏尔泰后来写道，"出于恶意把这出剧归咎于我，为的是诋毁我和使我声名狼藉；还有的人，直率地欣赏它，把它归功于我，以此为我增光；就这样一部我根本没有创作甚至我那时还没有见过的作品给我引来各方的咒骂和赞扬……人们不肯相信我有足够的谨慎可以伪装自己……"

他不是这些《我看见了》的作者。

但是，他缺少谨慎。

骄傲、虚荣、名声使他觉得不会受到处罚。

他和一位军官博勒加尔还有一位自称的达让特伊伯爵结成友谊，他在帕尼耶韦尔的住所接待他们。他没有想到他们竟是"密探"，向警察总监报告这个弗朗索瓦·马里·阿鲁埃对写下针对摄政王的一些讽刺作品引以为豪。

原因?

"你们不知道这个家伙对我做了什么？他把我流放是因为我让公众看到他淫荡的女儿是个妓女！"

他讲述在索宫，迈内公爵夫人邀请诗人们写一些针对这位摄政王的讽刺作品，因为摄政王一点点地剥夺迈内公爵所有的特权，路易十四在遗嘱中给与他的私生但被认为婚生的儿子的那些特权。

弗朗索瓦·马里因此写了一篇《幼主》，以拉丁文告白的形式痛斥屈从女儿贝里公爵夫人的摄政王：

一个孩子执政
是通过一位名人
以毒物和乱伦进行的摄政
……
祖国牺牲于继承王位的
过早和没有理由的希望
高卢不久即将灭亡

这是对乱伦和罪恶的、利用路易十五童年而滥用职权的摄政王充满仇恨的控诉。

阿鲁埃估计大家都认为他是这些激烈言辞的作者。人们让他警惕，他感到不安。他离开巴黎，在圣安热府邸科马丹家里生活了近两个月。

当他回来的时候，他在 4 月 20 日得知他的悲剧即将不停地演出。

他感到突如其来的骄傲。

他忘记自己曾暴露摄政王“可耻的性关系”。

他开始写《亨利亚特》，歌颂亨利四世，以此反衬菲利浦·奥尔良的伤风败俗。

他满怀自信地在王宫散着步，突然，遇见朝臣们簇拥着的摄政王。

菲利浦·奥尔良走近过来：

——阿鲁埃先生，我担保让您见到一个您从未见过的东西。

——什么，大人？

——巴士底狱。

——啊，大人，我认为见过它的！

1717 年 5 月 16 日，圣灵降临节的早晨，“二十个巧取豪夺的家伙，地狱培育的鹰嘴鼻恶人”，闯进他的套间并以摄政王的名义逮捕他。

阿鲁埃给叙利公爵写道：“治安警官巴赞先生今天上午来逮捕我。我就此不能对您说更多的话。我不知道问题出在哪里。我的无辜可以确保得到您的庇护。如果您能给我庇护我将非常荣幸。”

他对付。他嘲笑。

人们没收他拥有的物品：剪刀、一个观剧镜、一个配有丝绸的摩洛哥皮钱夹，还有六个每枚三十里弗尔的金路易。

他开玩笑，因为他还没有意识到确切的指控。

博勒加尔和达让特伊伯爵肯定他就是《幼主》、针对摄政王大人的污蔑的作者。

而密札没有明确他的刑罚的任何期限。这可能是终生!

弗朗索瓦·马里叙述他乘坐“封闭的马车”到达“王家隐蔽的住所”:

> 这里是十法尺厚的墙
> ……
> 我于是陷进这困境的地方,
> 关在巴士底狱,住得很挤,
> 根本不能睡,饮热的,吃冷的,
> 被众人、甚至是我的情妇背叛……

因为他只过了几天就知道苏珊·卡特琳选择了一位新情人。

所幸,他能够保存荷马的两本书——拉丁文和希腊文本——并能够阅读甚至工作,因为缺乏纸张,只得尽力创作而不写,记住自己的作品。最后,他用一支铅笔把自己的诗歌记录在一本书的一行行之间。

他从希望转为沮丧或反抗:

> 我学会忍耐厄运
> 我看到我没料到的自己的勇气
> 它摆脱我年轻时代的轻狂与错误。

他从事自己的《亨利亚特》的创作。他宣读:“维吉尔和荷马是我的两个家神。”

他得知他的朋友们,科马丹、叙利,甚至达尔让松警察总监都为他说情。所以他甚至在被关进巴士底狱两天的博弗雷蒙侯爵的陪伴下在这位官员的餐桌上进晚餐。

但是时间一个个月地过去,直到第11个月,1718年4月11日,巴士底狱的一扇扇大门才在他面前打开。只是他的事情并没有了结。所有被从国家监狱释放的囚徒都被判处流放。所幸,他的父亲提出在自己的夏特内的大房子里接受和看管他。但是,对于弗朗索瓦·马里来说,这依然还是一种监禁。

他写信给海军和宫内府大臣莫勒帕侯爵,斩钉截铁地保证“在法国没有一个人能够证明——且不说我曾经作了人们指控我而我从未见过的这段文字——我曾经与反对宫廷的歌曲中的任何一首有丝毫关系。”

他还毫不犹豫地补充道：

“我胆敢向您要求的唯一恩惠，就是希望向亲王殿下保证我向他感激我受到的监禁，也感激我获得的自由，我从监禁中获益良多，我将决不会滥用自由……”

他一封接一封地写信，这样坚持着，以便获得返回巴黎的权利，两小时，然后是三天，然后一星期，然后一个月，他反复说他扑在亲王殿下的脚下，他“期待一位如此宽厚的亲王的公正与仁慈，审视他深受其害的‘万恶的阴险’的证据，所以他请求‘结束一个人的痛苦，这个人从他在乡间的房子看见巴黎但却没有自由去那里’……”

终于，在1718年10月12日，他获得允许随意前往巴黎。

他狂喜，但没有忘记自己的经历、他不得不写给摄政王的大臣们的请愿书、他受到的屈辱。

他希望另一种生活。

“我在阿鲁埃的名字下曾经如此不幸……”他说。

5.
阿鲁埃·伏尔泰先生

阿鲁埃。

这个名字，对于弗朗索瓦·马里来说，从此已经变为一副枷锁。

他知道，在几个星期之后，在1718年终之前，他的悲剧将在法兰西剧院上演。

为了说服这些当时是——他后来所说的——“小主子和大贵人”的演员，他同意修改自己的剧本。

“我当时非常年轻；我认为演员们是对的。为了取悦于他们，我改坏了我的剧本，用一些温柔的情感使一个很少包含这些情感的主题枯燥无味。”他此后补充说。

他让步了，因为他希望不惜一切代价使人接受《俄狄浦斯》。如果他成功的话，他将彻底摆脱几百个平庸和穷苦的文人深陷其中的“泥潭”。所以他请他认识的所有有影响的人物介入，支持他向演员们进行的交涉。

“只是由于我获得的保护，人们才会演出《俄狄浦斯》。”他后来告诉他在大路易中学时的老师波雷神甫。

但是将在几场演出中观看他写的剧的那一两千位人将造就他余生的名声，如果这出悲剧使他们信服的话。

那么他将是人们在高乃依和拉辛之后等待的“法兰西诗人”。他将由于这个成功而获得新生。

他向那些有地位的人朗读他的剧本，以此为这个成功作准备。

孔蒂亲王提醒人们高乃依是一部《俄狄浦斯》的作者，同时写道：弗朗索瓦·马里——

为了他的第一个计划选择了《俄狄浦斯》
虽然这计划早就被人们熟知
通过一种更加优美的风格这出改变的剧
令人相信拉辛从地狱里返回
或者高乃依改正了自己的剧

弗朗索瓦·马里怀有信心。

他愿意他所希望的这光荣仅仅是他一个人的。

但愿这光荣就像他的出生证一样。

他需要一个新的姓氏，它只属于他，永远是他的纹章。

阿鲁埃：这个名字就像一件太窄的衣服，浸着巴士底狱潮湿的臭气，一件借来的外套，一种化装。

弗朗索瓦·马里不是弗朗索瓦·阿鲁埃的儿子。

但是，如果他选择这个名字，他就使他私生子的身份合法化。

当他走进他回来住的弗朗索瓦·阿鲁埃在旧宫庭院的房子时，他想到此事。而审计院的财务员则咕哝一些指责的话，每当撞见弗朗索瓦·马里时就叹气，并且反复道:“啊，这不成器的家伙！啊！这不成器的家伙！”

他们之间没有任何共同之处，除了应当消灭的这个名字，如同俄狄浦斯把利剑插进他父亲拉伊俄斯的身体。

而弗朗索瓦·马里以一种他从未感到的激昂写了这出剧。他爱过、恨过、和俄狄浦斯一起痛苦过。但是他没有要杀死的拉伊俄斯。只有一个名字要改变，为了成为自己，通过写作，通过这部弑父的俄狄浦斯光荣地再生。

他回想起读过在1651年写的一出剧:《巴尔德，萨尔马特人的女王》。主人公是一个厌恶诸神的乱伦的儿子。他名叫伏尔塔尔。

弗朗索瓦·马里琢磨着这个字眼：伏尔塔尔。伏尔弗尔。愿意。伏尔弗。自愿。伏尔泰。

阿鲁埃，这是个酷刑：要对诗人“处以车轮刑”！

伏尔泰，是自愿。[1]

他写下这个名字。他将在《俄狄浦斯》上署名阿鲁埃·伏尔泰，为的是从过去走向未来。

他吐露说：“我把我的阿鲁埃的名字换成伏尔泰的名字。我因为前一个名字曾如此不幸，所以我想看看后一个名字是否将给我带来幸福。”

1718年11月19日，他对此确信无疑了，那一天，观众们对《俄狄浦斯》的第一场演出热情地鼓掌。包厢里的人们和舞台上的人们，这些王子，这些公爵，和正厅里的观众一起喝彩。

他们向扮演若卡斯特角色的德马尔小姐齐声欢呼，要她重复最后的台词：

“我让迫使我犯罪的诸神脸红！”

人们围着弗朗索瓦·马里，对他说，他，一位24岁的法国诗人，战胜了80岁的希腊索福克勒斯。

在后来的日子里，当演出一场接一场地举行，一直演到45场——非凡的成功——时，评论这出剧的小册子大量刊行，热情的信件雪片似的飞来。

“尽管我们相距遥远，先生——弗朗索瓦·马里钦佩的诗人让-巴蒂斯特从流亡地布鲁塞尔写道——我一直注视着您……我早就把您看作注定有一天会造就您所在世纪光荣的一位人士……”

弗朗索瓦·马里重读这封信，兴奋不已。

他回到剧院。有时，他仿佛喝醉似的蹒跚摇晃，他甚至登上舞台，接触演员，诙谐地开玩笑，身上披着大司祭的披肩，加入堵住演员们走动的观众人群。

维拉尔夫人——元帅的配偶——被吸引住了，邀请他来到自己的包厢。

在正厅，他见到自己的父亲，父亲目睹演出的成功，圆睁双目，低语道：“啊，这家伙！啊，这不幸的人！”

但是，作为贪财的人，这位父亲一定也计算这个成功就要带给弗朗索瓦·马里3000法郎，并使儿子在几天内成为最著名的法国诗人。

但是很快就有人发起针对他的攻击。人们指控他批评基督教，因为若卡斯特——俄狄浦斯的母亲和配偶——叫喊：

“我们的神甫们根本不是自负的民众所想的那样，

---

1 以上名字是法文的音译到意译。

我们的轻信造就他们全部的才能……”

后来，一位耶稣会士，诺诺特神甫，在这些诗句里看到弗朗索瓦·马里对教会最初的攻击：

“这位年轻的诗人既不懂得理智也可能不懂得真理，在强烈的热情的驱使下，用夸张的诗句表现对宗教会使者最卑劣的厌恶。在这出剧里，异教的神甫们只是他表现的一些人物；他指责的是基督教的神甫们……”

其他的批评强调作者对国王的权威是不恭敬的。剧中的一个人物，菲洛泰克特，回想起自己从海格立斯那里的所得，不是宣称：

“没有他我会是什么样？仅仅是一个国王的儿子！”

听着这些台词，弗朗索瓦·马里有时感到这些话语情不自禁地从自己的心底涌出。从生动的句子中产生的这种喷涌之情向他揭示听到自己撰写的台词后自己的所思所想。

他甚至捍卫路易十四死后的名声，因为路易十四像所有死去的国王一样被人贬低：

您熄灭您为他们燃烧的香，
如同人的灵魂与利益联系在一起
不再存在的道德很快被忘却……

但是没有什么能使《俄狄浦斯》的成功暗淡退色。

弗朗索瓦·马里受到所有沙龙的邀请，出席所有的晚会。

在一次晚会上，格兹男爵，瑞典国王夏尔十二世的全权代表，向他提议做夏尔十二世的秘密代理人，利用他的光荣为瑞典君主的意图服务。

弗朗索瓦·马里拒绝了。

但是有消息流传，说夏尔十二世邀请了这位诗人到斯德哥尔摩，或者说英国国王乔治一世——弗朗索瓦·马里曾把自己的剧本寄给这位国王——作为满意的表示，给他送来一块金质打簧表，那是件稀有珍贵的物品。

弗朗索瓦·马里的光荣和声望因此得以进一步巩固。

瑞士银行家奥盖尔在自己的私邸或沙蒂永乡间别墅接待诗人、演员、钱花光的王侯、阴谋家，现在邀请弗朗索瓦·马里，因为他的桀骜不驯、勃勃生气和少年得志使他成为巴黎社会最受欢迎的人物之一。

终于，弗朗索瓦·马里把自己的悲剧送给摄政王，请求他恩准能把这部悲剧题献给他，奥尔良公爵拒绝了，但是接见了这位诗人。

“一个对我是无辜的更加可靠的证明，”弗朗索瓦·马里写道，“就是他肯说我完全是无罪的……我也丝毫没有把奥尔良公爵大人给我的恩惠看作对我的工作的奖赏，因为我的工作最多只配得上他的宽容，他不仅希望奖赏我而且更希望鼓励我配得上他的保护。”

他向摄政王鞠躬。

他获悉有王室特权的公主，摄政王大人的母亲，同意《俄狄浦斯》题献给她。谣言，声称俄狄浦斯和他母亲之间的乱伦关系表现奥尔良公爵与他女儿间的关系的谣言，于是平息下来。

这位诗人受宠于王室。

人们转述当摄政王肯接见巴士底狱这名昔日的囚徒时他对摄政王说的几句话：

——大人，弗朗索瓦·马里对他说，如果陛下愿意今后负责我的膳食，我会觉得非常好，但是我请求殿下不再负责我的住宿！

摄政王微笑着。

他从国王的金库拨给这位诗人一笔1200法郎的津贴，1718年12月6日，他赠送诗人一枚金质奖章：“一面表现国王，另一面表现摄政王奥尔良公爵大人，价值为六百七十五里弗尔十苏，以此奖励他在《俄狄浦斯》主题上创作了一部悲剧。”

这枚奖章被授予“阿鲁埃先生”。

但是弗朗索瓦·马里在给摄政王母亲的献词上签的名是阿鲁埃·伏尔泰。

《俄狄浦斯》杀死了阿鲁埃。

从今以后，他只愿意做伏尔泰。

6.
“在我身上有一些可爱的滑稽之处……”

他 25 岁了。

所有在巴黎有地位的人士都希望请他上他们的餐桌。

他是年轻的知名人士，他的激情、智慧和放浪形骸使这些举办沙龙的女士们痴狂不已，她们中的有些人比他大二十岁，但不曾放弃娇态。

她们称呼他伏尔泰，他对她们朗读自己的新剧《阿泰米尔，马其顿的女王》中的一幕幕台词或者《神圣联盟》中的段落，《神圣联盟》是他要献给亨利四世的长篇史诗，后来他将其题为《伟人亨利》，这些女士们则为他鼓掌叫好。

他满怀热情地工作着，他必须，在《俄狄浦斯》的成功之后，通过新的辉煌，证明自己是伟大的法兰西诗人。而且他已经在想着成为法兰西学院的候选人。

维拉尔元帅夫人经常在沃镇的富凯府邸接待他，也对他十分赞许。

他奉承元帅夫人：维拉尔元帅先生是法兰西学院的四十位院士之一。

于是伏尔泰为元帅夫人撰写颂词，但是却被她的悲歌与对他的宠爱欺骗了，因为她只有空洞的许诺，不付诸实行。

他离开了。他对在圣父街私人府邸接待他的米默尔侯爵夫人吐露隐情。

“人们知道找到我，以便请求我到维拉尔那里去，”他说，“但是人们决不会使我在那里失去我的安宁。我现在随遇而安，我不会无缘无故地摆脱它……”

但是他在叙利府邸重新见到元帅夫人并且和她一起回到维拉尔府邸。

他在那里应邀出席“饮凉酒的夜宵”，满腹才华地对爱好讨论的人们滔滔不绝地谈论着。

他是取得成功桂冠的大胆的年轻诗人。

他保证自己不是针对令巴黎窃窃议论的摄政王和他女儿贝里的《强烈抨击》的作者，但人们不愿意相信他。他抗议道：人们想象他能够“像叙埃托内对待麦萨利娜那样”对待摄政王的女儿吗？

人们微笑。

他不是曾经署名发表一篇《特别法庭赞》，攻击摄政王的政策，因为摄政王为了填满王家金库，刚刚专横地对金融家们征税并设立特别法庭。现在只要有一次揭发就足以迫使某个人纳税。伏尔泰写道：

奴隶使主人发抖
一道罪恶的敕令
要求每个人向公众揭露
自家的耻辱
为了圆满实现这个举动
有人把一个自由的国度
变为一座巨大辽阔的监狱

人们赞同他。

被追究的金融家们欣赏这位诗人站在他们一边。他们了解沙龙舆论的分量，了解人们如何可以通过一些诗句让众人支持自己。

伏尔泰知道除了与财界人士——如同他与之有联系的巴黎斯兄弟这样的放款者或财政员——的关系，没有更有用的关系。

因为光荣和“饮凉酒的小夜宵”并不足以日复一日地养活他这样一位诗人，他虽说吃得不多——因为健康脆弱——但想保住自己的地位。

他借高利贷。巴黎斯兄弟们建议他这样做。多亏了他们，他没有受整个上流社会流行的狂热驱使，那些人相信金融家劳制定的制度。

伏尔泰听巴黎斯兄弟们的话，不相信“纸”能够代替黄金。

“在巴黎，你们全都真的变成疯子？”他写道，“我只听到谈论几百万……全国一半的人在剪纸机中找到了点金石？劳是个神，一个骗子还是一个因他散发给众人的毒品而中毒的江湖郎中？这是我不能弄清楚的一种混乱……对我来说，我不沉醉于别的幻想，只沉醉于诗歌的幻想。”

事实上，对金钱的欲求折磨着他。

“我的命运，”他说，“发生了非同寻常的变化，以至于我在为工作而生活之后或许将不得不为生活而工作。”

但是，他还是与劳保持距离，尤其因为他看到自己周围的熟悉内情者，像孔蒂亲王，及时地把他们的“钞票”兑换成运输车装载的金银币。

作为“公证人”的儿子和富有经验的人，他行动得非常谨慎。他善于利用这些他频繁出入其沙龙的有影响的男女，他们被他吸引，加之他们不用付出任何代价，于是让他成为一项交易中负有责任的中间人，在这类交易中一位官方人士的授权是必不可少的。

军粮供应商们如果希望继续向军队供货就必须重视他的影响，对那些以国王名义收税的人来说，情况也同样如此。

“我在维拉尔每天晚上饮苹果酒吃大米饭，我对此感到很满意，我还将在这里呆七八天。”伏尔泰写道，“盐税局的先生们完全可以把他们的事情推迟八天。您知道的那人重复摄政王的话语……我丝毫不怕人们使用除我外的另一条渠道，我甚至可以向您肯定如果我认为有人能够找别的人帮忙，我对某些人不大的影响会足以挫败他们的事情……人们是向我许诺了特权，而我将选择令我喜欢的同伴。”

这是集聚一笔财产的唯一方法。因为他知道他不能指望剧院的正常收入。人们曾认可了《俄狄浦斯》的成功，但人们却讽刺《阿泰米尔》，1720 年 2 月 15 日，其第一场演出被叫喊声打断。

正厅的观众用他们嘲讽的话语阻止演员们表演，伏尔泰从自己的包厢跳到舞台上，质问这些观众。但这出剧显然是失败的。

他修改这出剧。摄政王的母亲坚持要这出剧重新上演。意大利剧院模仿排演了这出剧。在八次上演后，《阿泰米尔》还是失败了。

伏尔泰感到痛苦。光荣避他而去。舆论摇摆不定。演员们讽刺他年轻的情妇苏珊·利夫里，在他被关在巴士底狱的时候她背叛了他，他又见到她，尽管受人嘲讽，她依然以当女演员自鸣得意。而他则想砸碎一个平庸男演员普瓦松的头颅，因为普瓦松对苏珊的指责比别人更加厉害。

他不能痛揍普瓦松，但愤怒在心中低吼，他真想动武。

他得知告发他、把他送进巴士底狱的警察局密探博勒加尔由陆军大臣接待进午餐，而这个受赏识的便衣警官一直是大臣的暗探。

伏尔泰想和他打官司，让人逮捕他，这样证明自己是无辜的，是被诬蔑的。

然而却是博勒加尔首先发起攻击。

伏尔泰的四轮华丽马车停在塞夫尔桥上。有人强迫他从车上走下来，并且击打他的肩膀和脸部。

伏尔泰对博勒加尔的起诉没有结果。这个警官消失了。伏尔泰固执地坚持着。他要让人把这个密探、这个侵犯者关进监狱。他永远不会放弃获得正义。

他找摄政王帮忙。然而摄政王却以蔑视的声音对他说道：

——先生，您是诗人并且受到棍子的击打，这是正常的现象，我没有任何话可对您说。

伏尔泰使劲咬住嘴唇没有回答。

摄政王的这句话是一记耳光，如同达尔让松自鸣得意地说的这些话语：

“很长时间以来人们把精神的勇敢与身体的勇敢区分开来。这两种勇敢很少结合在一起。对我来说伏尔泰就是其中的一个例子。他的灵魂中有一种与蒂雷纳、莫依兹和古斯塔夫·阿道夫相称的勇敢；他明白事理，他试图说服人，他对任何事都不以为奇；但是他害怕对他身体的最小的危险。他确实是个懦夫。”

他受到凌辱并醒悟了，他将不会放开博勒加尔。他要见到这人被监禁和判刑。但，他尤其懂得了光荣不足以保护自己，它很快消退，只应当指望自己，不能指望其他人的赞许与喝彩，因为别人实际上是如此淡漠，随时准备好掉转头视而不见，不会出力相助。

一个人只能依靠工作、权力、金钱。

这就是现实。

而伏尔泰只拥有自己的创作意愿和自己的才能。

权力对他是可望而不可即的。

金钱始终是缺少的。

1722年1月1日，弗朗索瓦·阿鲁埃死去了。

伏尔泰发现父亲遗产的最重要份额，花费240000里弗尔的财务员终生职务传给长兄，他感到的不是任何不快，而是愤恨。

这位“假父亲”表明自己幼子的份额将被“替换”也就是将属于伏尔泰的孩子们……如果伏尔泰有朝一日有孩子的话！

伏尔泰对这份极不公正的遗嘱提起诉讼，收回存放在父亲那里的印度公司的三份股票和五张一千法郎的钞票。

“我也有四千两百五十里弗尔的定期收益作为遗产。”他明确地说。

他需要更多的钱来确保自己的独立、随心所欲地创作、享受生活。所以他愿意恳求摄政王、恭维他，并终于获得一笔新的2000里弗尔的年金……

他从未让人看出他的愤怒与不安，继续出现在维拉尔元帅夫人家或米默尔侯爵夫人家，但是他感到更加自信了。

流亡在法国的英国勋爵博林布鲁克和其配偶维莱特夫人邀请他到他们在昂儒的泉水府邸做客。鲁昂高等法院的院长先生也在诺曼底布尔代河的自己的府邸内盛情接待他。他还被贝尼埃夫人吸引住了，这位夫人虽然35岁了，依然保留着青春期的妩媚、魅力与美貌。她像博林布鲁克一样，能够认可伏尔泰的才能，伏尔泰让他们了解自己的《伟人亨利》，他打算把这部作品题献给路易十五。他已经写好给这位年轻君主的书简：

“陛下，任何谈及亨利四世伟大作用的作品都应当献给陛下您。这位英雄的血液流淌在您的血管中。只因为他是伟人您才是国王……他这位曾真正热爱自己臣民的国王从来不把他们的怨言看成叛乱……但愿您有一天让我们习惯把您身上的这种美德看成您的王权的不可分割的特性！正是亨利四世对法兰西的这样真正的爱使他终于受到他的臣民的爱戴。”

当伏尔泰重读这封写给君主的书简时，他自己问自己：国王、摄政王、他的首相，迪布瓦枢机主教准备接受他对亨利四世的赞歌吗？这赞歌也是对亨利四世后继者法兰西国王进行开导的方式啊！

他逢迎迪布瓦枢机主教，他前往康布雷，在那里刚刚被授予此地总主教头衔的这位首相接待欧洲外交官们解决问题。伏尔泰向枢机主教的“天才”致敬，主教刚使西班牙大臣阿尔贝罗尼失宠于其国王，阿尔贝罗尼曾梦想看到西班牙国王菲利浦·波旁五世也对法国进行统治。

不应当害怕夸张与溢美之词，它们属于惯例！伏尔泰写道：

你的天才和他的天才争夺胜利
但是你出现了于是他的光荣
在瞬间消退

伏尔泰希望为首相效力，以此拥有一部分权力。

他对枢机主教解释道：

“我比世界上任何人都更容易前往德国，托词是在那里见让－巴蒂斯特·卢梭，我在两个月前就写信告诉他我想去把我的诗歌给欧仁王子和他本人看……如果这些考虑能够促使阁下派我做些事情，我请求阁下相信您不会对我不满意并且我会永远感激允许我为阁下效力……”

但是迪布瓦枢机主教对伏尔泰的效劳提议充耳不闻。

所幸，快乐使他忘记失望。

伏尔泰前往康布雷，又从那里前往布鲁塞尔和荷兰。玛格丽特·阿利格尔，吕佩尔蒙德伯爵夫人，比他年长六岁，目光清澈、容光焕发。她一心一意要享受生活。而伏尔泰喜欢有她轻松的陪伴：

一位被称为吕佩尔蒙德的美人
与她在一起，情人们和我
我们近来周游世界……

他并非不知道在宫廷里人们嘲笑她。圣西门把她描述为“头发橙黄色好像一头母牛，有才智和手腕，但胆大妄为无人能及，呆在宫廷里的绰号是金发女郎和万事管，因为她所有的大小集市都去，对许多事都略知一二，很少受道德的约束，冒许多风险。”

但是，恰恰，伏尔泰喜爱吕佩尔蒙德伯爵夫人做伴，因为她能够倾听各种意见，她敢于提出一些惊人的问题，哪怕是关于宗教、关于上帝。

他为她创作了一篇《致朱莉书简》，在其中他敢于写道：

上帝
在一位犹太女子的胁间开始出现

并且补充道：

我的怀疑不应该让你不快

……

一位上帝不需要我们经常的照料
如果人们能够冒犯它那是通过不公正的行为
它审视我们是根据我们的道德
而不是根据我们的牺牲……

他向吕佩尔蒙德夫人，然后向流亡在布鲁塞尔的让－巴蒂斯特·卢梭朗读这些大胆的诗句：

我摘下迷信的蒙眼带
让我在你的眼前展现充满大地的
神圣谎言的危险画面
让我的人生哲理教你蔑视坟墓的可怖
和来世的恐惧……

在荷兰吹拂的自由之风使他沉醉。他发现一个强大的、商业繁盛的、自由的国度。

“在阿姆斯特丹的港口里有一千多艘船只，”他写道，“在居住在这座城市的五十万人之中，没有一个游手好闲的人，没有一个穷人，没有一个二流作家，没有一个粗俗无礼的人。在那里看不见任何要捧场的人。人们不会为了看到一位王子走过而排起人墙。人们只知道工作和谦虚……”

在发现了这个没有出版检查、没有偏见的国度之后，他难以忍受让－巴蒂斯特·卢梭的义愤，卢梭对《致朱莉书简》的“可恶”诗句感到不快和愤慨。

“先生，省去再念下去的麻烦了，这是对宗教的可怕亵渎。”卢梭说。

当卢梭向他念自己的一首诗时，伏尔泰回答道：“这不是善良伟大的卢梭的作品……”

他曾经崇拜让－巴蒂斯特·卢梭。他曾经把他尊为大师，梦想着模仿他，而现在这位卢梭变成一个可憎的敌人了。

伏尔泰就这样日甚一日地发现自己不能忍受某些文人的行为，何况他们也是对手。

他厌恶与另一位诗人——像自诩为戏剧写作并在其中获得成功的皮龙——呆在米默尔夫人的沙龙或贝尼埃夫人的沙龙里。

伏尔泰感到嫉妒与恶意的人们联合起来对付他。

他担心自己的《伟人亨利》，尽管有《致路易十五的书简》，会被查禁并且他不得不秘密印行。

他为此可以指望贝尼埃夫人的帮助，她的帮助会非常珍贵，这尤其因为她丈夫在那里当高等法院院长的鲁昂是一座印刷业发达的城市。

他信任这对夫妇，他在他们位于巴黎博纳街的私邸内租用一个套间，离塞纳河堤岸不远。

但是他经常逗留在奥尔良和昂热间的叙利府邸或博林布鲁克府邸。

他给贝尼埃夫人写道：

“您回到巴黎的时间不久就要来到；我不知道您是否将很快在那里见到我。对学习和退隐的爱好让我不再有任何愿望再回到那里。自从我远离所有蹩脚的演说、我承受的烦扰与卑劣的言行之后，我从来没有感到如此快乐。”

他重又修改自己的诗《伟人亨利》。他开始写一出剧，把埃罗德国王《玛丽安娜》搬上舞台，还写另一出更轻松的剧，他称之为《冒失者》。

然而，无论他说什么或者愿意相信什么，他还是怀念巴黎和它的喧哗、人们在那里的交谈和那里的快乐。

接近政权，加入那些决策和接触国王的小圈子，这个野心折磨着他。

然而菲利浦·奥尔良摄政王和迪布瓦枢机主教两人都在1723年死去。是由波旁－孔戴公爵主持政府，而由国王的教师弗勒里神甫决定其态度。

必须接近他们，向他们邀宠，成为波旁红人普里夫人的常客。

伏尔泰了解这些手法的所有规则，他精于此道。

不过，有时他也想疏远他们。他朝他过着的生活投去冷峻的目光，仿佛他已经看破红尘，大彻大悟。这并不仅仅是一个自命不凡的姿态。他曾给米默尔侯爵夫人写道：

“友谊的价值比爱情珍贵一千倍。我似乎觉得我丝毫不适应激情。我觉得在自己身上有些可爱的滑稽可笑之处，我或许会在可能爱我的女子们那里发现得更多。”

然而，吸引女子，征服她们，爱她们和被她们所爱，在她们的沙龙、在她们的私邸，在博纳街贝尼埃夫人家或者圣父街米默尔侯爵夫人家，要故作媚态，这是为接近政权必须走上的道路。

“事情就是这样，我为了生活不再想它。”他说。

他已经30岁了。

7.
“我可怜的伏尔泰”

30 岁。

伏尔泰寻思并自问：难道死亡的时间已经来临？

他发烧，像天花似的皮疹弄花了他的皮肤。在巴黎发生一场瘟疫。他的一位朋友，热农维尔，一个“坏蛋”但也是青年时期的伴侣，刚刚被这场瘟疫带走。他只有 26 岁。

热农维尔在 1718 年利用伏尔泰被监禁在巴士底狱的机会成为苏珊·卡特琳·利夫里的情人。

但是怎么责怪这位亲爱的朋友，这位“敏捷的才子”？

伏尔泰回想起来，怀旧之情油然而生：

在我们生活的美好日子里
我们三人全都相爱：理智、疯狂、
爱情、最温情的不端行为的魔力，
一切把我们三颗心连结在一起
我们那时是多么幸福……
年轻、快活、满足、无忧无虑，
现实的愉快节制我们所有的欲望，
难道我们还需要无用的富足？

我们拥有更好的财富，那就是快乐……

这一切都已经消逝？

伏尔泰决定让人给自己放血。

他是巴黎高等法院院长迈松侯爵的客人，迈松侯爵在自己位于圣日尔曼森林边的府邸接待他。

这位侯爵欣赏《俄狄浦斯》、关于《伟人亨利》的伟大诗歌。这位文人也是一位酷爱物理、化学和植物学的学者。

伏尔泰听他的话，同意接受热瓦西医生，这位医生没有给他“活血药，而是让我喝两百品脱的柠檬水”。

热瓦西医生表现得谨慎、使人放心、雄辩，而“治愈的希望已经是治愈的一半”，伏尔泰是这么看的。

但是天花是一种讨厌的顽症。热度不退，使他虚弱。

“我请关心我健康的迈松本堂神甫进来，”伏尔泰叙述道，“我忏悔并作了我的遗嘱，如您相信的那样，我的遗嘱不长。在这以后，我相当平静地等待死亡，当然还是遗憾没有对我的诗歌和《玛丽安娜》作最后的修改，也有一点遗憾早早离开我的朋友们。”

然而，渐渐地，他恢复了气力，重新写作，完成《玛丽安娜》，复看《伟人亨利》，觉得并确信工作就是生命的源泉。

他依然感到疼痛，但决定回到巴黎。

“我刚到离邸宅两百米处，”他回忆说，“我呆过的房间的一部分地板燃烧着落下……我不能设想在我只留下一块几乎熄灭的烧焦木柴的我的房间里火怎么会这么突然地烧起来。”

实际上，烟囱下的一根梁在好几天的时间里缓慢地烧尽，而火只是在伏尔泰动身的时刻才爆发。

迈松府邸里的损失非常严重。

“我不是这起事故的原因，”伏尔泰说，“但我是它不幸的诱因；我因此感到的痛苦就像是我有罪过那样。我立刻重又发起烧来，我对您肯定地说，在那个时刻，我并不感激热瓦西先生保全了我的生命。”

这是他第一次怀有这样的情感，仿佛对于自身命运意义本身的一种怀疑折磨着他，仿佛他因在几种企图之间左右为难而痛苦：做和君主一样独立自主的伟大诗人，或者，因为在没有继承的或创造的财富时必须确立一个地位，接近宫廷、波旁公爵、普里夫人和深得年轻国王路易十五信任的弗勒里神甫。

伏尔泰知道诗人的境况是不确定的。1724年3月6日，在法兰西剧院《玛丽安娜》的第一次演出就是一场失败。正厅的观众们冷笑着，他们评论的喧哗盖住了演员的台词。应当撤回这出剧。

幸运的是，一册册《伟人亨利》在鲁昂秘密印刷并藏在贝尼埃夫人货车里运到巴黎，而且立刻大获成功，由于它被查禁，由于只能私下购买，难以获得，更激起人们的兴趣。

这部作品显得令人感到危险、放肆和不得体。难道它不是赞扬科利尼海军司令，被吉斯家族杀手们谋杀的这位胡格诺教徒吗？

伏尔泰发现反对他的一个阴谋集团在形成。人们对弗勒里神甫私语道这个亨利亚特，自称爱国，首先是异端的。

伏尔泰处于愤怒、痛苦和沮丧中：那还能写什么呢？

他承认并接受：

“我曾经在我的诗歌里在宗教方面过于推崇和平与宽容的精神，我对罗马教廷说了太多的真相，我没对新教徒散布多少敌意，以至于人们不允许我在我的祖国印行为歌颂我的祖国最伟大国王而创作的这部诗。”

赞誉不能补偿失望，他的前途飘忽不定。

有人把他与维吉尔相比较，说终于“我们的语言拥有一位史诗诗人”，这又有什么用呢？他并不怀疑他的作品的质量、它将在法兰西文学中占有的位置。但是如果他不被掌握政权的人们所承认，不被施与头衔和金钱的人们所承认，他的生活将会是什么样呢？

他既不愿意默默无闻也不愿意生活贫困。他要的是快乐、名声、宫廷的荣耀和写作与思考的自由。

他前往福尔热－莱－奥，所有在巴黎有地位的人在那里相见。有普里夫人和波旁公爵，甚至还有成为枢机主教的弗勒里神甫以及黎塞留公爵。

“在福尔热人们消息灵通。”伏尔泰说。在生病几个星期后他有一种惬意的感觉。“温泉给我带来我原来不曾想到的好处。我开始缓过气来并感到健康。到目前为止我只生活了一半。但愿上帝期待这道小小的希望之光不会很快熄灭！”

事实上，他沉醉于处在他愿意属于的这个世界的中心。他享受着人们对他的关注、人们对他的称赞。

他重新写作《玛丽安娜》和这出小喜剧《冒失鬼》。

他诱惑人。他讨好人。他坐在赌桌前，在纸牌赌博中输掉将近一百路易——“按照我值得赞扬的习惯，每年在赌博中有几次输得精光。”

然后，突然间，他失去了活力与好身体。

他回到巴黎，住进他在伯纳街贝尼埃家租下的套间里。但是在塞纳河堤岸行驶的车辆持续不断的声音使他烦恼和无可奈何。他重又发烧。

“我走出死亡，我又八次发烧。”他吐露说。

随后，他给贝尼埃夫人写道：“您将发现可怕的疥疮覆盖我整个身体。请审视我想见您的愿望，既然我敢于在我现在所处的状况下向您提出这个请求……所幸，我了解您有足够的美德和友情还可以容忍像我这样的一个坏麻风患者。在您回来的时候我们决不亲吻，但是我们的心灵将会交流。”

即使生病，他也没能放弃爱情的争斗，完全进入角色。

人们会关系疏远。言归于好。献媚。相互嫉妒。

他与米默尔侯爵夫人不和，夫人在自己家圣父街的私邸接待诗人皮龙，她似乎欣赏其平庸的才能。

在他周围到处都是小争斗、小诡计，他被介入其中的奸计。

他得知法兰西剧院上演纳达尔神甫写的一出《玛丽安娜》。这出剧受到的欢迎是一阵喧嚣。

有个谣言散布开来：纳达尔神甫可能付钱给一些观众让他们鼓掌，而伏尔泰可能煽动他的朋友们让他们喝倒彩。

有人指控他要对纳达尔的失败负责，指控他组织一起“可怕和可耻的阴谋”。

他将能摆脱这些争论、摆脱这个“泥潭”吗？

需要有才干并且善于处事。

必须为自己争取一些盟友，支持他们，例如这位德方丹神甫，这位尖刻的评论家在《学者报》上的文章充满激情而且辛辣，使其评论的作品为众人所知。

而现在德方丹被关在比赛特勒，被指控犯有鸡奸，如果被判决，有可能被在格雷夫广场烧死！他求助于伏尔泰，说自己是阴谋和诬蔑的受害者。

有罪，无辜？这位德方丹曾经是个有影响的人并且可能重新成为有影响的人。

伏尔泰向普里夫人和弗勒里枢机主教求情，在1725年5月30日，德方丹离开了监狱。

他给伏尔泰写道：“先生，我将永远不会忘记您对我的无限的恩情。您的好心肠胜过您的才智，您是从来没有过的最重要的朋友。”

但是仅仅几周过去，伏尔泰就预感到这份感激就要化为忘恩负义，甚至化为仇恨，德方丹恢复了在《学者报》的位置后，就要把他的“恩人”、他的“朋友”当作攻击的靶子。

为什么人们这样行事？

人类天性如此，迅速就会背弃、背叛，这是怎么回事？

伏尔泰觉得每一天他都发现他属于其中的人类的意想不到的新的一面，人们说上帝创造了人类，但上帝是出于什么目的呢？

一位拉福斯夫人，数年来内脏出血，但在见过圣体后突然痊愈，这如何解释？这是一个奇迹吗？

伏尔泰想在圣安托万区街拉福斯夫人的家中见到她，试图弄明白。

“在巴黎大家都说我是虔诚的。”他指出，“我相当努力地既为上帝效劳又为魔鬼效劳。我在世界上拥有圣安托万区的奇迹给我的小小虚名。出现奇迹的这位女子今天上午来到我的房间……”

他被人类的行为所迷惑，观察着。

在比赛特勒，两个人声称他们是预言家埃利，而人们通过鞭打他们来对他们进行治疗！

在宫廷里，人们展出四个路易斯安那土著，其中有一个女子，伏尔泰问她：你吃过人肉吗？她漠然地回答，仿佛这不言而喻。

对人们怎么想？对道德规范怎么想？

在宫廷里，人们甚至私语应当让被某些亲友的接触腐蚀的年轻国王赶快结婚！

波旁公爵和普里夫人选择洛林公主玛丽·雷兹克赞斯卡作为他的配偶；婚礼应当于1725年9月5日在枫丹白露举行。

伏尔泰希望出席这场婚礼。

他与波旁公爵的情人普里夫人的关系是一个应当抓住的机会。

如果他成功地接近王后，他可以让她了解自己的作品，在宫廷获得一个职务，或许是普通侍从的职务，这可以确保他的收入和名声，使他摆脱文人的风险。

同时，他怀疑：“我是精神失常嘛！没有我想不到的傻事。”

但是他已经非常接近目标，所以不会放弃了。

他向普里夫人献殷勤。他终于被介绍给王后，王后阅读他的作品。

“她读《玛丽安娜》时哭了，读《冒失鬼》时笑了，她经常和我说话，她称呼我‘我可怜的伏尔泰’。一个傻子会满足于这一切……人们每天给我一些希望，我并不怎么沉醉于其中。”他说。

竞争是激烈的。诗人们聚集在王后周围，互相窥伺，互相嫉妒。每个人都希望获得一份津贴、一个职位。

“王后每天都被平达体的赞歌、十四行诗、祝婚诗……弄得极端厌烦！”伏尔泰带着蔑视、恼怒，也带着不安感叹道。

然而他和普里夫人、弗勒里枢机主教、和成为第二首相的金融家帕里斯－迪韦尔内一直非常相投。

他觉得，他从来没有处于这样有利的局面，可以获得一个职位，回报他的才能、他对王国和其国王的忠诚。

终于，一扇门打开了。

“王后刚刚从她的私人金库给我一笔我没有要求的1500里弗尔的津贴。这是为了获得我所要求的事情的一个进展。我和第二首相迪韦尔内关系非常融洽。我指望普里夫人的友情。”伏尔泰写道。

他暂时中断给贝尼埃夫人写信。

1725年11月13日，他还有几天就要过生日。他就要进入他人生的第32年。

他重新拿起笔：

“我不再抱怨宫廷的生活。”他写道。

随后似乎是为了掩饰他的吐露他补充说：

“我开始怀有一些合情合理的希望，可以在宫廷里有时做一些对我的朋友们有用的事。”

8.
“我开始我的名字，而你结束你的名字……”

伏尔泰从未像在这 1726 年的 1 月一样对自己和自己的未来如此充满信心。

在凡尔赛宫他被王后接见，在普里夫人的沙龙他会遇见波旁公爵，普里夫人是其宠姬，他也去自己温情的女友贝尼埃处，参加叙利府邸的晚餐，在那里人们把他作为才子接待，他陶醉于警句和计划、雄心和希望。

他觉得在未来的几个星期里，他，伟大的法兰西诗人，将终于获得一个职位，或许还将获得一个头衔，它们将证明他与这些侯爵、这些公爵、这些伯爵、这些在其私邸和别墅邀请他就餐的贵族是平起平坐的。人们就像他是自己人一样地接待他，人们热情款待他，人们听到他放肆的俏皮话开怀大笑。

他频繁接触叙利公爵、迈松侯爵、维拉尔元帅或这位罗昂－沙博骑士，后者是王国最显赫贵族一支世系的后代，这个世系曾拥有享有盛誉的罗昂枢机主教。

人们私下里说罗昂－沙博骑士从事“犹太人的职业”（放高利贷者），而在罗昂－沙博家族里几乎没有人喜欢他们家族的一个成员如此玷污家名。

伏尔泰有时和这位骑士在歌剧院坐在同一间包厢，察觉对方对自己感到恼怒，伤了自尊，仿佛罗昂因为这位诗人的成功而痛苦，无法忍受在他周围的女子眼里自己只是二号人物，几乎无人所知，而自己拥有贵族头衔，多么风光。

伏尔泰一时间深感不安。

他必须迅速获得国王的承认，这将使他摆脱平民身份。

他很惊讶还不曾收到王后给他的年金，这笔年金本该从1725年11月1日起计算。

他想放下心来。王后已经签署了“敕书”，不可能改变主意。因为他需要钱，他已经以自己的年金证明向帕里斯·迪韦尔内提前支取，这位金融家立刻向他支付了由王后在私人金库上担保的1500里弗尔。

伏尔泰趾高气扬。他是从国王和王后那里领年金的人。

那么他在罗昂－沙博的眼睛中所看到的目光又有什么关系？

这种蔑视只是为了掩饰羡慕、嫉妒和贵族区居民生活的平庸。

伏尔泰转过眼睛，俏皮话迸发出来。女演员勒库弗勒小姐大笑起来，挽着伏尔泰的胳臂，喁喁私语。

在这个时刻，有谁想得起罗昂－沙博骑士的在场呢？

1726年2月6日，在歌剧院的一个包厢里，罗昂－沙博突然以混杂着傲慢的讥讽声音问道：

伏尔泰先生……阿鲁埃先生……？但你叫什么名字？

随后他摆出高傲的样子，环视周围，以勒库弗勒小姐作为见证人，用更加尖锐的调子重复自己的问题，藐视试图通过突然的转变、少许才智和改换名字来使人忘记自己平民身份的这个“文人”。

伏尔泰向前迈了一步，挺起身子，面色突然变得苍白，两眼射出愤怒的目光。

从童年起就受了那么多的欺负，不得不顺从！最惨的是，在他被这个告密的军官博勒加尔痛打之后，他向摄政王菲利浦·奥尔良要求公道，然而后者只是淡淡一笑，为博勒加尔说话：“公道？可是我得知人们刚刚给了你公道！”

他不能够再接受，更不用说来自像罗昂这样的一个平庸的家伙的欺凌。他说出去的话像剑击一样刺人。

他说，他，伏尔泰，不是只有一个伟大的名字，而是会为这个名字增辉。

罗昂－沙博颤抖着，他的脸在痉挛。

必须出击。

——我开始我的名字，伏尔泰补充说；你，你结束你的名字！

沙博举起手杖，准备敲打伏尔泰。勒库夫勒小姐呻吟着，身体摇晃。罗昂犹豫不定，然后说：

——只能用棒击回答你!

他走开了。

伏尔泰一动不动。他紧紧抓着剑柄。他想决斗，了结这场争论。

两天后他在叙利府邸进晚餐时又谈到这件事，在客人之中看谁在抨击罗昂骑士上走得更远。叙利公爵，在大家赞同之下，补充说：

“如果你使我们摆脱他，我们会很高兴！”

一个仆人走过来告诉伏尔泰有人在府邸门口要见他。

他走到门口，看见两辆车停着，于是走近第一辆。两个，或许三个，或者是四个还是六个男子，向他扑来，用棍棒狠狠地猛揍他。

这时他瞥见罗昂骑士靠在第二辆车的车门上。

伏尔泰倒在路面上。在两辆车离开现场后，府邸的仆人们走了过来。人们把他抬进一间客厅里。

他恢复知觉后跳起来，要叙利公爵作证人。应当公正处理这次伏击、这次凌辱。他要求公爵和他一起去警察局控告。

但是公爵的态度，带着逗乐的微笑看着他的所有客人的态度，就好像更加厉害的、更加痛苦的另一阵乱棒的击打。

尽管他拥有光荣，他的情况就是这样：他是被一个名叫罗昂－沙博、出身于无人敢于藐视的家世的家伙可以叫人殴打的平民诗人，这是因为罗昂枢机主教权力很大，因为人们属于只是容忍一个平民存在的同一个社会，哪怕这个平民是法国最伟大的诗人。

再说一个诗人又是什么？一种仆从。

他不能接受这个侮辱。他要求补偿对他的伤害。

他跑到普里夫人那里。他被带到凡尔赛宫。王后接见他，同情地听他诉说，但一言不发。

在巴黎到处人们背过脸去。人们微笑，甚至狂喜。人们好意地、低声地，好像说友好的知心话那样——但是为了激起他的痛苦，他知道得很清楚——告诉他孔蒂亲王先生，“如此欣赏你，认为你优于拉辛和高乃依的人，说了：‘这是该打但打得不好的棒击’。”

人们笑了。

布卢瓦主教，科马丹家族的一员，补充说：“如果诗人们没有肩膀，我们会很高兴。”

人们肯定地说罗昂骑士到处大叫大嚷他“指挥那些作业者”并且他对他们说了：“别打在头上，可能会从里面出来些好东西。”

没有人，没有一个人挺身而出反对这个不公正的行为，这起伏击，这桩罪行。

人们告诉伏尔泰只有孟德斯鸠男爵可能写了：“我觉得维拉尔元帅是无法模仿的。当我说罗昂骑士不应该叫人用棍棒打人、这样做是违犯法律的时候，人们总是对我说挨打的是一个诗人。我一直认为诗人也是个人。”

伏尔泰忿忿不平。法庭无视这起罪行。因此，无论他会付出什么代价，他要让这个除了出身名门别无长处的骑士得到应有的惩罚。

伏尔泰拜莱诺为剑术教师。他学习击剑，而莱诺则告诉他警察局的几个暗探来自己处询问他的情况。

有人跟踪伏尔泰。有人监视他。

他从一个住处换到另一个住处，购买几把手枪，企图在与罗昂骑士决斗的场上获得对方的赔礼道歉，但是罗昂避而不见。

要不要求助于在酒吧间游荡的好斗剑者中的一位，他们随时准备受雇教训一个无礼的家伙。

伏尔泰犹豫不决。他知道人们注视着他。人们承认他是有理的，应当补偿对他的伤害，罗昂骑士只是个堕落的家伙，被指责为“缺少勇气，从事高利贷”。然而，人们不仅不追究他，而且还将保护他不受冒犯了他的这个年轻人的侵害，只因为他是高等贵族家庭的后代。

而且必须保护这个骑士不受这位诗人的报复，诗人似乎完全失去克制，随身带着几把手枪，随时准备射击。罗昂枢机主教要求波旁公爵先生让人将这个伏尔泰，这个阿鲁埃关进巴士底狱。

在 1726 年 4 月 17 日夜间，伏尔泰被逮捕并被送到巴士底狱。

他没有屈服。

他大声说话，要求公道。

但是，独自一人被关在宽大的囚室里，他体会到自己不可靠的境遇。

他对此早有意识，正是为此他才想摆脱“泥潭”、达到社会的顶峰。他认为已经到达了。但是人们却抛弃了他。

在这个王国一位诗人是什么呢？

接受棍棒击打的肩膀。

但必须既坚定又机灵。他不愿意在巴士底狱结束自己的生命。

他给大臣写信，“要求允许与巴士底狱的监狱长先生一起进餐，见许多人。他还坚持要求允许立即去英国。如果人们对他的出发有怀疑，可以派一个下级警官一直把他送到加来”。

当他获悉刚过4月29日人们就已下令释放他，一位孔戴先生将陪同他一直到加来海峡并证明他已登上轮船，他满怀喜悦，同时没有抛弃复仇的希望。

但是没有自由他能够着手做什么呢？

他知道唐森夫人被关在巴士底狱，人们常在沙龙里遇见这位夫人，她被指控杀死自己的情人。

他写信给贝尼埃夫人，后者在1726年5月初把自己的轻便马车借给他让他前往加来海峡。

“请向唐森夫人肯定我的一大痛苦就是知道她在那里。”

他列举奥维德的主角、皮拉姆和蒂斯贝，他们是邻居，但互相从来没有见过，除非通过一条门缝。

“我们那时就像皮拉姆和蒂斯贝，”伏尔泰继续说，“只有一堵墙把我们隔开，但我们不可能隔着墙缝亲吻……”

1726年5月9日，他登上贝蒂号轮船前往英国，但是未能实现复仇的遗憾折磨着他，他刚刚踏上英国的土地就想返回法国。

他没有放弃与罗昂－沙博进行决斗，为了洗刷自己被践踏的荣誉，他决心不惜牺牲自己的自由。

1726年8月12日，他给他的朋友泰里奥写道：“我在巴黎作了一次小小的旅行。我没见任何人。我只寻找一个家伙，他怯懦的本能使他对我避而不见，仿佛他猜到我在跟踪他。最后，由于担心被发现，我比来时更匆忙地离开了。事情就是这样，我亲爱的泰里奥。很可能此生我不会再见到你……”

痛苦中混杂着绝望。他通过自己的肩膀体会到社会的暴力，在这个社会里才能与成功随时可能被特权所粉碎。在这个社会里司法服从这样的社会秩序。

无力的司法，或者不公正的司法。

在这种情况下，如何自由地行动和思考？

他得知警察总监收到一封揭发信，写信人庆幸这个弗朗索瓦·马里·阿鲁埃被关进巴士底狱，说已经有十五年多的时间人们希望见到他被关在巴士底狱，因为这位阿鲁埃先生从中学起就试图腐蚀青年贵族，向他们鼓吹自然神论，嘲笑“旧约的故事和寓言，嘲弄使徒们、教父们，说他们是蠢人、轻信者或江湖郎中和道德败坏者”。

而且这封信的匿名作者希望人们把这个不信教者终生关在巴士底狱。

伏尔泰知道他将永远受这些狂热的伪君子或这些权贵的摆布，像罗昂－沙博这样的人可以随心所欲、不受惩罚地用乱棒打人。

而正是受害者被关在巴士底狱。

伏尔泰得出结论：“我这一生只有两件事可做。其一，在我一旦能够的时候体面地拿我的生命去冒险；其二，在适合我的思维方式、我的不幸和我对人们的了解的无声无息的退隐中结束我的生命……”

9.
“愚蠢的人民……”

1726年5月11日，伏尔泰从贝蒂号船的甲板上看到塔米兹河开阔的港湾。

他走向慢慢驶进格雷夫森德港的轮船的船首。

“天空就像法国南方最美好的日子那样晴朗无云”，他后来回想起当时的天气。

他急切得浑身打颤，他想第一个跳上码头。

“理性在这里是自由的并且没有任何约束。”他对自己反复说。

他在英国的土地上迈开最初的几步。

“一阵轻柔的西风使大自然更加清朗，空气在其吹拂下变得清新，给人们带来喜悦，我们多么像是机器似的人，我们的灵魂多么取决于身体的动作！”

他紧抱着一个皮包，他在这包里放了一本词典和一本英语语法，在登上轮船以前的日子里，他已经尽力读懂三卷本的入门书，《大不列颠和爱尔兰的现状》。

他希望迅速掌握英语，以便理解这个民族并向它学习。

谁知道他是不是将不得不在那里度过自己一大部分的人生?

他放下心来：这是流亡，但这是在自由和友好的土地上。

1726年8月12日——在短暂的秘密往返巴黎之后——他给他的朋友泰里奥写道：

“我在这个国度很受尊重，人们充满好意地对待我。”

他在法国时经常在英国博林布鲁克勋爵家做客，勋爵回到了英国，伏尔泰知道自己将可以被他接待在其在伦敦的保尔·毛尔私人府邸或其在道利的米德尔塞克斯的寓所。

他也可以前往一位大商人埃弗拉尔·福克纳家，福克纳曾旅居东方，1725年伏尔泰在巴黎与他见过面，他住在塔米兹河以南自己的旺达沃斯庄园。

因此伏尔泰可以禁不住兴奋不已。

他叫送他去伦敦的马车停在格林威治附近。

“塔米兹河上行驶着两行商船……所有的船只都展开风帆向国王与王后致敬，国王与王后坐在一条金色的小船中在河上漫游，前面开道的是坐满乐队的船只，后面跟着一千艘用桨划的小舟，每艘小舟有两名桨手……这些船夫中的每一个人通过他们的面部表情、衣着和肌肉发达的健康状况都告知人们他们是自由的并且生活在富足中。”

这是最初几个小时所见，对新事物的沉醉，希望和幻想，它们改变着现实。

随后，突然间，景象变换了。

他在伦敦城中漫步，这座城市的人口是巴黎的两倍。他是孤单的。他来到博林布鲁克勋爵的住处，但勋爵暂住在道利的寓所。他本可以前往那里，但他不会说一句英语并且没有钱。

他成功地请人把他带到银行家蒙戴斯·达·科斯塔那里，他曾在巴黎办了其一张汇票，可以用来在伦敦支取自己的现金。银行家是个老人，儿子破产了。

“他对我说他在前一天宣布破产，他慷慨地给我几个几尼，他原本是不肯给我的。”

老银行家泪流满面，令人感动，他诚恳地表示抱歉，但伏尔泰没有精神准备，于是他在8月前往巴黎，这不仅是为了向罗昂－沙博进行报复，也是为了办理一张可在伦敦流通的新的汇票。

如此手头拮据、孤独、无法让英国人理解自己，这使他痛苦。

他病了，同时陷入短暂而强烈的气馁中。他克服自己的气馁，终于成功地来到道利的寓所，在那里博林布鲁克勋爵为他打开通向自己的诗人和作家朋友斯威夫特、蒲伯、格雷的大门。

不久伏尔泰收到乔治国王的100几尼的一笔赠与。

前景变得明朗，工作驱除了有时变为失望的不安。

他努力不懈地学习英语，强制自己用英语写信，甚至开始用这门他逐渐掌握的语言写作一篇关于史诗的评论或一出悲剧《布鲁图斯》的第一幕。

他每星期去几次剧院，发现莎士比亚，眼睛盯着剧本注视着剧情的进展。

三个月后，他理解英语，用英语对话和写作，就这样感到摆脱了迫使他幽闭和孤独的一座无墙的监狱。

但是对英语的理解也使他发现了他不曾了解的一种现实。

他听到他曾见过并当做自由和快乐人描写过的水手中的一位的哀怨，这位被监禁的水手伸出手来为了被人救助。这个人在塔米兹河的堤岸上被抢得光光，强征到仁慈的陛下的船只上！

伏尔泰应邀来到诗人蒲伯在特威克南的家中，既欣赏又羡慕这个浑身疾病的驼背男子的作品，但也对在虔诚母亲的陪伴下接待他的这位天主教徒的“歌颂教皇的”因循守旧深感失望。

伏尔泰情不自禁地令他们反感，因为他对他们描述鸡奸者耶稣会士的邪恶猥亵的行为，或者肯定自己是自然神主义者。

几个月后，使他印象深刻和振奋的不仅是英国民族的自由精神而且是“相信上帝和信任大臣们的愚蠢人们”的正统观念。

同时，这个商业民族，他的一位客人，曾在阿莱普度过几年时光、一家出售英国羊毛和收购沙漠商队从亚洲运来的丝绸的贸易公司的“经纪人”福克纳的宽阔眼界使他着迷。富有勇气和智慧、毫无偏见的福克纳迷住了他。他发现伦敦证券交易所，其活动向世界、向他人展现的实业家、银行家和大商人这个有教养的和国际经验丰富的阶层。

他体会到这些有教养人士毫不在乎对话者是否是犹太教徒、基督教徒或伊斯兰教徒，他们是多么宽容。

他在伦敦租了一处“隐居的住所”，为的是更靠近剧院、更靠近这家雨－虹咖啡屋，在那里他见到一些法国移民，其中有普雷沃神甫。

他走遍伦敦，当他受到想教训“法国狗”的一群人的侮辱和威胁的时候，他可以用纯正的英语“回报”他们，对他们嚷道：“可敬的英国人，我没有在你们之中出生，这不是已经相当不幸了吗？”

他后来说：“我已经几乎习惯了用英语思维。我感到我语言的词语不再像从前一样源源不断地出现在我的想象中。这就像一条小溪，它的源泉被改道了……”

但是当激情喷涌的时候，母语重新源源流淌而来。

他得知他的妹妹玛格丽特·卡特琳·阿鲁埃刚刚去世。妹妹在1709年成为米尼奥夫人，她是四个孩子的母亲。

过去的一切重新涌现出来，他回想起他与之只有如此暧昧、如此疏远联系的这个阿鲁埃家庭，回想起这个阿尔芒兄长，他们妹妹的离世本该使他们接近，但是他却不回答伏尔泰的一封封来信。

“我曾经试图通过各种手段减轻这些年他对我的学究式的无礼和狂妄的自私，他对我的所作所为我无法忍受，这是我心中最强烈的痛苦之一。”他在 1727 年这样告诉泰里奥。

阿尔芒的这种态度使得玛格丽特·卡特琳的去世更加令人痛苦。

“该由我的妹妹活着而由我去死。”他给贝尼埃夫人写道，“这是命运的误会。我对她的去世感到非常痛心。您了解我的心地，您知道我对她怀有情谊。我本以为该由她为我服丧。”

妹妹的死充分显示出过去生活的重要性、发生的变化的重要性。波旁公爵在巴黎的政府首脑的地位被弗勒里枢机主教取代，后者成为权力极大的头目，最好转向他求助以便获得返回法国的权利。

伏尔泰进行尝试，向枢机主教恳求，终于在 1727 年夏天他收到一个决定，该决定的签署日期为 1727 年 7 月 29 日，决定明确指出：

“允许伏尔泰先生来巴黎三个月处理其事务，时间从他到达巴黎起计算，规定时间过后，陛下命令他返回流亡地，否则以违抗论处。”

伏尔泰犹豫不决，然后推迟接受这个恩惠，而在伦敦他已被英国上流社会接纳，他决定发起预订以便用豪华版本出版他又修订过的《亨利亚特》。

他遍访贵族的住所。他恳求博林布鲁克勋爵、彼得博鲁勋爵、切斯特菲尔德勋爵、里什蒙公爵夫妇、萨拉·邱吉尔（马尔博鲁公爵的寡妇）参加预订《亨利亚特》。他没有遇到任何拒绝。金钱源源而来。国王家族本身就预订了好几册。

他要把他的长篇史诗题献给王后，为了这篇史诗他曾在过去写了一封致路易十五的书信，但是书刊审查官拒绝准予印制这部作品。

给卡罗琳王后的献词是对英国君主制的颂扬和一份宣言，伏尔泰借此描绘他所希望的政府。

“陛下，”他写道，“您将在这本书里发现伟大而重要的真相：不受迷信侵袭的道德风尚；远离反抗与压迫的自由精神；国王们的权利始终得到保证而人民的权利始终得到捍卫。

“写作这本书所依赖的精神使我冒昧把此书献给一位国王有德行的夫人，这位国王，在多少位国王之中，几乎独自享有治理一个自由的民族的无价的荣誉，这位国王使他的政权被人爱戴，使他的光荣合情合理。

“我们的笛卡儿，欧洲最伟大的哲学家，在牛顿骑士出现之前，把他的《原理》题献给著名的帕拉蒂娜公主，伊丽莎白……夫人，请允许我，不是要把我和笛卡儿相比，也同样地把《亨利亚特》题献给陛下您，这不仅因为陛下保护科学和艺术，也因为陛下是对它们的极好的鉴赏家……”

这部作品的出版大获成功。在三个星期里接连出了三版。

作品的主题、装帧之美，人们要仿效贵族尤其是王室的愿望促使大家预订或购买《亨利亚特》。

伏尔泰委托自己的朋友泰里奥在法国发起另一批预订。

他清楚地知道给英国女王的献词会被人视为对一种异端君主政体的颂扬，而这种政体是与法国君主政体竞争甚至敌对的。这本书或许将被查禁。但是伏尔泰还是冒着这个风险行事，将近 80 个人预订《亨利亚特》。

泰里奥后来声称预订的资金——一大笔钱——在自己去望弥撒的时候被人偷走了。伏尔泰没有受泰里奥谎言的欺骗，要求对方履行诺言。

然而，他不能怨恨这位朋友，他了解其所有的弱点，但并不希望与之决裂。

他给泰里奥写道：“我的朋友，这个意外事件可能使您腻烦去望弥撒，但是它不会阻止我始终热爱您并且为了您的操心而感谢您。”

他恰如其分地对待人们。

他不再对他们的道德抱有幻想。

从此，即使是和怯懦、令人怀疑、能干出一些小小卑劣勾当的一个人物的友谊也应当维持下去。

这是少有的事情。

“泰里奥经常提议向我作出赔偿，但是他会破产，”伏尔泰说，“而我，如果我为了失去一百路易而让我的朋友难堪，那我就不配做文人。”

然而，他需要这笔钱。他无论如何必须设法弄到一些钱。

人们怀疑他刺探托利党——他的朋友博林布鲁克勋爵的党——是为了反对党辉格党[1]的首领沃波尔，为了从中获得好处。

---

1 自由党的前身。

人们肯定地说一位书商因为确信被骗取钱财而叫人用棍棒打他。有人甚至断言他“刮擦”一些支票以便将它们作对自己有利的篡改。与彼德博鲁勋爵有同样的金钱纠纷。

伏尔泰这样就感到，如同在巴黎那样，自己受到这些利用几起真实小事散布的谣言的威胁。

因此他必须像离开巴黎那样逃离这座城市。他不能够，如同他曾经想到的那样，成为原籍法国的英国的一位作家和一位诗人。他停止用英语写作他的悲剧《布鲁图斯》。

他甚至对由一位英国人已经开始的《亨利亚特》的翻译也不再感到兴趣。

他急于动身。他过流亡生活将近三年了。他思念巴黎。他 34 岁了。

他告诉泰里奥：

“别再给您的流浪朋友写信了，因为您随时会看见他出现在你面前。”

2

{第二部分}

“这个人能够毁掉一个国家……”

(1728—1733)

10.
"我见过如此多的贫穷和被人蔑视的文人……"

在 1728 年的这个秋天，他行走在他刚刚从船上走下的迪埃普港口的码头上。这些招呼他的法国人的声音使他惊讶。有时候他难于听懂。难道他忘记了自己的语言，或者他们说的是诺曼底渔民的土话?

他心慌意乱。在这紧贴在脸上、浸透衣服的蒙蒙细雨中他冷得发抖。

他感到不安。他突然体会到自己在英国感到多么自由，这几个月他对它表示的不满一下子消失了。

这里，是曾经两次把他送进巴士底狱的密札的国度。

他走进药剂师费雷的店铺，费雷出租几个房间。但是，他未加思索，就自我介绍为一位几乎不能说法语的英国旅行者。

他不愿意让人们知道自己回来了。

他害怕罗昂的阴谋，即使已经过去三年。过些时候再让人们知道他已返回法国，这样会更好。

是潮湿、渡海的疲劳，还是激动与不安交加?他病了。

或许他也工作得过于劳累，因为重新拾起他用英语开始写作然后中断的《布鲁图斯》。他草拟了这些《英国通信》的最初几页，在这些信中他打算描述这个君主政体，它尊重自由，不寻求通过镇压、书刊检查和严格发给的许可证来控制人们的思想。这是允许诗人们创作的国王希望的自由。“一种正当的自由使思想崇高，而奴役使思想爬行。”

他害怕必须在这里费尽力气运用计谋、掩饰自己、回避禁令。他已经在英国着手写一部《查理十二世史》。他是否能让人把它印刷出来，或者，如同为了在王国被禁止发行的《亨利亚特》那样，他是否应该在暗中活动，以便它既能付印又能发行?

他疲倦，生病。他用英语给泰里奥写信，因为他害怕人们读到他的信。

他卧在床上，服用药剂师给他带来的药物。但是他确信不用吃得太多只要少量地吃就可以痊愈。

经常，他感到自己疲惫不堪，不听从他人之言，灰心失望但意志坚强，恼火地“看到所有的爱好消失。我还有相当多的日子可以希望享受它们，但太少的气力以致不能这么做，变得无用，难以忍受自己碌碌无为地死去”。

他不能接受。

他离开迪埃普以便接近巴黎，在那里他将匿名度过一些日子，他落脚在圣日尔曼昂莱一位假发师沙蒂永家，他没有对沙蒂永透露自己的身份。

当他来到塞纳河岸时，他发现自己曾经常被接待在那里的迈松侯爵的府邸。但是要和他的朋友们恢复联系还为时太早。他回想起每当政权打击他、把他投入巴士底狱的时候几乎所有的人都背过脸去。有谁敢于保护他反对罗昂－沙博?

只应当依靠自己，获得自己的独立，不依靠王室的津贴，但是要成功地每天拥有自己的猫狗食，如同拉丰丹寓言的狗，但不能被拴住，不能冒狼引起的危险。

他希望富足，他需要这金钱，它将使他彻底摆脱拴住饥饿文人们的锁链，这些文人为了一大块面包准备背弃一切。

然而，恰恰，人们收回上天赐给他的食物。

他读到弗勒里枢机主教的信，深感痛苦但并不惊讶，这封信通知他国王和王后给他的津贴被取消了。

“这位神甫很礼貌，”伏尔泰说，“他屈尊客气地写信告诉我他不怀怜悯地停发我的年金。”

但是他没有决定听凭人剥夺王后发给他的津贴的过期未付款。

“她肯让人给我支付几年是对的，既然她丈夫先生不顾人的权利剥夺了我的年金。”

他将固执坚持，将获得满足，但再一次，这个教训是清楚的：必须发财。

他终于回到巴黎，安顿在特拉韦尔西埃－圣奥诺雷街，于是放弃了博纳杰的套房，因为他与贝尼埃夫人的关系失去了热度。他窥伺着发家致富的手段。

他不愿意再过“始终流浪和始终躲藏的蔷薇十字会员的生活”。

在一次晚餐时，他聚精会神地倾听数学家拉孔达米纳解释财政总监勒佩勒捷－德福尔为国债持有者刚刚发起的彩票可能被侵吞。只需要一些低额债券的拥有者联合起来、组成一个团体，买下所有的彩票并这样拿光所有的收益，然后就可以分配这些收益。

伏尔泰参加组成这个团体，每次开奖时，它赢得一百多万里弗尔，直到总监取消彩票，但当总监拒绝支付人们赢得的款项时被枢密院驳回。

“在这个国度要发财，”伏尔泰写道，“只要阅读枢密院的决定。在财政方面，内阁被迫作出让个人从中获益的安排是非常罕见的。”

他就这样变富了，但是他必然害怕总监的报复。

于是他坐驿站快车离开巴黎，在前往南锡的两天多时间的旅行中，他穿过一些悲惨的村庄，看到一些饥饿或醉酒的无精打采的农民。

坐不舒适的驿站快车令他疲惫不堪，但是他旅行的目的达到了：他买下由洛林公爵发行的一些股票，这些股票本来是留给公爵的臣民专用的。不过他不是有一个洛林的名字叫阿鲁埃吗？

他很会说话，对这些善良的洛林居民甜言蜜语。

“尽管他们开庸俗的玩笑，”他说，“在我提出恳切的要求之后，他们让我认购五十份股票并在一个星期后交给了我，因为我的名字幸运地与殿下的一位贵族的名字相同，因为没有任何外人不可能有这样的名字。我相当快地得益于对这证券的需求；我使我的黄金增至三倍，我希望享受我的多布朗[1]……”

他不会像守财奴阿巴公那样把它们关在一个首饰箱里。他掩藏在一些“代理人”后面，像放高利贷者那样借钱给人。他投资在谷物生意中，投资在一家试图用麦秸造纸的企业。他尤其通过借贷来换取支付终身年金。他很快拥有一笔将近一百万里弗尔的资本，并且因清理弗朗索瓦·阿鲁埃的遗产而增加得更多。

他能够在沃吉拉勒街租下一套公寓，雇用一个女厨师和一个随身男仆。

他用了将近一年时间获得这笔财富，因此获得这样的独立。它们只是以自由人身份写作的手段，甚至——他知道——如果必须在巴士底狱的国度保持谨慎的话。

但是，他说：“我见过如此多的贫困和被蔑视的文人，以至于我早就得出结论我不应该再增加他们的人数了。”

1　货币名。

11.
“一只脚一直在棺材里……”

他不再害怕贫穷的颈圈紧勒他的脖子并迫使他像温顺的狗那样行事，像要一块可啃的骨头那样恳求——乞讨——一笔王室的津贴。

现在他自由了，留待他做的是接受最重要的挑战：不亚于最伟大的人物，索福克勒斯和埃希勒、高乃依或拉辛，还有莎士比亚，其戏剧在法国不为人所知，但在他居留伦敦期间给他留下深刻印象。

因此他必须狂热地工作，写完这部悲剧《布鲁图斯》，并让法兰西剧院接受它，完成《查理十二世史》，并且无论王室做出什么决定，在鲁昂或荷兰或伦敦将其出版。

他已经进行一些接触，以泰里奥作为中间人。

他还着手别的计划：一部《恺撒之死》和另两部悲剧，《爱丽菲勒》，一个儿子幽灵追逐的阿戈斯女王，尤其是《查伊尔》，在这部剧里他希望通过悲怆、激情再现伊斯兰教和基督教之间的冲突。

他投身写作，一部作品接另一部地写，克服经常把他击倒的疾病，疾病甚至使他不能起床、摇动不了胳臂，疾病撕碎他的肺腑。而他只有 36 岁。

他会死吗?

死神在他周围游荡。

他曾经爱过的女演员，在他的《俄狄浦斯》中扮演过若卡斯特角色的阿德里安娜·勒库夫勒，现在身体日甚一日地衰弱下去，在痢疾的折磨下腹部感到火辣辣的疼痛。

1730年3月15日，当她走出舞台时，她脸色铁青，精疲力竭，回到家后，全身痉挛。“她就像一支蜡烛烧尽那样死去”，目睹她垂死情景的另一位女演员阿伊塞小姐这样说。

人们私下说她是在布永公爵夫人的命令下被毒死的。

伏尔泰反对这样的指控：

“她在我的怀中死去，死于腹部炎症，而且是我让人解剖她的。阿伊塞小姐所说的一切是没有任何根据的一些民间传言。”

他对勒库夫勒的去世深感悲痛，但更感愤慨。

圣叙尔皮斯神甫严格遵守法国教会开除演员们教籍的决定，拒绝将勒库夫勒按宗教礼仪埋葬在堂区的墓地里。

法国的野蛮！在所有其它的天主教国家，当然在英国也一样，演员们拥有领受圣事的权利。而在法国演出的意大利演员们已经获得死后享有宗教葬礼的权利！伏尔泰忿忿不平。他目睹在警察监视下阿德里安娜·勒库夫勒被埋葬在一块空地上；没有一副十字架，没有一座石碑来提示她坟墓的所在地。

他怎么能不大声说出他的愤怒？

在一块世俗的田地里人们随便地扔下
这如此心爱的身体的不朽的遗骸……

但是他知道民众赞成“他们的”教会的态度。那么这个人民，这个民族是什么样的呢？在一首诗里他表达自己的激动、不理解和愤慨，出于谨慎他不愿让人知道这首诗，但是他把它寄给泰里奥，不过要求对方秘而不宣：

啊，我是否将一直看到我软弱的民族，
对神许下的誓愿捉摸不定，使自己赞赏的人被鄙视，
我们的风俗和我们的法律始终相互矛盾
而朝三暮四的法国人沉睡在迷信的影响下……

几个月后，1731年9月13日，迈松伯爵，刚到32岁就死去，他是被天花夺去生命的。

“迈松先生的死，”伏尔泰说，“使我陷入绝望直至变得愚钝。我失去了我的朋友、我的支持者、我的父亲。他死在我的怀里，不是死于医生们的无知而是死于他们的疏忽。对于他的去世和他离我而去的令人痛苦的方式，我将永远得不到安慰……”

他一直生活在疾病之中，他也始终惊讶自己没有被击倒。

> 死神，可怕的死神对我的请求充耳不闻
> 啊！既然命运愿意把我们分开，
> 那么本该由你活着，只由我一个人死去！

但是他不愿意让自己沉浸在忧伤和病态的疑问中。

“要治疗灵魂的疾病，”他说，“我不知道除了让精神认真专注于别的事物外还有更有效的药物。”

那么，专注于工作！

他完成了《布鲁图斯》。

但是他犹豫不决要不要让人上演这出悲剧，在剧中男主角布鲁图斯以自己共和道德的名义密谋反对父亲塔尔坎国王，在被判决后接受自己的命运，呼喊道：“罗马是自由的，这就足够了！”

法兰西剧院也并不热情。

伏尔泰担心一起阴谋会把像克雷比永这样的一位嫉妒的作者和罗昂－沙博骑士联合起来。

他收回自己的剧本然后改变主意并决定让人在 1730 年 12 月 11 日演出。首次演出的有一定安排的成功是巨大的，但观众每晚都在递减，不到一个月后，在 1731 年 1 月 17 日进行了最后一场演出。

在由让－巴蒂斯特·卢梭这位昔日的朋友和另一个嫉妒的作者皮龙进行的攻击面前，他感到失望、厌恶和愤怒。

卢梭指责伏尔泰只是一个模仿者：他的每一部剧本，《俄狄浦斯》《玛丽安娜》和《布鲁图斯》都受已存在作品的影响。卢梭写道，“这是这位作者第三件翻个身的衣服，他把它缝了两三针后当作崭新的衣服卖给公众。滑稽的模仿者可以非常恰当地运用莫里哀放到瓦迪于斯嘴边的诗句：‘行了，卖旧作的商人，轻率的搞剽窃的作家！’”

伏尔泰没有让自己受这些恶意批评的困扰。创作的冲动驱使着他，创作的计划在呼唤他，首先是这部《查理十二世史》，查理十二世是1697年至1718年瑞典的君主，这个传奇人物想要解除俄国人、波兰人、丹麦人对他的王国的包围。他在哥本哈根、纳尔瓦击败他们，后于1709年在波尔塔瓦被彼得大帝击溃。

这个当代的故事、这位英雄吸引着伏尔泰。他说，"这是我最喜欢的作品，我对之怀有慈父般的情感。"

但是当这部书的2600本被印刷出来时，大臣重新考虑自己的许可并让人查封这个版本。这个故事可能冒犯欧洲的几个君主，首先是撒克逊亲王奥古斯特。

伏尔泰没有放弃。他安顿在鲁昂，与一家印刷厂主若尔接洽。如同《亨利亚特》一样，印出来的一册册书藏在车子里运到巴黎。伏尔泰也把自己的手稿传送到伦敦以便它在那里被翻译出版。

1730年11月，印制出的书在巴黎出售，大获成功。

人们发现一个新的伏尔泰，历史学家、散文家、调查员——他询问过那些事件的见证人——他毫不犹豫地描述战争的恐怖与残酷，这样谴责人们犯下的酷行。

他也使欧洲政治进入法国文学，描绘沙皇彼得大帝的画像，从而表明通过他选择的从古代到现代的题材，他并不是让自己封闭在法兰西边境内的人。

他曾体会到英国的自由，他曾在荷兰旅行。他反对他必须在法国接受的规章制度和书刊检查。

他感到在这个王国里受到威胁。

他知道人们在巴黎散布他献给《勒库夫勒小姐之死》的诗歌的抄本。他担心因此被人找到理由把他再次关进巴士底狱。他不是在诗歌中谴责"迷信"，而迷信在这种情况下只是执行教会的决定?

他了解神职人员的力量。人们已经指控他鼓吹自然神论。人们窃窃私语说在伦敦，里什蒙公爵和切斯特菲尔德吸收他参加共济会。他不是也在《布鲁图斯》中赞扬共和国?

他躲藏起来，闭门不出，卧床不起，承受着内心的痛苦。一旦能够，他就写作《恺撒之死》，然后写作《爱丽菲勒》。

他从沮丧转入创作的亢奋：

一只脚一直在棺材里，
而另一只脚在跳跃……

无论在《布鲁图斯》还是在《恺撒之死》中，如同在《爱丽菲勒》中一样，他都安排在舞台上表现一个父亲与儿子的争斗。

在《爱丽菲勒》中，阿戈斯国王被其妻子的情人所杀，而一个被人以为死去的儿子像复仇的幽灵一样追逐他的母亲。

伏尔泰没完没了地创作与《俄狄浦斯》主题相同的众多作品。

但是《恺撒之死》没有由法兰西剧院演出，后来在得到耶稣会教团许可后只是在阿尔古学校演出。至于《爱丽菲勒》，它在1732年3月7日第一次演出，在演了12场后被撤回。

无论是《布鲁图斯》还是《爱丽菲勒》或是《恺撒之死》都没有获得成功。

《俄狄浦斯》是他唯一成功的戏剧?

他不能接受。

他重操旧业。

“我纠正了我们在《爱丽菲勒》中发现的所有错误。这个活计一结束，”他说，“为了能够不那么带自尊地重看我的作品，并且有时间忘记它，我很快开始另一部作品。”

他把它命名为《查伊尔》。

12.
“我愿意生活在法国”

“这出剧独自完成了。”他低语道。

在这1732年的6月，在22天的时间里，他醉心于《查伊尔》，沉浸在喷涌的文思和创作的激情中。

在写作中，他经常深受感动，泪水忍不住要往外流淌。

他甚至不知道是白天还是黑夜。他觉得自己在耶路撒冷和苏丹奥斯曼与他的女俘查伊尔呆在一起，查伊尔是在伊斯兰教徒对基督教徒进行的屠杀后幸免于难活下来的。奥斯曼就要娶查伊尔为妻，但是他的兄弟内赖斯唐和他的父亲吕西尼昂突然出现了。他们认出查伊尔。奥斯曼认为内赖斯唐只是查伊尔的情人。他杀死查伊尔，然后，明白“自己的致命的误会”，他就自尽了。

伏尔泰从未经历这样的激动，他从未敢于为舞台表现这样强烈的同情。

这个家庭的成员——父亲、兄弟和姊妹——相互认出，他在描绘他们的痛苦和喜悦时颤抖了。

> ……我非常不幸……这是你父亲，这是我……
>
> ……
>
> 我的女儿，我最后痛苦的柔情的对象，
>
> 至少想一想，想一想在你血管里流淌的血液，
>
> 这是像我一样全都是基督徒的二十个国王的血液……

……

——啊我的父亲！

亲爱的给我生命的父亲，说吧，我该做什么？

——用一句话使我摆脱我的耻辱与我的烦恼：

说“我是女基督徒”。

——是的，主啊……我是女基督徒。

他朗读这个剧本，听他朗读的人们被深深打动了。

他从此居住在方丹－马特尔伯爵夫人家，这位“好客的女神”建议他安顿在她位于邦－昂方街私人府邸的一套单元房里。伏尔泰的窗户正朝向王宫。

他尊重这位作为自由思想家生活的妇女，她嘲笑“迷信”，她把她的财富用于请人在自己家里演出伏尔泰的戏剧。

他将扮演老父亲吕西尼昂的角色。但是作为与慷慨好客的交换，他必须接受伯爵夫人的监督。

“要进入她家的最好身份就是无力，”他说，“她始终担心有人为了把她的钱给一个歌女而杀害她……我认为她接受我住在她家只是因为我36岁并且身体太差不可能多情；她绝不愿意她喜爱的人们拥有情妇。”

他没有情妇。《查伊尔》是他唯一的迷恋。

法兰西剧院于6月27日接受了这出剧，首次演出在8月13日举行。

人们对这出剧的欢迎不那么明显。有人批评一些诗句写得过于仓促。

伏尔泰继续做工作，说服演员们记住在剧中出现的新台词。必须使用手段使他们信服，在一次晚餐时，从馅饼中掏出嘴里塞着新诗句的山鹑以便使倔强的演员惊讶不已！

最终的剧本就这样安排就绪了，演出获得巨大成功。

伏尔泰给他的朋友西德维尔写道，“我在告诉您我的满意心情时越来越感到满意。从来没有一出剧像《查伊尔》第四次演出时那么完美。我当时真希望您在场！您会看到观众根本不仇视您的朋友。我出现在一间包厢里，正厅的所有观众对我鼓掌。我脸红了，我躲藏起来，但是如果我不对您承认我被深深打动了，那我可真是一个骗子。没有在自己的国家丢脸的感觉真美妙。”

1732年10月14日，《查伊尔》在枫丹白露的王宫演出并受到鼓掌欢迎。但是它取得的比《俄狄浦斯》更重要的成功并没有让伏尔泰自我陶醉。

他继续以更充沛的精力创作，续写他的《英国通信》，但是没有忘记他必须谨慎对待教会的权限。

他向弗勒里枢机主教读了其中的两篇通信，主教似乎很欣赏。

"我非常注意删去可能吓住虔诚和贤明的枢机主教阁下的所有文字。"他说。

他不愿意重新被流放或重新被关进巴士底狱。

"我愿意生活在法国，而我不被允许和一个英国人一样明理达观。我必须在巴黎掩饰我在伦敦可以非常清楚地说的话。这样不幸但必要的谨慎使我放弃不止一处相当诱人的地方……"

尽管谨慎行事，他知道人们窥视着他，嫉妒者和伪君子只想着伤害他。

在他写了十年以后，人们还在巴黎流传这封《致朱莉书简》——它被重新题为《致于拉尼书简》——这是在他们于1722年在荷兰旅行期间写给吕佩尔蒙德夫人的。

他没有任何犹豫，没有任何顾忌：他必须在人们对他进行的这场不对称战争中保护自己。他发誓自己不是这封《书简》的作者，但它是出自肖利厄神甫的笔下，肖利厄是圣殿集团杰出成员之一。

人们接受他的否认之词但并不相信，人们继续怀疑他。

难道他不是在1733年1月末，成功地找到一位神甫为这位方丹－马特尔伯爵夫人行临终圣事，她就像演戏一样顺从地假装忏悔、悔恨。

伏尔泰没能掩饰方丹－马特尔夫人接受扮演这个角色只是为了使他避免被指控曾阻止他的女主人重新皈依宗教！

"我给她带来一位神甫，"他叙说道，"他既是冉森教派教徒又是政界人物，装作听她忏悔……当这位装模作样的圣厄斯塔什高声问她是否确信造物主上帝在圣体中，她回答道'是的'，如果在不那么令人悲伤的情景下，她的声调会使我噗嗤一笑……"

她的死使他深感痛心。使他悲痛欲裂的内心痛苦再次迫使他卧床不起。所有看望他的人都确信他的日子不长了。他只有39岁。

但是，如同每次一样，他没有让痛苦把自己击垮。工作依然是他最好的药物。

他写一篇《趣味的圣堂》，引起人们的反感。

他不是想要，在这"美丽国度的旅行"中，把文人、画家、雕刻家分类，承认一些人有才华、天才，否认其他人有任何长处，除了会周旋和自命不凡？

这个作品是一种挑衅，不能使任何人满意，无论是那些被赞扬的人还是那些被贬低的人，当然还有那些被遗忘的人!

有人揭露他:“这个讨厌的小作家人们该把他再次送过海。”

人们私下说他有收到一封密札的危险。人们不愿受到他给与的恭维的连累:

“我再一次谢谢您的礼貌，如果我没有出现在您新的版本中那就是您最好的礼貌了。”

他离开王宫区邦－昂方街，落脚到隆－蓬街，面对圣热尔韦大门，德穆兰家，德穆兰是他委托以高利率或以终身年金交换来放贷的代理人。他不愿意让人们知道他借给他的朋友黎塞留公爵 35000 里弗尔!

隆－蓬街，在这平民和劳动的街区，他离塞纳河的港口不远，那里系泊着满载谷物的驳船，他一直以他的代理人作掩饰，在这贸易中投入越来越大的资金。住在德穆兰家，免费食宿，既然他是资金的提供者，他可以监督自己的生意和自己的委托人。

因为他比任何时候都更希望集聚一笔财富使自己躲避人们对他发起的攻击。

这些攻击变得越来越频繁。

《查伊尔》的巨大成功激起他的对手们的狂怒。

“这个年轻人以他的胆大妄为令人印象深刻。”让－巴蒂斯特·卢梭写道，“但是他身上没有什么可以给后代留下印记。他的作品不是什么别的只是编织得不好的片断，理性在社会道德中被看得无足轻重……在此之外还要加上一种不屑于了解情况的傲慢的无知，他的决心与自负令人厌恶，还有大胆地要确立一些令人无法忍受的规则，而作者全然不掌握……”

而卢梭，因为在《趣味的圣堂》中被抨击而在精神上受到伤害，则补充说:

“伏尔泰，对于他来说一次新的成功总是一次新的疯狂的前奏，他认为攻击我的时刻来临了，于是他炮制出名噪一时的《趣味的圣堂》，却引来整个巴黎的嘲笑……”

对于文人们，“泥潭”的处事刻板的人的尖酸和诬蔑性的这些评论，伏尔泰全然不放在心上。

成功使他以更大的激情投身于创作。

但是当他读到一位秘书写给拥有追究、审理和判决权力的阿盖索掌玺大臣的建议时，他感到不安甚至惊惶。

这位秘书写道:“阁下，伏尔泰应当被关在一个永远既没有笔、没有墨水，也没有纸的地方。以他的才智，这个人能够毁掉一个国家。”

3

{第三部分}

“一个文人的生命是自由”

(1733—1744)

13.
"听我的，可敬的埃米莉……"

伏尔泰39岁。

他刚刚走进歌剧院的大厅。他停下一会儿，看着用饰带装饰的人群，他们的丝绸服装和首饰反射着枝形大烛台金色的光芒。

他疾步往前走，人群闪开并用目光跟随着他。他没有低垂双眼，迫使那些藐视他的人调转头去。

他了解他们的心情：嫉妒，经常是仇恨，为不能与他竞争而愤怒，也有赞赏，有时——但很少见——也有友情，但几乎总是希望诽谤和诬蔑。

但是，在1733年的4月末，他怀有一种自己必须掩盖的疲惫的感觉，他用俏皮话回答那些向他致敬的人，用更长时间和黎塞留公爵呆在一起，黎塞留是个大贵人，一个高尚的人，地方长官和将军，枢机大主教的侄孙，但也是自由思想家，曾有一段时间被投入巴士底狱，是他青年时期以来的朋友。

他们交谈了几句。

伏尔泰告诉公爵那天下午在像他惯常那样清点财产的时候，他买下一幅提斯安的画和几件弗朗德勒的二流画家的作品。

在这样与黎塞留平等闲谈的时候，他感到一种强烈的满足。

黎塞留不知道自己这位公爵依靠的高利贷者德穆兰只是伏尔泰的一个代理人。

这位大贵人朋友，伏尔泰把他抓住了！一位文人没有沦落为肩膀被棍棒击打的可怜人……

伏尔泰走开，注意到一位高个子的女子，她有点瘦削、骨感，五官匀称。她眼睛碧蓝，目光清纯，眉毛浓厚，前额宽大。

她兴致勃勃地和伏尔泰认识的一位男子交谈。伏尔泰过去曾经在迈内公爵夫人家遇见过这位作家，迪马·艾格贝尔，麇集在“泥潭”的雇佣文人中的一位。

伏尔泰一步步地走近艾格贝尔，同时目不转睛地看着这位女子，他觉得自己直起身子，经常体弱多病的受束缚的身体被解放了，而若干年来没有一个女子吸引过他，在贝尼埃夫人之后他不再有男女私情。他甚至让自己相信他“对爱情死心了”，“对快乐死心了”，自己和这位吕西尼昂一样年老，吕西尼昂是他创造的人物，查伊尔的向人哀求的父亲——而且当人们私下对几个人演出《查伊尔》的时候，总是由伏尔泰扮演这个人物。

在那里，突然，兴奋与激动之情喷涌而出。

迪马·艾格贝尔向他介绍埃米莉·沙特莱侯爵夫人，她的配偶是香槟省西雷－叙尔－布莱兹的城堡主人，勃艮第一座小城塞米尔－昂－奥苏瓦的地方长官，率领他的部队在野外作战。这位沙特莱侯爵是查理大帝的一位远房后裔。

伏尔泰目不转睛地看着埃米莉，她毫无惧色地与他对视着。

迪马·艾格贝尔此时提及侯爵夫人的父亲，布勒特伊男爵，他在凡尔赛安排接待大使们的仪式，是礼宾官，因此每天接近路易十四。

伏尔泰回想起来：他曾在1715年前后见过布勒特伊男爵；他是一位博学的人，拥有一间巨大的书房。伏尔泰想起临近杜伊勒利宫的这座私人府邸，或者男爵在普勒伊－叙尔－克莱斯拥有的别墅。是不是在那里他见到一位十来岁的小姑娘，埃米莉·沙特莱?

她满怀热情激动地谈到自己的父亲，谈到她在1725年与沙特莱侯爵结成的婚姻——那时她才19岁——谈到与他生的孩子。

伏尔泰被这位女子的坦率迷住了。

她现在26岁。他见到她与黎塞留公爵交换了一个友好的、心照不宣的微笑。

她率直地说话。他猜测她像自己一样不受偏见的束缚。他并不惊讶地得知她的父亲让人给她一种男孩子的教育，拒绝把她封闭在像女孩子们经常那样学习良好举止和诵读经文之中。

布勒特伊男爵让人教她拉丁文和数学。她开始翻译维吉尔的《伊尼特》并且专门与数字打交道，她能够通过心算得到一个九位数被一个相同除数相除的结果。

但是她没有封闭在学问中。她喜欢夜宵、舞会和娱乐，为此她有时花去大笔钱财。

她是一位他从未见过的女子：年轻、博学、自由奔放、带有男子的冷静和果断。

她笑着，向他介绍自己的女友圣皮埃尔公爵夫人，后者挽着一位年轻男子的胳膊向前走来，这位年轻人可能是她的儿子，英俊迷人，福尔卡尔基耶伯爵。

伏尔泰感到自己突然被带到一个快乐、轻松、他曾经失去其记忆的世界。

他希望再次见到埃米莉·沙特莱。他邀请她到隆－蓬街自己家去。她告诉他住在特拉韦尔西埃街，会很高兴地在那里接待他。

他怎么可能放弃爱情的快乐，仅仅满足于工作的刺激？埃米莉·沙特莱已经侵入他的精神，点燃他的身体：

> 我深爱着您，哦，我亲爱的于拉尼！
> 为什么您这么迟激起我的热情？

他想知道她的一切。

他很惊讶直到那时都不知道这位女子，他只要提起她的名字，人们就会幸灾乐祸地告诉他这位女子的情人不知有多少个，她只是一个装作博学的放荡女人，她曾被一个放荡男人盖布里昂侯爵抛弃，她曾试图为他自杀，演出夸大的一幕，在这幕中她请他给自己一杯汤，然后给他留下一封信，在信中她指控他：“我被你的手毒杀！”

她被侯爵救过来，她在黎塞留公爵的怀抱里得到安慰，在她与黎塞留分手后，她依然是他的女友。

而百依百顺的丈夫、这位善良的沙特莱侯爵，了解、容忍并承认他妻子的优越，他妻子是个数学才女，因为她阅读牛顿和莫佩尔蒂的作品！

伏尔泰倾听着。

他体会到这个女子受到嫉妒。她像他一样被人污蔑。她激起迪代方夫人的深仇大恨。

他在摄政王时期认识了这位可怕的迪代方侯爵夫人，这个放荡的女人不时地与菲利普·奥尔良同床共枕，奥尔良周围有一群追随他的文人，有段时间伏尔泰也加入其中。

人们告诉他迪代方夫人描述埃米莉的方式，描绘她的形象时就像用尖刀谋杀人一样。

“一个高个子的瘦削的女人，没有胯部，窄胸，粗胳膊，粗腿，大脚，小头，尖脸，尖鼻子，两只海绿色的小眼睛，黑色的皮肤因炎症而发红，干瘪的嘴，牙齿稀疏并蛀得厉害。这就是美丽的埃米莉的形象，她对自己的形象如此满意，不惜任何代价来突出它：卷发，毫无意义的装饰，宝石，玻璃制品，全都大量使用，但是因为她想要不顾自然的美丽，想要不顾财富的漂亮，她经常只好不穿长袜，不穿衬衫，不用手帕和别的小玩意儿。”

他对这样的无耻和恶毒的仇恨深感愤慨。

他现在了解埃米莉·沙特莱的身体。她有大理石雕像的美丽和奔放的激情使之获得的生气。

她有时在圣皮埃尔公爵夫人和福尔卡尔基耶伯爵的陪同下来到他在隆－蓬街的住所与他见面。

为了一个寻欢作乐的夜晚，他不惜放下自己的工作，仅仅提到他为《阿代拉伊德·迪盖克兰》完成的这部悲剧，他让他塑造的人物生活在百年战争时期。

他想写一部“国家的悲剧”，把激情和背叛糅合在一起，让对法兰西王国的热爱赢得胜利。

他也写了一些歌本，为拉摩写了一部《参孙》，为另一位作曲家布拉萨克写了一部《塔尼斯和泽利德》。

他写完了自己的《英国通信》，他想将其写成《哲学通信》。

他对埃米莉·沙特莱怀有的爱情加强了他的决心，他要发表它们的热情，为了让人出版无论要冒什么风险。埃米莉也鼓励他这样做。

他是快乐的，他恢复了青年时期的无忧无虑。他请访客们饮香槟酒。他吩咐为他们准备晚餐。

天哪！我听见我的女厨师
玛丽安娜在呼叫
如果圣皮埃尔公爵夫人、
沙特莱和福尔卡尔基耶
来我的住所进晚餐！

他们吃着“烩鸡块”。他们闲聊着。他们前往黎塞留公爵家。他们激励伏尔泰写作一部关于《奥尔良贞女》的剧本，不是按照英勇和悲剧的模式，最好用有趣的格调写。他将有这个勇气吗?

聚集在黎塞留周围的自由思想家们推动他这样做。他开始写作，但中断了，把后续部分推迟了。

而埃米莉·沙特莱赞成他这样做，因为她感到不安，人们在得知他准备发表《英国通信》时对他大加攻击。

他就这样获悉当局允许意大利剧院把题为《趣味的圣堂》的一出剧搬上舞台。

它吸引了观众。人们告诉他在这出剧中他被进行漫画式的讽刺。他在剧中被表现为穿着粗布的一个吝啬鬼，“一个真正妄自尊大的家伙，一个十足的傻瓜，脑子里只有自己，居然想要胡乱地判断一切，没有任何趣味，也没有任何见解，除了自己所作所为，认为没有任何美好的事物”。

事实上，人们写信告诉他，由于允许演出这出剧，“毫无疑问，人们想要凌辱这个太大胆的人，以此惩罚他在自己的作品中公布某些真相，这些作品不符合某些人的心意”。

在1733年的年底是不是这些攻击损坏了他的健康?他受到如此沉重的打击，以至于在家里闭门不出，他与埃米莉·沙特莱——她是多么年轻，多么渴望生活——的关系蒙上阴影但没有断绝。

他不再有力气做她的情人。

他知道她成为数学家莫佩尔蒂的情妇。他接受这个事实。正是他曾要求莫佩尔蒂同意教埃米莉数学并给她讲解有关牛顿理论的基本知识。

为什么愤慨，为什么因这种关系而痛苦?

埃米莉和他自己一样是自由的。而且，即使她与他疏远了，她依然是他所爱的女子，与他平等的女子。

他仅仅想要，因为自己受到如此多的攻击，提醒她：

听我的，可敬的埃米莉，
你是美丽的：因此
一半的人类将是你的敌人。

你拥有崇高的天赋，
人们将害怕你；你因温柔的友情
而轻信他人但你将被背叛。
你一贯的美德
自然纯朴，丝毫没有迎合
那些假仁假义的人，请你当心污蔑！

14.
“英国人，作为自由人，通过他喜欢的道路走向天堂”

在法兰西剧院的一间包厢里，他坐在埃米莉·沙特莱的身旁。这是《阿代拉伊德·迪盖克兰》第二场演出，但他已经知道他的这出剧已被判刑。它的埋葬将是体面的。但是他了解戏剧。他在这方面取得了一些成功。《阿代拉伊德·迪盖克兰》，他在其中想表达“爱情、嫉妒、狂热、礼仪、正直、崇高的灵魂”和对法兰西王国的忠诚，它将永远比不上《俄狄浦斯》和《查伊尔》。

1734年1月18日，首场演出表现了他想要表达的一切。

埃米莉·沙特莱向他讲述了这场喧闹的演出，从第一幕起，正厅的观众就发出嘘声，质问那些演员，并用笑声和取笑的话掩盖了演员的声音。

伏尔泰听着，没有低下头。他不抱幻想，但是对自己有信心。他还有其他的计划。

他甚至觉得终于“他走出垂死状态”。

他知道疾病是自己忠实的伴侣，但是他刚刚击退疾病最厉害的一次攻击。直到12月末，它使他肝肠欲裂。

然后病魔松手了。

他看着埃米莉·沙特莱。

她经常来到隆－蓬街他的住处。每一次，他感到自己恢复活力。他猜测埃米莉和莫佩尔蒂的私情就要结束。那位数学家不是有持久爱情的男子，也没有明白他怀抱里搂着的是一位非凡的才女。

伏尔泰是知道的。他认为自己是能够和这位女子结合的唯一男子。他们气质相同：多才多艺，大胆，热爱自由。

他从来没有和某个人建立这样信任的关系。

这是一种快乐和庄重的结合，他们是这样的人，要留下印迹，不把自己的生命消耗在毫无意义的琐事上，尽管他们也喜爱享受人生。

疾病痊愈后，快乐的日子和实现计划的日子渐渐地又重新开始。

他再一次重读这些《英国通信》，他曾经委托自己的朋友泰里奥让人在伦敦出版。

而在它们的英语书名——关于英国民族的通信，伏尔泰先生作——下，它们已准备就绪。

这本书的法文本也已完稿，并且在 1734 年春天后就可以发行。

他委托自己在鲁昂的出版商若尔准备法文版，它将题为《哲学通信，MDV 先生作》。虽然 MDV 没有欺骗任何人，但是伏尔泰不愿意在法文文本上签署自己的名字。

因为他知道其中的某些书信很可能会激起书刊检察官的愤怒。

例如，关于哲学家洛克的那封信。他幽默地谈到这封信，他觉察到埃米莉·沙特莱或黎塞留公爵的不安。

“只有一封信涉及洛克先生。”他说，“我在其中探讨的唯一哲学问题是灵魂不朽的小事；但是这件事非常重要，不能不认真探讨它。必须严肃地讨论它，以便不正面冲撞我们的神学家大人们，这些人如此看清楚灵魂的精神性，以至于，如果他们能够的话，他们会让人焚烧那些对此怀疑的人的肉体。”

而且他还走得更远，作为思想家相信经验，以尖刻的方式嘲笑帕斯卡尔，决心赞扬在此地被诋毁的学者们，而且作为重大的挑战，颂扬宽容精神。他写道，“英国人，作为自由人，通过他喜爱的道路走向天堂。”

他赞同人们用他珍视的这些文稿进行行动的方式，这些文稿表现出他在 40 岁时整理出的自己的思想。

他同时决定不仅在法国而且在英国发表这些《通信》，他也希望它们在荷兰、德国流传。

他担心当局的反应。他与罗特兰神甫接洽，后者是法兰西学院院士，接近波利尼亚克枢机主教。伏尔泰这样做是为了确保得到教会当局然后是王权的善意对待。

罗特兰神甫阅读这些文稿，建议作一些修改以便淡化某些段落，他说，如果这样做，当局会听凭这些《通信》的发行，尽管并不允许。

伏尔泰犹豫不决。他为必须采取的所有这些小心翼翼的做法愤慨不已。

——我不认为，他感叹道，人们因为一个人遵循耶稣会士的道德或诋毁它而十分公正地把他关押监禁！

但是可以寄希望于罗特兰神甫的忠告吗？伏尔泰报怀疑态度，但还是要求人们封闭已经印刷好的书册。

他给自己在鲁昂的一位朋友西德维尔写道，“我请求您施惠将哲学通信的所有印张都放进仓库里。在我认为时机有利之前，不要让一本书出现在读者面前。”

在重读自己的文稿时，他发现一些新的段落可能因其笔调而不能为人接受。

他谈到英国，谈到基督徒，但是当人们读到他下面的话语时有谁不明白他的意图：

“在这里神职人员全都谨慎克制，几乎全都是学究。他们得知在法国一些年轻人因为他们的放荡而出名，通过一些妇女的诡计而被提拔到高级教师职位，公开做爱，以创作一些柔情歌曲而取乐，每天用很长时间享用精美的晚餐，并由此，恳求圣灵的智慧并自封为使徒们的继承者，这时这些教士感谢上帝让自己做基督徒。但是他们是可恶的异教徒，该被焚烧给所有的魔鬼，如同弗朗索瓦·拉伯雷大师所说；这就是为什么我不插手他们的事情……”

他始终以描写英国民族为掩护批评法国的特权：

“你们在这里绝对听不到谈论高、中等程度的和低等程度的正义，也听不到谈论在一位公民的土地上打猎的权利，即使在自己的田野上公民也没有开枪射击的自由。”

在此处他赞扬牛顿超越笛卡尔，在别处他宣称赞同为治疗天花接种天花疫苗，这个主张被巴黎大学和医学院批驳。

他的结语几乎是大逆不道：“英国民族是唯一的民族，通过对国王们进行反抗而成功地解决了王权。”

他又重读。他不敢吩咐发行这些《通信》，但同时，为了让人重读，他把一个抄本交给——不是给装订工——一位巴黎的书商若斯，他清楚地知道若斯会预感到这个惊人的文本很快会卖出，将会企图誊印并散发这个文本以便做成一笔好生意。

但是伏尔泰愿意相信他将能对那些会追究他的人说他在自己的《通信》的发行中没有起任何作用，甚至自己一直并不赞成。何况，他不是对此漠不关心吗？

他来到奥坦附近在蒙热的吉斯家的府邸，以便在埃米莉·沙特莱的陪伴下参加黎塞留公爵和伊丽莎白·吉斯的婚礼。

是他筹划了这门亲事：

“我早就想让黎塞留公爵先生和吉斯小姐结婚。我就像安排喜剧情节一样安排了这件事……”

在蒙热，他显得无忧无虑，好像对在巴黎有关这些《哲学通信》发生的事无动于衷，而人们刚刚告诉他，他的出版商若斯被关进巴士底狱，而且为查封《通信》的书册进行了搜查。

他似乎完全沉浸在婚礼中，沉浸在置身于自己的朋友黎塞留公爵和埃米莉·沙特莱身边的快乐中。

他在1734年4月7日向这对夫妇道喜：

你们不要太相爱，这是我对你们的请求，
因为这是你们永远相爱的最可靠的方法。
做终身的朋友胜过
做几天的情人。

这是不是他自己向埃米莉提出的建议？

她和他留在蒙热府邸。黎塞留公爵动身回部队，让他年轻的妻子呆在蒙热。

突然，巴黎的邮件纷至沓来。

朋友们写信说，在出版商若斯被投入巴士底狱后，一本本《通信》被人找到，而且，在5月8日，大臣写信给第戎的地方长官要他控制住“阿鲁埃·伏尔泰先生，让人按照国王的命令把他带到奥克索纳城堡”。

伏尔泰看到埃米莉的惊惶与恐惧，体会到她对自己多么依恋。

她给黎塞留公爵写信。

她承认：“无法向您描述我的痛苦。”伏尔泰是她最好的朋友，她补充说。以他“可怕的健康状况，在一座监狱里，如果他不死于疾病，他一定会死于痛苦”。“在她最强烈地感到拥有他的幸福的时刻”她失去了他。

她请求伏尔泰前往在西雷－叙尔－布莱兹的沙特莱府邸。人们将声称他在普隆比埃进行治疗，没有人会想到在香槟省的腹地西雷找他。

伏尔泰让步了。

“在蒙热的所有情况打发我赶快去洛林。”他说。

“再说我对监狱有强烈的厌恶；我是病人；封闭的空气会把我杀死；人们或许会把我关进一间土牢里。使我相信命令是严厉的情况，那就是宪兵队正在行动中。”

15.
“哪里有友情哪里就是祖国”

他将因此在这里生活。

他慢慢地走过天花板低矮的西雷府邸的一间间房间。

他颤抖了。

这些房间沉浸在潮湿和昏暗中，仿佛已经是秋天而不是五月初。

如果埃米莉·沙特莱不来和他会合，如果掌玺大臣，这位肖夫兰先生没有收回他的密札，没有撤销要寻找和逮捕他的命令，这里的冬天将会是什么样子的呢?

伏尔泰要求跟着他的仆人把窗户打开。他走近窗户。在府邸建造在其上的高地下面，他看见这座村庄的一些房舍，顶多只有十来座。

更远处，如同深暗色的波浪，森林在周围扩展，覆盖着山丘，延伸到布莱兹河岸，他听见这条河汩汩的流水声。

如果他在远离巴黎的流亡必须延续下去，他将在哪里，在哪一间封闭的房间里工作呢?

而且他为什么不离开这个王国？为什么他不回到伦敦，或者不安居在海牙？他可以在那里自由地发表他写的作品。他可以在那里接触宽容、博学和好客的社会。

这里只是个偏僻的地方：在几法里之内只有巴尔－叙尔－奥布镇和瓦西镇。

埃米莉·沙特莱邀请他拜访拉纳维尔夫人和尚博南夫人，她们居住在邻近西雷的房舍里，是沙特莱的女友。她们独自生活，她们的丈夫在莱茵军队里，或许在巴德公国，在菲利普斯堡周围，就在那里黎塞留公爵指挥着一个团队。

他走出府邸。现在空气是清新和澄澈的。伏尔泰沿着外墙走着。

如果他必须在这里呆几个月，他会改造这座府邸，让人建造几座新的楼房，开一些窗户，开辟一座公园，在几条小径两旁种植树木。

他穿过跨越布莱兹河的石桥。他看到这座府邸的全景。他想象它被改造，未来的建筑勾画出一座庭院。

他可以在这里和埃米莉一起生活。他们可以肩并肩地工作，安排晚餐、舞会，演出他的剧目。

人们会从宁静的府邸、从洛林宫来拜访他们，这座宫只有几十法里远，在吕内维尔。但是埃米莉·沙特莱会同意离开巴黎，和他一起封闭在这座府邸吗？

而且还必须由掌玺大臣允许他留在王国并且不要求把他关在巴士底狱或者将他流放。

再说她的丈夫，沙特莱侯爵，现在暂时在军队里，他会容忍这个局面吗？

伏尔泰走回来，挑选了一间小房间给自己做卧室和工作间。

他要求在房间里生火取暖，给他送来几个枝形大烛台。

火焰很快辉映在一面镜子里，他走向前。

他停下不动，端详着镜子中这个消瘦的男人。

他没有正常的身影。他是瘦弱的，脸部几乎干瘪。他直起身，咬紧牙关。他瘦削的面部的表情是坚强的。

这是一个非凡的男子。

一直以来——在大路易中学时期他的耶稣会士的老师们就这样指责他——他想摆脱默默无闻，摆脱“泥潭”，获得名声。

他现在 40 岁。他功成名就。

从海牙到伦敦，从柏林到尚贝里，人们全都阅读他的作品。

人们争相购买他的书。或许 20000 本《哲学通信》已经被售出。

哪位作家可以和他竞争？他以《俄狄浦斯》和《查伊尔》在舞台上获得巨大的成功。人们也赞扬他的《查理十二世史》。

他是伟大的法国诗人，《亨利亚特》的作者。

借助于重大的作品，他让史诗进入法国文学。而他的敌人们只能通过让人对他发密札来回答他！

但是他不会再让人把自己投入监狱！永远不。

他有保持自由的手段：他是富裕的。

他要吩咐他的代理人德穆兰大量收购小麦，不要局限在法兰西王国出售来自帕帕尔国家的优良小麦，而是要在价格更高的意大利、西班牙销售。他也想投资于安德列斯群岛的贸易，出售烟草、糖、可可，买下其船只从非洲开往安德烈斯群岛——在船舱底部载着链锁拴住的男子——的那些公司的股份。

也必须放高利贷并参加军队的供应，这是最获利和最可靠的贸易。他去和帕里斯兄弟接洽，这些金融家已经建议他这样做，他们自己就是军粮供应官。

他坐在他让人放在离壁炉不远处的一张小桌子旁。他要写信给夏尔·奥古斯丁·费里奥尔，达尔让塔尔伯爵，他们是他从大路易中学时期起就保持亲密关系的朋友，他完全信赖他们，他可以对他们谈论埃米莉·沙特莱、他对她怀有的如此强烈的情感，这样的情感就像是他四十年生活的顶点。

他为不在她身边而痛苦。他询问达尔让塔尔：

“你能不能探听一下掌玺大臣是不是一直执着地想让一个发热和患痢疾、身处偏僻之地的人死于奥克索纳——伏尔泰应该被监禁的地方？”

他担心在巴黎，有人会诽谤埃米莉。

他向她提醒她可能冒的风险。正是因为这个原因她才没有陪伴他到西雷，留在蒙热，在黎塞留公爵年轻的妻子身边，然后前往巴黎，试图让人撤销对伏尔泰的逮捕令。

他写信给达尔让塔尔：

“你知道我得益于沙……夫人的宽宏的友情的一切。我期待你的宽宏，让可能在你面前诬蔑一种如此真诚如此非凡的友情的那些人闭上嘴巴……”

他思念着埃米莉，她在巴黎一定也像他一样，沉迷于对沙龙、夜宵、人生的一切享受的爱好。她或许在那里与莫佩尔蒂重逢了。

他感到的痛苦不是嫉妒的痛苦，而是分离的痛苦。他愿意在她身边以便每天见到她，即使，在此之外，她以其他的两性关系充实自己的生活。

他重新拿起笔。达尔让塔尔给他寄来一封信，在信里他提到埃米莉·沙特莱在弗勒里枢机主教和掌玺大臣那里进行的努力。

她认为有人“蓄意要毁掉伏尔泰。有人谈论要放逐他。我清楚地知道，她补充说，如果我是他，我早就会到伦敦或海牙”。

埃米莉痛心地吐露：“我丝毫不能适应没有他的生活，想到可能永远失去他，这破坏了我生活的甜蜜。”

伏尔泰深受感动。

他写道：“只要我将在法国被几个人这样强烈地爱着，我将不可能寻找另一个安身之处：哪里有友情哪里就是祖国。”

他需要关注、爱、赞赏、忠诚、友情或爱情。

他为独自一人在西雷府邸而痛苦，在那里，他没有等待就让人开始一些工程，召集一些泥瓦工、粗木匠、细木匠伙计，“刺激工人们”以便几座楼房的翻新或建造工作迅速完成。

但是当他停止写作，他展开的这项紧张的建造活动并不使他感到满足。

他不喜欢这个偏僻之地。他前往拉纳维尔夫人家，这位妩媚的女邻居，美丽的年轻女子，热情地招待他，因为她独自一人，因为他对她朗读他刚刚创作的最新的诗歌，继续创作这篇《奥尔良贞女》，然而他也害怕它给他招来新的批评。但是如果他开始写这篇《形而上学论》，情况又将会是怎么样呢？他思考这篇著作，而它可能因异端把他带向烧死犯人的柴堆！

他希望能够表达他观察世界的方式，谴责所有幼稚的信仰，虔信者们散布并强加给人这样的信仰，仿佛它们是真理，而现在牛顿的著作正盛行于世！但是拉纳维尔夫人和尚博南夫人——他另一位邻居，他也拜访她——她们对此能够理解吗？

她们欣赏他，排解他的郁闷，尽力使他在香槟省居留的生活不那么索然无味，并且是——他这么说——“我所认识的最温情和最可敬的人”。

但是这也不能使他得到满足。

于是他一封封地写信，有时一个白天写十多封信。而且，为了逃避审查，他派几个仆人把它们一直带到巴勒或吕内维尔邮寄出去。他情不自禁地要倾吐衷肠，告诉人他在思考一部新的悲剧，《阿尔齐尔，或美洲人》。

他隐约其辞地讲述其情节，他要表现的两种看待上帝方式之间的对立，也就是一种方式把“野蛮的美洲人”看成是可以屠杀的，相反，另一种方式是把他们看成人。

他揭露粗暴的殖民，在舞台上表现一位父亲和他的儿子，一位体现智慧和仁慈，另一位体现粗暴和残忍。

自然，爱情和阿尔齐尔在一起，改教的这个“野蛮美洲女人”爱上“野蛮”起义者的首领。

他想要充当原谅人而不是杀戮人的上帝的代言人。正是这仁慈的上帝将占上风。

“这是带有非常浓烈基督色调的一出戏。”伏尔泰给达尔让塔尔写道，“在当前，最好追求宗教而不是追求诗歌！”

但是他不能束缚自己的思想，他的思想只依赖独立，又被谨慎和沉默压抑。正是为此他思考《形而上学论》，尽管知道他所冒的风险。

“由于类似的大胆举动，过去有一些疯狂的人被一些愚蠢的人活活烧死。”

但他一直处在监控之下。掌玺大臣肖夫兰先生始终将他牢牢地控制住，同意让人将印刷商若斯从巴士底狱释放出来，允许他重操旧业，但条件是要他控告伏尔泰，指控伏尔泰是印刷和发行《哲学通信》的关键人物。

伏尔泰得知掌玺大臣已经命令在隆－蓬街他的住所里进行搜查。所有的物品都被翻乱，洗劫一空。他存放在自己“珠宝箱”里的信件和剧本全都弄散了。对于专横的当局、这样野蛮的品性、这些像“愚人”一样行事的人，他感到愤慨，怒不可遏。

他也得知在菲利普斯堡墙下莱茵军中的黎塞留公爵刚刚与一位利克桑王子进行决斗，利克桑是吉斯家的亲戚，他指责黎塞留与伊丽莎白·吉斯的婚姻。

黎塞留杀死了这个王子，但自己也受伤了。伏尔泰前往莱因军，发现公爵伤得没有自己想象的那样严重，而且在野外战场上生活得和在公爵豪宅里一样舒坦。人们在其中接待他的那些帐篷都非常宽大。一大群仆人在里面忙碌不停。和黎塞留随行的有七十二匹骡子、三十四马，它们承载着餐具、家具、服装。这简直是在军队中重组的宫廷。军官们很高兴接待这位“法国伟大的诗人”。他们向伏尔泰朗诵为他创作的一首赞歌：

巴那斯优秀的孩子
来到这些营地，
但是阴谋集团徒劳地追捕
这个戴着桂冠的年轻人。
这支军队的将军们
争相要留宿他。

他在营地里闲逛，在那里他遭遇到炮击、进攻。

“有一天，”他叙述道，“我被孔蒂军团的士兵们当作间谍抓起来。这位王子，他们的上校，刚巧经过，请我进晚餐，而不是让人把我绞死。”

这位年轻的王子是《俄狄浦斯》和《亨利亚特》诗人的仰慕者的儿子。他像对待君主一样对待伏尔泰，于是伏尔泰流连在这片战场上，他遇见沙特莱侯爵，埃米莉的丈夫，这是一个有礼貌和持重的男子，真正的绅士，他说，只要伏尔泰愿意，他很高兴在自己的府邸里接待一位为王国争光的诗人。

但是这取决于掌玺大臣，而伏尔泰并不抱幻想。在他逗留在军中的期间，在炮火下，他刚刚发现“在光荣与恐惧中的人类的疯狂”。

是不是相互杀戮的这些人的情景将他击倒？还是当秋天开始将山丘、森林重新覆盖上雾霭，当沙特莱夫人在巴黎，或许出入于沙龙，与莫佩尔蒂重逢，他在西雷府邸的孤独将他击倒？

伏尔泰卧床不起，发着烧，不堪忍受，不得不用浑身的力气来写几首诗，给埃米莉写几封信，埃米莉告诉他自己在弗勒里枢机主教和掌玺大臣那里进行的交涉。她为此十分不安：或许人们就要对他宣布她已经提到过的“放逐”处分？

他渴望见到她。

但是他也希望前往巴黎“处理自己的事务”，会见他的代理人，德穆兰和这位穆西诺神甫，后者是圣梅里的议事司铎，伏尔泰委托他收取借贷的利息，发送邮件，也为埃米莉购买一些礼物，他是伏尔泰完全信赖的真正的“全权代理人”，有德行又干练的神甫。

要回到巴黎的希望在他心头萦绕，这时天气转冷，冬天快到了。他给埃米莉·沙特莱写道：

“如果我们到一个郊区过上一周不露面，你有什么不便？我会在那里和你一起进晚餐，像宝贝一样的藏起来，稍有风吹草动我就从藏身之处逃走。我有一些买卖，无论如何必须处理好，不能冒险突然见到自己不多的财产见鬼去！”

他等待着。他急不可耐。直到 1735 年 3 月 2 日他才终于收到巴黎警察总监的一封信。他不喜欢这封信的语气，但是它重新打开这座城市的门户：

“在你认为合适的时候回到巴黎。返回的条件是你在这里只关注的事情不会提供任何理由对你形成和过去一样的指控。先生，你越有才能，你越应该感到你既有敌人又有嫉妒者。因此请你用与一个哲人和一个已到中年的人相称的行为让他们永远闭上嘴巴……”

他并不欣赏这些忠告，但是必须装出已经听取。

1735 年 3 月 30 日晚上，伏尔泰来到巴黎。

“你了解我糟糕的健康状况，我来时病得不轻。”他对埃米莉·沙特莱说。

他满腔热忱地与她重逢，但是她好像被数学的时尚吸引着，数学因莫佩尔蒂的英俊和魅力对她更有影响。

他的印象是巴黎大大改变了。或许他突然接触的这座喧嚣的城市不再同样地吸引他。

他已爱上西雷有规则的、宁静的生活。在这里，在巴黎，在这1735年的春天，他感到自己是局外人并受到威胁，为不能给自己单独保留埃米莉·沙特莱而生气。

“在巴黎诗歌几乎不再时兴，”他说，“大家开始做几何学家或物理学家。人们毫无顾忌地要进行推理。感情、想象和灵感被排除了……这并不是我因为人们研究哲学而恼火，但是我不愿意它变为排除其余一切的霸王。它在法国只是承接另一种时尚的时尚，而且它也会消失。但是任何艺术、任何科学都不应该是时兴的。必须让它们全都手牵着手；必须让人们在任何时代都致力于研究它们。”

他在生气。他觉得埃米莉·沙特莱虽然对他表现出自己的恋情，还没有决定为了他抛弃一切，尤其没有决定生活在远离巴黎的地方。

在她的犹豫面前他感到不耐烦。

此外，人们告诉他一些令人不安的传言。《奥尔良贞女》的文本开始流传，这个剧令人反感。

最好在人们控制他以前离开巴黎。“你不能想象这篇《贞女》造成的变迁。”人们告诉他。

人们感到惊讶他能够“在可能永远毁掉他的作品中将那么多的才智、理智和盲目结合在一起”。

人们因此不明白他不会封住自己的嘴巴？不明白他急不可耐地要让人了解他的思想、他的作品，并且一直介于理智谨慎和作家、哲学家的鲁莽之间，而最终是大胆占据上风?

在1735年5月初，他离开巴黎，前往吕内维尔洛林宫。在那里有一些女子很欣赏他，例如伊丽莎白·吉斯、黎塞留公爵夫人，是他让她嫁给公爵的。

他在那里找到一间陈放物理书的书房，找到阅读他作品的读者。他前往舞会、音乐会、剧院。没有一个警察总监威胁着他。

从此，为什么要去巴黎呢?

这尤其因为埃米莉现在似乎决心和他会合以便一起生活在西雷府邸。人们把她的知心话告诉伏尔泰。她好像是说她准备在1735年6月末离开巴黎去西雷：

“我非常爱他，我对您承认，可以为毫不惊恐地与他一起生活的幸福和坚决使他摆脱他的轻率和命运的快乐，牺牲我将能在巴黎获得的一切快乐与乐趣。”

16.
“人间的天堂就在我所在的地方”

他们终于在同一个屋顶下生活。

埃米莉·沙特莱惊叹伏尔泰进行的工程，正在建设中的侧房将府邸扩展，他希望在其中布置他们的套房。他要求木质装修，有一间贴瓷砖和铺大理石的浴室。必须有一间盥洗室，一间小客厅，自然，还有一间藏书室。在护墙板上面将悬挂瓦托的绘画。

当他们慢慢地散步，当他们骑上高头大马前往宁静的森林，经常一直来到拉纳维尔夫人和尚博南夫人的府邸，埃米莉总是让伏尔泰说话。家庭教师，伏尔泰的一位年轻门徒，自以为是诗人的利南，跟随着他们。

他们在一起打猎。

当天气一转凉，他们让人在府邸的三十二个壁炉里生起炉火。

他们愉快地和一些路过的客人进晚餐，客人们经常对安顿他们的破败房间感到惊讶，仿佛在埃米莉和伏尔泰生活的地方之外，没有进行任何装修。他们的一位房客格拉菲尼夫人惊叹道：“在夫人和伏尔泰套房之外的所有地方都肮脏得令人厌恶。”

至于丈夫，沙特莱侯爵，他在军队里，或者和埃米莉分开来和孩子们一起生活，在孩子们和家庭教师利南陪伴下进晚餐。

利南就这样摆脱埃米莉·沙特莱要让人遵守的礼节。她是侯爵夫人，在她吩咐之前，不能容忍他在她面前坐下。

这位家庭教师不愿意从命，觉得侯爵夫人的态度是可笑的、侮辱人的。难道他自己不也是诗人吗？

埃米莉是专横的，随着日子一天天过去，她把自己特有的印记加到伏尔泰进行的工程上。在那里，一道门被封死或者被一扇窗户替代。在这里，她让人建造一处暗梯，在别处让人扩建一个房间。她选择家具、绘画。伏尔泰顺从她，表示赞赏。

“在我经受的可耻的迫害期间她为我所做的事以及她为我效力的方式，”他说，“它们会永远把我拴在她的马车上，如果她的才智之光和她超越所有女子的优越不曾把我拴住的话。你们知道我的心灵是否认识友情；想想看我对这样一个人是否该有无限的眷恋，在她那里我忘记了整个世界，在她身边我每天得到启发，我的一切要归功于她。”

他们阅读，他们写作，每个人呆在自己的套房，然后，当通知作息时间的钟声敲响，他们相聚在一起，交换他们对上帝、宗教、牛顿的物理和宗教的看法。

埃米莉酷爱科学和数学，伏尔泰开始写作《路易十四时代》。他试图使她确信历史的重要和严格。埃米莉，在她那方面，则希望他在诗才上再加上哲学。

他们因《梅里耶神甫的遗嘱》而激动不已，这位反宗教的神甫是无神论者，这部作品是他一生的成果，在他死后才开始流传开。

他们讨论堂卡尔梅的《对旧约和新约全书的文字评论》。

通过这些智力的竞赛、相互的充实，通过共同行走在思想之巅，他们感到兴奋和喜悦增强他们的信念、他们的优越感和他们的爱情。

但是日子过得太快，他们阅读、写作、讨论、装修和扩大府邸、拜访拉纳维尔夫人和尚博兰夫人，当客人们来到府邸，晚餐会延续到夜里。

黎塞留公爵在这里度过几天，而伏尔泰立刻猜测到埃米莉重新被这个勾引妇女的人吸引，此人是她的一个情人。

他不感到任何不安：把他和她联系在一起的纽带不可能被扯断，哪怕是更新的欲望。当然，他不能控制嫉妒的感情，但是这种感情很快消失了。

在他和埃米莉之间一切都是清晰的，他对黎塞留公爵怀有的友情允许他对公爵说：

“请在你的道路上照顾
我的心灵喜爱的美人。”

1735 年秋天，在整整一个月里，他们在府邸接待一位威尼斯人弗朗塞斯科·阿尔加罗蒂，学者和文人，《牛顿学说妇女读本》的作者，他准备动身去极地探险。这时时间过得更快：

“阿尔加罗蒂侯爵懂得各国的语言和风俗，像阿里奥斯特一样创作诗歌，知道洛克和牛顿。他向我们朗读他对哲学的一些有趣部分所写的对话。”伏尔泰写道。

大家竞相表现才华和博学。伏尔泰为阿尔加罗蒂写下了一首书简诗，在诗中他赞颂他对埃米莉的爱情：

在我的子午线下，在西雷的田野里，
今后只看到埃米莉的星辰，
它因她非凡的天才而发热，
也被她智慧之光点亮，
在她的提琴上我将歌唱
她举世无双的才华，
我证实被你双手测量的地方，
我将为她天神般的魅力抛弃它们
无论是赤道还是北极。

怎样留住这些日子？

“阅读牛顿的著作，”伏尔泰写道，“五十法尺宽的平台，带有栏杆的庭院，贴有瓷砖的浴室，银黄色的套房，摆着中国瓷人像的凹室，所有这一切花去许多时间。”

必须制定一种纪律，可以在快乐中保证分配给工作的时间。

伏尔泰读到人们在首都对他们在西雷的生活的各种描述，感到兴奋不已。巴黎注视着他们并羡慕他们，仿佛西雷府邸已经变成精神的凡尔赛宫，人们不惜笔墨描述这个精神宫廷的生活习惯和礼仪。

“人们说维尔福骑士先生经过西雷附近，想见沙特莱夫人。”有人叙述道，“在穿过府邸的几座庭院之后，一位穿制服的仆人把他带到第一间前厅……”

“虽然才是下午四点，所有的窗户都紧关着。”

一位贴身女仆领着他，手里拿着灯笼。

他终于来到奇妙的起居间，它的门立刻打开了：这是一间点着二十多支蜡烛的客厅。“这个地方的这位美女如此披金戴银，珠光宝气，她简直与歌剧里的维纳斯女神相像，如果说，尽管她姿态优美，衣着华丽，她没有把肘支在涂写未知数的纸上和摆满仪器和数学书的桌子上。”

通过一道暗梯，他走向伏尔泰的套房。他敲击房门。新的等待。

“走出工作间或打开房门的钟点还没有来到。”

人们终于接待他。

“钟声响了，这是告知进晚餐。菜肴精美，晚餐时间很长；在某个时刻，钟声再次响起。这是为了提醒阅读精神科学和哲学著作的时间到了……一个小时后，钟声提醒该去就寝。大家去就寝了。在清晨四点，有人来唤醒访客询问他是否愿意参加钟声刚刚通知的诗歌和文学习作……第二天，大家到一片树林角落吃排骨，总是有人跟在后面携带着那些捆着的书。有人询问埃米莉的丈夫在这时做什么，没有人知道任何情况。

“再说你可以按你的意愿理解这个故事，我是如我听说的那样、如它在巴黎流传的那样，把它告诉你的。”

伏尔泰笑了。西雷的府邸在这个故事里变为一座修道院。人们描述这里的晚餐，仿佛“在桌子的每一端有像女修道院的递菜转柜那样的一个圆转柜，一个为了上菜，另一个为了撤去餐具。没有一个仆人露面：人们自己进餐”。

这是传闻！仆人们在那里，在他们面前伏尔泰和埃米莉说英语，以便让仆人们既不能理解也不能报告他与埃米莉交谈的话。

因为伏尔泰清楚地知道在巴黎，人们没有满足于歪曲地描述他们在西雷的生活。敌人们、对手们、假仁假义的人们，他们没有解除武装。

人们窃窃私语，人们到处传播。人们不敢向宗教裁判所提出——教会的这个法庭的职责是让人尊重婚配、抨击和惩罚通奸或其他有伤风化的行为——但是人们揭露伏尔泰和埃米莉的行为。

而伏尔泰则认为他的对手们准备抓住任何机会来伤害他。

1735 年 8 月 11 日，他的悲剧《恺撒之死》于发奖日在阿库尔学校上演。

“我现在仅仅是一位学校诗人，”他说，“我放弃了两个过于充满阴谋的戏剧，法兰西剧院的戏剧和人世的戏剧。”

事实上，所有在巴黎有地位的人士观看了这场演出，伏尔泰在把他的剧本送给阿库尔校长阿瑟兰神甫时引起大家注意这场演出。

他希望自己的作品被人们演出、了解、讨论。

但是当德方丹神甫没有得到自己允许就发表了《恺撒之死》一个错误百出的版

本时，伏尔泰气愤不已。

伏尔泰曾把这个人从比赛特勒放出来，把他从沙滩广场烧死犯人的柴堆上解救出来，现在这个人却忘恩负义！而且他还做更坏的事：他发表伏尔泰为阿尔加罗蒂创作的《书简诗》，伏尔泰在诗中宣布他在西雷府邸对埃米莉怀有的爱情——这激起了沙特莱侯爵的愤怒，诚然侯爵是宽容的，但条件是要保住面子。

而宗教裁判所的法庭将会做什么呢？

必须让这位德方丹闭口不言。

“人们把这条咬主人的狗放在哪间兽舍”，这个“从索多姆来到比赛特勒……”的神甫？

但是要迫使德方丹保持沉默已为时太晚。

沙特莱侯爵在致阿尔加罗蒂的《书简诗》发表后要捍卫自己的荣誉，那些假仁假义的人揭露在私下流传的伏尔泰献给《贞女》的诗歌，直至揭露这篇《恺撒之死》，把它说成“最具煽动性的、最与君主政府对立的作品”，掌玺大臣则同时受到他们的影响。

人们不是读到下面这样的大逆不道的诗句吗？

> 我憎恶带着国王名义的恺撒，
> 但是公民恺撒对于我会是上帝。

伏尔泰企图为自己辩护：

“这出剧完全没有像我创作的那样发表出来。”他说。

但是指控越来越多，要求予以谴责的呼声越来越高。

一位神甫对弗勒里枢机主教说：“请你让人把这篇愚昧的作品烧掉，它能培育雅克·克莱芒和拉瓦亚克这样的人！”

伏尔泰必须击退这些威胁，最好的办法就是以一部悲剧《阿尔齐尔或美洲人》取得成功，他希望确信这部作品表达基督教的精华，它“要把所有的人看成兄弟，给他们带来好处并原谅他们的罪过”。

“人们在许多诽谤性短文中把我称作不信宗教的人。我要问是谁最信宗教：是迫害人的诬蔑者，还是原谅人的被诬蔑者？”

然而他得知一个叫做勒弗朗·德蓬皮尼昂的人，他曾在1734年以其悲剧《迪东》获得一定的成功，现在刚刚让法兰西剧院看一个剧本，《佐拉伊德》，它可能是接过《阿尔齐尔》的主题。而法兰西剧院同意演出这出剧。

偶然巧合还是盗取主题，剽窃行为？

伏尔泰不甘心这样被超越。

他给演员们写信：

“公正要求创造主题的人排在美化它的人前面。”

法兰西剧院犹豫不决要不要改变决定，然而要求重新审读勒弗朗的剧本，勒弗朗愤慨不已，盛怒之下撕毁自己的剧本。

道路是畅通的。

伏尔泰将能够以公开的面目出现并停止为避免被追究而否认自己的作品。

他刚刚给掌玺大臣写信：

“如果掌玺大臣先生在自己的文件夹里有几个题为《贞女》的剧本，那一定是另一个人的作品，他想把他的风格归于我，以便让我名誉扫地并毁掉我。”

《阿尔齐尔》则没有任何这样的情况。

这出悲剧，首演在1736年1月27日举行，多次演出获得巨大成功。它在宫廷前两次演出并获得53640里弗尔的收益。

为了回报演员们，伏尔泰决定把自己的剧连同以后演出的所有赢利都让给他们。人们还敢于指控他吝啬吗？

他再一次赢得了战役并再一次装满了他的保险箱。

这新的光荣、这增加的财富为他在西雷的旅居生活增辉添彩。

他沉醉于幸福之中。他创作一首诗《摩登人物》，像是要毫无遗憾地宣称，在一个他知道的残酷和不公正的世界里，他快乐地生活在奢华中：“这世俗的时光完全符合我的生活习惯”，他在诗中这样写：

我喜爱奢华甚至高贵，
所有的快乐，种种艺术，
利落的表演，高雅的情趣，荣耀。
哦，这铁的世纪是美好的时光，
人间的天堂就在我所在的地方。

17.
“我们生活在什么世纪？”

他刚从巴黎回来，在 1736 年的整个春天，他不得不呆在那里。

他慢慢地走在小径上，它们现在给西雷府邸披上盛装，使它显得高贵并井然有序。

他很高兴重新见到自己的“天堂”，重新获得“友情和清静”，在此之前，在巴黎的几个星期里，他的生活是如此紧张，结果他因此而生病了，然而不得不回答黎塞留公爵和吉斯亲王的邀请，兴味索然地回到他落脚的奥尔良街的奥尔良府邸。周围人们对他的友情和赞赏没能使这种紧张的感觉消失，也未能使愤怒消失。但是他来到巴黎恰恰是为了对抗一些敌人。

为了《哲学通信》被查封的版本，印刷商若斯向他要求 14000 里弗尔和 6 苏的赔偿！伏尔泰受到自己的财产被扣押的威胁！

伏尔泰清楚地感到在若斯身后有他所有的敌人：“犯有鸡奸和忘恩负义的神甫”德方丹，让 - 巴蒂斯特 · 卢梭，老对手，还有所有的虔信者前去向弗勒里枢机主教和他的大臣们报告他就是《贞女》和开始流传的这首诗歌《摩登人物》的作者。他再一次自责屈从于诱惑——实际上是急切的需求——要让几个亲近者了解他写的一切，尽管他已决定不让它们流传。

但是他对泰里奥、达尔让塔尔或西德维尔破例，而他们则满腔热忱地为他们的朋友们传抄。很快这些文本被送到掌玺大臣和弗勒里枢机主教的眼前。于是最好不追究若斯并接受支付 500 里弗尔罚金的判决！

“在巴黎人们知道我被判处支付罚金；”他说，“这样我就名誉扫地而没有赢得官司！对于这笔所谓的罚金人们已经传播一些无稽之谈！”

但是当局选择了这种方式来“惩罚”伏尔泰但并不照顾若斯！

“这是在我的耻辱上签名！”伏尔泰惊呼，他意识到这场官司对他会是危险的。而他必须承认“当局在这种情况下帮助了我。我有点小小的遗憾，作为公民，受恩惠于专横的当局：然而它大大伤害了我，应当允许它在我活着的时候对我做一些善事”。

在 6 月和 7 月期间他又住在巴黎。他犹豫不决要不要向法兰西学院提交自己的候选人申请，法兰西学院的两个席位刚刚被宣布空缺。

若斯案件刚刚解决。他必须承受让 - 巴蒂斯特 · 卢梭的攻击，卢梭继续提醒人们伏尔泰是这篇《致于拉尼书简》的作者，它宣布他的自然神论、他的无神论。

他以辛辣的方式回答，向这个人物提醒他的父亲曾是阿鲁埃的鞋匠，并对他喊出：“我现在有一个贴身男仆是他的近亲并且是非常诚实的人。这个可怜的小伙子每天要求我原谅他的亲戚作的蹩脚诗歌。”

而且伏尔泰用写作《克雷皮纳德》来使卢梭哑口无言，既然圣克雷潘是鞋匠们的头儿，既然这个人物在舞台上抛弃他的父亲。

但是这个气氛并不有利于他进入法兰西学院。

对此他是知道的。

“人们今天对我谈论在法兰西学院的一个席位；但无论是我所处的情况，还是健康状况，或是自由——我爱它甚于爱一切——都不允许我往这方面想。”

实际上，他很想在这个学院占有一席，应他的要求，黎塞留公爵和维拉尔公爵在枢机主教先生和掌玺大臣先生那里为他“进行疏通”。奥利韦神甫——昔日的图里埃神父，大路易中学的课堂学监，“在我十四岁的时候还在我屁股上打巴掌”——他本人从 1722 年起就是法兰西学院的院士，透露说：

“人们料想我，在我这方面，我将在学院内部做工作。从种种迹象看来，对于将空缺的第一个位子而言，这是一场已经定型的选举……”

在 1736 年 7 月，他终于回到西雷府邸，箱子里装着给埃米莉的礼物和她订购的一切：金黄信纸包着的荷兰柠檬，从 12 法斤的细粉到桔花香脂。

但是他指望在这座府邸获得的安宁很快被达尔让塔尔寄给他的那些信打乱了。

达尔让塔尔对德穆兰的角色深感不安，这位伏尔泰的代理人或许为被穆西诺神甫取代而心生嫉妒。德穆兰搜寻了伏尔泰在隆－蓬街的套房。他带走了一些文本。他把它们交给德方丹神甫。

尤为甚者，《摩登人物》流传开，引起虔信者们的愤慨，他们看到的是对伤风败俗的颂扬。

人们甚至在比西神甫的文件里找到一本《摩登人物》，这位吕松的主教是以“摩登人物”和放荡不羁的高级教士为人所知！

伏尔泰对这个文本遭遇的反响感到很惊讶。他没有想象到在这样写时会激起强烈的愤慨：

> 我亲爱的亚当，我的贪食者，我的好父亲，
> 你在伊甸园做什么？……
> 你抚摸夏娃夫人，我的母亲？
> 请对我承认你们俩都有
> 长长的指甲，有点黑和肮脏，
> 还有稍微凌乱的头发，
> 变成褐色的面孔，褐色的皮肤；
> 没有清洁，最幸福的爱情
> 不再是爱情，这是一种可耻的需求。

他发怒了：

“你知道吗，《摩登人物》被当作耻辱作品对待，你料到吗，人们竟敢利用这个不值一提的借口再攻击我？我们生活在哪个世纪！而且是生活在哪个世纪以后！横加指责一个人说亚当有长指甲，认真地把这称作异端！”

他还讽刺说：

“在阿拉法特山上，在档案馆的档案里，圣西普里安清楚地说，亚当不能勃起，只能在被追求之后勃起，由此而来犹太教士们所说的‘勃起不足’。”

泰里奥、达尔让塔尔、黎塞留公爵还是提醒他虔信者们的指控越来越恶毒，他们对弗勒里枢机主教的内阁、对他的掌玺大臣施加越来越大的压力。伏尔泰被说成宗教的死敌，就像他已经是国王们的死敌那样。

从《恺撒之死》到《摩登人物》，这只是一个异教徒令人不快和可料到的发展。

他将必须离开这个王国，因为西雷府邸甚至不再是一个藏身之处。

虔信者们宣称他们将就沙特莱侯爵纵容的态度质问这位侯爵，质问他为何接受在他们夫妻家里、在众目睽睽下进行的通奸。

这是1736年的冬天：香槟省笼罩着阴雨和雾霭。去哪里？普鲁士王子弗里德里希已经好几次邀请伏尔泰前往柏林，在那里他将受到高规格的接待。

伏尔泰动了心；埃米莉·沙特莱则持保留态度。

“亲王不是国王。”她说，“当他当国王以后，我们俩都将去见他，但是在他当国王以前，这样做丝毫不可靠。他的父亲除了是个矮个子，也没有任何长处；他多疑而残酷；他憎恨并迫害他的儿子，他把儿子控制在铁的桎梏里。他可能会害怕你给他的儿子提出一些危险的建议。他有能力叫人在他的宫廷里逮捕你并把你交给掌玺大臣。”

伏尔泰选择荷兰，在那里书商勒代准备出版他的作品的全集。伏尔泰将监督他的《牛顿哲学原理》的印制，在这个国度一些学者在讲授这篇著作！

他甚至将能求医于名医博埃阿夫，这位医生或许将能对经常困扰他的疼痛作出确诊。

在1736年12月末，他动身的日子，伏尔泰心痛欲裂。

埃米莉一直陪同他到瓦西，在那里，黎明时分他要坐上驿车。

他很伤心要离开“我热爱和我应该热爱的一个人”。

他吐露说：“情况是可怕的。”

但是，同时，他心想：“我将生活在外国，我将是自由的。”

他终于感到兴奋和快乐。

18.
“在我的国家我没有受到这样的对待”

他很惊讶既没有感到旅途的疲惫也没有感到分别的忧伤。

他觉得自己经常被疾病束缚的身体没有感受到布满车辙的道路的颠簸，也没有感受到暴风雪时掀起马车皮门帘的寒风。

对于客栈的不舒适他也无动于衷。

他只感到急不可耐。

他已经在想着漫步于阿姆斯特丹或莱登的街头，听牛顿学说的学者格雷夫桑德讲课，第一次观看自己的一本书《牛顿哲学原理》的印刷，他将以在这个自由的国度学到的一切来充实这篇著作。

怀着某种负罪感，他很惊讶没有被对埃米莉·沙特莱的思念萦绕，在他动身的时候她深感不安，责备他没有等待达尔让塔尔最后几封信，这些信或许会是令人宽慰的，告知可以取消前往荷兰的旅行。

在埃米莉的声音里他听出失望和责备。

她是他的良师益友。他有多少事应该感激她。对此他是承认的。她照看他，她对亲近的朋友说：

“必须随时把他从他自身解救出来，为了引导他，我使用的谋略比整个梵蒂冈为把基督教徒留在它的锁链中所使用的谋略还要多。”

但是他急于摆脱任何约束。他渴望自由。

他在布鲁塞尔只呆了一宿，因为他不愿意冒险在这座城市里，在人们希望邀请他的沙龙，遇见一直流亡的让－巴蒂斯特·卢梭。

但是他获悉自己写的剧在布鲁塞尔演出，《阿尔齐尔或美洲人》的一场演出就在当晚举行。

他感到自己强而有力。人们将不再能够压抑他的声音。掌玺大臣先生当然可以在法兰西王国追究他，伏尔泰不是任何人的臣民。伏尔泰是个自由人，被所有自由人承认并热烈欢迎，无论他们是哪个国家的人。

1737年1月13日，他离开布鲁塞尔前往安特卫普，在那里他登上一艘马拉驳船，驳船逆流而上，顺着有时覆盖着一层薄冰的运河一直驶向阿姆斯特丹。

他决定自我介绍为雷沃尔先生，法国的批发商人。但是他没能长时间保留这个假面具。他刚刚在这冰冷的冬天走下船，人们就簇拥着他，热情欢迎他，他的书商勒代在自己家里接待他，人们从荷兰各地来向他致敬，向他祝贺。经常，仰慕者的人群聚集在他周围。

他前往莱登。英国国王随从的二十来个英国人要求接见，以便了解他在法兰西王国的处境。

他回答他们时，重复的是自己写信告诉一直希望在柏林接待他的普鲁士王子弗里德里希的话：

“自从我写了《亨利亚特》后，我就受到迫害。你能相信人们不止一次指责我用过于肮脏的色彩描绘圣巴泰勒米惨案？有人把我称为无神论者，因为我说人们不是为自相残杀而生的。”

他的剧本《布鲁图斯》《查伊尔》被翻译成英文，英国人是他的读者。

在莱登如同在阿姆斯特丹，人们争相邀请他，他来往于这两座城市。

关于牛顿的讲课令他兴奋。他重读自己的《牛顿哲学原理》印刷出的最初书页。书商勒代关注他最微小的愿望。

“我在自己的国家没有受到这样的对待。”伏尔泰说。

然后他补充说：

“人们在这里给我的荣誉比我配得上的还要多。阿姆斯特丹的一位法官翻译了《恺撒之死》，人们将上演这出剧，他把它题献给我。”

他求诊于医生博艾阿夫，但是已经有好几年他没有感觉身体如此好，没有痉挛，没有灼热，没有腹部剧痛。医生让他放心，他从医生那里出来时感到更加振奋。

是自由的空气使他痊愈。

只有埃米莉的好教训人的来信令他不安。

她坚持要他回西雷。他猜测到她的苦恼，猜测到在他离开的这座府邸里她在孤独中承受的精神负担。

他不能让她分享“他享受的幸福”，他的希望，他要留连在这里，等待从印刷机里吐出《牛顿哲学原理》最后的书页。

他对她把自己的居留描绘成伤感的流亡。

他对她说谎。

“再说，”他写道，“我作为超脱者过得充实，我努力学习，我见的人不多，我努力理解牛顿并让人理解他，我以检讨我朋友们的分离来自我安慰。”

他怀念埃米莉吗？

显然，是的。但是如果说她的每一封来信激起他的思念和尽早重新见到她的希望，同时它们提醒他在法国他面临的这些威胁，她也重复这些威胁。

再说，荷兰的报刊，尤其是乌德勒支的报刊，报道说在巴黎人们因为《贞女》的出版而想监禁他，为了逃避巴士底狱，他选择了流亡。

这些流言蜚语是由他的敌人德方丹或卢梭通过一些被收买的法国难民散布的，目的是迫使他接受流亡。

不过有时他也想放弃法国，住在这里，在阿姆斯特丹或莱登，甚至想去伦敦。

在一封信里，达尔让塔尔告诉他埃米莉·沙特莱的不安与失望，她担心他决定不再回来。

“我对你说他脑子里这样想，”她写道，“但是如果他消失，那至少是在了解情况下的决定。我向你跪求严厉地告诉他如果他固执坚持并且不回来，他就永远完了，我对此深信不疑。如果他一生的幸福或不幸如你所说的那样取决于他现在的智慧，那么就一刻不能见不到他。如果你见到他最后的来信，你就不会指责我；信上有他的签名，他将我称为夫人。这种如此奇特的不相称的称呼使我因头疼而眩晕。”

他知道她也说：

“我担心他对内阁比对我更有罪……我没有什么可自责的。请告诉他我病得很厉害，他至少应该回来阻止我死去。”

他怎么会不理解？他怎么能够不响应他该多么感激的这位女子的呼唤？

他就要回来。

他让人在《乌德勒支报》上发表对德方丹和卢梭同伙们所散布的消息的一篇答复：

"伏尔泰先生宣称有谣言说在他离开法国之后，在那里出现了一篇史诗，由其创作，题为《奥尔良贞女》，写作方式冒犯宗教，这只是他的敌人们刚刚进行的新的诬蔑，而这样的作品从来没有存在过。"

他到勒代那里去。他将见不到自己的《牛顿哲学原理》完成。

他动身前往西雷府邸。他顺从埃米莉·沙特莱。他知道自己在这里或伦敦丧失的一切：这就叫做自由。

但是，1737年2月10日，他作出决定。

"我为去生活在友情的怀抱而拼命。"他说。

19.
“我是宽容的，我觉得有人想法和我不一样是很好的事”

他愿意沉醉于与埃米莉·沙特莱重逢的喜悦。

她容光焕发地向他走来。她的优雅、她的热情、她表达的爱情使他深受感动，一时间驱走他为离开自由的荷兰感到的遗憾。他不是写过：“我将怀着恐怖感看到自己在法国”？

但是埃米莉抓住他的手，拉着他，向他讲述自己如何翻译牛顿的书《自然哲学的数学原理》。虽然他才刚刚到达，她想对他念其中的一些段落。

他让她把自己带到她的房间。他听她说话。他看着她。“她说话时就像一位天使……她穿着一件印花棉布连衣裙和一件黑色塔夫绸大罩衫；她的黑发很长，它们在头后面卷起到头顶，像小孩子的头发一样鬈曲；这与她十分相称。”

她念着牛顿的这些句子，诗句立刻在他心中油然而生，他慢慢地清楚地吟咏：

你召唤我来到你这里，博学和能干的天才，
法国的智慧女神，不朽的埃米莉，
牛顿的弟子、真理的弟子，
你光辉的火焰进入我的感官……

这是埃米莉在翻译牛顿作品时揭示的神的法则：

> 是的，在上帝的怀抱中，远离凡人的躯体，
> 精神似乎倾听上帝的声音。

但是他已经预感到法兰西王国所有有地位的人，神学家和学者将起而反对这个地心引力的学说，反对这个万有引力起作用的空广宇宙的法则，人们将宁可坚持笛卡儿的思想，坚持莱布尼兹的思想，人们将拒绝牛顿的形而上学。

他立刻想到自己的书《牛顿哲学原理》，由于离开荷兰回西雷府邸，他没能完成。

心中的欣喜消失了。

如果他出版这本书，或者，更糟，出版《牛顿的形而上学》，他将再次被揭发，被迫害。他对这个法兰西王国感到苦涩、愤怒甚至蔑视，它满足于放纵和偏执，虔信者们查禁书刊并转眼不看社会道德的状况！在这奇怪的国度，他不停地感到自己受到威胁。

他不愿意透露自己回到西雷府邸。他让人给他的朋友达尔让塔尔送去一封信，信中他让人明白自己就要安顿在英国：最好让他的敌人们认为他是在伦敦而不是在西雷！他写道，“不要认为只有在法国可以生活。这是为年轻女子和好享乐的人造就的一个国家。这是牧歌和无意义装饰的国家。但是人们在别处找到理智，找到天才。培尔只能生活在一个自由的国度。”

他感到自己接近这位博学的哲学家，这位曾生活在鹿特丹、宣传宽容的新教徒。而且伏尔泰以培尔的方式重复道：“我是宽容的，我觉得有人想法和我不一样是很好的事。”

他是不是应该为此如他真想的那样离开法国，答复许多仰慕者的来信，回报普鲁士的弗里德里希给他送来的礼物，弗里德里希有朝一日会成为国王。

伏尔泰把这座苏格拉底的半身像放在自己面前，它呈金杖球饰形状，是弗里德里希的礼物。

这位王子给他写的信使他深受感动。1737 年 1 月 7 日的来信更使他感到荣幸：“万一我去法国，我将询问的第一件事，那就将是：伏尔泰先生在哪里？国王、他的宫廷、巴黎、凡尔赛宫，无论是女性还是肉体享乐在我的旅行中将没有任何份额，

我重视的将只有您一个人。”

王子的特使，凯泽林男爵——他的密友——在到达西雷的时候，交给伏尔泰一封非常奉承他的信：

“在和我的朋友分手的时候，”弗里德里希写道，“我对他说：想一想你将去人间天堂；去和卡利普索岛一样美妙的一个地方；这个地方的女神毫不逊色于特雷马克迷人女子的美丽；你将在她身上发现精神的所有精华，远甚于躯体的美丽；这位奇才用其闲暇来探讨真理……”

而凯泽林负责收集伏尔泰所有的文本、未发表过的作品、这位诗人不愿意冒险发表的那些作品。

埃米莉·沙特莱则有所保留。她对弗里德里希王子并不怀有和伏尔泰一样的热情。她不赞同伏尔泰将其称为“北方的所罗门”。她拒绝因王子的恭维而上当受骗。她不相信他，不相信他的阿谀奉承。

“我请求您告诉沙特莱侯爵夫人我只能下决心将伏尔泰先生让给她一个人，因为只有她一个人才配得上拥有他。”弗里德里希给他写道。

她促使伏尔泰不要顺从这位王子，因为这位王子就像要拥有已经征服的一片领土那样，敢于承认自己“拥有”伏尔泰的愿望。

她成功地说服他不要将《贞女》的手稿交给凯泽林男爵，再说伏尔泰反复宣称自己不是其作者，它有可能让人把他关进巴士底狱。

她建议他给弗里德里希写道：

“我本来很愿意将《贞女》附在其余的贡品上：您的大使将告诉您这是不可能的。这篇小作品一年来在沙特莱夫人手中，她不愿意放弃它……”

弗里德里希写信给埃米莉，答复道：

“夫人，你多么幸福，拥有像伏尔泰这样的一位举世无双的男子，拥有取自自然的才华！如果我不痛恨嫉妒的话，我会感到自己真想嫉妒您。”

这样的声明没有使埃米莉放下心来。当弗里德里希赞扬莱布尼茨的思想时，她说服伏尔泰反对弗里德里希：伏尔泰应当捍卫牛顿的形而上学。

此外，他给王子写道：“合乎我心意的任何形而上学包含两件事：第一件是所有有良知的人所知道的，第二件是他们将永远不知道的……而我总是尽我所能把我的形而上学引回道德，我审视的是人……”

他补充说道德必须有益于社会，并且“自由仅仅是行动的能力”。

但愿弗里德里希由此理解伏尔泰准备好听取他的奉承，并且给予他同样多的奉承，但是伏尔泰不是会放弃自己的思考立场的人。有一天，或许，当弗里德里希成为国王的时候，如同埃米莉·沙特莱所说，他们将能够回答他的邀请。他不是以有点令人不安的方式说：

“如果我不拥有您，如果我不能有一天满意地见到您，我的幸福不可能是完美的？”

但是伏尔泰并不急于离开西雷府邸，安居在法国之外。

同时他“重新发现把我留在法国的那个人的温柔和所有高贵的优点，她使我忘记了我是谁”，每天的作息时间使他把工作和娱乐协调起来。他写一部新的悲剧《梅洛普》，写的是特洛伊战争后的年代里希腊的王后。她的配偶国王被谋害了，她寻找自己的第三个儿子埃吉斯特，谋害国王和前两个儿子的凶手想要杀死他，但他被梅洛普拯救。“是的，我的儿子逃脱了杀戮！”她高声呼喊。

伏尔泰朗读他在兴奋和激动中所写的《梅洛普》的前几幕。听到这几幕台词的人——首先是埃米莉——全都深受感动。或许，这将是在《阿尔齐尔或美洲人》之后的又一次巨大成功？这个希望也使他留在法国。

在伏尔泰不知情的情况下，莱登书商勒代出版了《牛顿哲学原理》，人们在巴黎竞相争购。

在短短几天之内售出两千多本。

在1738年8月出版的《科学和艺术史纪要》中，伏尔泰异常满意地读到：“牛顿像是人们在耳边相传的一个秘密，还需要有好的倾听者。但是人们在此之前只是巧妙地对学者们说话。伏尔泰先生终于出现了，立刻牛顿被理解或正被理解；整个巴黎充满牛顿的声音，整个巴黎结结巴巴地谈论牛顿，整个巴黎研究和学习牛顿……”

然而对科学院的这一局并没有获胜，但是伏尔泰感到在自己的战斗中受到鼓舞。

他在戏剧上获得成功，而现在他迫使才子们接受这新的理解宇宙的方式。

他也希望在科学领域获得名声和光荣。

他谨慎地前行，试图了解科学院为竞赛提出的主题。

他不愿意人们知道他将参加这场竞赛，但是被采纳的主题——关于火的性质和它的传播——“使他很感兴趣”。

埃米莉让人在府邸的一间房间里设置了一个实验室，配备一些测量仪器，在森林边缘的公园里有西雷侯爵的锻炉，可以熔化金属，在金属烧红或冷却时进行称量，并记下重量的差异。

伏尔泰撰写他给科学院的学术报告而惊讶！——埃米莉，在她那方面，也私下提交了关于同一主题的一份学术报告！

但是他们俩的学术报告没有一篇获奖，数学家厄莱，以及另两位候选人，他们被科学院选中。

“在见到科学院的评论时，我们非常失望。”埃米莉说，“令人难受的是这个奖被人分享，而伏尔泰先生没有这块蛋糕的份额……”

确实，除了厄莱，其他的获奖者提交的学术报告远远没有伏尔泰和埃米莉的报告有价值。

但是，伏尔泰看到，做“牛顿学说的信奉者”真危险。埃米莉补充说：“令人不快的是派系精神在法国还这么有影响。”

伏尔泰对埃米莉参加这场竞赛感到十分惊讶。他们被列为第六名和第七名。他没有责备埃米莉掩饰参赛，当科学院决定允许印刷他们的报告时，他感到很高兴。

“第六号作品出自一位地位高的女士，第七号作品出自一位我们第一流的诗人。”科学院明确指出。

当他们的一位客人格拉菲尼夫人向他透露埃米莉——因为她躲着他——“夜间只睡一个小时。由于沉沉睡意袭来，她把双手浸在冰水里，拍打着自己的双臂散步，然后以一种让他读懂的笔法写出最抽象的推理。她就这样连续度过了八夜……”伏尔泰十分赞赏。

他被感动了，同时面对埃米莉的专横也感到某种不安。

她可能表现出暴烈。可怜的格拉菲尼夫人，在离开洛林宫后没有任何收入，只有西雷府邸向她提供的住处可以栖身，深更半夜被叫起质问，埃米莉拆开所有寄到府邸的来信并一一读过。根据格拉菲尼夫人的一位通信者写的一些话，她觉得格拉菲尼夫人把伏尔泰一些未出版的文稿的抄件寄往巴黎，这样会再一次使他受到虔信者们和对头们的惩罚。

埃米莉怒不可遏，叫喊道：

“你瞧，你瞧，这就是你卑鄙的证明！你是最无耻的人，你是一个魔鬼，我收留你不是出于友情，因为我从来对你没有友情，而是因为你无处可去，你竟然无耻地出卖我，谋害我，在我的书房里偷到一部作品以便复制……”

伏尔泰试图让她平静下来，并安慰格拉菲尼夫人，后者受到凌辱，不得不动身离去，就像家庭教师利南和他的姊妹一样，他们也被撵走。

同样，当他的一个外甥女路易丝，伏尔泰妹妹卡特琳·阿鲁埃的女儿——她不久嫁给军需官尼古拉·德尼之后成为德尼夫人——来到埃米莉·沙特莱面前时，他猜测到尽管埃米莉举止文雅，他这位年轻的女亲属还是感到局促不安。

而他自己这位老舅舅则表现出亲切、热情，他说："毕竟，我事实上的家人只有后辈路易丝和伊丽莎白，我会很高兴让她们和我联系在一起。应当想到我会年老、体衰，那时得到因感激而维系的亲属的帮助会是温馨的事。"

他曾经希望将路易丝"嫁给"一位女邻居尚博南夫人的儿子，但是路易丝更希望尼古拉·德尼，于是伏尔泰用一笔普通的嫁资代替了为她结婚准备的年金。

1738 年 3 月，这对年轻的夫妻路易丝和尼古拉·德尼来西雷过了几天，他注视着他们。

人们现在只称为"德尼夫人"的路易丝吸引着他：他觉得她快乐、迷人、诙谐和敏锐。但是他觉察到她对埃米莉·沙特莱怀有恼怒或许嫉妒的情绪。

后来，他得知路易丝·德尼写给泰里奥的信。他将因此感到精神上受到伤害，同时他将感到外甥女的评论符合有时对他变得沉重的现实。

德尼夫人提到他舅舅的生活，倾诉道：

"我很失望，我认为对于他所有的朋友来说他都没有希望了；他被束缚住，我觉得他几乎不可能打破自己的锁链。他们处在一种对人类可怕的孤独中。西雷离任何有人烟的地方有四法里远，在那个地方只能看见山丘和不毛之地，他们被所有的朋友离弃，在巴黎的人们几乎与他们毫无联系。

"这就是我们世纪最伟大天才过的生活；实际上，他面对着一位富有才智的、非常漂亮的女子，她使用所有可以想象出的手腕来诱惑他。她以没有意义的饰物打扮自己，引用最优秀的哲学家的大段文字来取悦于他。她为此不遗余力。他因此比任何时候都更满意。他为自己修建一套相当美观的房子……剧场很漂亮，但是他根本不演戏，因为没有演员。方圆十里，所有的乡间演员奉命前往府邸。在我们呆在那里的时候人们尽量努力要找到演员，但是他只给自己找到一些很好的木偶。

"我们在那里受到十分周全的接待。我的舅舅对德尼先生十分亲切和喜爱，我对此并不惊讶，因为他非常可亲……"

伏尔泰并不责怪路易丝——她那么年轻（26 岁！）并且已经是"德尼夫人"——她没有理解他需要埃米莉为了保护他而在他周围竖起的高墙。

因为他知道他的敌人中没有一个解除武装，而且他以《牛顿哲学原理》获得成功或者他参加科学院的竞赛——虽然没有获奖——已经再次激起他们的嫉妒、他们的仇恨。

虔信者们或许是态度最激烈的。他们在牛顿的体系中看到的是一种创立自然神论的方式。从笛卡尔到牛顿，人们从充满紊乱的宇宙过渡到空间和光的完美，过渡到万有引力的简单法则：

“上帝说话，听到它的声音，浑沌消失”——所以出现了一些简单而永恒的法则。

伏尔泰打算反击诽谤他的人，反击本该如此感激他的德方丹神甫，德方丹不停地攻击他，本是他从比赛特勒救出的鸡奸者，现在却继续在自己的期刊《对于现代作品的批评》上写一些敌对的文章。

伏尔泰就要出版一本小册子:《对于现代作品批评的批评》，他把它题为《预防药》。

他在其中指出德方丹所有的错误。

但是这部作品刚开始流传，他就感到不安。

他事先就宣称自己不是这个小册子的作者。

他甚至给朋友泰里奥写道：

“如果人们相信我，人们本可以使这个批评更精练、更辛辣。有必要制止这个办报人攻击他所不理解的一切时表现出的无理和荒谬；但是我不可能无处不在，我不可能什么都做……”

他找到一个代理人——穆伊骑士，小册子问世时封面上有一幅版画，表现的是德方丹在比赛特勒监狱，跪着，“被一个怪人狠狠地鞭打！”

这就是斗争。

在1738年末伏尔泰收到一篇诽谤性短文，题为《伏尔泰狂》。

他因为愤怒和受辱而浑身颤抖。因为他发现德方丹——虽然没有在作品上署名，但显然是它的作者——不仅攻击他的作品，而且攻击他的人格:“伏尔泰先生是最大胆的和最疯狂的说谎者。”

他想对埃米莉掩盖这篇《伏尔泰狂》，因为他知道她会比自己更受其伤害，但是他发现她了解这篇文字并且害怕对他谈论它！

事实上，这些“巴那斯和文学的虫子”，通过攻击他，希望摧毁他体现的新思想：自然神论、宽容、牛顿的体系。他们希望打倒自由的思想，阻止法国通过伏尔泰变为一个荷兰或一个英国，阻止在这些国家盛行的自由传播开来。

伏尔泰反复读着，每一个字眼都深深刺伤他。

他被说成“鲁莽的作家，对于他来说，无论是道德还是礼仪，无论是人性还是真理或是宗教从来都没有神圣可言”。

他的那些悲剧只是因为它们的“讽刺或宗教上的大胆”才取得一些成功。

人们声称他“因其卑鄙的骗局、狡诈、无耻的堕落、公开和私下的偷盗而在世俗社会声名狼藉”。

人们讽刺他挨的棒击：

“人们把硬杖称为一些伏……以此区别于芦苇杆，人们不说棒击或说杖击，而说伏尔泰击……这位诗人可能以一个新词充实我们的语言：‘为了一首不审慎的讽刺短诗，人们伏尔泰击一位诗人。’”

伏尔泰因为愤怒、痛苦和无能为力而病了。他为与德方丹和帮助德方丹的让－巴蒂斯特打官司而奔忙。但是当他得知自己的朋友泰里奥曾经——或许不是有意地——协助这种谋杀企图，他不堪忍受。

因为他感到这篇文字就是谋杀。

他因此受到伤害，生病了。他不再能进食。他吞服各种各样的药物。

他读着大路易中学时期的学友达尔让松侯爵对他提出的忠告：

“我亲爱的朋友，平静地生活吧，让所有这些罪人留在他们的黑暗中，别管他们咬牙切齿……”

但是他不肯罢休。

“我要么死去要么得到正义。”他说。他一心一意地要和德方丹神甫打刑事官司。他求助于莫勒帕大臣，他知道莫勒帕有个密友是达尔让塔尔的兄弟，而达尔让塔尔是最忠实的朋友之一。

但是伏尔泰发现人们根本不想接受这场官司。

他痛苦地回想起在他对罗昂－沙博骑士的诉讼中人们是怎样抛弃他的。

事实上，那些“强者”见到他受凌辱并没有感到不满意；他们希望由此减弱新的思想。

那么最好还是站到鼓励他的人们一边，这些人劝他不仅不理睬要攻击他的这些“无耻小人”，而且要和他们达成妥协。

德方丹后来写道：“我宣布我决不是题为《伏尔泰狂》的一篇诽谤性短文的作者，

而且我全盘否定它……"

伏尔泰后来断言："我始终不承认是《预防药》的作者，我与这个文集没有任何关系……"

他对这样处理并不感到得意，但是他要转移人们的注意。

他后来给多利韦神甫写道：

"您别以为在豪华排场中、在精美菜肴中、在最优秀的书籍中，和更令人幸福的，在友情中，西雷忙碌和温馨的生活会有一刻被一个无赖的聒噪打乱，这个无赖发出的一片辱骂被所有的人蔑视和厌恶。"

但这只是装装门面而已。

疾病折磨着他。

1739 年 5 月 8 日，埃米莉给达尔让塔尔写道，"你朋友的健康处在如此糟糕的状况，以至于我只能希望在旅行的轰隆声中和在别处的空气中来使其恢复正常。"

20.
“我对受到这样的对待感到愤慨”

他恋恋不舍地离开西雷府邸。

他俯身在车外，为了再一次在这 1739 年 5 月 11 日的黎明看看灰色雾霭笼罩着的这座建筑。

他转向埃米莉。她微笑着，心满意足。她和坐在自己身旁名叫柯尼希的瑞士数学家闲聊着，他是由莫佩尔蒂推荐给她的。柯尼希每天必须给她上一堂课，她执意要他和他们一起旅行。

伏尔泰好像听到埃米莉以充满骄傲的嗓音说道：“我把伏尔泰先生和柯尼希先生带来，我是最能干的女人。”

她可以声称自己终于下决心作这趟旅行，一直到布鲁塞尔，为的是改变伏尔泰的心情并驱除他的疾病。

他没有上当：她想处理一桩继承事宜，索要被一位特里沙托侯爵据为己有的沙特莱侯爵的田产。它们位于朱利耶地区，埃米莉打官司要把它们归于自己。

他欣赏她，而她使他生气。

“如果成功取决于她的智慧和她的努力，她将非常富有，但是她将会叫做野蛮人的女王！”

但是，如同柯尼希一样，他也在埃米莉的意志和固执面前投降了。他责备自己顺从她，不能再决定自己的日程安排，而要颠簸在路上，在瓦朗谢纳过上几天，随后，刚到布鲁塞尔，又从那里出发前去拜访这位特里沙托侯爵，巡视有争议的土地，最后回到布鲁塞尔，安顿在格罗斯－图尔街，靠近这座城市最美丽的街区的地方。

他觉得置身于没有教养的人们之间，但必须与他们交谈。

所幸，他们可以前往昂吉安，位于布鲁塞尔市郊的阿伦贝格伯爵家。在那里，伏尔泰终于可以展现他完成的几个新剧本，他希望探讨在宗教狂热与情感冲突之间产生的裂伤。他朗读自己即将完成的剧本的几幕，在这出剧里他表现一个摩尔人首领巴纳萨尔的女儿聚利默和一个年轻的西班牙基督徒、聚利默爱上的俘虏拉米尔。但是拉米尔被婚配给像他一样的基督徒，一个年轻的西班牙女奴。悲剧。

他像演员那样朗诵着，自己也被感动。人们为他鼓掌。埃米莉哭了。

可是他的光阴一天天地消逝，他在这里又不拥有自己的书房，也没有成令的纸张，他怎么能够写作这出剧呢？

他又如何甚至能够思考另一出剧，这出剧还是他为宗教狂热而作，表现穆罕默德——这可能就是这出剧的题目：《宗教狂热，或预言家穆罕默德》——如何通过自己的说教，引导一位青年男子——穆罕默德一个对手的儿子——犯下弑父罪。

伏尔泰分韵朗诵穆罕默德对这位因信仰而失去理智的弟子赛义德的命令：

当人们深思熟虑时，人们成为渎圣者
……
任何敢于思考的人不是为相信我而生
默默地服从是你唯一的光荣……
……
服从吧，打击吧：让大逆不道的人染上血色，
你通过他的死亡得到永恒的生命！

他清楚地知道所有宗教的虔信者们会因这种对预言家和宗教狂热的批判而感到自己受到伤害。有什么关系：他要写完这出剧，让人首先演出《聚利默》，然后演出《宗教狂热》。

但是，眼下，必须举行一个晚会，邀请这个首都的显赫人士，以此表明自己在这里如同在欧洲各地一样是最享盛名的人物，而不仅是文人、历史学家和哲学家、悲剧作者和诗人。一直流亡在布鲁塞尔的让－巴蒂斯特·卢梭，或许认为通过一些流言蜚语和谣言能继续干德方丹和其《伏尔泰狂》这样的下贱勾当，但愿这家伙因

为嫉妒而死去吧！

但是这场晚会的准备工作变为悲剧。

“我还因为几乎使我昏厥的震惊而病得厉害，”伏尔泰叙述道，“我当时看见我请来的两个木工从四楼的高处坠落到我的脚旁……你们想想见到两个可怜的浑身是血的工匠跌落，这是什么感觉。我明白不该由我举行晚会。”

他可以躲避到昂吉安，阿兰贝格公爵的府邸，重新找到他喜爱的奢华和安宁，与出身高贵的上流社会人士交往。

“拥有这处美丽的暂住地胜过拥有许多书。”他说，“我想我们将能够在这里演戏，至少将能在这里看到演员们的角色。”

他因此忘记了飞逝的时间。

在演戏之后接着而来的是打牌：“夫人们非常喜爱扑兰纸牌戏。”

随后，突然，或许因为官司没有了结，埃米莉决定离开布鲁塞尔并前往巴黎。她将在那里看望人们说是生病的黎塞留公爵夫人。

他不爱——或不再爱——巴黎。但是怎么能不跟随埃米莉呢？

于是他们在柯尼希的陪同下离开布鲁塞尔。必须接受海关的检查，海关没收了在布鲁塞尔买下的画作，伏尔泰低估了它们的价值。

他不堪忍受。

埃米莉住在黎塞留公爵夫人家，而他落脚在马雷街区克洛什－佩瑟街的布里旅店，旅店简陋的起居设备不能助他恢复平静。

显然，巴黎的生活对他不再适合。

“我来来去去。”他吐露说，“我在城市的一端进晚餐，第二天在另一端进晚餐。从与三四位密友的聚会地，我必须飞奔到歌剧院、法兰西剧院，像外国人一样看珍品，一天之内拥吻许多人，提出并接受许多保证；没有一刻属于自己的时间，没有时间写作，没有时间思考，也没有时间睡觉。我就像在人们抛给的鲜花之下被折磨死的那位前辈。”

他厌倦了，同时他清楚地知道他需要这些有影响人物的支持，他恭维他们或者和他们一起进晚餐。

他重新见到唐森夫人，他认识她将近二十年了，她与他曾有几天同时被关押在巴士底狱。她是有影响的贵夫人：她的兄弟刚刚被提拔到枢机主教的高位并被任命为驻罗马的大使。她是黎塞留公爵的女友。她能够成全和破坏法兰西学院的一场选举。但是这些访问使伏尔泰精疲力竭。

然而，他进行这些访问，去见法兰西剧院的演员们，试图说服他们排演他的两出悲剧《聚利默》和《宗教狂热》。

但是他觉得不知所措，既然没有写作，而且他非常痛苦，因为圣皮埃尔神甫——这个朴实但值得尊敬的人出版过《永久和平计划》，在1718年被从法兰西学院除名——好像猜测到他的不安，训斥他说：

“遗憾的是这样一位天才在走出校门的时候没有更高的抱负。不要把你的余生再用于逗乐才女们和别的孩子，要想到开导人们……放下你的虚荣的作品，走向崇高和光荣。”

他愿意这样做。

但是，不是《穆罕默德》和他对发展到狂热的宗教的控诉，而是《聚利默》和它的激情令人哭泣，激起人们的赞赏！

是不是由于受到折磨，疾病向他猛袭，纠缠住他，迫使他听信两个医生“按他们的办法给他放血和浸洗他”？

他刚刚痊愈，就回到西雷府邸，随后，因为埃米莉急切地要再次前往布鲁塞尔，她“拉着他的袖子”以至于“撕破衣服”，他和她一起在寒冷和潮湿的11月出发了。

失望，痛苦。

他得知他的《路易十四时代》的开篇——刚刚和《散文和诗体短剧集》一起在巴黎出版——被查禁并被巴黎高等法院宣判焚烧。

他愤愤不平：“为什么查禁它？多么野蛮！难道我出生在哥特人和汪达尔人时代？”他给爱尔维修这样写道，爱尔维修是包税人，酷爱文学和哲学。

他询问自己：难道不可能在法兰西王国思考和写作吗？

他将自己的困惑、愤怒和痛苦告诉达尔让松侯爵：

“《路易十四时代》的开篇是良好公民和温和稳重的人所作的一部作品的开篇。我敢说在任何别的时代，这样的作品会受到政府的鼓励。路易十四赠送6000里弗尔津贴给瓦兰库尔、佩利松、拉辛和德普雷奥让他们为自己写史，他们根本不写，而我因为做了他们本该做的事而受到迫害。我为我的国家的光荣竖起一座纪念碑，然而我却被我为它奠基的最初几块石头压住……愚蠢和过分虔诚的人显然希望要用手把我压在这个建筑物下面；但是他们没有成功，这部作品和我，我们将存在下去……”

他猜测这个判决是他所有的敌人“对他积聚的尖酸刻薄”的成果。

一些好心人要他明白他应当“把西雷看作自己的流亡地，绝不要接近巴黎，以免看到对他采取更严厉的措施”。

人们要他估计到“对于一直滥用自己突出的才华，以攻击上帝、宗教和良好风尚为荣的一个人的惩罚是非常轻微的……”

他发怒了:“我对受到这样的对待感到愤慨……”

如果必须离开这个王国，他将抛弃它。当然，“我打算在这个国家呆很长时间。我喜爱法国人，但是我憎恨迫害”。

21.
“沙特莱夫人从来没有超越国王们”

他感到寒冷。

在这 1740 年 1 月在布鲁塞尔吹拂的风是潮湿和冰冷的。

他生气。他不拥有对他必不可少的书籍来续写这部《路易十四时代》，他必须把它写完，以便向他的敌人们、过分虔诚的人、“巴那斯[1]的鼠辈”、对手们表明他不会屈服，人们不能束缚住他，他将继续写自己的作品。

但是在这里没有藏书，怎么能写成呢？

他有点嫉妒地听着可怜的柯尼希每天给埃米莉上的数学课。

柯尼希或许对莫佩尔蒂这样说，“与沙特莱夫人打交道是很危险的事。她发怒。她叫人害怕。但是她达到自己的目的。她让人出版了她的书，《物理机制》。她热衷于继续打官司，以便拥有在‘野蛮’地区的这些土地。没有什么能使她放弃！”

但是他，伏尔泰，等得心焦，只能修改《聚利默》和《穆罕默德》，写信给法兰西剧院的演员们，以便他们证实一定会在 1740 年 6 月演好这些剧的首演。

幸运的是，他与普鲁士的王储弗里德里希保持着通信，王储老是麻烦他，请他修改自己刚完成的一本书《反马基雅维里》的手稿，并且在海牙书商让·范迪朗那里监督这本书的出版。

渐渐地，王储的这事占用了他的日程，由于弗里德里希在不远的日子就会成为

1 巴那斯是古希腊神话中阿波罗及缪斯诸神居住处，亦指诗歌。

国王，这项工作可能显得富有成效。

伏尔泰承认："我极其需要金钱。"他的一位银行家破产了："他带走了我相当大的一部分财产。"而一位不久将成为君主的王子是这样一个人，他可以在巨大的财富中提取金钱，把它们以年金、礼物、头衔、职位的形式分发。

他不会无视一位君主。他为这位君主对他怀有友情和尊重而高兴得意。他也以自己的友情和尊重热心回报太子。一位文学之王可以不失身份地恭维一位太子。

他甚至沉醉于柏林寄来的这些信里夸张的话语，在信中弗里德里希写道："请注意我热爱的一个人的健康，永远不要忘记作为我的朋友你应当非常注意为我保全我从上天收到的最宝贵的财产。"

他回答说："殿下，您的想法日夜萦绕在我的心头。我梦想着我的太子就像梦想着自己的情人一样。"

伏尔泰玩弄着词藻。他怀疑弗里德里希是"雅典习俗"的信徒。他既不愿意屈从，也不愿意损害自己的名誉："我对希腊事务不感兴趣"，他随嘴说出。

但是从朝臣到王子的暧昧关系就好像香槟酒，阿谀之词，花哨的言语吸引着他。

此外，他反复说："最微小的情感胜过所有的知识。"

而弗里德里希是个真正的文人，他掌握和热爱法国语言，培养古典作家和哲学家，配得上伏尔泰给他的"北方所罗门"称号。

埃米莉反对他们的关系，她嫉妒自己被排除在外的这种友情，当1740年5月31日普鲁士国王弗里德里希－纪尧姆一世即弗里德里希的冷血父亲死去的时候，这种友情变得更加强烈，成为一种激情。

弗里德里希登上王位并成为弗里德里希二世。

伏尔泰极度兴奋。以下是新国王的最初几封信："我亲爱的朋友，我的命运改变了，我目睹了一位国王最后的时刻，目睹了他临终、死去。在登上王位的时候，我肯定不需要这个教训来厌恶权势的虚荣。

"总之，我亲爱的伏尔泰，我们根本不能掌握我们的命运。各种事件的旋风把我们带走，必须让自己被带走。

"我请求您，只把我看成一位热情的公民，一位有点怀疑的哲学家，一位真正忠实的朋友。

"为了上帝，请您只作为人给我写信，和我一起蔑视头衔、名声和所有外在的荣耀！"

伏尔泰反复读着，精神振奋，写信给自己的朋友们，骄傲地告诉他们弗里德里希二世表达的这个愿望，这位新君主给他的命令。他答复弗里德里希二世："这是符合我心意的命令。我不知道如何和一位国王相处，但是和一位真正的人，和一个在心中拥有对人类爱的人相处，我感到非常自在。"

这位国王，无论埃米莉对他怎么想——总是谨慎持重的埃米莉对他充满怀疑，持保留和批判态度——他是个非凡的人物："他刚刚登上王位就回想起我，给我写来最温情的信，并吩咐我给他写信时，永远把他当作一个普通的人而不是当作一位国王。"

于是伏尔泰立刻同意为这位普鲁士国王效劳，以便阻止出版手稿《反－马基雅维里》，如果它不再署太子的名，而署上君主弗里德里希二世的名，就会有别的含义。

伏尔泰前往海牙，试图要些手腕，收买书商让·范迪朗，以便他不出版弗里德里希的这篇评论。书商拒绝了：因为做这生意对他会是有利可图的。伏尔泰于是欺骗他，仅仅声称要修改这篇稿子，然后一页页地涂改，使稿子无法读清楚。他得意洋洋地写信告诉弗里德里希二世：

"我把它们涂改了……这不再像是一篇作品。这就叫做为了不让自己被敌人抓住而炸毁自己的船。现在有谁感到惊讶和狼狈？就是这个不听话的家伙。我希望明天和他达成一笔诚实的交易，迫使他把手稿和印刷出来的书稿全都还给我，我将继续向陛下报告。"

但是这位书商固执坚持并出版了书稿。

在海牙，伏尔泰接触到一位对手，皮龙。他们在共同出席的那些晚餐聚会上相遇。他们竞相说带刺的话。"伏尔泰是世界上最高的侏儒，我齐根锯掉了他的瘦长腿。"皮龙声称。伏尔泰一笑置之，但是坏消息越来越多。

他得知在巴黎，《聚利默》的演出遭到失败，他吩咐撤回这出剧。

他闷闷不乐地离开海牙。

必须重写《反－马基雅维里》的一些页张，出版这个新文本，而弗里德里希二世对自己朋友进行的修改并不满意。一位国王的目标是军事征服西里西亚，用一切手段达到这个目的，他不会允许自己冒着被人嘲笑的风险在随便哪篇《反－马基雅维里》上署上自己的名字。必须改变这篇作品的精神，这才是他对伏尔泰所作修改的期望。

他并不掩饰自己的失望，同时继续表示对与伏尔泰会见所持的热情。

怎么和为什么不顺从国王的这个希望，国王在提及即将与他的会见时写道：

我将欣赏如此清澈和如此锐利的眼睛
大自然的秘密
躲藏在黑暗的夜里
没能逃避它们有力的目光
我将一百次地亲吻这张雄辩的嘴巴
无论严肃时还是诙谐时
从悲剧到喜剧
它永远同样动人和可爱……

必须模棱两可，玩弄词语的双重含义。

对于这次会见，伏尔泰回答道，“如果确实仁慈的陛下经过布鲁塞尔，我请求陛下让人带一些英国滴剂来，因为我会快乐得晕过去”。

而弗里德里希则更加夸张，他写道：

“这将是我一生最美好的日子，我想我将因此而死去；但是至少不可能选择更愉快的死亡方式……”

伏尔泰得知弗里德里希二世因为发热生病不能继续赶路来到普鲁塞尔，但是将在离克莱瓦两法里处的穆瓦朗府邸接见他，此时他猜测到国王希望单独会见他，而不要埃米莉在场。

他们的全部通信已经使人可以想到两人间的关系。它们使用爱情的语言，不能允许另一种恋情的存在。

不过伏尔泰还是心痛欲裂。他知道他将给埃米莉造成创伤。于是他询问弗里德里希二世，弗里德里希并不掩饰自己的选择：

“我希望见到的是伏尔泰，是您，我的朋友；而可爱至极的埃米莉，虽然极其美丽，只是牛顿化的阿波罗的附属品。”他写道。

第二天，也就是 1740 年 8 月 6 日，他仿佛后悔自己前一天说得太粗鲁：

“如果必须由埃米莉陪同阿波罗，我对此也同意。但是如果我能够单独见您，我会更加乐意。我会过于目眩，我可能不能同时承受这么多的光辉；我可能需要穆瓦兹的面纱来减弱美女介于其中的光芒……”

埃米莉服从了，她的声音里充满威胁和痛苦：

“我希望他很快把我打算与之度过一生的人送还给我，我把这个人只借给他很少几天……”

伏尔泰为自己激起她的强烈爱情而激动和高兴，但是他急不可耐，不想多耽搁，他多么急于会见弗里德里希二世。

1740 年 9 月 11 日，在穆瓦朗府邸，他叙述道，“我被领进陛下的套房。只有四堵墙。我发现在一间小房间里，在一支蜡烛的烛光下，一张两法尺半宽的简陋小床，床上躺着一个矮个子男人，他怪气地穿着一件蓝色粗呢便袍。这就是国王，他盖着一条粗劣的被子，由于发高烧而出汗并颤抖着。我向他行屈膝礼，通过给他把脉开始了解病情，仿佛我是他的第一个医生。

“高烧过后，他穿上衣服，坐到桌边。阿尔加罗蒂、凯泽林、莫佩尔蒂和国王派驻三级会议的公使，我们一起进晚餐，在晚餐上大家深入地探讨灵魂的不朽、自由和柏拉图的两性人……”

伏尔泰被吸引住了。

弗里德里希二世是“世界上最可爱的人之一”，他说，“一位并不严厉的哲学家，态度温和、亲切，充满吸引力，一当他与自己的朋友们处在一起的时候，他就不再想得起自己是国王”。

伏尔泰同意为他起草一篇致列日居民的《宣言》，要求他们向国王缴纳应该交给他的捐税。

对这位“北方的所罗门”能拒绝什么呢？这位君主对你说：“伏尔泰拥有西赛罗的雄辩，普利纳的温馨和阿格里帕的智慧；他在一句话里集中表达了古代三位最伟大人物的美德和才华。他的精神在不停地工作着。每一滴墨水都是从他的笔下写出的妙语。他对我们朗诵《穆罕默德一世》，这是他创作的令人赞叹的悲剧；他使我们心旷神怡，而我只能赞赏他，只能沉默不语。”

伏尔泰像所有受人景仰者一样，感到激动、心慌意乱又幸福，因为一位年轻的国王和本世纪最有才学的女子争夺着他的关注。

他知道弗里德里希二世在离去时反复说：“沙特莱夫人拥有他真幸福。”

或许出于厌恶，埃米莉刚刚离开布鲁塞尔前往巴黎，在那里，她说，她要为伏尔泰恢复名誉，向他表明自己对于他比接受雅典风俗、恭维他的这位国王更有用和更必不可少。

但是，伏尔泰一个人被留在海牙或布鲁塞尔，他怎么会不顺从弗里德里希二世呢，弗里德里希在柏林邀请他，在他接受前往普鲁士后，给他写道：

朋友，我觉得要快乐地死去
因为见到您准备前来
在未来我们将度过
黄金和丝绸编织的日子
如果我们能够相互留住。

伏尔泰想象到他因此给埃米莉造成的痛苦。但是好奇和虚荣驱使他踏上前往柏林的道路。

他写信给弗勒里枢机主教：他能不能充当非正式任命的大使的角色，为法兰西王国效力，既然弗里德里希二世——这位国王派兵进入西里西亚，其野心可能打破欧洲的平衡——是他的朋友？

他收到枢机主教两封好意的来信：

“你是善良诚实的人”，弗勒里承认，他同时表示赞赏“普鲁士的陛下”。枢机主教赞扬伏尔泰被接纳进这位王储的“交往圈”，“我要祝贺你，尤其因为这要归功于你的才华和你崇高的情感”。

伏尔泰此时已接近柏林，答复道：“我已经服从阁下没有对我下达的命令。”

伏尔泰在1740年11月整整旅行一个月，他的四轮华丽马车跑坏了，在勒米斯堡他会见普鲁士国王。在柏林他拜见太后。他沉醉于君主对他的热烈欢迎和种种关照。

弗里德里希吹笛子，读颂歌，思考，恩赐他周围的年轻人，也这样恩赐“温情的阿尔加罗蒂”。

“我们跳舞跳到直喘气。我们吃得胀饱肚子，我们在赌博中输掉金钱，我们的耳朵里听着优美悦耳的声音。”他说。

伏尔泰和这些暧昧的娱乐保持距离。但是他享受弗里德里希的慷慨。他很高兴受到“隆重”接待并收到1300埃居。

他不知道弗里德里希二世对伏尔泰逗留的费用有极其吝啬的计算。“他六天的登场每天将花费我 550 埃居。这是给一个疯子丰厚的酬金！大贵人的丑角从来没有这样的报酬！”

弗里德里希二世还揭露伏尔泰“贪得无厌要发财的愿望”。

但是这两位演员中的每一位直到最后一天都继续扮演热情又猜疑的朋友。

伏尔泰写道：

> 不，尽管有你的美德，不，尽管有你的魅力，
> 我的心灵丝毫没有满足。
> 不，你只是个风情女子，
> 征服懦夫但并不委身。

这是词语和处境的双重含义。

而国王的答复则同样暧昧：

> 我的心灵感到你非凡魅力的价值，
> 但是你别猜想它得到满足。
> 变节者，你跟随我是为了跟随一位风情女子，
> 而我，我将不离开你。

随后，放下笔，弗里德里希二世吐露说：

“这位诗人的头脑和他作品的风格一样简单，我很高兴柏林的吸引力会有足够的力量使他不久再回到这里，这尤其是因为侯爵夫人的钱袋并不总像我的钱袋一样装得满满的。”

伏尔泰对这些厚颜无耻的言谈一无所知。虚荣蒙住他的眼睛，利益将他束缚住。

然而，弗里德里希二世在西里西亚开展的战争行动，它们表现出这位君主“不择手段和野蛮”，已经使他深感不安。

他丝毫不想在柏林耽搁。

随后，他感到悔恨。他知道，他预感到埃米莉的痛苦和嫉妒，“这个女子为我抛弃了一切，其他的女子为这一切抛弃她们的男友；我对她没有担负起任何责任……”

他想象着她充满痛苦的声音在说她自己在朝廷为他所做的一切得到“残酷的回报”：

“我使伏尔泰先生体面地回到他的祖国；我使他重新得到内阁的善意对待；我为他打开通向法兰西学院的道路；总之我在三个星期的时间里交还他六年来要失去的一切。你知道他如何回报我的热情和眷恋？以动身去柏林来回报。他冷淡地告诉我这个消息，他知道他将刺透我的心，他把我抛弃在绝无仅有的痛苦中……我不耐烦地熬着长夜，我胸口不适，发着烧，我希望很快离开人间……你相信吗，在这些悲惨的时刻最占据我心灵的想法，就是当伏尔泰先生对普鲁士宫廷的陶醉减弱时他将感到可怕的痛苦。我不能设想他对我的怀念有朝一日会成为他的苦恼。所有爱过我的人永远不应该为此指责他……”

伏尔泰已经为此责备自己。

他没有屈从期望把他留在身边的弗里德里希二世。

他回到布鲁塞尔，然后从那里，在“默兹、莱茵河和海滨”使他在路上用了一个月时间后，回到西雷府邸。

那是1740年12月末。

他写道：“我拒绝普鲁士国王要我再多呆两天。”

虽然他忍住不说——“我出于虚荣不说这件事，不需要吹嘘什么”——他对此引以为豪。他说：“我履行了我的责任。”

他听着埃米莉对他表明她对弗里德里希二世的反感。

“我不由自主感到愤慨，但是两个月来我憎恨他，我不在乎他更加憎恨我。”她说。

而伏尔泰在这两个希望占有他的人之间作出选择：“沙特莱夫人从来没有超越国王们。”

22.
“我的方式是做一位最高国务会议成员”

伏尔泰看着他的外甥女玛丽·路易丝，无法把目光从这位年轻女子身上挪开。

在 1741 年这个 4 月，她 29 岁，她微笑着，一脸机灵相，一个颈饰衬托出她裸露的丰满的肩膀。她丰盈的体型被一件装饰着花边的连衣裙勾画出来，V 字型衣领一直开到隐约可见的饱满的乳房。她在里尔自己家的客厅里是优美、青春、高雅的化身，接待希望会见伏尔泰和沙特莱夫人的这座城市的上流社会人士，有些日子接待自己的客人，她的丈夫尼古拉·德尼在几个月前被任命为里尔的军需官。

伏尔泰为自己的外甥女感到骄傲，她感动着他，吸引着他。

他很高兴在她家里会见演员拉努，他把拉努推荐给希望组建一个剧团的弗里德里希二世。

但是这位普鲁士国王忙于西里西亚战争，迟迟没有继续实行组建剧团的计划。

于是伏尔泰对拉努提起自己的悲剧《穆罕默德》，而这位演员的热情使他欣喜不已。

拉努自己在 1739 年写过并演出过一出献给梅梅二世[1]的剧，他会乐意在里尔上演伏尔泰表现大预言家的悲剧。拉努组建的演员队伍已经准备就绪。

伏尔泰犹豫了一会儿，然后接受了这位演员的热情。他急于看到自己创造的那些人物在舞台上表现出来。这个演出将是一种排演。让那些将说“这是对巴黎戏剧

1　奥斯曼王朝的苏丹。

的侮辱”的人见鬼去吧！

再说又有什么关系，他补充说“我现在只是一个外省作家。但是比起依然经受巴黎的风暴，我更喜欢由我自己判断这部作品在这座城市造成的效应，在这里我不用害怕阴谋”。

1741 年 4 月 25 日，首场演出获得巨大成功。

这座城市和这个省份所有有地位的人士都到场观看。

爱尔维修从巴黎来到这里。

神职人员和高级教士甚至请求在一处特别的建筑物里加演一场。加演在长官府里举行。

“神职人员一定希望看到一位宗教的创始人。”伏尔泰解释说。

当他犹豫要不要让人第三次演出这出剧的时候，“我们想到会在剧场正厅激起骚动”。

伏尔泰如愿以偿。

当他收到一封快信得知普鲁士军队在莫勒威兹获得胜利，他利用幕间休息登上舞台向起立和鼓掌的观众们宣布这个消息。

他喜欢这样影响舆论，引导舆论，表现一个伪善的预言家利用信仰把一些真诚的信徒变为宗教狂。他也渴望促成普鲁士和法国反对奥地利的联盟。这天晚上，在里尔剧院，他欣喜若狂。

这次成功促使他更加发奋地写作已经开始的《人类精神史》——一部《风俗论》。

在埃米莉的陪同下，他充满自信地动身回巴黎。

他住在圣路易岛朗贝尔府邸，埃米莉·沙特莱租下——或买下——的一处豪华住所。

“毫无疑义，这是巴黎最美的府邸之一，”他说，“装饰着勒布伦和勒叙厄尔的壁画，处于可与君士坦丁堡相媲美的位置，因为它正对着河流，从所有的窗户都可以看见一大片漂亮的房舍。”

埃米莉将伏尔泰安顿在三楼，他要在这里写作。

他继续创作《路易十四时代》，带着挥之不去的念头要展现这位伟大国王统治时期的框架。他说，“糟糕的是细节，这是扼杀伟大作品的原因。”

他重写《穆罕默德》场景的一些对白，他希望看到这出剧由法兰西剧院演出。他完成一篇“牛顿学说的”论文，他希望将它提交给科学院终身秘书德迈朗先生，论文题为《对于动力测定和其性质的疑问》。

但是如何安静从容地写作呢，这座城市充满传言、猜忌和阴谋，他不可能对之无动于衷：即使它们不是直接瞄准他，也是以埃米莉·沙特莱作为攻击的靶子。

她出版了一本书，《物理机制》，在这本书中她对德迈朗先生的工作提出疑问，而伏尔泰却想和德迈朗保持良好的关系。

这位终身秘书是“牛顿学说的信奉者”，该由他来评价关于《动力》的书。但是伏尔泰了解埃米莉的性格：“她到哪里性格都一样。”

她嘲笑迈朗。她让对方成为取笑的对象，“不会不加辩驳地放过一切，以推理来反对推理”，使用讽刺，因此伤害了终身秘书。

伏尔泰于是写文章反对她。这是他们之间一个新的不和睦和不理解的原因。但是他感到自己不能做出其他的行动。无法保持沉默或赞成她：“我不能将在我看来是真理的一切牺牲给一个我为之将牺牲我的生命的人”，他后来说。

事实上，他听凭埃米莉受到残酷的攻击和“他们的”敌人们兴高彩烈散布的诬蔑。

人们嘲笑沙特莱侯爵夫人所做的只是利用“她的”老师柯尼希的工作，人们把柯尼希称为她的“数学男仆”。

迪代方夫人，她的老对头，无情地抨击她，这样描绘她：“埃米莉·沙特莱夫人，生来就没有才华，没有记性，没有想象力，自奉为数学家，以便看起来超越别的女人，她不怀疑独立特行会给她优越地位。然而过于热衷表现有点损害了她。以她的名义发表并由一个学究承担责任的某部作品引起一些怀疑；人们才说她研究数学是为了理解他的书。她的科学是一个难于解决的问题；她说话时就像斯加纳雷勒在不懂拉丁文的人们面前说拉丁文一样。”

伏尔泰没有说一句话来捍卫她，但是他在她身边，他感到痛苦，因为他相信科学院之所以不愿意对他关于《动力测量》的书给予好评，那是因为埃米莉与德迈朗先生关系紧张。他感到这个女子——虽然他承认她给予他多大的帮助——已经成为实现他计划的一个羁绊。因为她有自己的计划。

在 1742 年的这个 1 月，他必须陪伴她去布鲁塞尔，随后去香槟、格雷，这个茫茫雪原的外省，因为她要在这两座城市出席她没有放弃的遗产诉讼。

他赞赏她。他对她怀有一种永恒的友情，甚至爱情，但是她严厉对待并嫉妒他与弗里德里希二世保持的关系，这使他难以忍受。

他和她一起回到巴黎。

她把他带到宫廷。她希望让宫廷接受他，但是他不能忍受人们对他的凌辱、人们要求他的服从。

“再见，宫廷！”他说，“我没有朝臣的健康……请帮助我把我的家具搬出凡尔赛宫。我派一个仆人告知我的主人我是哲学家。”

这就是问题所在。

他不愿意受到像随便哪个朝臣那样的对待，那些朝臣拥挤在凡尔赛宫的走廊里，迎候国王走过。他是伏尔泰先生，他的戏剧《布鲁图斯》在1730年最初几次演出时受到冷待和蔑视，现在被欢呼喝彩。

他是这样的思想家，一位年轻的君主，强大和胜利的君主请求和希望在自己普鲁士的宫殿接待他，把他视为与历史上最伟大诗人相提并论的人物。

而这位宣称是他朋友的弗里德里希二世国王，现在在巴黎，法国内阁希望与其保持盟友关系。弗勒里枢机主教、德贝勒－伊斯勒元帅、达尔让松兄弟很不安地看到他准备与奥地利媾和，因此与法国绝交。

伏尔泰对弗里德里希二世的政策并不反感。法国军队本该取得对奥地利的胜利，而不是被打败。弗里德里希二世，他知道自己的利益在哪里。

在巴黎，伏尔泰希望人们不要产生错觉：“根据普鲁士国王为提高我的声誉而对我说的一切，很容易判断如果他认为你是强者，他会对你更忠诚。”

当弗里德里希二世确实和奥地利女皇玛丽－泰雷兹单独媾和——这是一种背叛法国的方式——时，伏尔泰不愿意和他断绝关系。

在他眼里，这是一个和平的行动。他为此写信给弗里德里希二世表示祝贺：“世界上有一半的人叫嚷您把我们的人抛弃给战神。”但是他不愿意把自己的声音掺杂在这些“瞎叫喊”中：“我是这些思想家中的一位”，他们赞成这个和平条约。

他甚至表示反对90岁的弗勒里枢机主教：“我认为你已经超过这位好老人。”

他以一句夸张的警句来恭维和赞赏弗里德里希二世：“那么您不再是我们的盟友，陛下？但是您将是人类的盟友！”

公愤!

伏尔泰被掐住脖子。他致弗里德里希二世的这封信的一些抄件在巴黎流传。它一定是被审查官打开，复制并公之于众，为的是使他声名狼藉，指责他叛国。

他得知路易十五的宠妃德马伊夫人“大发雷霆并要求进行儆戒性惩罚。他不知道这件事会怎么样发展，但是很担心将以逃离布鲁塞尔结束”。

怎么办呢，除了否认写过这封信，除了说服德马伊夫人，像佞人那样卑躬屈节地写信告诉她自己是“一位好公民，一个忠于国王和祖国的人，为希望生活在法国而顶住一切，一个只知道友情、交往和安宁的人。他希望从您这里得到安宁，夫人，自从他有幸向您示好，法国对他变得更加亲爱，他的这些情感配得上得到您的保护”。

但是他的朋友们抛弃他，因此在 1742 年 8 月 19 日当《穆罕默德》在法兰西剧院的演出承担对他编织的阴谋的后果时，他并不感到惊讶。

大臣们、高等法院的法官们坐满了包厢，但是虔信者们全都被动员起来。

无耻的悲剧，人们说。这出剧能够造就一些弑君者，如雅克·克莱芒和拉瓦亚克这样的人。它是在穆罕默德的掩护下针对基督教的尖刻的讽刺。观众们鼓掌，但是虔信者阵营揭露这是“反宗教的骇人听闻的事件”。

警察总监马维尔十分惊讶。

伏尔泰写的悲剧，“是异乎寻常的无耻、邪恶，是无神论，亵渎宗教”。穆罕默德被表现为一个伪君子？这只是一个借口，用来攻击所有的宗教。

人们甚至说土耳其的大使对这些演出提出了抗议。

伏尔泰深感痛苦：他已经被指责为背叛国王和祖国，他让步了，在三场演出后撤回了这出剧。

他想离开巴黎，前往埃克斯－拉－沙佩尔，在那里弗里德里希二世说自己准备好接待他。要是埃米莉·沙特莱对此表现嫉妒，那就由她去吧。

然而他还是注意不和弗勒里枢机主教的内阁断绝关系。他不能充当法国的非正式大使吗？他再次问道。

“普鲁士国王很高兴地和我谈话时怀有的信任有时候或许能使我的这份报国热情更加有用……”

长期以来他渴望在法国国王和普鲁士国王之间扮演中间人的角色。

弗里德里希在埃克斯－拉－沙佩尔接待他的方式使他高兴，鼓舞着他，增强他的信念，使他认为自己的意见能够被听取。

他给弗勒里写信，以便再次表明自己和弗里德里希二世结成的亲密关系：

“这位国王希望我住在他套房的附近，他在我的房间里接连两天，连续度过四个小时，带着这份善意，带着这份亲热，您知道这就是他的性格……他询问我是否确实法国耗尽人力和金钱。我有幸回答他在法国大约还有 11.15 亿枚硬币在流通，新兵从来没有如此容易地招募，这个国家从来没有表现出现在这样强烈的善良愿望。”

他很高兴收到弗勒里的一封回信。

枢机主教对国王念了他的信，国王“高兴地听着……您说的是金玉良言，行动也同样完美”。

伏尔泰将能够回到巴黎，洗去叛国嫌疑，表明自己勇敢地拒绝了普鲁士国王美好的建议。

“他在柏林向我提供一座美丽的房子和一片美丽的土地，但是我更喜欢沙特莱夫人房子中我住的三层楼。”

但是他回到巴黎就觉得再次陷入“泥潭”。

他得知两个书商迪多和巴鲁瓦没有得到自己的同意就用五卷 12 开本出版了他的作品。比这“可耻强盗行为”更加严重的是，他们发表了题为《神化》的一些篇章，其中包含着针对他和沙特莱夫人“最卑鄙的讽刺”。他由此因愤怒和无能为力而病倒了。

“当他生病的时候，他只能作一些诗。”埃米莉透露说。

然而，尽管精疲力竭，他还是起床了。他要会见警察总监，要求追究和逮捕这两个强盗书商。

这件事很快办成了，但是诬蔑他的那些篇章继续流传。

他受到伤害，感到痛苦。他再三斟酌书简诗《致沙特莱侯爵夫人先生》，其阳性[1]标题寓意深长。这篇文字的确糟透了：

再见，美丽的埃米莉
在普鲁士我前去
展示我的癫狂
领着我的老鼠溜达
看到我出身的巴黎
让我平淡乏味
我的热衷就是做
一位国务活动家

1 “先生”在法文中是阳性。

不仅人们从四面八方攻击他，嘲笑他，诬蔑他，而且他不能获得官方的承认，人们对其他一些人却全体一致地给予这种承认。

马里沃就这样在德唐森夫人的支持下被选进法兰西学院。

然而这个马里沃是什么样的人？一位为意大利剧院写作的作家，一个毒害法兰西语言和风格的人！而人们却给他荣誉！

再一次，伏尔泰自问。

是不是应当，如同他几年来犹豫不决要做的那样，永远离开巴黎，离开法国？

1743 年 1 月 29 日，弗勒里枢机主教在 89 岁时离开人间。

伏尔泰愿意相信新的形势即将改变。

23.
“做伪君子是个可鄙的长处”

伏尔泰贪婪地倾听埃米莉·沙特莱对他讲述人们所知道的国王在弗勒里枢机主教死后采取的那些决定。

弗勒里将没有接班人。

路易十五希望由自己掌朝，只是自上而下地咨询他的枢密院。

埃米莉慢慢地列举枢密院的成员，每报一个名字就稍加停顿。

伏尔泰只是在听到每个名字时点一下头。

他认识莫勒帕伯爵，宫内卿和海军国务秘书。

他是达尔让松伯爵，陆军国务秘书的朋友，也是其兄弟达尔让松侯爵的朋友，这位侯爵虽然不是枢密院的成员，但频繁接近阿姆洛·德沙约，外交国务秘书。

奥里则管财政。

在伏尔泰看来或许除了莫勒帕以外，这些大臣中没有一位将参加针对他的阴谋。

反之，两位神职人员，德唐森枢机主教——德唐森夫人的兄弟——尤其是米尔鲁瓦的前主教布瓦耶，他得到君主的信任并且是王太子的家庭教师，管理着“特惠表”，也就是说他向国王提交将受托住持某个大修道院和得到随之而来的收入的人员的名字，这两个人对于伏尔泰是不利的。

但是他满怀信心。他从来没有如此接近政权。他从来没有与某些大臣有如此密切的联系。

他觉得在王国的重大事务中扮演一个角色的时刻，被国王看重的时刻，现在终于来临了。

情势也在帮助他。

1743 年 2 月 20 日，他的悲剧《梅洛普》的首场演出获得巨大成功。

“人们来到我躲避之处找到我，强行把我带到德维拉尔夫人的包厢，她的媳妇也在那里。正厅的观众疯狂了，他们对德维拉尔公爵夫人叫喊要她亲吻我……”

他像被旋风卷进一样参加一次次晚餐聚会。他不再有一天的日子属于自己，在这期间剧院的大厅每晚都是满座:《梅洛普》演出了 53 场，也就是说将近有 5 万观众。

在这样的成功之后有谁能够敢于拒绝他被选进法兰西学院?

弗勒里枢机主教的死亡使其在法兰西学院的席位空缺。伏尔泰宣布申请接替他的席位。他确信所有的情况都有助于自己当选。阴谋，在他看来，已经被《梅洛普》的巨大成功击败。再说，除了自己与达尔让松兄弟的联系，他还拥有路易十五情妇德沙托鲁夫人的支持。

他已经在思考他将为弗勒里枢机主教发表的颂词。

但是，日复一日，他看到的是敌对的谣言凭空冒出来，然后越传越玄乎。

人们感到愤慨。人们揭露他不信教，亵渎宗教，他的“放纵的演说败坏了多少妇女和年轻人。将是这样一个人得到陛下的保护，出现在全王国人们的眼前？一位高级教士，弗勒里枢机主教，在活着和死去的时候都如此虔诚，他能够得体地被一张习惯于亵渎神灵的嘴巴颂扬吗？”

谁置身于这波抗议浪潮之后?

莫勒帕?

还是这个“老笨蛋，王太子的家庭教师，米尔普瓦的主教，这位掌管特惠表的布瓦耶，在他看来像我这样的一位俗人接替枢机主教是冒犯上帝！”

而德沙托鲁夫人或许没有能力胜过这位布瓦耶，他总是签名“米尔普瓦前主教”，但是这位虔诚的信徒拼写如此不准确，以至于人们读到的是“米尔普瓦的驴子”。

他当然将这样称呼布瓦耶，但是并不因此放弃做候选人。

为了目的可以不择手段。既然他善于玩弄字眼，他决定给布瓦耶写信。他这样做，他说，“为了颂扬真相”：

“因此我要在听我说话的上帝面前说我是好公民和真正的天主教徒，我这样说仅仅是因为我心中一直是这样想。我没有写过一页不表现人性的文字，我却写过许多因宗教变得神圣的文字。”

他断言没有写过《哲学通信》:“有人以我的名义写的这些信中的大部分不是出自我的笔下。”

他补充说有人对他发出“无耻的诬蔑”，声称他写了一封信给普鲁士国王：

“诬蔑者们随着他们进行迫害而越来越仇恨我。”

他知道给布瓦耶的这封请愿书，在巴黎流传开，将令人们惊讶、失望、愤慨，人们将把他当作伪君子。但是难道他配不上成为法兰西学院的院士吗？现在的谎言只是为了纠正不公正。

不过，他对达尔让松伯爵承认自己的不安:“做伪君子是个可鄙的长处。”

更何况这对他无济于事。

1743年3月22日星期四，吕内，巴耶的主教和布瓦耶的朋友，被选进法兰西学院。

伏尔泰愤愤不平。他自己也不相信，反复说他彻底放弃自我推荐。

弗里德里希二世给他发出的邀请几乎不能使他得到安慰：

“为什么，我亲爱的伏尔泰，你能容忍人们卑鄙地将你排除在法兰西学院之外，人们在剧院为你鼓掌，你在宫廷被蔑视，在城里被人们喜爱……再说，法国人的轻浮使他们不能对自己的好评或蔑视一直保持一致。请你为自己蔑视一个不赏识伏尔泰功绩的民族，来到一个人们热爱你并且不是过分虔诚的国度。”

他受到诱惑，又在犹豫。

但是他得知他的悲剧《恺撒之死》在法兰西剧院最后一次排演后将不能上演：王室审查官对此表示反对。

为什么还留在这座城市呢，既然现在，如他所说，“弗里德里希二世自己乐意在他的一座别墅和几位朝臣一起演《儒略·恺撒》。我为了他离开那些不愿意让人在法国演出《儒略·恺撒》的西哥特族人难道不对吗？”

他不愿意想到埃米莉，她不能掩饰自己的悲伤，她哭着，说道:“普鲁士国王是我非常危险的对手。我陷入深深的痛苦……”

伏尔泰拿起笔。他必须断然决定。他给弗里德里希二世写道：

“是的，我要动身。沙特莱夫人将不能阻止我。我将为了太阳神离开智慧女神。陛下，您是我最迷恋的人，在生活中应当满足自己的愿望。”

他很痛苦，准备动身前往海牙。

他似乎觉得他从未如此接近获得他寻求的官方的承认。他再一次向国务秘书达尔让松伯爵、非常有影响的黎塞留公爵和外交国务秘书阿姆洛·德沙约建议，他可以在普鲁士国王身边为法国国王和王国的利益效力，宣扬与法国结盟。

他曾经为了弗勒里枢机主教朝这个方向努力。

现在人们听取他的意见，终于委托他执行一项政治使命，为了他打开国库。

他收到财政大臣奥里的一封信：

“先生，国王已经决定派您去您知道的地方。我向德蒙马尔泰勒先生下令向您支付 8000 法郎和您一年的年金，这是阿姆洛先生告诉我您所要求的。”

他的确希望这项使命增加自己的财富。他应当得到与自己的光荣相称的报酬。

他要求自己的一位堂兄负责为军队供应军马粮草和制服。一万套军服！而且，自然，他在这些交易中有自己的份额，很大的份额。

本来是充满怨恨的流亡就这样成为一桩非常有利可图的买卖。

“我很高兴对把我排除在法兰西学院之外的那位主教进行报复，作一次非常惬意的旅行，同时也很高兴能够为国王和国家效力。”他后来这样说。

自然，他必须对弗里德里希二世说谎话。

“必须找一个借口。我以我与米尔普瓦前主教的争论作借口。国王赞成这个办法。我给普鲁士国王写信说我不能承受米尔普瓦驴子的迫害，我要到一位贤明的国王身边避难，远离一位过分虔信者的麻烦事。”

必要的口是心非，富于刺激性的游戏，置身于弗里德里希二世亲近者之列的快乐！

“当我到达柏林的时候，国王让我住在他的家里。”

礼仪被缩减。一位仆人在早晨五六点钟来点燃炉火。

“国王睡的床，是一张简陋的帆布床，上面有一个薄床垫，被一面屏风遮挡着。”

就是在这张床上在几分钟里国王搂住幺儿，把手帕抛向他，以此表明自己选中了这位年轻军官。

在爱情方面，伏尔泰明确地说，这位国王“不能扮演一流的角色，只能满足于扮演二流角色”。

然而人们私下说弗里德里希二世使一位意大利舞蹈女演员拉巴尔布里尼生了一个男孩。

“他有点钟情于她，是因为她的双腿像男子的腿。”

但是伏尔泰，国王的亲近者，首先并优先考虑的是自己的使命。

他必须促使这位国王与法国重修旧好。那么，为此，如同他曾经做过的那样，他必须吹嘘法兰西王国的力量。

但是弗里德里希二世表现得铁面无情。

“你爱怎么说就对我怎么说，”他回答伏尔泰说，“一支军队连续三年逃遁，在它出现的所有地方都被击败，这支军队当然不是恺撒或亚历山大的军队……你们法国人像胆小鬼一样让自己被人击败。我再也认不出这个民族，享乐使它萎靡不振，这是离开卡普的阿尼巴尔……”

弗里德里希作诗道：

“这些可爱的懦夫，更像是妇人而不是士兵，
他们适合看戏而不适合战斗……”

伏尔泰深感不安，他希望从弗里德里希二世这里获得一封信，使他可以向路易十五和他的大臣们表明自己成功地说服普鲁士国王相信与法国结盟的好处。

他的使命就会成功，一扇扇大门会和保险箱一起为他而打开。

但是弗里德里希二世拒绝了。

“我喜爱你，我尊敬你，”他对伏尔泰说，“为了拥有你我什么都会做，除了一些疯狂的举动和事情，它们会使我永远在欧洲成为人们的笑柄，并且实际上与我的利益和我的光荣相违背。我能够委托你为法国做的唯一的事情，就是建议他们比到目前为止更明智地行事。”

伏尔泰难以掩饰自己的失望。

他痛苦地得知，如同自己欺骗弗里德里希二世，向其隐瞒路易十五交给自己的非正式使命一样，弗里德里希二世让人将他本人的信件的一些片断传到法国，以便让他与自己的国王不和。伏尔泰于是只可能有一条出路：留在普鲁士！

他对这种奸诈的手段感到愤慨。

他知道弗里德里希二世宣称：“伏尔泰不知怎么发现了我们对他的小小的出卖，他为此极其恼怒；我希望他将息怒！”

这个游戏就是互相欺骗，继续宣称自己对另一方的友情和热爱，自己欺骗对方，

对方也知道被欺骗。

伏尔泰，在这场游戏中，要在巴黎赢得在普鲁士所失去的一切。

当他给外交国务秘书阿姆洛·德沙约写信时，他摆出英雄姿态：

“普鲁士国王认为通过败坏我在法国的名声可以得到我，但是我对你发誓我宁可生活在瑞士的一座村庄，而不愿意以这个代价享受一位能在友情中掺进背叛的国王的危险的恩惠。”

但是为什么和这样一位国王断绝关系呢，他出卖你只是为了留住你，他对你说：“选择套间或房舍，自己安排你生活中需要的乐趣和多余的事情；为你自己创造幸福生活需要的局面；该由我提供你其余所需……”

他也在贝勒特宫，在弗里德里希－威廉明妮公主和于尔里克公主家短期小住，她们是弗里德里希二世的两个姊妹。

“我看到一座宫廷，”伏尔泰后来说，“在那里上流社会的所有乐事和所有的精神享受都汇集在一起；我们看歌剧，看喜剧，打猎，进美味的晚餐……”

他心情舒畅极了。他生活在奢华和快乐中，生活在两位公主的友爱中，他为于尔里克作诗道：

这个夜里在错梦中
我登上国王们的行列。
我爱您，公主，我敢于对您这么说。
天主在我醒来的时候没有剥夺我的一切，
我失去的只是我的疆土。

他甚至更大胆地向弗里德里希二世吐露说：

毫无顾忌地亲吻
您高贵的姊妹端庄的魅力，
那是十分冒昧，
但是见到它们而不亲吻它们，
那会是多么可笑。

他怎么能有时间思念埃米莉·沙特莱，给她写信，而她苦苦等待，哭泣着，盼望着一直不来的书信。

或者，如她所说，“他在一家夜总会顺便给我写上三言两语，不向我解释他在贝勒特逗留的原因，也不解释他迟迟不来信的原因……这就是自9月14日以来，也就是一个多月以来我收到的他的唯一书信……”

她补充说:“他醉了，完全醉了……因为他狂热地迷恋上宫廷和德国。”

但是他返回了，前往布鲁塞尔，停留在不伦瑞克——那是另一座宫廷，另一个迷人之处。

“那是一次在天堂的旅行，我从一个行星来到另一个行星，最后终于重新见到这喧闹的巴黎……”

他巧妙地汇报自己的使命，强调自己对弗里德里希二世施加的影响。他觉得在枢密院人们欣赏他的所作所为。

为了补偿他的开销，他被允许在王国的金库里随意支取。国务秘书和财务督察下令向他支付他根据自己简单的收据所要求的所有金钱。

难道这不是人们对他表现的善意的证明，向他展现的各种可能的证明?

他梦想着凡尔赛宫，梦想着他将能在那里扮演的角色。这个梦想终于实现了!

在几天以后，在1744年1月，他即将满50岁。

4

{第四部分}

“一个在五十岁时是国王小丑的可怜虫”

(1744—1748)

24.
“荣誉和财富终于一起向我涌来”

他拆开并展开埃米莉·沙特莱刚刚让人给他送来的短信。

他知道昨天晚上她在王宫。如同她习惯的那样，她一定兴奋地赌博并且输掉了。她挥霍的不仅是她的金钱，而且是她的理性。她甚至向爱尔维修借钱，他追求她，希望她给他补偿。她差一点卖掉自己的家具。必须救助她。

他俯下身，读着这封短信。

“亲爱的情人，”她写道，“我极其需要五十个路易来支付我四月份的开销，十二个半路易付我赌博欠的钱，以免无处可呆。我给沙特莱先生送去五百里弗尔，让他给儿子置办装备，我将以房租偿还您这些钱……”

他放下这封信，又拿起来，重读最初的几句：

“亲爱的情人，人们在需要时只能求助于自己的朋友们。我请您原谅我宁可给您写信而不是对您说话……”

他们现在难以相互理解。他有时觉得他们肩并肩地前行，仿佛他们承担着同样的任务：在凡尔赛宫里开辟一条道路，收获名声、荣誉和俸禄。

他们走向同一个方向，但是不再交谈。或者相互对立。

现在出现了这些金钱的事。他们比任何时候都更分开算账。他们各自支付房租的份额，在 1744 年最初的这几个月，他们居住在圣奥诺雷街的这座房子里。

然后埃米莉哭泣和嫉妒了。

她痛苦地看到他被戈森小姐吸引，这个女演员体型丰满，殷勤好客，成功地演出《查伊尔》《阿尔齐尔》《聚利默》，甚至还有《布鲁图斯》。她 33 岁。

大约几个月后，玛丽·路易丝，他经常思念的外甥女，在她丈夫尼古拉·德尼死后来到巴黎生活。

伏尔泰或许是一个五十岁的“老头儿”，但是这些年轻女子令他陶醉。

他甚至写信给玛丽·路易丝要她来西雷和他们相聚：

“我对你谈到在你身边度过一个月，我亲爱的外甥女，而且我非常希望在你身边度过我的一生。我想象着我们在一起甜蜜地生活。”

她拒绝了。

那么必须埋藏这个愿望，服从功名的法则，并明白他可以寄希望于埃米莉的世故、友情和聪颖。

他们重逢了。他们在西雷府邸接待巴黎高等法院的院长埃诺，在宫廷有影响的人物。

在巴黎，在凡尔赛宫，伏尔泰是达尔让松兄弟的常客，伯爵是陆军国务秘书，侯爵在阿姆洛·德沙约被免职后成为外交国务秘书。

伏尔泰前往德尚府邸德拉瓦利埃公爵家。他拥有欧洲最丰富的藏书楼之一。他在自己的家中邀集知识渊博的人士，伏尔泰和德瓦泽农神甫竞相表现口才，讲奇谈逸事和笑话，展现自己的学问，德瓦泽农是个自由思想家，作一些拙劣的诗，是一个真正的“面首”。

也必须讨好国王的宠姬们，德沙托鲁夫人，然后是让娜·安托瓦妮特·普瓦松，在以后是德蓬帕杜尔侯爵夫人。

伏尔泰是她在位于塞纳尔森林南边的埃蒂奥勒府邸的客人。他认识这位年轻女子，她过去曾扮演过《查伊尔》的角色，就在这座府邸，这是她的新婚礼物。

必须竭力恭维她，为的是获得她在君主那里对他的支持。伏尔泰对她低语路易十五是恺撒，而她是“非凡的克莱奥帕特”。

既然要发迹，要出人头地，如何逃避这些义务呢？

他清醒而痛苦地意识到，“对国王的情妇说上几句话胜过写一百卷书。”

但是他尤其指望黎塞留公爵，黎塞留刚刚被任命为首席宫内侍从官，他的职责是组织宫廷的演出，并且在 1744 年初组织一台庆祝王太子和西班牙公主联姻的晚会。他向伏尔泰提议写一部芭蕾戏剧的唱词，将由拉莫创作其音乐。

宫廷的门终于打开了！

既然等待这个机会已有几十年，为什么犹豫呢?

伏尔泰立即接受提供给他的这把钥匙。

1744 年 4 月 15 日，他给达尔让松侯爵写道，“我现在负责为一位王太子和一位太子妃创作娱乐节目，我将不能使他们得到消遣，但是我希望创作一些出色、快乐、温情、无愧于晚会组织者黎塞留公爵的节目。”

他开始创作，确信他将需要几个星期来写好他题为《纳瓦尔公主》的这部喜剧。他不是用 22 天写出他的悲剧《查伊尔》?

然而他踏足不前。他想不出恰当的词语。他一直擅长创作的诗句、场景和人物没有喷涌出来。

他只好将“他的乱写之作”交给黎塞留公爵、德拉瓦利埃侯爵、高等法院院长埃诺。

他与拉莫产生不和。

“他命令我要用四个诗句表达八个诗句中的所有内容，而又用八个诗句表达四个诗句的内容……他是疯了！”

他对黎塞留说:

“你交给我一件要命的工作。我宁可创作一部悲剧而不愿意创作一部符合这个人情趣的作品。”

对方的抵制令他不安。

“为宫廷而创作作品几乎使我失去活力，我怀着极度的厌恶创作。”

他是不是由于想成为被国王看中的朝臣而误入歧途?

难道他不是陷入“巴黎的混乱”和凡尔赛宫的混乱?

前往前线的国王曾经病倒，但是已经痊愈，受人崇拜，成为最被人爱的路易，在 1744 年 9 月回到首都，30 万人拥挤在克鲁瓦・德帕蒂－尚和圣奥诺雷之间的街道里迎接国王凯旋。

伏尔泰的马车被堵在嘈杂的人群中，他在自己的车上看着两千辆马车停成三列。

在他身边，埃米莉・沙特莱，“珠光宝气”，冲进人群“呼救”，伏尔泰跟着她躲进附近高等法院院长的府邸。

“埃米莉派人到街角的烤肉店买小肥母鸡，我们为你的健康干杯。”他写信告诉当时不在家的埃诺院长。

这一切可能以不幸结束，埃米莉・沙特莱被醉醺醺的暴躁人群“抢劫，殴打”，在用拳头的斗殴中受到粗暴对待。

西雷的宁静在哪里？

他在巴黎和在凡尔赛宫做什么？

这些问题折磨着他，虽然他知道他将留在这个“混乱”中，因为他既不能停下也不能后退，他应当走到底，实现自己的抱负。

但是他需要吐露隐情。他给外甥女写道：“我感到有点惭愧，在我这个岁数，离开我的人生哲学和我的清静处来扮演国王们喜剧中的丑角。”

他也以此来使玛丽·路易丝产生同情，以此诱惑她。

“我们俩都将得到安慰，你将不为你的损失而痛苦，而我将不再为我过的可笑生活而痛苦，这种生活完全违背我的性格和我的思维方式。”

但是他并不仅仅是一个善于表演的人。

他深感不安。对此他不能向他的朋友达尔让塔尔和西德维尔隐瞒，他信任他们。

他对他们说，他觉得人们把他“塞进一出滑稽戏，我害怕不能从中脱身”。

已经有几个月——几个月，这可能吗？——他在创作这部《纳瓦尔公主》。对于乐师、布景师、男女演员、歌手和舞蹈演员，他必须一一考虑他们的意见，他们每个人都有自己的需求、自己的保留、自己的性格和自己的招数。

“我从巴黎奔向凡尔赛宫，我在驿站快车上创作诗歌。我必须高度赞颂国王，巧妙赞扬王太子妃夫人，小心地称赞王室，让朝廷满意，同时不让全城居民感到不快！”

他在自己的创作中从来没有遇到这样的困难。仿佛他放弃了自己的自由，决定作为御用文人来写作，像被驯服的狗那样。

“难道你不同情一个在 50 岁时是国王小丑的可怜虫吗？”

确实，他已经 51 岁了！而他拼命写作这部《纳瓦尔公主》已经有十个月了。

所有的情况都使他沮丧。

他不能哀悼他的兄弟阿尔芒之死，因为阿尔芒和他们的父亲一样小心眼，一样诡计多端，事实上剥夺了他的继承权！仿佛他还是一个不能为人信任的放荡青年男子，而他已经发家致富，可以为了他的侄女和外甥女的最大的利益，让被拒绝给自己的这笔遗产充分发挥效益！

但是他不能花费时间来诅咒或原谅这位逝去的兄弟！巴黎为了王太子婚礼的节期而兴奋狂热。1745 年 2 月 28 日，芭蕾喜剧的演出在一个大剧场里举行，这个剧场是人们在凡尔赛大厩舍室内驯马场中央建造的。

人们聚集在剧场的入口，挤成一堆，服饰艳丽的朝臣中有个人叫喊“快！快！”

人们等待国王，国王晚到了一个小时，在七点钟才来到，这场演出在沉闷的气氛中延续了三个多小时。

有谁能够欣赏甚至理解伏尔泰的诗？他清楚地感到这出喜剧显得太冗长，它令人腻烦、失望、困惑，因为它是一个“歌剧、喜剧和悲剧的混合体”。

伏尔泰不抱幻想，他说：

“我的作品是够格的。它没有谄媚而令人喜爱，国王为此感谢我。米尔普瓦们不能伤害我。我还需要更多吗？”

他清楚地知道自己的追求。他来到宫廷只是为了一个荣誉称号，一个职位，一份年金，这样占据一个地位，使任何人将无法阻止他被选进法兰西学院。

他正是以这个尺度来衡量《纳瓦尔公主》是成功还是失败。

而且他决心要将这部作品变为他的胜利。他求助于达尔让松侯爵，并不掩饰自己的愿望。他写了这部芭蕾喜剧：他要求得到报酬。

他说，他要做常任宫内侍从官，但是，“这个职位几乎从不空缺，既然这个愿望实现不了，可以给我提供修史官的小职位；我不要求这个修史职位固定的年金，我只要求 400 里弗尔。这一切在我看来是微薄的，而且奥里先生——财政大臣——也同样这么看。他同意所有这些并不重要的开销”。

他向所有能够影响国王的人求情，这些人中有：黎塞留和德拉瓦利埃公爵，达尔让松兄弟——伯爵和侯爵，宠姬们，沙托鲁夫人，然后是普瓦松夫人，再后是蓬帕杜尔侯爵夫人。自然，埃米莉·沙特莱发动自己所有的关系。

最后他成功了。这是心满意足的时刻：

“国王口头授予我常任宫内侍从官第一个空缺的职位，并通过敕书授予我修史官的职位和两千法郎的薪金……”

1745 年 4 月 1 日，他收到这份敕书。它使用赞许的措辞：“高超的才能”。“作品得到公正的赞誉”，这笔两千法郎的款项“终身每年支付，从今年 1 月起开始计发……”

他又读一遍。不，他不愿意做这些荣誉、这些薪金的囚徒。他要盆满钵满，但不要被人拴住的颈圈。

那么必须保持距离，以作诗歌过自由的生活。他写道：

我的亨利四世和我的查伊尔，
还有我的美洲女子阿尔齐尔
从来比不上国王投来一次的目光，
我曾有许多敌人但只有很少的荣光，
为了集市的一出笑剧
荣誉和财富终于向我涌来。

他将永远不会让自己被牢牢地管束住。

但是他打算利用自己修史官的职位来搜集曾经在路易十四时期治理并熟悉宫廷的人们的证词，他用这些人的见证和叙述的逸事来充实《路易十四时代》这本书。

他越来越热衷于历史，已经过去的历史和现实孕育着的历史。

他就像外交国务秘书达尔让松侯爵一样，赞成与普鲁士结盟，尤其关心的是见到和平得到确立。

他感到高兴，达尔让松侯爵要求他以国王的名义写一篇《致荷兰三级会议的劝告》，为的是使它们摆脱与英国的联盟，或者写信给俄罗斯女皇伊丽莎白，还给英国人写一篇《法国国王赞同查理·爱德华的宣言》，查理正在觊觎英国王位。

他乐于这样处于各种事件的中心，感到通过写作、通过自己与弗里德里希二世保持的联系可以对它们施加影响。

这种演员和见证人的双重身份，外交文书写作员和修史官的双重身份，令他感到十分荣幸。

他对年轻的沃韦纳格说："宫廷似乎对我并不怎么合适，但是国王对我的恩惠使我留在这里，我现在呆在这里不是出于利益而是出于感激。"他这样说只是说出一部分事实。

确实，自从他当上修史官后，他感到自己"有幸被录用撰写这些逸事"，但是留住他的是快乐，因为自己处在人们改变事情秩序的地方，还有这个境遇提供的好处和前景。

1745 年 5 月 13 日晚上，他得知——他是在巴黎首先得知的人们中的一位——在丰特诺瓦，在 11 日，法国军队击败结盟的英国人、荷兰人和奥地利人，这时他确信这些情况对他是有帮助的。

他在夜间 11 点钟在兴奋之中仓促地写了一封短信答复和国王一起在战场上的达尔让松侯爵：

“啊，这是你们的史学家美好的工作！已经有三百年法国的国王们没有实现任何如此光荣的业绩。我欣喜欲狂！晚上好，阁下。”

他立刻开始工作。他要为颂扬君主写《丰特诺瓦的诗篇》。

他在奥梅松侯爵的一封信中汲取这场战役的细节，奥梅松回顾“见到国王和王太子在一面鼓上书写……”，然后，在描述“国王的快乐，他的勇气”——“他在战场上就像在猎捕野兔”——之后，终于描绘这场“无情的角逐”。

在这篇关于丰特诺瓦的诗歌里，伏尔泰不愿意提及也不愿意惋惜战争的不幸。他要颂扬国王、黎塞留公爵、朝臣们、所有能够帮助他的人。他利用这个事件来恭维一个个的人：

法国人是多么伟大，他们的君主指引着他们！

这是为国王和他的臣民而写的！

这些聪颖、诙谐、可爱的朝臣，
如何在战斗中成为不可驯服的雄狮……

这是为宫廷的贵族而写的。

他以激情燃烧的笔触飞快地写着，他确信这个诗篇将使他的地位不可动摇。他超过所有拙劣的诗人，他的对手皮龙和德方丹。这个诗篇的版本越出越多。在其中的每个版本上他添上一个名字或另一个名字。

“我头昏脑涨，”他解释说，“女士们纷纷希望我赞扬她们的堂表兄弟和她们喜爱的男人，我真不知道该怎么办……”

他嘲笑那些攻击他的讽刺诗诗人，他们向“下级英雄们”致敬并喊出：“士兵伙伴们，我只歌颂你们。”

他知道下级军官和普通士兵不能决定他的未来，它是由蓬帕杜尔侯爵夫人决定的，侯爵夫人迷恋他并感到惊讶：

“我不知道为什么人们对你的诗勃然大怒，这在我看来是最不公道的情况……被人嫉妒是伟大人物的命运……”

他从来没有像现在这样被人嫉妒。

国王刚刚接受献给自己的《丰特诺瓦的诗篇》，这就意味着王家出版物将印行它。

就这样将印行接近四十版。

伏尔泰想充实这个诗篇，要写一部《1741 年战争史》和一部歌剧《光荣的圣殿》，把路易十五歌颂为一位新的图拉真！

但是必须让君主知道自己为他的荣光所做的事。

他拿起笔，给达尔让松侯爵写道：

“阁下，请你对国王说在十天时间里出了歌颂他的五个版本，你不会受到冷遇吧？我请求你不要忘记这个小小的表面的手段……”

25.
“我披着上帝代理人的圣带”

在国王在凡尔赛宫举行的一次晚餐上，伏尔泰坐在朝臣们的中间。

他品味着这个时刻。

他向达尔让松侯爵俯下身，感谢他对君主说了话，君主向他投来一瞥，微微点头，以此奖赏他。

这已经足够，这很恰当。

他压低嗓音，又对达尔让松耳语道：

“我想获得教皇好意的表现，这将为我在这个世界和另一个世界提高声誉！”

这是他的赌博所缺少的最后一张王牌。

他要拥有这张王牌，为的是不用再害怕——当申请加入法兰西学院的时刻来临时——“米尔普瓦驴子”的反对，米尔普瓦纠集虔信者阵营，以他诗中的这一首或那一首和悲剧《宗教狂热或穆罕默德》为托词来谴责他亵渎宗教、思想放浪和信奉无神论。

因为谁说国王会愿意对抗高级神职人员、教会和他周围的虔信者？蓬帕杜尔侯爵夫人的好话或许将不能足以使他信服而进行一场这样的斗争。

再说，尽管国王给他编织了各种桂冠，给予他不少奖赏，他从未感到路易十五对自己和自己的作品怀有真正的兴趣。

很遗憾，路易十五不是弗里德里希二世，他不像弗里德里希那样会玩弄权术但有文学修养，殷勤好客，不害怕对诗人和思想家们表示赞赏和尊敬。

因此需要从教皇那里获得一个表示，这个表示会使所有的虔信者、过分虔诚的人们、“米尔普瓦驴子们”缩回他们的洞穴！

“我有幸告诉你这个极好的想法。”伏尔泰补充说。

达尔让松侯爵惊讶不已，伏尔泰对此并不感到意外。

作为外交国务秘书，达尔让松可以影响法国驻罗马代理大使卡尼亚克神甫，或教皇本笃十四世身边的托里尼昂神甫。而伏尔泰断言自己曾经读过教皇还只是博洛涅大主教朗贝蒂尼殿下时所写的作品，教皇似乎是一个开通的人。

伏尔泰于是给他写信，要求得到有他肖像的纪念章和一幅画像。

如果卡尼亚克神甫支持自己的请求，本笃十四世怎么会拒绝呢？而达尔让松侯爵可以提这个要求，甚至要卡尼亚克神甫一定这么做，只要给他写一封短信就可以了。

“我告诉你，”伏尔泰又说，“我对教皇感情很好，卡尼亚克神甫先生可以奉承他，就对圣父说我阅读他的作品，我在他的仰慕者和他虔诚的信徒的行列中。我请求你负责这次重要的交涉。我向你保证我将成为罗马的一个小红人，而不用我们的枢机主教们促成此事。”

他在焦急中等待着。

他写信给在罗马的卡尼亚克神甫、托利尼昂神甫和好几位高级教士。最后他担心自己所有这些尝试会造成一团糟，于是他再次坚持这件事要由达尔让松侯爵接手。他希望获得本笃十四世的这个表示。8 月 10 日，这个愿望实现了，他向达尔让松表示应有的感谢：

“阁下，我刚刚收到我们长期以来所见过的面颊最丰满的圣父的画像。”

对于达尔让松这位才子，他可以这样随便地写。

“圣父像是个老好人，他大概知道这一切的价值。我为收到教皇的这两幅肖像衷心地感谢你……”

但是只有圣父的赠送为人所知，那才有意义。伏尔泰相信侯爵的友情和默契。

“你完全可以对笃信王说我是多么虔诚信奉基督的臣民。”他补充说。

难道这就是为了取得对虔信者阵营决定性的胜利他所缺少的王牌吗？

必须由本笃十四世赞赏他的一部作品，首先是看来最亵渎宗教的作品，他的悲剧《穆罕默德》。

他确证他可以将这部悲剧和《丰特诺瓦诗篇》同时寄送给教皇。有人告诉他教皇会接受它们。

于是他拿起笔，用意大利文给本笃十四世写道：

教皇陛下：

敬请陛下原谅一个地位最低贱但最赞赏美德的人冒昧地向真正宗教的首领献上这样一部作品，它反对一种虚假与野蛮宗教的创立者。

除了献给和平和真理化身的上帝的代理人和模仿者，我还能更恰当地把对一个假先知的残酷和错误的讽刺作品送给谁呢？

但愿教皇陛下恩准我将这本书和其作者抛在陛下的脚下。

我冒昧向教皇陛下请求保护这本书和恩宠作者。

怀着深深崇敬的心情，我拜倒并亲吻您神圣的双脚。

他没有在大路易中学白当耶稣会士的学生。他从神甫们那里学会了一切。

他能说所有的语言，谦恭信徒的语言和不信教者的语言，朝臣的语言和自由人的语言。

他没有背叛的感情。他做他该做的事是为了达到他给自己确立的目标。

耶稣会士的学生总是客观地看待现实，为了更好地和自己接触的人们相像而改变外表和语言。

逆臣？忠臣？

他是成功之人，要成功就要忠实于上帝。

伏尔泰终于收到本笃十四世的复信："本笃十四世致亲爱的儿子，致意和祝福……"

这"亲爱的儿子"比得上所有的勋章！

伏尔泰反复读着教皇的来信。

失望：信中谈论他的"非常优美的最后的诗篇"——也就是《丰特诺瓦诗篇》——但是只字不提《穆罕默德》！

他把这封信翻来覆去，它自然是由本笃十四世的一位秘书写的，而且理所当然，不是由教皇签署的。

这封信是由教廷大使转交给伏尔泰的。

这封信很长。教皇在信中谈论伏尔泰创作的一首二行诗，《Lambertinus hic est

Romae Decus》(《这就是朗贝蒂尼，罗马的光荣》)，以便探寻是否涉及一首拉丁六音步诗，hic[1] 的涵义是什么。

教皇写道，一位法国文学家以为“您几乎简短运用的 hic 这个词，应当一直是长的”。hic 可以是长的或简短的，本笃十四世辩驳道。

他结束道：“我们留下要做的只是给你我们教廷的祝福。”

这也比得上所有的勋章。

这封信因此能够成为一张有效的王牌。它足够了……

伏尔泰写着。

教皇在笔下写道：

“几个星期前，人们替你向我们提交你的出色的悲剧《穆罕默德》，我很愉快地读了它。帕西奥内伊枢机主教随后以你的名义给了我优美的《丰特诺瓦诗篇》。

“你不用怀疑像你这样的被众人承认的功绩令我产生特殊的尊重。”

这封信，经过这样的修改和补充，应该广为流传。

有谁将敢于对这封信的内容提出异议？教廷大使？教皇？

伏尔泰确信他们将保持沉默。

伏尔泰与教皇的通信首先不就表明他对圣父和宗教表现的效忠？

难道这不是最重要的标志？

伏尔泰告诉他的朋友达尔让塔尔，“真的，上天的恩惠不能过分传播，而圣父的信是为了公开而写的。我可敬的朋友，应该让对善良人们施加迫害者知道我与他们对抗时披着上帝代理人的圣带。”

1 hic 系拉丁文，意为“这”。

26.
“对于法兰西学院来说，伏尔泰是其成员，这是它的耻辱，对于伏尔泰来说，他不是其成员，有朝一日这将是他的耻辱”

（孟德斯鸠[1]）

他从来没有像这样充满自信。

他觉得自己没有把所有的权势放在眼里，哪怕是教皇的权势。

他只是扮演妥协的角色，但他依然是自由的。

他在凡尔赛宫，更像是“陆军部办公室的一位真正的职员”，而不像是一位朝臣。

“每天晚上我都下定决心前去参加国王的起床仪式，”他说，“但每天早晨我都穿着便袍写作《塞米拉米斯》。”——这是他描写巴比伦女王命运的悲剧。

但是他希望君主想得起他。

“请告诉国王，告诉蓬帕杜尔夫人，”他给达尔让松侯爵写道，“你对这位修史官感到满意。我请求你把这写在你的告示文书里……关于现在的战争出了这么多坏书，以至于实际上我写的《史实》是非常必要的。我请求你施惠对国王说上一句话，这部作品与他的光荣有关联。”

1　孟德斯鸠（1689 – 1755）：是法国著名思想家和法学家。

他像玩世不恭的谋略家那样行事，坚持要让本笃十四世的书信为众人所知。这是他的王牌也是他的盾牌。但是当他求助于忠实和可靠的朋友们时，他补充说：

“我祝福你们，我免除你们炼狱的刑法，我给你们宽容。你们的圣仆在给你们送去教皇的这封信时就该这么说话。”

感受自己的自由值得冒失行事！

一些年轻人只通过他的作品了解其人，他们向他表示仰慕，他感到很高兴。

他答复他们的来信。

一位作品富有音乐性的作家，让－雅克·卢梭在给他的信中写道：

“先生，十五年来我从事创作为的是配得上您投来的目光和您对年轻的缪斯们的厚待，是您发现了他们身上的才华。”

他帮助一位诗人，他名叫马蒙泰尔。

他和沃韦纳格保持友好的通信，那是“一位在战斗的喧嚣中成长起来的优雅和深刻的人”。

这些“年轻的缪斯”对于他来说好像一股清凉的泉水。

他对沃韦纳格说自己欣赏他的美德，“伟大崇高的灵魂……在我的生涯就要结束的时候，你在自己行进的道路上使我坚定信念”。

他为宫廷创作《光荣的圣殿》，在这部歌剧中路易十五成为与图拉真旗鼓相当的人物，但是他不满足于做这样富有诗情的艺术家。他不愿意从属于人，哪怕是从属于国王。

在演出之后，当他走进路易十五的包厢，对坐在离君主几步远的黎塞留公爵高声询问：“图拉真满意吗？”国王狠狠地盯了他一眼，默不作声。

即使君主要求再次演出《光荣的神殿》——“国王非常满意”，伏尔泰说——这位充满激情的艺术家体会到一切都绝对取决于国王的“善意”。

就是这样，路易十五的一封信就足以让达尔让松侯爵——人们怀疑其政策过分有利于普鲁士——被免除国务秘书的职务。

伏尔泰在 1746 年 1 月失去的是这样一位保护者，一位朋友。

他深切地感到在宫廷里任何人的处境都是靠不住的。仿佛生活的不定在这里被放大，被加重。

一切取决于君主、王后或宠妃的心情。他们遭遇的最微小的事件动摇每个朝臣的命运，他自己的命运。当一个人这样屈从主宰你的力量时，怎么可能自由自在，做自己生活和作品的主人呢？

伏尔泰告诉自己的朋友西德维尔，“你想想看，人们命令我为王太子妃的安产感谢礼庆祝活动组织一场戏剧盛会，当我写到第四幕时王太子妃死去了，而我，羸弱之人，为了想讨她喜欢差一点死去。命运就这样捉弄国王王后，捉弄内廷的宫内侍从官，捉弄那些为宫廷创作诗歌的人！”

因此他需要在他一旦能够做到时就摆脱这个世界，这个世界的人们投来挑衅的目光，带着恶意的妒忌，每个人都受人支配，把自己的生命抛在野心的大火中，每天晚上拿自己的财产进行赌博。在这场赌博中达官贵人们不怕作弊作假。

埃米莉·沙特莱每天晚上坐在桌边摆弄着手里的牌，没有什么能使她从中解脱出来。

伏尔泰疏远她，听凭她贪婪地迷恋社交，出席“上流社会的晚餐”，自己则前往王宫区布卢瓦街，他的外甥女玛丽·路易丝——大家称为“德尼夫人”——现在住到那里。

他成为她的情人，虽说疾病经常阻止他对她尽情人的义务，这位33岁的年轻女子快乐而轻佻，体态丰满。

“我千百次地拥吻你，我亲爱的。”他对她这样说或这样写。

他爱她甚于爱一切，他说。他总是喜欢用意大利文给她写信，用意大利语对她说话，她说“这是爱情的语言”。

“你就是我的整个家庭，”他对她反复说，“我唯一的女友，我的财富和我唯一的希望。”

埃米莉·沙特莱侯爵夫人，是亲爱的女友，专横的学者，她发号施令，有种种苛求，在被迪迈内公爵夫人邀请到阿内府邸或圣克卢府邸时，对提供给她的房间从不满意。她好几次换房间，要求六七张桌子。“她需要各种大小的桌子，宽大的桌子用来展开她的文件，结实的桌子用来放她装必需用品的箱子，轻些的桌子用来摆装饰品、首饰……”

迪代方夫人，一直很刻薄，嘲笑埃米莉的“严格”，嘲笑她想掌控的表面的秩序。“她审视自己的各项原理”，她说。“我认为她的头脑对它们来说像是监狱，而不是它们的诞生地，她小心看管它们。她偏爱这种高雅工作甚于任何娱乐，坚持在天完全黑下来的时候才出头露面。”

伏尔泰觉得这种刻板、这些苛求、这种严肃太沉重，确实，埃米莉也经常想摆脱这样的心理状态。

但是或许他不再相当爱她，不让自己被吸引和诱惑，然而他在玛丽·路易丝家里和这些年轻人——马蒙泰尔、诗人巴屈拉尔·阿诺——在一起开怀大笑，他们或许也是她的情人。

但是对此做什么呢？他接受这种状况。

他终于对玛丽·路易丝说："我生来就是要被疾病杀死的——疾病总是反复发作。那么为什么和如何掩饰自己的阳痿呢？"

"我请求你容忍我柔弱乏力。"他对自己的外甥女说，"能勃起更好，但是无论我是否勃起，我将永远爱你。"

但是他不得不掩饰这种私情，它日甚一日对他变得越发重要。

他害怕埃米莉产生嫉妒，他不愿意伤害她，但是当他一离开玛丽·路易丝，他就思念路易丝，他设想她不是独守空阁的女子。于是他失去耐心，给她写道；

"啊，亲爱的，亲爱的，你柔情的朋友他什么时候将能够和你独自一人生活在一起？"

她答复：

"你对我说我的信给你所有的感官带来快乐；我的感官也和你的感官一样。"

但是他有所戒备。"我在亲吻你的来信后将它们烧掉。"他说。

他让她知道他的经历和希望。

1746 年 3 月 19 日，博学的精通多种语言的院士，第戎高等法院院长让·布耶去世了。终于法兰西学院有个席位空缺！

必须被选进学院。要么是现在选进，要么永远选不进。

必须发动自己所有的朋友，求助于国王、蓬帕杜尔侯爵夫人、耶稣会士们。

他给达尔让塔尔写道：

"伏……病了。伏……几乎不能行动。伏……开始长出白发并且不能坦率地到处求助，尽管他指望国王的同意。他深情地感谢自己可爱的天使们。他很高兴被人期待，但是他始终害怕走门路。"

然而他为达到目的多方奔走。他希望"众口一词"地光荣当选。"进入法兰西学院算不了什么，应当像被朋友们接待那样被法兰西学院接纳。"他说。

他给法兰西学院的院士们写信。给大路易中学校长西蒙·德拉图尔神甫这样写道：

“由于我曾长期在您管理的学校学习，我请求您促使在《特雷武杂志》工作的尊敬的神甫们乐意在他们的文集中为我冒昧对你说的话提供一个位置……”也就是他是好天主教徒，也被教皇这样承认，他忠诚于自己的老师们，“我对文学的热爱和对美德的热爱要归功于他们”。

他希望人们在国王的忏悔师，一位耶稣会士那里为他说情：

“几乎没有耶稣会士不知道我从童年起就忠诚于他们……”

他知道他的对手们，诗人鲁瓦、皮龙、弗雷龙——后者在德方丹神甫于1745年去世后接手《现代作品观察》刊物——企图阻碍他入选学院。

有些人，如孟德斯鸠，则并不热心：“伏尔泰并不美，他只是漂亮。对于法兰西学院来说，伏尔泰是其成员，这会是它的耻辱，而对伏尔泰来说，他不是其成员，有朝一日这将成为他的耻辱。”

但是达尔让松、蓬帕杜尔侯爵夫人、黎塞留公爵则以他们的关系的所有力量支持伏尔泰。

1746年4月25日，他终于“众口一词”地当选，他的感觉是他终于达到一个无法夺取的地位！

在可能卷走无论哪个朝臣的旋风中，现在他成为终身院士。

5月9日，他发表当选演讲。他赞扬所有的权贵，其中有些人也是亲近者，从埃诺院长到黎塞留公爵。但是他也向这位几乎不认识的沃韦纳格致敬。

他没有提及莫佩尔蒂，据他所说，这是因为人们要求他把演讲的范围限制在文学范围——而且莫佩尔蒂为弗里德里希二世效力，伏尔泰曾颂扬后者的功绩。当然，他夸张地感激路易十五，“人类的君主”，其雕像应该出现在所有的公共场地，“在脚下，镌刻着我们心中的话语：献给祖国之父”。

伏尔泰本该是快乐的。然而，尽管他当选为院士，他十分烦躁。仿佛他发现无论自己占据什么位置，他将永远摆脱不了敌人们的伤害，例如诗人鲁瓦写了两篇诽谤性短文试图诋毁他。

“这位卑鄙的鲁瓦生来就是为了作恶的。”伏尔泰对沃韦纳格说，“但是我很高兴这个意想不到的事件将能使人们区分那些配得上政府保护的人和那些该让政府和公众愤慨的人。我要为此而工作……”

他激愤地读着这篇《诗歌的胜利》，它是由鲁瓦所写，令他难受：

换阿波罗来，他在这里，
你说什么？这个木乃伊似的人。
然而他活着：节俭、
对黄金的渴望使他这样干枯，
还有愁闷的腐蚀。
他是坐着，站着，还是躺着？
不，他两条细长的腿在动摇，
他穿着一件长大衣，
是他在伦敦廉价买到。
他的下颌在空嚼，
他感到惊慌……

他要让这些诽谤性短文的作者、这个鲁瓦、他的同党、到处传播者和书商们退出不当所获。

这一次他站在当局一边。

刚过 1746 年 5 月 29 日，他陪同警务人员来到一位迈罗——一位博学的自由思想家，他的一个对头——的住所，但是这位迈罗病得厉害，濒临死亡，人们不能逮捕他。再说以什么借口？

人们只找到一个名字：特拉弗诺尔。

伏尔泰注视着调查。这个人是音乐家。在他家里，人们查封 800 本鲁瓦的诽谤性短文。但是这个人已经逃走：人们逮捕他 80 岁的老父亲！

舆论大哗。伏尔泰，就是这样吗？这位老人仅仅因为有一个嘲笑献媚的宫廷诗人的儿子而有罪，而迫害这位老人的诗人在其入选法兰西学院的演讲中，“通过热心赞颂各种伟人来摆脱无话可说的尴尬”。

但是伏尔泰从不放弃迎击联合起来为特拉弗诺尔父子案件辩护的这些对手。

这些律师表现得最为恼怒。

“你极其蔑视我们，我们这些卑贱的律师。”他们中的一位，马诺里说，“你把我们看作可怜的开业者；这起诉讼案件或许将使你更加理智。”

伏尔泰向最高法院上诉——徒劳。最高法院的法官们事实上对他是敌视的。当他读到马诺里律师的辩护词时，他感到深受伤害。

“这个在宫廷占据有利地位的人，”这位律师说，“在宫廷享有它最有见识和最有势力的人们的友情。他拥有地位和占据高位的人们的势力：这个人因为其身份而披上最显赫的荣誉。这些荣誉保障他得到必要的保护。他拥有富足和财产的势力：这个人通过几乎总是避开发迹的道路达到最让人满足和最有保障的财富……这是可与我们世纪最伟大的思想家匹敌的人。这是当代第一流的一位诗人……然而这是我们要与之斗争的对手。是的，还不曾出现一个更可怕的敌人，既然由最高法院审理。”

那么人们就这样看待他：看作享有特权者！？一时间，他感到不安。难道可能人们现在把他比作权贵？他，巴士底狱的前囚犯？

然后他发怒了：马诺里律师先生只是一个“平庸的小丑”。

27.
“没被流放我不能离开巴黎”

伏尔泰打开又合上一本厚书，经常回到衬页。

他处于愤怒和痛苦中。

他感到一群狗将到处跟随着他，拼命收集所有反对他的出版物，对他作品的负面批评，直到形成这样的书册，题为《弗朗索瓦·马里·阿鲁埃的晦涩的颂词》:

看热闹的人们，在这里拍手吧，
换伏……来，他在这里……
你作品的狂热
和你生活的堕落
面对着蔑视
远远不会被人羡慕。

在这个文集中既有特拉弗诺尔的《辩护记事》或出现在《现代作品观察》中的破坏他声誉的文章，还有对他还是阿鲁埃先生时受到阵阵棒打的回顾。

他与特拉弗诺尔和其律师马诺里进行了这场持续十个多月的漫长司法斗争，他刚刚再一次发现，除了几个例外，他的“朋友们”，他的“支持者们”把他抛弃了。

而最高法院，以作公正判决为借口，就像给特拉弗诺尔定罪那样，也给他定罪。

但是他还是获得心理上的宁静——明智还是厌倦？——那仅仅是因为他可以前

往布卢瓦街，用目光抚慰玛丽·路易丝，搂住她，出席她举办的友好和快乐的晚餐。和她在一起进晚餐的年轻男子们在他刚离开他们后一定向她追问。

从玛丽·路易丝向一个或另一个年轻男子抛去的目光，他猜到她将抵御不了诱惑。生活就是这样。

在回到布卢瓦街时，在和马蒙泰尔与玛丽·路易丝一起欢笑时，在得知沃韦纳格，"温情的朋友" 32 岁时去世哭泣时，他体会到友谊的不可估量的价值。

沃韦纳格的死使他深感悲痛。沃韦纳格是应当受到颂扬的军官们中的一位，在 1741 年的这场战争中，他没有战死疆场，但精力衰竭。

"我将长期痛苦地感到你的友情的价值。"伏尔泰为此写道，"不是在乏味的娱乐中产生的乏味的友情——这种友情随着这些娱乐一起消失，人们总会抱怨这种友情——而是牢固和热诚的友情，这是最珍贵的美德。"

他应该追求的就是这种联系。以这个尺度，他所获得的一切在他看来的确是"乏味的"。

不过，在 1746 年 12 月 22 日，他收到了他还希望获得的国王任命他为宫内侍从官的敕书，但是这个新头衔，如同几个月来他拥有的法兰西学院院士和修史官的头衔，比不上深厚的友情，比不上写作一篇小说时的喜悦和热情，在迈内公爵夫人收留他住在自己的阿内或索宫府邸时，他为她创作《查第格》这样的故事。

他清楚地知道，使他居于巅峰的这些职位、这些头衔，在国王的命令下它们可能被撤销。

他创作《路易十四时代》，他了解尼古拉·富凯的命运，了解众多的被流放的朝臣的命运。

而他恰恰刚刚提起诉讼，这些诉讼可能导致他被放逐。

但是他可以并不试图阻止埃米莉·沙特莱在枫丹白露、在王后的宫廷一夜间的赌博中输掉八万多法郎，每次借钱时怀着虚幻的希望要填补损失并赢得赌博?

他站在这张赌桌旁边。突然间，他用英语——仿佛这样炫耀可以掩饰说话的含义——嚷道:

"你没有看见，夫人，你在和一些骗子在一起赌博？"

他们全都听懂了。

埃米莉第一个，好像摆脱噩梦，站起身，拉着他，他们逃走了，她回到巴黎，特拉韦尔西埃街的家中，他躲到迪迈内公爵夫人家的索宫，在那里过隐居生活，在一座与主体建筑分开的楼房里整天从事创作，关闭百叶窗，思忖着他简单地把王国最大的贵人、王后的亲信称作作弊的骗子和强盗。

而王后并不喜欢他，既然他亲近国王的宠妃蓬帕杜尔侯爵夫人。

因此他生活在索宫，在那里他写作，夜晚他向年老的公爵夫人朗读自己在白天创作的小说、剧本。

人们甚至在这个府邸上演他写的一出剧《假正经的女人》。许多人为之鼓掌喝彩，因为埃米莉·沙特莱成功地偿还了欠她债主们的钱，这些“骗子”很高兴收回自己的所得，愿意忘记伏尔泰的指责。

而伏尔泰则坚持要为《假正经的女人》发出几百份请帖，为的是让人们清楚地知道他并没有逃走。

但是他对这种使他精疲力竭的生活感到腻烦。由于烦躁，他对自己的贴身男仆和秘书隆尚大发脾气，他责骂这个能干和忠诚的人，把递给自己的梳子扔到地上，他大发脾气是因为假发不卷曲！

随后，在和埃米莉一起进晚餐时，他突然意识到隆尚也伺候埃米莉，而且在这个男仆面前，“她裸露得像一尊大理石雕像”，对男仆的在场无动于衷。而就是这个隆尚目睹埃米莉沐浴，她似乎没看见他，因为这个仆人在她的眼里只是伏尔泰拿在手里的“烧开水的壶”。

这样的生活令他失望，感到不满足，并且生病了。他重复自己曾对外甥女低语的话：“我生来就是要被杀死的。”

“我在阿内府邸病倒了。”他对她解释说，“但是我希望因为和你在一起恢复健康。等我一到达，我就奔向你那里来恢复我的元气。因此今天我将见到你，今天我将与你重逢，这是能够减轻我生活痛苦的唯一安慰。上天赐给我最温柔的情感，但忘记给我一个好胃。我不能消化，但我能够爱，我将爱你，直到我死去的那一天。”

但是如何改变生活？他经常自问：为什么要改变？

这种生活不是他曾如此渴望的生活吗？这些头衔，在宫廷的影响力，与达官贵人和国王本人的亲近，他不是从童年起就孜孜以求吗？大路易中学的耶稣会士神甫们在那时就已经说他在追求名望。

而现在他每天都感受到名望。

1747 年 12 月 30 日，他的剧《浪荡子》在君主和达官贵人面前演出，演出是在人们称为小屋的陛下私人剧场进行的。路易十五只邀请了二十来位观众，而且扮演角色的是他的亲近者：蓬帕杜尔侯爵夫人就扮演主要人物利斯。而且，作为特例，她获准让伏尔泰观看演出。

怎么能不感谢她！

他立刻给她送去一封诗体短笺：

就这样你聚集了
所有的艺术，所有的爱好，所有愉悦人的才能，
蓬帕杜尔你美化
宫廷，巴那斯山和基希拉岛。
你有吸引众人的魅力，你是仅仅一个人的珍宝，
但愿如此美好的命运将是永恒的！
但愿你宝贵的日子带有节日的印记！
但愿我们田野中的和平和路易一起返回！
但愿你们俩没有敌手，
而且你们俩，保留你们的成果。

几天后，他得知这些诗句在宫廷流传而且引起人们的反感。

他重读这些诗句。

确实他敢于揭穿大家都知道的事实：蓬帕杜尔侯爵夫人是路易十五的宠妃。但是他把他们描绘成一对夫妇，而人们认为只有国王和王后显得重要。

在一次晚餐上——按照他的习惯，他满足于“七八杯咖啡和两个小面包”——他获悉王后阵营对这首恭维蓬帕杜尔侯爵夫人的短诗感到十分气愤。玛丽·莱斯兹克赞斯卡和她的女儿们感到自己受到侮辱。伏尔泰所有的敌人急忙冲向被他自己打开的缝隙。他们对他大肆攻击。

其中最巧妙、最坚决的是这位诗人鲁瓦，他曾被伏尔泰起诉，现在要复仇，他写道：

告诉我，鲁莽的禁欲主义者
为什么你大胆的诗歌
敢于在我们的眼前揭露
本该是神秘的事实？
国王们和诸神的爱情
不该由俗人来写
当人们想在他们的圣地
投去好奇的目光

尊重他们的爱好并保持沉默
这才是所能做的最好的事情

伏尔泰意识到自己的冒失。但是他永远不能做一个虚伪的专事逢迎的小人。他清楚地感到他不能够——他愿意而且曾经常愿意这样做！——阻止他所想、所见的真相暴露出来。

这是他的弱点。

他想忍住，但不能忍。他想做朝臣，但只能做片刻。他刚刚能够接上几句话，就突然改变主张，朗诵自己的文章。

难道这是他为做驾驭文字的高手必须付出的代价？

而文字创作需要自由。这是它们的条件。

他将揭露，而且经常情不自禁，仿佛他本能的对自由的追求驱使他揭露真相。

现在他听到传言说国王命令将他流放。在国王的文书签署后蓬帕杜尔侯爵夫人才得知这个情况，而且在国王已下定的决心面前，在她必须对付的众多的敌人面前，她掩饰了自己对这个举措的反感——或许是苦恼。

这消息是真还是假？

他不愿意冒险被流放，或者更糟。他必须尽快和埃米莉·沙特莱一起离开巴黎。首先前往西雷府邸。然后，从那里，在香槟省如此寒冷的1748年1月，可以来到在吕内维尔的国王斯坦尼斯拉斯的宫廷。

由于他们决定和国王的宠妃布夫莱尔夫人一起旅行，这将非常顺利。

1748年2月1日，在冰冷的西雷府邸短暂的停留后，他们安顿在吕内维尔。

这时伏尔泰已经怀疑那些指责他的人所断言的国王将他驱逐的情况。

“我因此不能没被流放就离开巴黎！”他叫喊道。

他装作惊讶：

“我曾想知道我为什么被流放。巴黎的一些爱打听和传播新闻的人，因为非常了解情况，告诉我王后对我非常生气。”

他否认曾经写过任何可能激怒王后的作品。

永远不能承认。

难道他不是在吕内维尔的国王斯坦尼斯拉斯——王后自己的父亲——那里吗？

而且他在那里感觉良好：

“我在这里就像天鹅一样，”伏尔泰给他的外甥女写道，“我有一处安乐窝，食物精美，由于有旺火，环境舒适。我住在宫殿里。”

5

{第五部分}

"我失去了我不幸和烦恼生活的支柱"

(1748—1749)

28.
"我年老多病"

伏尔泰这样重复着，好像是为让自己相信：被废黜的波兰国王和洛林公爵，法国国王的岳父斯坦尼斯拉斯·莱斯兹克赞斯基，其宫廷是一处"迷人的宫廷"。在这里被接待，说明他没被流放，王后没有以惩罚来追究他，还有比这更好的证明吗?

人们对他进行治疗。他吐露说:"确实我曾生病，但是在波兰国王这里当病人是快乐的。"

人们在国王的宫殿里消遣娱乐：令埃米莉着迷的纸牌赌博、音乐会、戏剧演出。人们把"他的"《梅洛普》搬上舞台。这出剧感动了观众：

"人们在这里就像在巴黎一样为之哭泣，而我也忘情地像别人那样哭泣。"

人们也嘲笑《婴儿》，这个侏儒在椅子下跑动，人们看见他从西洋双六棋的一个盒子里出现，人们有时在餐桌上用馅包招待他，这是个"非常令人愉快的微型小人"。

在那里有布夫莱尔夫人，这位肥胖的66岁的国王的宠妃，她有外遇圣朗贝尔侯爵，或许还有别的人。伏尔泰说，她取悦于放荡者，迷住智者。她已经写好自己的墓志铭：

在深深的宁静中长眠于此
这位快乐女子
她为更加可靠起见

在这个世界建造她的天堂

因此伏尔泰应该是满意的。

他甚至从路易十五那里提前收到一年的工资，这表明君主和蓬帕杜尔侯爵夫人没有把他忘记并且以这个善意的姿态奖赏他。

然而，他并不满意。只有自由决定自己的生活才能使他高兴。而在这里，他比以往任何时候都更依赖埃米莉。

“沙特莱夫人在这里感觉如此良好，”他在 1748 年 2 月 14 日给达尔让塔尔写道，“我认为她将不离开这里。”

是什么把她留住？

有时，伏尔泰觉得她怀着强烈的情感——他不再习惯在她的目光中看出的情感——注视着这位圣朗贝尔侯爵，确实他很年轻，三十来岁，能勾引妇女，而她自己也才四十岁。如果说，尽管他在国王斯坦尼斯拉斯的宫廷过着“最温馨和最舒适的生活”，他依然心情闷闷不乐，或许是由于这个原因他才有这种感觉。

“我不知道沙特莱夫人是否将在整个 2 月呆在这里。作为跟着她旋转的一颗小行星的我，我勉强地沿着她的轨道跟随着她。”

他希望与外甥女重逢，他也不能肯定她是否思念他。

“我亲爱的孩子，”他给被称为“德尼夫人”的玛丽·路易丝写道，“我不再知道我将在什么时候回来，我已经让人运走装我衣物的行李包……我在这里没有便袍，没有衬衫，更糟的是，没有书籍……或许我们将在三四天后出发，或许在半个月后出发。我对我的命运毫无把握。”

他急于回到巴黎，他得知在那里一个盗版的他的十二卷作品开始出售，仿佛他是这个盗版的倡导者。

他气愤、不安。这个版本“充满愚昧和反宗教的内容，可以让人烧死其作者”。

他求助于最高法院。

“如果有必要，我将冒昧地告诉国王陛下。”他补充说。

但是当他和埃米莉终于在 1748 年 5 月回到首都和特拉韦尔西埃街的家中时，他感到他的惊惶、不安、不满意依然没有消失。虽然人在巴黎，但他郁闷的心情没有减弱。甚至，有时候，他怀念起吕内维尔和洛林宫。

他在那里感到和埃米莉更加亲近，而在这里，她重又疏远他。

他难得见到她。她在夜间写作。她前往在枫丹白露的王后的宫廷。她赌博，再次负上债务。

他从来没有见到她这样焦虑、这样狂热，仿佛她控制不了的一种激情紧附在她身上。

她依然是他愿意帮助的女友，但同时，她对他变得陌生。

很久以来，她不再是他的情妇。但是她似乎满足于这种局面。而突然间，他觉得她显得不满意了。

这时他该操心要让人演出他的悲剧《塞米拉米斯》，或要求印刷商罗贝尔·马许埃尔——终于被确证为他作品的盗版的发起人——焚烧盗版的书册，他难以不流露出侵袭他的种种不安。

但是对马许埃尔的定罪丝毫没有使伏尔泰平静下来。

他感到已经进入他人生的一个动荡时期，仿佛在达到荣誉的顶峰之后他只能经历种种幻灭。

然而他是富有的。

即使当英国人击沉一艘满载由他投资的一家贸易公司购买和运输的商品的船只时，他的财产也几乎没有受多少损失。

他的财产上升到几十万法郎。他巩固他的财产，增加他的财产。

他继续借钱给王国最高层的达官贵人，经常是以终身年金的形式放贷。

他参加对军队的弹药、制服和粮食的供应。继续进行的战争对他来说是重要的收入的来源。

他拥有进行跨越大西洋贸易的那些船只的股份。当他检查自己的账目时，他少许会怀有一种安全感。他积累的财富使他保持着自由。

他立刻想到埃米莉，她一直负债累累，他经常帮助她，但是他不能也不愿意填满她似乎拼命挖掘出的深渊。

她使他不安。当他吐露隐情时，他被人嘲笑：

“侯爵夫人美丽，可爱。”弗里德里希二世给他写道，伏尔泰与之保持着通信联系，经常想定居在柏林，这位普鲁士国王在那里不停地邀请他前去。“你富有同情心，”这位君主继续写道，“她有爱情，你多愁善感，她也不是冷漠无情；你们同居已有十年。难道你要让我相信在这么长的时间里，你对法国最可爱的女子仅仅谈论人生哲学吗？请别见怪，我亲爱的朋友，你会扮演一个非常可怜的人物。”

或许，的确，他在埃米莉身边现在只是一位老朋友，他不再能够，不再愿意是别的什么人。

因为，在这同时，他不停地思念玛丽·路易丝。当他的外甥女告诉他她想和一位军官，“里尔的指挥官”再婚时，他发怒了。

然而他曾经对“德尼夫人”承认自己爱她：

“你是我的安慰，我没有别的希望，只希望使你幸福，在我活着的时候和我死去之后。我将永远柔情地爱你，直到那一天，自然的法则把天性和爱情结合在一起的我们分隔开。让我们相爱直到那个时刻。”

而现在她谈论“再婚”！但愿这未来的丈夫知道：“只有他在婚姻契约后紧接着写遗嘱，我才将会得到安慰！”

他就这样左右为难，不能忘记他的外甥女、梦想他们的未来，同时不能跟随埃米莉，她决定返回洛林，回到国王斯坦尼斯拉斯的宫廷，这位国王在 1748 年的 6 月和 7 月住在科梅尔西。

他对埃米莉的狂热和匆忙感到惊讶，她接连写下和寄出一封封信，声称和布夫莱尔夫人通信。

她有时心不在焉，仿佛在她周围什么也不再存在，她完全陷入自己的思绪。

他向她询问，对她反复说自己只想在科梅尔西短暂居留，他的悲剧《塞米拉米斯》已被法兰西剧院接受，应该在 8 月 29 日首次上演，他一定要前去观看，而埃米莉则回避这个话题，以几个含混不清的句子回答他。

是不是被疏远的感觉使他情绪低落，把他压垮，以至于人们必须从巴黎到科梅尔西来“小心翼翼地给他穿上衣服”，以便把他接去，以至于他反复说自己是垂死之人，“大自然里能思维的动物中最不幸的一个”？

“我年老多病，”他强调说，“我不再有别的快乐，只关心我的朋友们的快乐。”

但是在科梅尔西度过几周后，他对应该出版的《查弟格》作最后的修改，他只想着回巴黎。

他责怪埃米莉·沙特莱——她始终难以捉摸，心不在焉，好空想，焦虑不安——迟迟不上路，以至于他在 8 月 30 日才到达首都，这已经是《塞米拉米斯》首场演出的第二天。

对这出剧的反应大不相同。有掌声，也有尖叫声。当巴比伦王后看见被自己谋杀的丈夫的幽灵从坟墓中出来，向她走来时，人们窃窃私语。舞台上混杂于演员们之中的观众如此众多，以至于演员中的一位，巴比伦“士兵”不得不叫喊：“先生们，请给亡灵让路！给亡灵让路！”这引起人们的嘲讽。

伏尔泰对允许一些观众——他们必须为此付钱——涌上舞台感到愤怒。这真是“不成体统”，他说。他要结束这种情况，于是与警察总监联系，希望他安排两位下级警官“让一群不适合与巴比伦人相遇的年轻法国人服从指挥”。但是他清楚地知道《塞米拉米斯》的成功将不仅仅取决于为此特权付钱给演员们的观众的登台。

事实上在伏尔泰和他的敌人们之间一场战斗再一次展开，他们没有放弃打倒他，使他名誉扫地：

“人们从来没有像四个月来这样极其粗暴地对待你，”有人告诉他，“你应该料想到大部分巴黎的文人将作最后的努力来使你的戏剧遭到失败。《纳瓦尔公主》和《光荣的圣殿》已经使他们说你才华已尽。”

因此对他的对手们、这些嫉妒的家伙、这些被羡慕甚至仇恨折磨的人，他将和他们永远没完没了！

这场不断开始的斗争使他难以忍受，但同时也使他精神振奋。

他要组织自己的支持者，让人向他们分发四百张戏票，使得他们占据剧场正厅大部分座位。而他的朋友们——例如泰里奥将指挥他们。

他求助于拉莫利埃骑士，这位骑士有能力聚集一群观众，他们在其命令下，使一出剧失败或成功。伏尔泰获得他的支持。隆尚——贴身男仆——受命把这些票分发给一些可靠的人，“也就是能够使劲鼓掌并鼓得恰到好处的人”。

但是必须把全部手段都用上，知道不从属任何集团的观众对《塞米拉米斯》的想法。伏尔泰借来一位神甫的旧衣，戴上假发，前往普科普咖啡馆，在那里，在演出之后，人们来评论这出剧。

他倾听一位位顾客所说的话，记下他们的意见和有道理的批评，并在当天晚上修改某些台词。

这出剧终于“一演再演”，一直上演了21次。这是体面的成功，但给伏尔泰留下苦涩的感觉：法兰西剧院的演员们的确打算创作一部模仿《塞米拉米斯》的作品，为的是丑化他。

他获悉在宫廷，蓬帕杜尔侯爵夫人赞扬克雷比永的一出剧《卡蒂利纳》。这位年老的作者对她朗读自己的作品。国王没有露面，但听到他朗读，据说表示对这部作品极其满意。

伏尔泰愤愤不平。他不能忍受克雷比永的成功，因为在他看来，配不上。

但是他不再前往凡尔赛宫奉承国王：这要付出代价。

“你要不要我告诉你，我不再去那里，”他吐露说，“只能在他小朝见的时候见到他。这个人——是的，他敢于这样谈论君主——时而在十点钟起床，时而在两点钟起床，还有一次在中午；人们无法确定。我，我曾对他说：陛下，当陛下要接见我时，请陛下恩准给我下命令！”

他表现出这样的放肆甚至傲慢，但是不安与痛苦的情绪萦绕在他的心头。

他独自一人呆在巴黎。埃米莉在和布夫莱尔夫人为温泉治疗在普隆比埃短暂居留后，回到吕内维尔。

伏尔泰踌躇不定。巴黎使他感到抑郁。《查弟格》的书册开始流传。他担心人们指责这部作品“包含反对我们神圣宗教的一些轻率的信条……这些谣言能给我带来严重的损害”。他补充说：“我对被人看作《查弟格》的作者会十分生气。”

出于谨慎，他觉得还是离开首都为好。

焦虑不安的心绪折磨着他，这是因为想到《查弟格》出版的后果，或是想到对《塞米拉米斯》滑稽的模仿，还有埃米莉的沉默，他对外甥女怀有的不容分享的爱情，或更加乏味的，对旅途不适的展望？

他不得不在沙隆卧床不起，在那里过了整整六天，只能咽下淡茶和“泡水的面包”。但是浸水的面包使胃难受。他觉得自己要瘫痪不起。他要求隆尚“绝不抛弃他并呆在他身边，以便在他断气时在他的身体上撒一点泥土”。

他口授写给达尔让塔尔的几句话，虽然他宣称自己临终，但还操心着《查弟格》《塞米拉米斯》和克雷比永模仿这部作品的《卡蒂利纳》各自的命运。

“我不能亲手给你写信，我在沙隆发着高热。我不再知道什么时候我将离去……我就要在这封信下方写上一个‘伏’，这是我能做的一切，因为我精力不支了。”

他重复自己在《查弟格》中写过的这句话：“在人世间一切都是危险的，而一切都是必要的。”

人们为此责备他，仿佛这是在指责天主——一位创世主使人们难以忍受，使他们陷于不幸，并且漠然地抛弃他们。

必须这样生活在这个地球上，地球只是神灵的一个体现。“最高的主创造了一百万个世界”，他在《查弟格》中还曾这样写过。这就仿佛天主和人一样没能逃脱必然的命运。

他终于能够离开沙隆前往南锡。他看着他的仆人隆尚狼吞虎咽地进晚餐。

“你多么幸运有一个胃并且能消化！”他对隆尚说。

在诱惑之下，他慢慢地吃着两只红喉雀，那是隆尚让人招待他自己的十二只红喉雀中的两只。第二天，他恢复了精力，能够出发前往吕内维尔！

在与埃米莉·沙特莱重逢的时候，他起初认为昔日自发的情感将在他们之间再生。她似乎很高兴见到他，无微不至地照顾他。他的身体有所好转。

不过这只是转瞬即逝的感觉。

即使当埃米莉站在他的身边时，他也觉得她冷谈疏远，好像封闭在他没被接纳其中的异国他乡。

就这样他重新陷入更加痛苦的不安中。

他感到自己脆弱，易受伤害。他害怕对《塞米拉米斯》的滑稽模仿之作，请求国王斯坦尼斯拉斯在他女儿王后那里支持自己，他也打算求助于王后，希望她让人禁止这滑稽模仿之作，因为它将丑化自己并且将削弱自己的职责。

难道他不是国王的侍从吗？

“请考虑到，夫人，”他给王后写道，“我是国王的仆人，因此也是您的仆人……我恳请王后陛下，按照您的仁慈和崇高的胸襟，不要这样把我交给我公开的和隐蔽的敌人们，他们在通过最恶毒的污蔑困扰我之后，希望以公开的凌辱来使我声名狼藉……”

他，伏尔泰，对于自己要像一位普通朝臣那样乞求支持，感到多么难忍和深受伤害！

29.
“我认为应当尊重二十年的交情”

伏尔泰既痛苦又失望。

王后并不怎么关心要禁止对《塞米拉米斯》的无情滑稽模仿之作。

她毫不客气轻蔑地答复说她“既不插手选择剧本也不插手查禁剧本，这是她为自己制定的一个法则”。

一时间，伏尔泰想放弃自己的努力，听凭人们丑化自己。

难道他不比诬蔑他和批评他的人更伟大吗？人们将不能打倒他。他已经挺立，伤害不了，超越呆在他们“泥潭”中的所有这些“文人”。

随后愤怒、决心、要取胜的意志占了上风。他要让他的敌人们闭上嘴巴。他的光荣、他的尊严要求他这样做！

他写信给戴吉永夫人、莫勒帕先生、维拉尔公爵夫人、吕内夫人、埃诺院长、弗勒里公爵、热夫勒公爵和多蒙公爵。

他劝说自己所有的朋友进行干预。

人们很惊讶他这么重视一部模仿作品，说它只是任何伟大作品引起的寄生作品中的一部，他回答说事关自己的荣誉，并且他不能忍受“巴那斯鼠辈”的嘈杂声。当黎塞留公爵和蓬帕杜尔侯爵夫人成功地阻止了这滑稽模仿之作的演出，他才得以平静下来。

他觉得自己避免了“公开的凌辱”。他终于想能够，在他与洛林公爵的宫廷人员一起相处的科梅尔西，泰然地创作《纳尼娜》，这出三幕十音节诗体的“小剧”叙述一位爱上一个农妇——纳尼娜——的伯爵如何在怀疑她之后，承认自己误会了并且娶了她。

突然，就在他放松戒备时，使他苦恼的是这次新的打击、这件怪事、生活的嘲弄、几个月来的怀疑被痛苦地证实。

在 1748 年 10 月的这个夜间，他闯进埃米莉居住的套间。

卧室里还没有生火，但是客厅里的炉火在熊熊燃烧，照亮埃米莉和圣朗贝尔侯爵搂在一起的身体。

他惊讶吗？他受到这过分大胆的“欺骗”的侮辱。他叫喊着，做出各种手势，他辱骂圣朗贝尔，而对方却傲慢地回答，站起身，提议次日早晨进行决斗。

决斗？

在 54 岁的时候让一个带凶器的 30 岁男子用剑刺穿自己的身体？

伏尔泰不想这样死去，更不用说在他因嫉妒和愤怒而气闷的同时他感到轻松了。

埃米莉已选择背叛他，那么他可以离开她，与自己所爱的外甥女团圆。他将能走向自己希望得到的女子：玛丽·路易丝。

他吩咐隆尚整理行装。从明天起他就要离开科梅尔西，回到巴黎。

他躺下，然而想睡而睡不着，站起身，又直直地躺下，这时隆尚回来了，拿着一个烛台，在他身后埃米莉走上前，坐到床边，用英语对他低语几句温情的话。

伏尔泰发怒了：

“我耗尽了我的健康，我的财产，我为你牺牲了一切，而你却欺骗我！”

她向他保证自己一直爱着他。但他不是有病吗？

“你感到遗憾你不再有能力，我对此感到懊丧。我绝不希望你死去。相反，我爱惜你的健康。你了解我的体质。难道你的一位朋友取代你不是比其他人取代你更好吗？”

她说话巧妙。她向他提供一条出路，提供方法以避免这个局面迫使他大吵大闹。

如果他接受她的理由，他将能够保全面子并准备和“他的”玛丽·路易丝结合，那是他的“德尼夫人”，他心爱的年轻外甥女。

在沉默几分钟之后，仿佛他一定思考过，克制住自己，他说：

“你总是对的。不过，既然事情必须是这样，那至少不能让这些事在我眼前发生……”

对于他如此轻易接受既成事实和他说话时这样平静，埃米莉显得并不十分惊讶。

当她离开卧室，他心境平息下来，睡着了。

第二天，他亲切地接待圣朗贝尔。

他拿住他的手，把他拉向自己，拥抱他。

侯爵结结巴巴地说了几句抱歉的话。无疑埃米莉叱责了他，说服他放弃决斗并且请求伏尔泰予以原谅。

必须抓住机会：

“我的孩子，”伏尔泰低声说，“我全都忘了，是我错了。你处在爱和被爱的幸福的年纪；享受这些太短暂的时刻吧；像我这样的一个老年人，一个病人不再适合肉体享乐。”

他叹气，哼唧，他动了感情。他希望侯爵成为自己非常亲爱的朋友。他撰写一篇《致圣朗贝尔书简》，在写作这书简时，忘记了这个结局多么使他满意。他的话语中全然没有口是心非，真挚的情感从中油然而出：

> 圣朗贝尔，不是为了你
> 这些美丽的鲜花绽放，
> 是你的手采摘玫瑰，
> 而花刺留给我。
> ……
> 我现在只有一些理智，
> 依然还有，遗憾啊！但不太多。
> 把你脚下开放的这些花朵
> 赶快配在她的服饰上，
> 请在你的风笛上为她吹响
> 爱情重复的
> 牛顿不知道的美妙曲调。

这种安排保全了友情、名声和体面，他觉得获得安宁。但是不安、焦虑和痛苦很快重又回来。

秋天和阴沉的冬天笼罩着香槟省。伏尔泰想离开王宫——它扎营在吕内维尔，但是埃米莉不能离开。

“在谈到即将旅行时，她答应，但不能够动身。”伏尔泰说，“我预计将必须等待将近一个月。”

他察觉埃米莉情绪低落。他猜测圣朗贝尔侯爵已经不再关心她，激情离他而去。他只是让埃米莉爱他而并不希望得到她。他已经不再是热烈的情人。他悄然离去。埃米莉叹气，诉苦。她施诡计。她希望圣朗贝尔当上王宫官员，以便随时满足让他陪同自己的愿望。她也希望自己的丈夫沙特莱侯爵在洛林公爵身边获得一个官职。这样她就可以统治她整个的世界：男友，情人，丈夫。

伏尔泰因此而生气。他恼火然后愤怒，但也怀着无能与嫉妒交集的感情看到玛丽·路易丝在给他的来信中告诉他自己结婚的种种计划。

如果他的外甥女再婚，他还剩下什么呢？

工作，写作，他继续创作《1741年战争史》，并向洛林公爵和其朝臣朗读其中的一些段落。

但是这就好像历史也在嘲笑那样，当他几乎刚刚完成描述觊觎斯图尔特王位的夏尔·爱德华——他得到法国的支持——的英勇和不幸时，人们从巴黎宣告已经将爱德华投入巴士底狱，这是为了讨好伦敦，路易十五刚刚与之签订一项条约。

斯图尔特，被抛弃；盟友，被监禁！

至于诗人德福尔热，他抗议这样的抛弃、这种背叛，痛斥法国：

“昔日如此高傲的民族，今天如此奴颜婢膝，你不再是不幸的王子们的庇护地……”

这位诗人被关进蒙圣米歇尔的一个铁笼子里！

愤怒。厌恶。痛苦。

伏尔泰在暗淡的光线中生活。

终于在12月末他们为返回西雷府邸而旅行，伏尔泰对这趟旅行并不满意。

而埃米莉甚至显得不希望到达西雷！

她在沙隆停留，整夜玩牌，而驿站马车夫和马匹在冰冷的倾盆大雨中等待着。

伏尔泰等得心烦意乱，发起脾气：他们在1748年圣诞节的次日才到达西雷。

埃米莉忧郁的心情使他局促不安。他不停地催问她。生活再一次嘲弄他，使他惊讶。

埃米莉承认自己怀上圣朗贝尔的孩子。

她已经42岁了！她低语说自己将死于分娩，说她对此已有预感，因为她生育年龄太大。

再说，在丑闻暴露以后，她将怎么活下去？必须为这个孩子找到一位父亲。而这位父亲既不能是伏尔泰也不能是圣朗贝尔。

伏尔泰冷笑着。只存在一种解决办法：

“这没有关系，我们将把这孩子算为沙特莱夫人又生下的孩子。”

沙特莱侯爵是唯一可能的父亲。

他被招引到自己的西雷府邸。他们让他快乐。他们讨好他。他们请他饮酒。埃米莉诱惑他。他回想起自己是这个非凡和著名的女子的丈夫。

伏尔泰不是热情地反复说“沙特莱夫人刚刚写完她的《牛顿》的前言，这是一篇杰作”？

怎么能不希望得到这个女子，何况，她是你的妻子并似乎准备接受你的敬意？

沙特莱侯爵开始进攻，埃米莉推脱着，但让他希望自己准备投降。

在几次半推半就后，她就范了。

终于胜利了！侯爵以各种姿态宣布这胜利。而埃米莉，过去是如此不耐烦，如此疏远，现在接受他爱抚的动作，接受与他再次结合，她曾似乎把这结合作为腻烦的不得不做的事来忍受。

在这出喜剧上演三周后，埃米莉可以告诉侯爵自己怀上了他的孩子。

他高兴得不知所措。

“他扑上去搂住妻子，亲吻她，并把他刚刚得知的情况告诉所有在府邸里的朋友。”

人们互相道喜。

“这个消息很快在周围的村庄传播开。”

贵族、法律界人士、大农场主前来恭喜沙特莱侯爵。

有个人低语说：

“但是什么鬼念头促使沙特莱夫人与她丈夫发生性关系？”

“你们该明白，”有人回答说，“这是怀孕女子的欲望。”

于是他们可以离开西雷前往巴黎，既然埃米莉怀的孩子从此有一位正式的父亲。

但是她却迟迟不动身，仿佛她希望不要远离圣朗贝尔，尽管他并不关心她。

而伏尔泰等得不耐烦。

他气恼地读着外甥女的来信，信中她再次提起想要结婚。她被“一位由意大利国王派遣的高官”所吸引。这个想法是当真的，还是玛丽·路易丝愚弄她的老舅舅？

他不会上当，但是对她提什么建议？采取什么态度？他写道：

"我亲爱的孩子，不可能拒绝……拒绝自己的好运有悖于良心。我越是爱你，我就越恳求你不要接受这求婚以免刺穿我的心。我必须并愿意为你的幸福牺牲我自己。结束这件事吧！"

于是她责备他迟迟不回巴黎，听命于沙特莱侯爵夫人。

他为自己辩解，回答说：

"我认为应当始终行走在同一条路线上，尊重二十年的交情。"

随后他力图避免难堪，找到一处"保护我不受迫害的避难所，因为我经常受到被迫害的威胁"。

因为，像蓬帕杜尔侯爵夫人所做的那样，赞扬克雷比永的《卡蒂利纳》，这难道不是责怪他和贬低他的一种方式吗？

"没有十首诗是法国的，"他说，"这是国家的耻辱。非常清楚，侮辱我的欲望是形成这个玷污人类精神的乱党的唯一原则。"

为了自卫，他必须尽快回到巴黎。

这是在结冰和打滑的路面上一趟漫长和艰难的旅行。

马车超载。一个轴断裂开。伏尔泰和埃米莉费很大劲才从四人马车里爬出来。

他们等待着人们前去村庄寻求救援，1749 年 2 月的这个夜晚寒气砭骨。他们冻僵了，肩并肩地坐在几个垫子上，看着无数星星闪耀的天穹。

伏尔泰冷得直打哆嗦，颤抖着来到特拉韦尔西埃街。

"我不能动弹，还躺在床上"，几天后他这样写道。

他希望弗里德里希二世派人送来一些"斯塔尔药丸，我们在巴黎只有粗劣仿造的这种药丸。我明白我得救的全部希望在柏林"。

他描述自己受坐骨神经痛的折磨，病入膏肓，补充道：

"我患的疾病使我一只耳朵聋了，牙也掉了。普隆比埃的温泉让我有气无力。"

当弗里德里希二世再次发来邀请，他议论说：

"这是一具奇特的尸体要运到波茨坦！"

他的确因痛苦而举步维艰，但是最不能忍受的是煎熬他心灵的痛苦。

他对埃米莉的状况感到不安。她在深夜过来坐到他身边。她对他倾吐自己的担心。她反复说自己在分娩后活不下去。她希望在洛林分娩，她已经要求国王斯坦尼斯拉斯乐意在自己的王宫接待她。她为圣朗贝尔的冷漠而痛苦，只是在收到他的一封来信时，她才摆脱忧伤。

伏尔泰不可能想到抛弃这个女子，他的女友，他的同伴，曾经给他这么多帮助的她。但是他不能向她透露自己对玛丽·路易丝怀有的情感。

再说，她会听他说吗？她陷入她自己的激情，自己的担忧。而他自己则憧憬着未来，她在其中不再有她的位置。

他写信给玛丽·路易丝，表示服从她：

“我将终生温情地爱你，我将相信你愿意做的事，我将赞同你将做的一切，你的心灵是我心灵的一半，请你在我所有的痛苦中安慰我吧。”

他对埃米莉不再怀有任何希望，因为她被她自己的生活折磨得不堪忍受。他仅仅应当帮助她度过她惧怕的这个危险时刻：她孩子出生的时刻。他清楚地感到她充满悔恨，因为她不得不对丈夫扮演这出闹剧来使他承担父亲的责任，而这个责任只属于圣朗贝尔侯爵。

他分担着她的不安，因为他是这出骗局的发起者和主角之一。

没有什么能使他摆脱这种郁闷。他继续创作，让人向法兰西剧院的演员们朗读他的“三幕短剧”《纳尼娜》，法兰西剧院决定在 1749 年 6 月上演此剧，这个年份是如此沉闷、如此危险，不是因为他将“失宠”或被迫害，而是因为埃米莉的生命处在危险中。

在等待埃米莉分娩的结局时，社会生活的曲折在他看来就不那么重要了。他甚至放弃了国王侍从的职责。路易十五——这是向他表明他受宠于国王的特殊恩惠——给他保留着特权、头衔和俸禄。这相当于一笔价值六万里弗尔的赠与，因为他可以出卖他的官职。

他是否应当将这归功于蓬帕杜尔侯爵夫人或者归功于他创作并让人翻译成四种语言的《路易十五颂》，这位宠妃已将这颂歌献给了国王。

无论如何，就在这时，他的一位仰慕者德尼·狄德罗，刚刚发表其《为明眼人所写的关于盲人的信》，被指责为无神论，有被逮捕然后被带到万森要塞的危险，而伏尔泰却得到君主的恩宠。

他在 1749 年 6 月 16 日观看《纳尼娜》的首场演出。

他精神紧张，无法在座位上保持不动，半站起身，又重新坐下，突然，因为在剧场正厅有个人嘲笑，他站起来，挥舞着手杖，叫喊：

停下，野蛮人，停下！

那人果真沉默不语。

这出剧获得成功，但是，伏尔泰小心翼翼地让人表明它决不是对贵族的一个“教训”。纳尼娜，这个农妇，起初是受害者，然后被承认有德行并配得上嫁给一位伯爵，丝毫不体现一个“平等的制度”。她的命运仅仅表明爱情的胜利和偏见的失败：

……但愿这个日子
是美德应有的报偿，
但是不足为训。

伏尔泰不愿意充当否定一个等级社会的人，因为他从此在其中找到了自己的位置。

他之所以觉得更有必要保持谨慎，是因为在这 1749 年的 6 月末，经常有小股人群穿越街道，抗议面包的价格，抢劫面包店。警察总监让人逮捕所有的嫌犯，示威者或放纵者。

伏尔泰不愿意卷进这些动荡。

再说，埃米莉，因为妊娠期快满，希望离开巴黎前往吕内维尔。

他必须陪同她到那里去。

至于弗里德里希二世，他执意邀请他去柏林，给他写道：“如果说沙特莱侯爵夫人是个放债者，我打算与她达成协议抵押把你借来”；而且普鲁士国王补充说：“你不是一位助产士，没有你她照样会顺利分娩！”

伏尔泰答复说：

“即使弗里德里希国王大人现在也不能阻止我履行一项我认为必不可少的义务。我既不是孩子的生父，也不是医生，也不是助产士，但我是朋友，因此哪怕是为国王陛下，我也将不能离开一个可能在九月死去的女子。她的分娩看来非常危险，但是如果她顺产的话，我答应您，陛下，在九月份来向您邀宠。”

“友人的崇高名声要求我保持沉默，”弗里德里希二世回答说，“而且我满足于对我的许诺。”

30.
“必须受苦并看见人受苦，必须死去并看见人死去。这就是我们的命运”

伏尔泰穿过特拉韦尔西埃街的套间。他用手指尖轻轻抚摸藏书室的书籍。

他对自己反复说必须呆在埃米莉身边，她面临着她一生重大的考验，她的怀孕是痛苦激情的结果，这种激情遇到的只是空虚，因为圣朗贝尔侯爵逃避责任，而她对他宣称“我疯狂地爱你”却把他吓跑了。

在洛林陪同埃米莉是友人的义务。

他再一次想到她可能在九月分娩时死去。

对此她是知道的。她对此也有准备。她将自己的信件分类，打成几个包，并写明有的信件包必须焚烧掉。

于是伏尔泰上路了，带着遗憾甚至带着对埃米莉愤怒的情感，她使他遭受这种痛苦。

“离开自己舒适的套房、自己的藏书、自己的自由，前去流浪是非常忧伤的事”，他对自己的朋友达尔让塔尔说。

而且他没有设想到更糟的情况，冰冷的天气一直延续到 7 月初。当他们驱车前往西雷、科梅尔西，然后去吕内维尔时，外面结着冰。

国王斯坦尼斯拉斯的王宫从此使他腻烦、恼怒、失望。因为埃米莉在这里比在巴黎更加不幸。她试图留住圣朗贝尔，而他则以军人的义务为借口留在南锡，以此避免与她见面。

她失望了，企图通过疯狂地沉溺于赌博来忘却。

她在赌博中输了，负上债务，必须救助她，借给她小笔款项。

他并不勉强这样做，就像让一位女病人服用药水一样。但是他对王宫的小气、对管理王宫的管家阿利奥十分不满，阿利奥计算每一处花钱的地方，拒绝让人将饭食送到伏尔泰的房间里，一定要他坐在大餐桌上和大家一起进餐。

伏尔泰拒绝这样做，大发雷霆，写信给管家、国王：人们忘记了他是谁？

“普鲁士国王陛下给我这样的荣誉，他给我写了四封信邀请我去他那里；我可以对你们断言在柏林，我根本用不着打扰人就可以得到面包、葡萄酒和蜡烛……对于有幸前来向波兰国王致意的法国国王宫廷的一位官员，你们不能拒绝给予这些小小的关怀……”

他十分愤慨，管家竟然傲慢无礼地以这些话语回答他：

“我对你的这些交涉感到十分遗憾，我希望你将感到它们是多么不合适……你应该在你自己房间里进餐，先生，你在那里有汤、面包、葡萄酒和肉；我让人给你木材和蜡烛……”

但是伏尔泰不能像自己所希望的那样离开这座王宫。他必须留在埃米莉身边。于是他不顾漫长冬天之后笼罩着香槟省的闷热天气进行创作。他决定写一篇《卡蒂利纳》，他将称之为《得救的罗马》，他要以此将克雷比永杂乱无章和丢脸的但却被大肆吹嘘的作品比下去。

他激情奔涌：

“魔鬼附在我身上，”他后来讲述道，“并对我说：为西赛罗和法兰西复仇，洗刷你国家的耻辱！……它使我日夜工作。我曾想因此会死去，但是有什么关系？在八天时间里，是的，我用了八天而不是用九天就写成了《卡蒂利纳》。”

他重复说他“为法国对克雷比永的《卡蒂利纳》的无耻报了仇……为罗马的参议院和整个巴黎报了仇！”

如果他让蓬帕杜尔夫人不快，那就由她去吧！她给他写信并试图安慰他：“所有伟大人物的命运就是在活着的时候被诬蔑，在死后被赞美……”这位宠妃要求他不要“考虑去找普鲁士国王，无论他是多么伟大的国王，无论他的精神多么崇高。当我们了解我们的主人令人赞叹的品质时，不应该想到离开他。至于我，我永远不会原谅你离开他”。

他重读这封信。

让人在路易十五的宫廷知道伏尔泰先生受到弗里德里希二世的关怀，这是有益的，蓬帕杜尔侯爵夫人对他使用的语气也使他高兴。

他不是一位普通的朝臣，他是一个自由人。

但是不安的感觉重又回来，而且更加强烈，埃米莉·沙特莱在一个珠宝匣里存放了一些信件，或许还有《埃米莉阿娜》，她一生的回忆录，他在这个珠宝匣上读到：

"我请求沙特莱先生不要注意这些信件，把它们全都烧掉。它们对他不会有任何用处，也与他的事务毫无关系。"

他想到自已给埃米莉写过的信件，她把它们整理成八卷。

如果她死去，这一切会怎么样？

但是她将不会死去！

在 1749 年 9 月 3 日至 4 日的夜间，她顺利地产下一个小女孩，他欣喜若狂。

他唱起歌。他不顾疼痛，迈开舞步。他在喜悦中写信给他们所有的朋友，达尔让松兄弟、黎塞留公爵、达尔让塔尔兄弟。

"沙特莱夫人在这个夜晚照常按她可敬的习惯坐在写字台旁，说道：'我感到个东西！'这个东西就是立刻来到世界上的小女孩。人们把她放在旁边的一个四开本上，这位母亲就去躺下……在我对你们说话的此刻，她们全都像山鼠一样在熟睡！"

女孩被送到堂区的教堂，寄养在乳母家，这时埃米莉休息，在圣马尔丹夏天的酷暑中睡觉。

伏尔泰感到幸福、安宁。

但是只有六天的时间死神就抓住埃米莉·沙特莱："乳热发生了。"

埃米莉口渴。她要一杯大麦冰糖浆。人们把糖浆给了她，在接下去的时刻，在第二天，无论是波兰国王的医生还是南锡最著名的开业医生，他们被召来后都不能够阻止她渐渐地被高热窒息。

她发出嘶哑的喘气声。她打着嗝。她昏迷过去。人们让她吸嗅盐[1]。人们抓住她的手、抓住她的脚摇动。

但是人们无法使她苏醒过来。

1 药用盐。

伏尔泰那时正在沙特莱侯爵和布夫莱尔夫人的陪同下进晚餐。有人前来告诉他们。他们匆忙赶去。

但是她死去了，那是1749年9月10日。

“我们那时是如此慌乱，以至于没有一个人想到要请来本堂神甫、耶稣会士，请人来做圣事：她丝毫没有死亡的恐惧，只有她的朋友们感到恐惧。”伏尔泰后来回忆说。

但是他不能也不愿意讲述他那时的心情，那是使他撕心裂肺的绝望。

他哭泣。他呻吟。他步履蹒跚。他打了个踉跄，跌倒在楼梯角，头撞在地面上。他真想让头破裂开，以便不再意识到她的死。

他躺在地上。

圣朗贝尔把他扶起来。

伏尔泰呜咽着：

“啊，我的朋友，是你杀了她。”他对他说。

随后，突然，他吼叫起来。

“唉，我的天，先生，你无所顾忌地让她生孩子是要做什么！？”

他既绝望又惭愧，因为他曾写了语气轻松的信件告知人们她即将分娩，仿佛他愿意置身于那些爱打趣的人一边，他们觉得一个女子在42岁怀孕实在可笑。

而且同时，他曾经自发地表达自己的喜悦、这种解脱感，他没有意识到死神在悄悄地等待她。

“我们曾把这个事件转化为玩笑，”他说，“我正是按照她的吩咐以这个不适当的口吻给她的朋友们写了信。如果有什么能加剧我所处的可怕状态，那就是曾愉快地接受一种私情，它的结局毒化了我悲惨的余生。”

他心情沮丧。他行走艰难。

他回想起在镶嵌着宝石的一枚浅暗红戒指的底座里，埃米莉曾悄悄塞进他的肖像。不能让沙特莱侯爵发现这肖像。布夫莱尔夫人已经想到把它取出来。但是她从戒指上揭下的却是圣朗贝尔的肖像。

“哦上天，女人们就是这样！我曾经让黎塞留离开女人们，圣朗贝尔把我从女人们那儿驱赶走；这合乎事理：一枚钉子驱走另一枚。这个世界上的事情就是这样。”

他责备自己曾在布夫莱尔夫人面前说这话，更不应该这样想！

他觉得自己在埃米莉死后还活下去真有罪过，他已经如此年老：55岁了！

“我失去了我不幸和烦恼生活的支柱。她在我之前死去，这怎么可能？必须受苦和看人受苦，死去和看人死去：这就是我们的命运。”他低语道。

时间一天天地过去，但他的痛苦变得更加深重。

他出席在吕内维尔堂区教堂举行的埃米莉的葬礼。

国王斯坦尼斯拉斯希望为沙特莱侯爵夫人举行最隆重盛大的告别仪式，要求他主要的官员和王宫的达官贵人全都在场。

在葬礼进行过程中，伏尔泰心灰意冷地啜泣着。

有人告诉他在巴黎人们讥讽，嘲笑埃米莉·沙特莱。那些曾经仇恨她、嫉妒她的人，甚至某些曾自称她的朋友的人对她的死亡报以冷笑。

“应当想到这是她将给人看到的最后的样子：在她的年龄死于产褥期，这是想突出她自己；这是企图像其他人一样什么事都不做。”人们窃窃私语。

他感到厌恶和蔑视这些人，他们为了一句俏皮话而亵渎一位死去的女子。

他不愿意相信在巴黎流传的匿名墓志铭，如同人们声称的那样，是出自弗里德里希二世：

这里长眠着失去生命者
死于双重分娩
艰难创作出一篇哲学论著
和生下一个不幸的孩子。
人们不确切知道
两种分娩中的哪一种夺走了她。
关于这个致命的事件应该接受哪种意见？
圣朗贝尔责怪那本书，
伏尔泰归罪于这孩子。

他情不自禁地写诗反击这些阴险狠毒、嫉妒、中伤和亵渎死者的家伙：

宇宙失去了崇高的埃米莉。
她喜爱快乐、艺术、真理。
诸神把它们的灵魂和才华交给她
只为自己保留她的不朽。

他立刻不满意这首四行诗。

他无法表达自己的感受。

“我易动感情，我只能这样。”他告诉向他表示哀悼的弗里德里希。

他极度苦恼不安。

他给外甥女写道：

“我刚刚失去一位二十年的男友。很久以来我不再将沙特莱夫人看作一位女子……目睹她死去，在什么情况下死去！而且是出于什么原因！这真可怕。我的遗憾必将延续终生。”

而他的余生，他把它献给外甥女：“你将是我这个经历如此多悲伤的人得到的幸福。我把我整个的生命献给你。我的生命属于你，将由你处置它。”

他和沙特莱侯爵一起前往西雷府邸。必须列出属于他的物品清单：书籍、图画、小摆设、雕刻品。他在这座府邸里迈出的每一步伐都唤起一个回忆。他曾经和她一起生活过的这些地方对他是如此亲切。

“我丝毫没有失去我的情人，”他说，“我失去了我自己的一半；为我的生命造就的一个生命，我见到出生的一位二十年的女友。最温情的父亲也不会以别的方式热爱自己的独生女儿。我喜爱到处寻找对她的思念。我喜爱对她的丈夫、她的儿子说话。总之，各种痛苦是毫不相像的，而我的痛苦就是这么深重……”

这种痛苦伴随着他，1749 年 9 月 21 日，他离开西雷府邸前往巴黎，他在 10 月 12 日到达那里。

在特拉韦尔西埃街的这座房子里，他曾与埃米莉共同居住，现在她依然活在他心间。

他能生活在哪里？

曾经有一时，他想隐居在塞诺内修道院。但是只有在巴黎，在埃米莉居住过的这些地方，他才能够延续自己的生命而不让它被撕碎。

几乎每天晚上，他都接待亲友的来访。米尼奥神甫、玛丽·路易丝·德尼的兄弟、达尔让塔尔、黎塞留公爵给他带来他们的支持和安慰。

他对向他表示哀悼的马蒙泰尔倾吐说：“我失去了我杰出的女友。我绝望了。我无法得到安慰。”

他抽泣着，赞扬埃米莉，对圣朗贝尔发怒：“他杀了她，使我失去了他，这个粗鲁的家伙！他让她生了个孩子！”

一位访客——肖夫兰总管——加入到他们之中。

“他说了不知什么相当有趣的笑话，”马蒙泰尔后来回想起，“而伏尔泰和他一起纵声大笑。见到这位伟人在震荡他心灵的激情中像一个孩子那样轻易地从一个极端走向另一个极端，我在离开时也笑起来。”

在 1749 年 12 月末，玛丽·路易丝·德尼来居住到特拉韦尔西埃街她舅舅伏尔泰先生家，她与舅舅共用的家具都是去世的沙特莱侯爵夫人留下的。

6

{ 第六部分 }

“伏尔泰，这位著名的普鲁士人”

(1750—1753)

31.
“我亲吻他（手）并成为奴仆”

没有埃米莉怎么生活?

他在特拉韦尔西埃街的房子里游荡，周身疼痛，精神沮丧。他在二楼的一面镜子中看见自己的形象。他憔悴的面容显示出绝望和不幸，他瘦削的身体就像“行尸走肉”。

他 56 岁了。死亡已经不远。只有在他看着玛丽·路易丝·德尼和听她说话时，他才能够摆脱这些阴暗和忧郁的想法。

他注视着外甥女。她性感的身体散发出青春、喜悦和生活的欲望的芳香。

他庆幸她和埃米莉如此不同。他当然不会赞同她的任何想法，她不是研究牛顿的学者，但是她有中产女子的见识，会向秘书隆尚和仆人们发号施令，管理账目，控制开支。她虽然不像埃米莉那样专横、高傲和多情，陷入赌博和爱情，但是她令人放心，优雅而不怪异，喜欢显露她丰满的肩膀、玫瑰色的皮肤，高耸的乳房也隐约可见。

只是他为她感到不安，因为他得知她也想写作，她已经开始写一部喜剧《受惩的俏女》，还想写一部诗体悲剧。

他希望她放弃她的文学抱负。

他写信给达尔让塔尔，因为她把自己的喜剧交给其审读。

“关于她的作品我请求你对她说真话……我觉得一位女子绝不应该走出自己的范围公开展示和尝试一部平庸的作品……我非常遗憾她正在想给公众一些平庸的作品。

对于一个男人来说，这是最差劲的工作，对于一个女子来说这是堕落到极点。”

为了驱除这种不安——它加重了无法化解的内心深处的绝望——伏尔泰恢复了自己的生活习惯。

他在玛丽·路易丝的陪伴下去剧院。他接受他的朋友们向他发出的晚餐邀请。他前往索宫，去他的老朋友迪迈内公爵夫人家。他在王宫露面。

但是国王不把他放在眼里。他因此而苦恼，尤其因为“另一位”国王，“北方的所罗门”，弗里德里希二世给他写道：

“我十分希望再次见到你，也就是说谈论文学并且告诉我只有你能告诉我的一些事情。”

这正是伏尔泰需要听到的话。他不愿意仅仅充当一个配角，让路易十五冷淡和常常蔑视的目光从身上扫过。

“国王对我从未表现过丝毫的善意。”他痛苦地说。

他越来越想再次前往普鲁士。但这是冬天，他感到寒冷彻骨。

“如果我身体稍好，”他回答弗里德里希，“我会立即动身，哪怕您在科尼希斯贝格。”

实际上，他犹豫不决。他只希望在波茨坦或柏林逗留几个月，也就是在1750年的春夏，然后再访问意大利，他不了解这个国家，但已经学会了它的语言。

他尤其希望在获得新的戏剧成功并这样——如同他一直努力的那样——确保自己的地位后再离开巴黎。

于是他重新开始工作，在《得救的罗马》之后着手一个新的创作计划。他依然抨击克雷比永，决心面对这位老作家树立自己的威望，因为对于克雷比永，君主和蓬帕杜尔夫人竭力捧场、保护，直至为演出《卡蒂利纳》的演员们付钱购买舞台服装。

而克雷比永以一部《厄勒克特拉》获得一次真正的成功。伏尔泰就要专注于女主角厄勒克特拉的兄弟并写作一部《俄瑞斯忒斯》。人们将知道谁为索福克勒斯增光！

1750年11月17日，他召集一些演员：

“你们是不是以为我要对你们朗读《卡蒂利纳》——《得救的罗马》？完全不是，先生们，我今年交给的是《厄勒克特拉》——《俄瑞斯忒斯》，我明年才会发表《卡蒂利纳》。我就要分配角色。我要求你们严守秘密。”

他清楚地知道这个消息就要传播开，尤其因为克雷比永就是负责戏剧的王家检察官，就要读到这部《俄瑞斯忒斯》，而俄瑞斯忒斯是克雷比永写的《厄勒克特拉》中女主角厄勒克特拉的兄弟。

克雷比永高傲地放行伏尔泰的这部作品。

“先生，”他说，“我对《厄勒克特拉》的成功感到满意，我希望这位兄弟给你带来的荣誉和这位姊妹给我带来的同样多。”

伏尔泰接受这个挑战，激情的生活重又回来了。

1750 年 1 月 12 日举行的首演没有获得成功。伏尔泰召集的正厅观众全都鼓掌，但是其余观众却腻烦得打哈欠或跺脚，《俄瑞斯忒斯》被喝倒彩。

伏尔泰蜷缩着身子躲藏在达尔让塔尔的包厢里。但是激情、战斗的欲望使他突然跳起来并叫喊道：“勇敢些，英勇的雅典人，这是索福克勒斯的作品！”

这场演出在喧嚣中结束。但是他不会投降。他要继续演这出剧，写信给迪迈内公爵夫人，《俄瑞斯忒斯》就是献给她的，但是她没有在剧院露面。

“我净化了法国的舞台，使它摆脱被感染上的平庸的风流，”他给她写道，“我请求您施惠星期一前来观看。”

1 月 19 日，在第二场演出结束后，掌声占了上风。但是他的敌人们没有解除武装。评论是严厉尖刻的：

“被收买的正厅观众尽其鼓掌的义务并尽力挣到钱，人们可以看出，以至于在他的狂热信徒的帮助下，在他的阴谋诡计的控制下，我不怀疑伏尔泰会让他的这出剧演上八场或十场，或许甚至发上一笔小小的不义之财，如同他通过《塞米拉米斯》获得的那样。”

《俄瑞斯忒斯》演出了九场。伏尔泰每天晚上都来到演出大厅，呼喊道：“拍手吧，我亲爱的朋友们！鼓掌吧，我亲爱的雅典人。”

应当承认：他没有获得他指望的成功。

法兰西剧院拒绝上演《得救的罗马》，声称公众的趣味改变了，公众喜爱克雷比永诗歌的粗犷或喜剧的曲折爱情胜过伏尔泰作品的情景和古典诗歌。

“唉，野蛮人，这是索福克勒斯的作品！”伏尔泰再一次喊出。

他招募一些演员，让人在特拉韦尔西埃街的房子的三层楼布置一个剧场，在那里，面对他的朋友，黎塞留和拉瓦利埃公爵、埃诺院长、马蒙泰尔，奥利韦神甫、拉图尔神甫——大路易中学的校长、“方济各会的修士们、耶稣会士们、奥拉托利修会的神甫们、法兰西学院的院士们、善于猛烈抨击的高级官员们”，他让人演出《得救的罗马》而且他自己扮演西塞罗的角色。

这出剧也在索宫迪迈内公爵夫人面前演出。

更好的是：他的剧《阿尔齐尔》于王家剧院在国王和宫廷的一些达官贵人面前演出。蓬帕杜尔侯爵夫人在其中扮演阿尔齐尔。

伏尔泰观看第二场演出而且听到路易十五以略带腻烦的讥讽口吻说：

“令人惊讶的是《阿尔齐尔》的作者就是创作《俄瑞斯忒斯》的同一个人。”

伏尔泰从此怎么可能满意？

君主的态度傲慢轻蔑。法兰西剧院拒绝演出《得救的罗马》。而《俄瑞斯忒斯》没有获得期待的成功。

既然一位既是文学家又是哲学家的君主在柏林等待着他、期盼着他，那为什么留在巴黎呢？

他还犹豫着。但是他感到他不能再耽搁了。弗里德里希二世在巴黎选择的通信人是……弗雷龙！他是伏尔泰的宿敌。难道这竟有可能？

“这是个被人们普遍瞧不起和蔑视的人，”他给弗里德里希二世写道，“他曾由于一些相当丑恶的事情被投入监狱，现在刚刚出狱。我还将对您承认，陛下，他是我公开的敌人，而且他在一些低劣的期刊上对我疯狂攻击……他的诈骗是人所共知的……”

伏尔泰也得知弗里德里希二世在柏林邀请了一位年轻作家巴屈拉尔·达尔诺，此人在1741年出版了《交媾的艺术》，这部作品曾使爱尔维修昔日的这位秘书被监禁在圣拉扎尔监狱！

而弗里德里希二世曾给他写道：

法兰西的阿波罗
已经走向他的没落。
轮到你来闪光吧，
高升吧，如果他还在低沉。
就这样一个美好日子的日落
预示着一个美丽的黎明……

这里的阿波罗不是别人，就是伏尔泰！

当他读到弗里德里希二世的这些诗句，他浑身不由自主地抖动，他跳下床，又愤怒地跳起来。

“伏尔泰是日落而巴屈拉尔是黎明！”他叫喊起来，“而且是一位国王写出这大蠢话！啊，他居然想要执掌政权！”

他在房间里在他的朋友泰里奥和蒙马泰尔面前大步流星地走着，并且喊道：

“我将去，是的，我将去教他学会做人有自知之明！”

于是他准备出发，但是他不想听凭一时的冲动，而弗里德里希二世对他来到柏林除了说些漂亮话外还应该给予别的报酬。

一位君主拥有“一桶桶的黄金”？那么他必须从中汲取黄金。

“我要对之说话的不是国王，而是详细了解人类苦难的人，”伏尔泰给他写道，“就一位文人而言，我是富有的，甚至非常富有。我在巴黎作为思想家和我的家人及我的朋友生活在一起，配有必需之物。这就是我的处境。尽管如此，在现在我不可能付出一笔异常的开支……我不能拥有一辆良好的旅行马车，不能带着一位病人必需的急救物品出发，也不能在我离去期间维持家计，至少需要四千德国埃居……”

但愿这位国王下命令给梅特拉，在巴黎的“柏林的一位关系客商”……这将是一笔预支的工资。

伏尔泰在 1750 年的这个春天等待着弗里德里希二世的答复。答复终于来了，但有点勉强：

“你喜欢把有用的事和快乐的事结合在一起。就我而言，我认为可能不会为这快乐付出足够的钱；但我料想已经和梅特拉先生达成一笔很好的交易……”

伏尔泰没有表示感谢。他只是说：

在人们生活的铁的世纪，
点滴的黄金是必不可少的。

但是他不愿意，他不应该好像逃跑似的动身。他甚至怀有这样的希望，蓬帕杜尔侯爵夫人和国王以一个姿势、一句话，要求他留在他们身旁并且将，比方说，王家剧院的管理交给他。他可以在那里为路易十五和宫廷组织一些演出。

他梦想着这样的提议，这会将他置身于君主附近，而他会立即乐意为其效劳。

他还期望着这个表示，同时请求国王赞成他动身去柏林。

“我在贡比涅，”他给弗里德里希写道，“只是为了向最伟大的南方国王请求允许我来到最伟大的北方国王的脚下。”

从他在宫廷度过的最初时刻起，他就感受到他周围人的敌视或冷漠。

蓬帕杜尔侯爵夫人一反往常的习惯，表现得轻蔑和不友善。或许她被伤害了，在一次晚餐上，为了形容她切成碎块的一只鹌鹑，她使用了“胖胖的”这个通俗的词语，他对她低语道：

胖胖的，就我们之间说说，我觉得用得有点不合适，

我低声告诉你，美丽的蓬帕杜尔！

或许这足以使一个女子成为你的敌人！

至于国王，他几乎只是投来一瞥，表明伏尔泰“可以在他愿意的时候动身”，然后就转过身去。

伏尔泰走了，驶向卡塞尔、波茨坦和柏林。他已经写信给留在巴黎的玛丽·路易丝·德尼，告诉她可以来和自己重聚，如果她定居在柏林，弗里德里希二世准备向她保障终身提供“四千里弗尔的亡夫遗产”。“没有你的生活会很不愉快”，他强调说。

但是他在波茨坦然后在柏林受到的接待，在 1750 年 7 月末的这些日子里，令他忘记了缺席的外甥女。

他陶醉了，像王侯般地住在萨克斯元帅的套房里。

每天他和弗里德里希二世一起工作近两个小时；然后是晚餐与晚会的时间，国王对他表现出的热情就像对被喜爱的年轻人那样。

“一时忘记了我不像他们那样年轻，没有漂亮的手，他拿起我的手亲吻，而我亲吻他的手，我让自己成为他的奴仆。”

普鲁士国王似乎对他表现出的这种温存的友情蒙蔽住他的眼睛。

当玛丽·路易丝·德尼拒绝前来柏林时，弗里德里希安慰他：

“不，我亲爱的伏尔泰，如果我能预见到你的移居可能对你稍有不利，我会第一个打消你的这个念头……我尊敬你，把你当作我的老师，无论在口才上还是在学问上，我喜爱你，把你当作一位德高望重的朋友……我坚定地相信只要我活着你在这

里会非常幸福，你会被视为文学和风雅之士的父亲。”

这是在波茨坦、夏洛滕堡、柏林举行节日盛会的时间。

人们在那里接待拜罗伊特总督和总督夫人，他们曾于1743年在自己的城市欢迎伏尔泰。令人回想起路易十四庆典的这个“骑兵竞技表演”使伏尔泰目不暇接。3000个士兵聚集在一起，四支马术赛骑士队伍在前进，46000盏玻璃小灯笼在闪亮。

“这真是仙女的国度！”他感叹道，“这是仅仅由一个人创造出的……”

而且弗里德里希二世任命他为王室侍从，享有两万法郎的津贴。

这是对他感到失望的补偿，他之所以失望，是因为收到一封巴黎来信，它就像决裂宣言。

消沉的伏尔泰曾设想过一个计谋。他本想在“伟大的南方国王”和“伟大的北方国王”之间充当联系人。但是路易十五却摈弃他：

“陛下，”那位大臣写道，“他同意你致力于为普鲁士国王陛下效劳……但是你能感到你不能保留法国国王陛下的修史官的头衔，当我有幸对陛下报告你的来信时，他对此作了说明。”

不过还是给他保留了“过去确定的2000里弗尔的津贴”。

当伏尔泰答复：“我只能表示感激”时，他的心情是痛苦的。人们不知道他着手进行的一切：《路易十四时代》《路易十五颂》，尚未出版的这部《1741年战争史》。

他苦恼地第一次自问：他将能有一天，如同他一直认为的那样，重回巴黎和法国王宫吗？

他注定要生活和死于普鲁士吗？

然而，在1750年的这个秋天，尽管他的外甥女固执地不考虑来和他团聚，新生活的快乐压倒了种种不安。

“一半的日子在盛会中度过，一半的日子在温馨和忙碌生活的乐趣中度过，时而和弗里德里希国王在一起，时而和莫佩尔蒂在一起，这一切稍稍排解了一幕悲剧。”

他禁不住享受一种使人陶醉的满足感。

“在三十年的风暴后，我找到了一处港湾，”他说，“我找到了一位国王的保护，一位哲人的会话，一位可爱的人的赞同，这个人十六年来安慰不幸的我，使我免受我的敌人们的伤害。对我来说只要我活着在巴黎一切都是可怕的……在这里，我确信享有永远平静的命运。如果以什么可以担保，那就是普鲁士国王的性格……”

32.
“榨干柑子，就扔掉柑子皮”

伏尔泰从未像在1750年10月这样心满意足。

他住在普鲁士国王的官邸，这座官邸位于一处山丘上，在“驻军重镇”波茨坦大炮射程之远处。

官邸的两翼通过一道柱廊和住所的主体连在一起。伏尔泰经常通过这道柱廊前往图书馆，它只有一些德文书，藏书的构成是法国作品或古代希腊和拉丁文翻译成法文的作品。

弗里德里希二世把这座官邸命名为无忧宫，他本人的头衔也叫作“无忧哲人”，在无忧宫里伏尔泰每天和君主一起工作一两个小时。他“仔细阅读弗里德里希二世写的句子”，修改或撰写《战争艺术》的一些段落，这位君主对这本书高度重视。

他是君主进晚餐时的客人，在晚餐上人们竞相展现博学和风趣。

他觉得自己快乐至极。

人们奉承他、赞赏他、逢迎他，人们向他请教。

他用有时给自己起的外号说自己：

“老顽固在这里如此高兴，受到款待、欢迎、尊重、得到满足，他真感到自己受之有愧。”

其实，他认为人们当然该恭维他，如同他该为这位国王效力那样。

“我傲慢地想到，”他给坚决拒绝来普鲁士和自己团聚的外甥女写道，“上天是为他造就了我。我在他的爱好和我的爱好之间发现了一种如此奇特的一致，以至于我忘记了他是一半德国的君主，而另一半听到他的名字就会颤抖。”

他是众人所知的宠臣。王太后在施普雷河畔蒙比茹府邸的餐桌上放着他的餐具。他向她朗读《贞女》的一些段落。

与弗里德里希二世分居的王后，在她位于柏林一法里处的斯贡沃桑府邸，将他作为朋友接待。国王的三个兄弟、他的姊妹们在这一处或那一处王侯府邸演出的《得救的罗马》《恺撒之死》中都扮演角色。

“我的兄弟们蹩脚地演戏。”弗里德里希不屑一顾地评论道。

人们聚会在无忧宫的音乐会上，国王娴熟地吹奏横笛。

弗里德里希二世令伏尔泰高兴、着迷。做国王的亲近者令他快乐至极。

他说，这位国王，“就是恺撒，就是马克·奥雷勒，就是朱利安，有时是我与之共进晚餐的肖利厄神甫；这里有隐蔽处的魅力，乡间的自由，带有作为国王的府邸主人能够向其谦恭的客人们提供的各种生活乐趣……我的职责就是什么不做。我享受着我的空闲。我每天给普鲁士国王一个小时用来稍稍修饰他的散文和诗歌作品。我是他的语法老师，而根本不是他的侍从。每天的其余时间由我支配，夜晚以愉快的晚餐结束……”

他喜爱这种生活，它把奢华和权力结合在一起，把敏捷的思维和哲学思考结合在一起。

他想使自己在巴黎的通信人——他的朋友达尔让塔尔、他的外甥女——相信“国王的晚餐是令人愉快的：人们在晚餐上谈论理智、思想、科学；气氛是自由的；他是这一切的灵魂；丝毫没有恶劣的心情；丝毫没有乌云，至少没有风暴”。

他迷恋上流社会的这种生活。

他离开缺乏乐趣的军事重镇波茨坦，在五小时赶路后回到柏林。这座城市有十万居民，只有伦敦或巴黎人口的五分之一，但在他看来比路易十五王国的首都“开辟得更好”。

他前往里夏尔·德塔尔博，蒂尔科内尔男爵那里，这位爱尔兰人却是法国大使。

“在蒂尔科内尔夫人家里人总是满满的，经常人太多。”

他在那里遇见国王其他的常客：波尔尼兹，这个德国人像是个例外，因为到处都是法国人。国王只有在对他的精锐部队发号施令时才使用德语。

他让莫佩尔蒂——埃米莉·沙特莱曾经的情人——领导柏林学院。常务秘书是萨米埃尔·福尔梅，胡格诺派的后代。达尔热是王室教师，就像拉梅特里一样，拉梅特里是医生，《机器人》的作者，弗里德里希二世欣赏其独立的思想并赞赏其无神论，这有损于伏尔泰。他也遇见阿尔让侯爵，和他一样是王室侍从，柏林学院文学界别的负责人，弗里德里希二世的一位宠臣，如同被封为伯爵和侍从的威尼斯人阿尔加罗蒂，或者遇见沙佐骑士，和国王一样的笛子演奏着。

在发现然后加入这小小的上流社会时，伏尔泰意识到使它分化的种种对立，意识到他可能激起的种种嫉妒。

“莫佩尔蒂没有随和的处事能力，”他在 1750 年 11 月 6 日给外甥女写道，“他以他的四分仪来生硬地衡量我。有人说他的问题是有点嫉妒人。”

他也体会到弗里德里希二世有几副面相。

国王专横地要求那些接受他报酬的人仅仅为他自己服务，围拢在他身边。他不愿意他们离开他，哪怕离开几天。他会立刻怀疑是阴谋、背叛、离弃。

他自相矛盾，他能给刚刚失去妻子的达尔热写一封吊唁信，而就在同一天，他能撰写针对这位死去女子的一首讽刺短诗。

“这必然令人深思，”伏尔泰说，“我们在这里是三四个外国人，就像几个修道士在一座修道院。上天要神甫院长满足于嘲笑我们！”

弗里德里希二世是位苛求的主人。他甚至不能接受生病的伏尔泰“放弃神圣的晚餐”。确实这是最令人期待的时刻，在严肃艰苦的日子之后得到的奖赏，这座城市只是一座大军营，不允许士兵和军官们离开，因为弗里德里希的纪律严明。

而伏尔泰的身体一直虚弱：“有点像在巴黎那样，”他说，“而当我拉肚子的时候，我要糊弄天下所有的国王！”

但是必须服从这位君主，满足于回避“有太多的将军和王侯出席的”晚餐，出席更加愉快的、更加简朴的晚餐。

“我非常感激普鲁士国王，”他补充说，“他给我树立了节制饮食的榜样。”

他在亲近者的来信中察觉，在巴黎人们不理解他的顺从。

“请给我解释这样移居的动机，”他的一位仰慕者切斯特菲尔德勋爵寻思，“难道他为了享受日尔曼的乐趣和关怀而背弃法国吗？”

其他人指责他让自己被收买：

“伏尔泰先生定居在柏林，据说，普鲁士国王在他已有的三万里弗尔之上又给了他两万里弗尔年金。做大诗人、大散文家、文学界和几乎科学界的名人，得到宫廷的青睐，最后发家致富，这都还不够；必须移居国外，以便更加富有，做普鲁士国王的朝臣、出席他晚餐的宠臣。”

伏尔泰，据人们说，被这些评论伤害了。

他得知人们将他称为“这个普鲁士人”，一个木版画商穿街走巷叫卖他的漫画，吆喝着“伏尔泰，这位普鲁士名人！你们看见他戴着大熊皮帽避寒吗？就卖六个苏，这个普鲁士名人像！”

他怎么能够解释他希望被这样的一位君主承认，他可以与之进行平等的对话，这意味着这是一位哲学家的国王，一位诗人国王，一位懂得欣赏一部作品价值的国王，而不像路易十五那样无视它。一位不会将作家关进巴士底狱的国王。一位善于听取别人意见而不会蔑视人和监禁人的国王。

必须由弗里德里希向他提供这一切：关怀、尊敬、报酬和安逸，这是真的，但也必须提供安全。

“有趣的是，”伏尔泰给外甥女写道，“一年前想消灭我的同一些巴黎文人，现在叫嚷反对我离去并将其称为背叛。”

但这时冬季将临，11 月低沉的天空笼罩着哈弗尔河和斯普雷河、柏林和波茨坦之间星罗棋布的河流与池塘，伏尔泰开始自问：这里也有一些敌人；而这位哲人、诗人和笛子高手的国王毕竟还是国王。

他可能是奸诈的，他曾宣称自己“反马基雅维里”，甚至还写过一本以此为题目的书，他能够耍弄他的左右，利用一些人反对另一些人，以便让每一个人都服从自己。

他不是曾在普鲁士邀请和吹捧或许当过玛丽·路易丝·德尼情人的这位巴屈拉尔·达尔诺？弗里德里希二世曾经把他称为“朝阳”。而正是这位巴屈拉尔向巴黎的文人们——其中有弗雷龙——提供针对伏尔泰的流言蜚语和污蔑之词！

因此必须让弗里德里希二世免除他的职务，这是个“在才华和精神上平庸的人，在谎言、自命不凡和癫狂方面却是个高手”。

伏尔泰对他的朋友达尔让塔尔口授了这些话以便让他以此攻击巴屈拉尔·达尔诺，并且说：“麇集在巴黎的昆虫，你们可以在柏林找到一个。”

但直到 1750 年 11 月 24 日弗里德里希才终于让步：

“朝阳就要落下，”伏尔泰写道，“国王非常严厉地命令他在二十四小时之内出发，由于国王们事务繁重，弗里德里希忘记了给他支付旅行费用。”

这个成功令他满意，但同时也使他不安。

“这个胜利令我忧伤，”他补充说，“这使人深深思考权势的危险……这位君主是如何对待他的一个太阳的！”

就在1750年冬初，伏尔泰感觉到他有时激怒弗里德里希二世。

他在国王那里好几次为邦坦克伯爵夫人求情，她与配偶分手后，躲到普鲁士王宫并要求国王帮助她收回被她丈夫剥夺的地产。

伏尔泰在1736年就认识了她，他被这位高傲的高个女子所吸引。她独立的思想，她的放荡不羁使他想起埃米莉·沙特莱。他对她怀有的感情不仅仅是友谊。尤其，现在他发现敌对的“鼠辈”也麇集在柏林并联合起来反对他，他信任她。他试图说服国王帮助伯爵夫人。但是弗里德里希二世似乎顺从，甚至派兵去有争议的土地上后，又改变了主意。而伏尔泰为了不激怒国王甚至不得不私下里见伯爵夫人。

还有更坏的情况。

他苦恼地发现在“金融运气”的吸引下，他试图碰这样一个运气时，他行事很不谨慎。他向柏林的一位犹太人伊尔谢尔探听情况，以便对方给他购买萨克斯银行发行的一些斯特尔“钞票”。他交给伊尔谢尔一些汇票，总额有四万法郎。这笔款项数额巨大。它可以使人获得大量斯特尔钞票，因为它们的价值贬低了百分之三十五。

而弗里德里希二世，刚刚征服德累斯顿和萨克斯，许诺拥有斯特尔钞票的普鲁士臣民将以这些钞票的票面价值得到补偿。

伏尔泰，国王的侍从，难道他不是普鲁士人吗?

但是他突然体会到弗里德里希二世谴责投机倒把者，而他正是投机倒把者中的一个。

必须迅速行动，与伊尔谢尔决裂，指控他对自己说了谎，售出的珠宝超过它们的价值。而且为了更好地表明自己的无辜，对这位犹太人打一场官司!

但是他感到国王发怒了，国王吐露隐情，人们将其蔑视的话语告诉了他:

“你们问我伏尔泰和一个犹太人的官司是怎么回事？”他说，“这是一个骗子要欺骗另一个骗子的案件。不允许一个有伏尔泰精神的人如此卑鄙地滥用自己的地位……他的行为是疯子的行为。我期待着这个案子结束以便洗洗他的脑筋并且看看在他56岁的时候，如果我们不能使他理智清醒，是否至少可以使他不那么玩世不恭。”

伏尔泰感到不安。这起案子，据人所说，在巴黎也为人所知。人们对他大加攻击。人们肯定地说路易十五在朝见时断言“伏尔泰被驱逐出普鲁士，由于对斯特尔进行投机，对普鲁士国王陛下让人给贫穷军官兑付的钞票进行投机。这位大诗人总是骑墙在巴那斯和坎康普瓦街之间！”

做什么？

试图赢得对伊尔谢尔的官司，在弗里德里希二世那里进行辩解，对他说：“陛下是对的，而且是绝对正确的；而我，在我的年岁，我犯了几乎无法弥补的过错。我从未摆脱要在所有事情中始终冲向前的可恶想法……而且我使唯一的我想给他快乐的人感到不快。”

但是这样的赔礼道歉并不足够。

1751年2月24日，伏尔泰收到弗里德里希二世一封无情的来信。这是一份起诉书：

“我曾经很愉快地在我这里接待你，”这位君主写道，“我应该相信一个你这样年纪的人，腻烦与肇事者们打斗和遭遇暴风雨，来到这里是为了躲进一处宁静的港湾……”

国王回顾伏尔泰所有的要求：

“你曾经要求我决不接受弗雷龙为我写小说……达尔诺对你有过错。一个大度的人会原谅他的这些过错……你插手邦坦克夫人的事情……你和那个犹太人干了世界上最丑恶的勾当。至于我，在你到达之前，我在我家里保持了安宁，我警告你如果你热衷于阴谋诡计，那你就找错了门。我喜爱一些温和和平静的人，他们决不将悲剧的强烈情感带进他们的行为中……”

必须对他低下头。因为如何在这种屈辱下离开普鲁士并且作为失败者回到巴黎？

伏尔泰失宠了。他不再能够在无忧宫住宿。人们把他安置在波茨坦勃兰登堡门附近的侯爵领地。他希望放弃自己作为侍从的报酬，但是弗里德里希二世拒绝他的请求。这位君主要掌管自己的世界，而金钱也是一座监狱。

于是必须谦恭、顺从、接受失宠、请求原谅。

这一切都得做，而不能在巴黎的“鼠辈”眼里看来是被驱逐出普鲁士！

“陛下，我对一位犹太人打官司是犯了严重的错误，我向陛下、向明理的您、向善意的您恳求原谅，”他写道，“请陛下随心所欲地处置我。伏尔泰兄弟在忏悔。请怜悯伏尔泰兄弟吧……”

这些言语当然是令人丢脸的，但仅仅只是些言语！它们是简单的工具，时而当盾牌，时而当武器。

再一次，伏尔泰让教训他的弗里德里希二世认为自己有理。

有一些人，国王说，“其名字在任何事情中都不应该出现在你的名字的旁边。我写这封信时带着一个德国人的明智，这个德国人所说的就是他心想的，没有运用含混的词语和软弱的温和话语来歪曲真相；该由你来得益于这种明智。”

风暴似乎过去了。

但是，在1751年最初的这几个月，情况就好像地面依然泥泞不堪，人们随时可能陷在其中。在普鲁士逗留的最初几周的美好的干土地现在已只是一个回忆。

和国王的关系已经改变。敌人们随时要行动。谣言在传播。有人声称弗里德里希二世可能写了一出喜剧，在这出喜剧中，伏尔泰被表现成一个贪婪之徒的样子，作者对其嘲弄、抨击和丑化。

为了不让自己陷在流言蜚语、谎言和种种指控的泥沼中，伏尔泰能做的只有进行创作。他比任何时候都更潜心于创作，写一篇小说《米克罗梅加》，修改《路易十四时代》，他希望这部作品迅速出版。在普鲁士还是在法国?

但同时，他必须与那些攻击他的人作斗争。例如这位年轻的新教徒出身的年轻作家拉博梅勒，来到普鲁士，在其一本书《我的见解》中写道：

“人们可以浏览古代和现代史，找不到这样的范例，君主以文人的身份给一个文人七千埃居的津贴。曾有比伏尔泰更伟大的诗人；从来没有得到如此丰厚报酬的诗人，因为爱好对于付出的奖赏是从不加限制的。普鲁士国王对于有才华的人们施足恩惠，出于那些同样的理由，它们促使德国的一位小君主为一位丑角或一个侏儒施足恩惠！”

伏尔泰不能接受被人无视、被人侮辱、被人不停地指控，这些人因为他富有而对他不满，在他们看来诗人是不该富有的!

他义愤填膺：难道人们希望他贫穷和受迫害？难道人们在这种情况下才会赞扬他的作品?

事实上，人们不原谅他是自由思想家，恰恰是因为他的地位并不取决于一位国王给的报酬。

他接受这些报酬。他甚至庆幸收到这些报酬。报酬越多，那就越好。但是他也完全可以放弃这些报酬，因为他已发家致富，而且他不曾为了发财而放弃自己的思考自由。

他曾仅仅想达到富裕。他达到了自己的目的。他就这样证明他已经理解了这个世界运行的方式。

但是在 1751 年的年末他对自己提出疑问。

既然在普鲁士和在法兰西王国一样有同样多的“鼠辈”，难道回到巴黎的时刻不是已经来临了吗？他的外甥女和他的朋友们在那里邀请他。

他重读达尔让塔尔给他寄来的信：

“你寻求自由而你却屈从于最严格的约束。你曾以为躲避了烦恼、嫉妒，而你却走近嫉妒者并遭受他们的种种攻击。这位国王是个卖弄风情的女人，为了维系好几个情人，不让任何一个情人幸福。”

人们告诉他，他写的剧《穆罕默德》，虽然过去被禁演，现在成功地上演了。

他犹豫不决。《路易十四时代》开始在普鲁士印行；其印刷和传播在法国会是不可能的事，在法国人们会指控这本书敌视废除南特敕令，并且通过对那位伟大国王和那个伟大世纪的赞扬而含蓄地批评路易十五的统治。

那么或许最好还是留在弗里德里希二世身边，让巴黎的人们相信这位哲学家国王是最亲切的人，能够进行“温馨的会话，在与人交往时忘却王权，对人关心备至……”

伏尔泰反复说：

“我献身于他是出于激情、出于盲目，不加思考。”

但是这依然还是一些话语。

他现在越来越考虑回到巴黎。

他希望在路易十五王宫人们承认他的光荣，承认他高居于所有别的诗人和文人之上，也希望蓬帕杜尔夫人放弃吹捧这位老克雷比永和其《卡蒂利纳》，而赞扬自己的《得救的罗马》。

他希望回到巴黎，但条件是人们请求他去并称誉他！

他越发打算动身，是因为拉梅特里，这位信奉无神论的医生，普鲁士国王的亲信，也在想回法国，告诉他弗里德里希二世的一席话，这些话使他十分寒心。

“拉梅特里对我肯定地说，”伏尔泰对外甥女讲述道，“在这些日子对国王谈到我得到的所谓恩惠和它激起的小小嫉妒时，国王对他回答说：‘我至多还需要他一年；榨干柑子汁后就扔掉柑子皮。’”

他不能忘记这句令人耻辱的话。他相信拉梅特里的真诚。因此他感到自己受到威胁。

他不停地回想起“柑子皮”，他告诉玛丽·路易丝。

他说，他的处境就像“一个人从钟楼的高处坠下，从容不迫地呆在空中，说道：好吧，让这种情况延续下去吧……”

1751年11月11日，拉梅特里的去世使他深感悲痛，拉梅特里死于饮食无节制，在蒂尔科内尔勋爵家的一次晚餐上吞下一个“充作野鸡肉的鹰肉馅饼，馅饼里塞进劣质猪油、剁碎的猪肉和生姜……”

伏尔泰对拉梅特里的死感到非常哀痛：

死神的母亲，沉重的衰老，
用它无情的胳臂压弯了我虚弱的身躯……

他也不赞同弗里德里希二世在柏林学院作《拉梅特里先生赞》并赞颂其无神论。这篇颂词“出自君主之手，所有忠于这位君主的人对此发出感叹”，伏尔泰在1752年1月27日讽刺道，“但是似乎拉梅特里的癫狂是一种瘟疫病，可以传染给人。这将大大有伤于作者，但是有150万人，他不在乎一切，无视人们的评论……”

伏尔泰从此恰如其分地看待这位国王。在1752年的这个年初，他的幻想几乎全都消失了。对于自己命运挥之不去的苦恼变得更加强烈。

他吐露说：

“我本来想在拉梅特里临终时询问他一些有关‘柑子皮’的情况。这个好人在就要出现在上帝面前时可能不会说谎……”

33.
"应当想拯救柑子皮"

伏尔泰坐在国王餐桌旁，默不作声。这顿晚餐令他腻烦。

他没法说出一句俏皮话。他感到自己衰老了。

在 1752 年 1 月的这个月初，他满 58 岁了。疾病折磨着他。

莫佩尔蒂坐在君王的右边，伏尔泰被其言谈激怒。莫佩尔蒂自命不凡、虚荣并自信，他当上柏林学院的院长是因为得到弗里德里希二世的恩宠。

他有"塌鼻子和离奇古怪的见解"，他在自尊心之下压抑了他的才华！而这位"圣马洛的柏拉图"——圣马洛是他的故乡，他为这座城市增光——自鸣得意给宇宙上课！

他写了一篇《宇宙论》，一篇《关于科学进步的通信》。他断然重复道：

"我发现了所有法则建立于其上的普遍原则；这就是我称之为最小作用力的原则。"

他解释说，大自然为了任何变化只使用尽可能最小的作用力，他就这样断言"这个原则答复了我们对上帝的想法"。

虽然在弗里德里希二世的晚餐上不该缄默不语，伏尔泰没有提出异议。

莫佩尔蒂继续说：他打算让人钻一个洞直到地球的中心，深入两极之下，对可能生活在巴塔哥尼亚的巨人以及重罪犯人进行解剖。

而正是这个人曾经是埃米莉·沙特莱的情人，曾经向她推荐她的数学教师柯尼希！

伏尔泰感到愤慨不已，因为莫佩尔蒂宣称道：

“我会很乐意看到罪犯们的生命用于手术，无论多么难有希望成功……或许人们对灵魂与肉体的不幸的结合会有许多发现，如果人们敢于在一个活人的大脑中寻找这些联系……”

伏尔泰颤抖了。而莫佩尔蒂，仿佛察觉到他的责难，补充说：

“不要让自己被人们可能觉得残酷的举止吓倒；与人类相比，一个人算不了什么；一个罪犯更算不了什么！”

仿佛这只是若干提议中的一项，莫佩尔蒂继续往下说，考虑创造一座“拉丁”城市，在那里人们只用拉丁语布道、打官司、演喜剧。

“从许多欧洲国家来到的青年人，”他说，“在那里一年中学到的拉丁文比在中学里五六年中学到的还要多。”

弗里德里希二世赞同莫佩尔蒂的想法还称赞他。伏尔泰感到的是一股酸味。

这位哲学家国王怎么体会不到柏林学院院长这些计划有缺陷和不人道？

但是是他，伏尔泰，人们想把他当作柑子皮扔掉！

稍后，在将他们从无忧宫送往波茨坦的王家私人马车上，当莫佩尔蒂喜形于色地说：“应当承认今天的晚会是美好的”，伏尔泰情不自禁地反驳说：“我从来没有见过如此愚蠢的晚会！”

他越来越难以容忍莫佩尔蒂。“他天生就充满智慧和才华，但只是他过分的自尊最后使他成为一个非常可笑和惹人讨厌的人。”他给迪代方夫人写道。

莫佩尔蒂把他的观点强加给柏林学院，因为他是院长，“但是在当哲学家和谈论哲学之间有多少区别！”

对莫佩尔蒂来说，人们可以用数学方法证明上帝的存在。

伏尔泰反对如此可笑的断言。他试图通过创作来摆脱日甚一日对他变得更加压抑的这种气氛。

他觉得死神在游荡。痢疾耗尽了他的体力。他的身体被掏空并成为“柑子皮”。这个词语使他苦恼，纠缠着他。

1751 年 11 月 21 日，死神带走了博林布鲁克勋爵，他赞同其自然神论，赞同其信念——天主，唯一的上帝，造世者，可能被圣经，旧约和新约歪曲了，必须毫不留情地否定这些宗教，它们以它们的缺陷，以它们所谓的奇迹不确切地表达“所有星球和所有生灵的上帝”。

伏尔泰编撰一部《自然宗教》，它表达的是自然法则，这种自然神论是博林布鲁克作品的核心，同时他也写了《为英国士绅博林布鲁克辩护》，这也是对那些似是而非的圣经故事合乎情理的攻击。

他知道这样的作品会冒犯人，为了避免失去自由，他打算保全自己的财产。从8月份起，他就把财产中的一大部分兑换成终身年金。

放下心后，他可以继续战斗，支持由狄德罗领导的《百科全书》的伟大事业，帮助普拉德神甫，普拉德在巴黎有被逮捕的危险，刚刚抵达柏林。

他和自己的秘书科利尼，一位佛罗伦萨人，一起准备出版《路易十四时代》，并开始考虑离开普鲁士。

不过，就在同时，他交给弗里德里希二世一个关于《哲学词典》的计划，并得到国王的赞同。他以创作本身似乎激起和重新焕发出的精力，撰写好几个条目交给国王。

对于背教者儒略[1]皇帝的无神论，他与弗里德里希二世意见分歧。

各种分歧。

伏尔泰于是提议用自己的侍从报酬来为这部《词典》提供资金。弗里德里希二世拒绝了，这么做也是要留住他，并通过付钱给他的办法来控制他。

可是当他不再信任这位国王——在他眼里越来越不像“北方的所罗门”，怎么能接受这种从属地位呢？

伏尔泰忐忑不安，在1752年7月24日的一封信里告诉他的外甥女：

“这就是我的状况：莫佩尔蒂偷偷地散布谣言说我觉得普鲁士国王的著作相当糟糕；他指责我密谋反对自尊的会伤害人的当权者，此外他还散布说当国王把他的诗歌送来给我修改时，我曾经回答：‘他把他的脏衣服送来给我洗，他对此一点也不腻烦吗？’

“他把这奇谈告诉十几个人，同时要他们全都严守秘密。总之，我认为发现国王最后了解了这个秘密……”

依附于莫佩尔蒂的所有这些人反复散布这些流言蜚语，弗里德里希二世怎么可能不被它们伤害？

而莫佩尔蒂，由于其柏林学院院长的职务，拥有许多施加压力的手段。他任命人，奖赏人，他分发赠与和津贴、桂冠。

伏尔泰感到和在巴黎一样，在柏林也组成了一个确定的阴谋集团，他不得不应

1 背教者—背弃宗教者；儒略—古罗马皇帝。

对。再一次，那些平庸之辈，那些“鼠辈”出于嫉妒勾结起来反对他。

他得知拉博梅勒散布一个版本的《路易十四时代》，文前有《致作者的建议》。这些建议下结论断言写这么一部历史著作的抱负“远远超越伏尔泰先生的能力”。

他十分愤慨：

“我认为，拉博梅勒是第一个这样的人，他竟敢于让人印行一个人活着时的作品，附加充满谩骂和诬蔑的评论。《路易十四时代》的这个不幸的埃罗斯特拉特找到一种秘密，为了十五个杜卡托将一本为国家光荣而写的书改变为恶劣的诽谤文字……”

他必须与这种新的企图战斗，人们企图通过诬蔑，把他同时从弗里德里希二世的宫廷和路易十五的宫廷驱逐出去。

如果他想离开普鲁士，要是巴黎对他关门，他将能躲藏到哪里呢？

他与法国驻柏林的新代表拉图什接触，提醒这位外交官自己是“虔诚信奉基督的国王的臣民……，我们的君主王室的官员……持有国王的护照，附有对所有公使的叮嘱”。

法国必须捍卫他，如果需要的话。

这不仅仅是个个人问题，一件关系到自尊、嫉妒的事情，一件为在弗里德里希二世身边占首席位置的斗争的事情。事关为思想自由的一场战斗，必须对拥有权力、希望把他们自己的观点强加于人的那些人进行这场战斗。

这样他得知柯尼希肯定地说莫佩尔蒂声称发现的“最小作用力”的普遍原则已经被莱布尼茨在一封信里阐述过，他，柯尼希，了解这封信。

莫佩尔蒂十分恼怒，再次煽动柏林学院。1752 年 4 月 13 日，它谴责没能出示莱布尼茨这封信的柯尼希“散布谎言”。

伏尔泰表示：

“我还不很清楚这场斗争开始的细节，”1752 年 5 月 22 日，他给外甥女写道，“我根本不出波茨坦城。莫佩尔蒂在柏林，因为喝了太多烧酒而病了——他和他家乡的人是不厌恶烧酒的。然而他尽其可能对我施放种种冷箭，我担心他对我造成比对柯尼希更大的伤害。一份虚假的报告，一句适时抛出的话，流传开，传到国王的耳朵里并留在他的内心里，这是一种武器，经常绝不可能有盾牌可以对付。”

他必须表现出谨慎。

但是，在 8 月，他得知柯尼希刚刚发表的《公众的呼吁》，这篇讽刺短文对于莫佩尔蒂来说是难以忍受的。它表明柏林学院院长反对柯尼希的唯一根据只是他的权力。

在这场斗争中，如何保持中立呢？

伏尔泰对莫佩尔蒂可笑或残酷的提议十分反感：莫佩尔蒂要把洞一直钻到地球核心，要建立这座“拉丁城市”，要对活人进行解剖……他拿起笔，写了一篇《一位柏林学院院士致一位巴黎学院院士的答复》，随后，尤其是写了一篇《教皇御医阿卡基亚博士的讽刺》。

这两篇文字是匿名的，但是，从它们发表起，人们就猜测只有伏尔泰有能力写出这样辛辣的讽刺。

“但是如果说我们这位作家愚昧无知的话，”他在议论莫佩尔蒂时写道，“人们不得不承认作为回报，他有一种奇特的想象……当在一位作家身上错误之和等同于怪僻之和，那么毫无价值的东西也有存在的价值。”

人们争相阅读这篇无情的讽刺。他颠覆普鲁士精神生活主要显贵的权威和威望，而莫佩尔蒂，“柏林学院院长先生”，是由弗里德里希二世任命并得到其保护的。

就这样整整一个等级制度受到伏尔泰的作品和它们的成功的质疑。

然而，如同经常发生的情况那样，伏尔泰对他激起的强烈反响感到惊讶。是天真还是滑头？他装作惊奇，否认人们归于他的作品是出自他的笔下。

他得知国王愤怒地写了一篇《一位柏林学院院士致一位巴黎学院院士的信》，这是对伏尔泰的答复，也是为莫佩尔蒂作的辩护。

弗里德里希高声宣布他赞赏柏林学院院长的工作和性格，“一位诚实的人和一位真正哲学家的典范”。

《阿卡基亚博士的讽刺》被查禁。人们进行搜查，查封了发现的书。国王要求他手下什么都做得出的人弗雷代尔斯多尔夫在全国“清除”这部作品，因为它颠覆在柏林学院院长身上体现的王室权威。

“这讽刺是不应受指责的，”伏尔泰在1752年10月15日写道，“我没有意识到我攻击国王的喜好。这个意外事件是不幸的。我触及的是他的自尊和专制的政权。”

既然冷箭已经射出，他现在必须躲避，否认他是这批判的作者，通过否认来掩饰自己。必须低下头，防止受到怒不可遏的弗里德里希的伤害。

“你的厚颜无耻令我惊讶，在你刚刚所做的清楚不过的事情之后，”国王写道，“如果说你的作品配得上人们为你竖起雕像，你的行为则配得上给你套上锁链……出版商被询问过了，他什么都招认了。”

然而必须坚持不承认。这是规则，在这场战斗中冲突的各方不拥有同样的理由。

国王施出重拳，他拥有武器、法官、刽子手。诗人只有自己的才华和狡黠，为了防止打击而躲闪。

“啊，我的上帝，我处在什么状况！”伏尔泰这样回答，“我依然以我的生命——我轻易地可以放弃它——再向您保证，这是一种可怕的诬蔑。我恳求您让所有了解我的人进行对证。什么！您会不听证就审判我？我要求公道，还有死亡！”

在进攻之后，这是舍弃无用的牌和退却的时候，这也是恐惧和苦恼的时候，因为伏尔泰知道国王是无所不能的：剥夺他的待遇、终生监禁他、杀死他。首先可以阻止他离开普鲁士。

必须假装服从——同意签署一份措辞低声下气的保证：

“我向陛下许诺，只要陛下让我荣幸地住在这府邸，我将不会写作品反对任何人……”

而且在这份侮辱性的文书下方补充道：

“陛下，我将执行陛下所有的命令，我对服从陛下不会感到痛苦……”

伏尔泰求助于国王的怜悯，忘却所有的自尊，写道：“我请求陛下宽容一位疾病和痛苦缠身的老人，相信我在死的时候就和我来到陛下宫廷的那天一样，忠实于陛下……”

但是他不得不扮演的退位的游戏，对于落入罗网和不能逃离的恐惧，使他病倒了。

“我的丹毒被抑制住，”他说，“突然患上痢疾。我经常发热。我卧床不起已有半个月。”

焦虑折磨着他。

国王的愤怒没有减轻。人们转述弗里德里希二世宣称：

“伏尔泰是我一生所认识的最凶恶的疯子；他只有书可读。你们不能想象到他在这里的表里不一、欺诈和卑鄙；我很气愤如此的才智和学问不能使人们变得更好……”

当一个人只拥有思想自由时，如何抵御一位专制的君主呢？

伏尔泰不抱幻想：

“由于我在这世界上没有15万士兵为我效力，”他在1752年12月18日给外甥女写道：

我丝毫不想打仗。我只想老老实实地当逃兵……

我明白人们已经榨干了柑子汁。必须设法拯救柑子皮。

我要为了自己的学识，给自己编一本让国王们使用的小辞典：

我的朋友意味着我的奴隶。

我亲爱的朋友意思是你现在对我已无关紧要。

我将使你幸福应当理解为：只要我还需要你，我还将容忍你。

今晚请和我进晚餐意味着今晚我将嘲弄你。

这本辞典可能篇幅很长，这是要在《百科全书》中放进的一个条目。

为难的是离开这里……

必须尽早离开。

1752 年 12 月 24 日，他在托邦斯特拉斯街柏林的住所从窗户目睹人们烧毁《阿基亚博士的讽刺》被查封的一册册书。人们在这座城市的十字路口将它们焚烧。

必须离开。

一位国王有权力决定不仅将这些书抛进火堆，而且将它们的作者也抛进火堆。

于是，在 1 月 1 日，伏尔泰打了一个包，里面放着这些“不值钱的小东西”：确认他对国王保证的文书、侍从的钥匙、奖章、今后在他看来象征受奴役的所有东西。

但是，自然，必须绝望地求见，在装着得意朝臣徽章的这个包上写下表示失宠朝臣不幸的四行诗：

我温情地接受它们，
我痛苦地将它们还给您。
一个热恋中的情人
就这样交还他情妇的肖像。

半个小时以后，弗雷代尔斯多尔夫从陛下那里带回十字徽章和侍从的钥匙。

不能让自己落入和解的圈套，而必须得到离开这个王国的权利，理由是病情要求他前往普隆比埃，进行温泉治疗。

国王送来金鸡纳精。

“我需要的不是这个东西，我需要的是准许我离去！”伏尔泰大声叫喊。

人们注视着他。伏尔泰作为谦恭的病人，带着受伤的心——他的处境使他不得不远离如此受爱戴的国王——去见国王。

弗里德里希二世没有上当，就像一只猫捉弄捕获物那样捉弄着伏尔泰。放开？还是不放开？

“他让人写信告诉我在摩拉维附近格拉茨有极好的温泉。我要是允许他去，那我简直是破坏艺术的人而根本不是所罗门！仿佛我要把他送到西伯利亚进行温泉治疗……”

但是必须仅仅重复“普隆比埃，普隆比埃”，让国王腻烦但不和他决裂，恭恭敬敬甚至奴颜婢膝，同时决不让步，坚持要离开普鲁士的意愿。

1753年3月16日，终于送来国王许可离开的信，这信的口吻是蔑视的：

> 你没有必要对我说需要在普隆比埃进行温泉治疗，以此作为借口……你可以在你愿意的时候离开我，不再为我效力，但是，在离去之前，你让人给我送回你的保证书、钥匙、十字徽章和我曾交给你的诗集……文人们的阴谋在我看来是文学的耻辱……

终于如愿以偿！

仿佛疾病一下子离开了伏尔泰的身体。他吩咐秘书科利尼立刻准备四轮马车，将箱子装上车。

但是他希望最后一次会见国王，因为他没有和一位君主决裂，必须保全面子，保持半开的门。

1753年3月23日，他领取3000埃居的津贴。

他带着满满的珠宝匣动身了。

他可以前往弗里德里希那里，国王在波茨坦检阅他的部队。

“陛下，伏尔泰先生前来接受陛下的命令。”

国王几乎没有转过身。

——那么，伏尔泰先生，你决意要动身吗？

——陛下，必须处理的事务，尤其是我的健康状况，使我不得不离去。

——先生，我祝你一路顺风。

7

{第七部分}

“离开这里比离开西伯利亚更困难”

(1753年4月—1753年7月)

34.
“人们对许多罪犯处以车轮刑，他们并不和他一样有罪”

伏尔泰看着四周。

在宽大的四轮马车的坐席上堆放着装着他手稿的袋子。秘书科利尼拿着其中的两个放在膝盖上。车门旁摆满大折叠包，从中露出其他的包裹。伏尔泰紧抱着珠宝匣，他在其中放置了汇票、金币和贵重品。

在前往莱比锡的路途上，他不时地半睡半醒，他必须在不到两天之后即 1753 年 3 月 27 日到达莱比锡。

科利尼对这个目的地感到惊讶。

但是不能表现出自己想尽快回到法兰西王国，斯特拉斯堡，伏尔泰已经和外甥女约好在那里相聚。

以一个逃亡者的仪态和举止，他不再受人尊敬，引来的是那些跟踪者和他们一伙人。伏尔泰猜测到弗里德里希二世对他的离去大为不快，随时会决定扣押他、拘捕他。

而谁将能使他摆脱一座普鲁士监狱?

有人告诉他国王可能宣称:“人们对许多罪犯处以车轮刑，而他们并不和他一样有罪。”

伏尔泰因此决定前往莱比锡，科利尼在纳马克斯特拉斯定了一个套间。

伏尔泰知道他能在这座城市里找到支持。大学的教授们对莫佩尔蒂是敌视的。他们经常是哲学家克里斯提安·沃尔弗的信奉者，沃尔弗本人就是莱布尼茨哲学的信徒并受到弗里德里希二世父亲弗里德里希·纪尧姆的迫害，因为他曾称颂自由意志并导致好几个士兵的逃亡。

伏尔泰曾经赞赏他随后嘲笑他的宇宙论，他在那时支持莫佩尔蒂。但这是十年前的事了。莫佩尔蒂所有的敌手成为他的盟友。

在莱比锡他可以会见他的发行人，德累斯顿的书商瓦尔特，他已经将自己作品全集的出版托付给瓦尔特。在他逗留在这座城市期间，他打算和戈特谢德教授建立起联系，后者主办两本文学杂志并且是培尔的辞典的德文翻译者。戈特谢德是德语的强硬捍卫者，敌视柏林学院院长，这位法国人莫佩尔蒂。

伏尔泰一到达莱比锡就和他会见。

他希望他对莫佩尔蒂进行的这场斗争和他与弗里德里希二世发生的争论在整个欧洲知识界产生反响，希望他因此被置于开明舆论的保护之下。但愿弗里德里希二世由此不得不谨慎、宽容、被阻止住粗暴行事。

但为此，必须在莱比锡、在海牙、在伦敦、在巴黎，多数人赞同他反对莫佩尔蒂和弗里德里希二世。

伏尔泰投身于工作，修改《阿卡基亚博士的讽刺》，补充这篇讽刺，撰写一篇《哲学辩论艺术，由装扮成哲学家的老骑兵上尉付诸实践》。

每个人都能看出影射的是莫佩尔蒂，因为其从军经历不是很光彩的。

而且伏尔泰还加上《院长先生和教授先生之间订立的和约》——结果是丑化他攻击的对象。

但是在他尽情快乐大胆地讥讽的同时，他感到不安。

他知道弗里德里希二世是个顽固不化的人。这位国王刚刚写信给姐姐威廉明妮——她是拜罗伊特总督夫人，十分欣赏伏尔泰并曾隆重地接待过他。信中说：

“伏尔泰在莱比锡散布他的新毒物，他在那里自称病了，为了修改他在那里创作的一部令人厌烦的作品。你可以明白远远谈不上有一天再见到这个卑鄙的人，只能和他完全决裂。”

但是以什么方式决裂？在路途上折磨他——如同弗里德里希所说的那样——或者满足于要求归还“他还带着的钥匙和十字徽章，尤其是他送往美因河畔法兰克福而我绝不愿意留给他的我的诗集，因为他能够恶意地使用它”。

苦恼、恐惧攫住伏尔泰。他确信弗里德里希二世的密探们监视着他，向国王报告他的谈话、他的会见，了解他的写作。

令他不安的还有他收到的莫佩尔蒂的来信：

“报纸说你生病住在莱比锡，”这位柏林学院的院长写道，“一些特别的新闻报道断言你居留在那里只是为了让人印行一些新的诽谤文字……但是如果确实你的意图是还要攻击我……我对你宣布我不用以作品回答你，我的健康状况足够良好，无论你在哪里我都可以找到你并对你进行最彻底的报复。

“你得感谢我对你的尊敬和顺从，它们直至目前拦住我的胳臂，使你免除你要经历的最不幸的冒险！”

一场决斗？或更糟？

这位莫佩尔蒂，就像别的许多人一样，把他当作胆小鬼。这是谣言，所有曾经想痛打他或痛打过他的人散布的谣言！

伏尔泰怒不可遏，他的恐惧消失了。他在莫佩尔蒂的信上加上最后一个词语，他将让人了解这封信这样结尾：“发抖吧。”

这的确是柏林学院院长话语的含义。不过莫佩尔蒂幻想是否可以这样使伏尔泰缄默不语。

相反，伏尔泰思绪泉涌。他写作一篇《阿卡基亚博士的讽刺》的续文。他要让莫佩尔蒂振作不起来。

“阿卡基亚博士，躲藏在莱比锡大学，在那里他寻找一处避难所躲避谋杀——一个出生于圣马洛的拉普兰人一定要来杀害他——在这所大学的怀抱里他恳切地哀求诸位博士和大学生用文具盒和小刀武装起来对付这个野蛮人。他尤其求助于他的同仁；他希望当这个野蛮人一出现，他们就将他清除掉……”

更加辛辣的是接下去的话，伏尔泰满怀着激情冷嘲热讽：

“你或许希望解剖我？不过请你想想我不是南方地区的巨人，我的大脑是如此之小，即使发现它的纤维也不会给你任何灵魂的观念……”

然后他转向柏林学院常务秘书：

“这是第一次一位院长希望杀害他的一位顾问。这难道就是‘最小作用力原则’？”

这位院长是多么可怕的人物！

这样写作使他安心、使他振奋。

他收齐自己的手稿，科利尼则负责把它们发送到斯特拉斯堡，玛丽·路易丝·德尼应该在那里。

1753年4月18日，他离开莱比锡往西行，打算在哥达停留，他让拉车的马——根据路况，用四匹或六匹——小步前行。他心情平静，享受着人们在驿站或旅店里对他的欢迎。

人们接待他时把他当作要人：侍臣、伯爵、阁下、大贵族。他是个富人，借钱给那些达官贵人，他们邀请他到他们所在的地方，萨克斯－哥达公爵和公爵夫人就在他们的弗里唐斯坦府邸盛情款待他。他重又快乐地享受到奢华。路易丝·多萝泰公爵夫人是位知识渊博的女子，不过，“谢天谢地，不作一首诗”。主客在30名乐师的伴奏下共进晚餐。他回想起在索宫迪迈内公爵夫人家的那些夜晚。

“我们生活在路易丝·多萝泰公爵夫人的庭院里，”他说，“比在索宫自由随便得多；不过，糟糕的是，气候叫我受不了，我现在只喜欢阳光。”

他抱怨身体感到冷，他断言自己不久于人世，他希望有人重复他的话，使得弗里德里希二世确信应该让这个垂死的人离去，允许他前往普隆比埃。

但是，实际上，他和东道主一起度过温馨的时刻。

人们演出他写的剧，马里沃的剧。人们竞相说俏皮话。他朗读《贞女》的段落。人们对他的赞赏使他精神振奋。

他甚至同意为公爵夫人写一部《德国历史简编》或《帝国编年史》，他在府邸的藏书楼里为此研读了许多时光，但很快这项工作就使他腻烦了，虽然他穿着毛皮大衣听科利尼朗读文献，房间里的寒气也还是使他忍受不了。科利尼后来说：“这是伏尔泰曾创作过的最有条理和最费力的著作。”

由于这部沉甸甸的作品，他从萨克斯－哥达公爵夫人那里收到一把“银水壶和许多奖章，人们估计总值有1100到1200帝国埃居”？

不管怎样，他在这座府邸居留了33天，作为感激的表示，在5月25日动身之前，他把自己的诗歌《自然宗教》题献给公爵夫人，“不炫耀的女主人和没有短处的妇人”。

几天以后他到达卡塞尔，依然被接待在王族的府邸。

但是不安的感觉再次向他袭来。他得知波尔尼兹男爵听命于弗里德里希二世，最近在这座小城市居留过。出于什么目的？为了刺探他的情况？杀害他？

波尔尼兹，据有人告知，可能对弗里德里希二世说：“陛下，下命令吧，我就在他离开这座城市时刺杀他！”

伏尔泰甚至得知莫佩尔蒂可能以莫雷尔的名字在卡塞尔度过了四天。这是在准备一个圈套吗？

但是最好离去，前往马尔堡，然后到美因河畔法兰克福。

伏尔泰如此忧心忡忡，以至于在马尔堡度过的夜晚的次日，他因此把他喜爱的一个鼻烟盒忘记在旅店的床头柜上。科利尼折返回来取走鼻烟盒。

他们上了路，终于在1753年5月31日到达法兰克福。

四轮马车停在金狮旅店前，在那里人们以最高的敬意接待他们。

人们把这位阁下安顿在科利尼为他预定的套房里。

套房舒适宽敞。

这个夜晚将是美好的。

35.
“这是东哥特人和汪达尔人做的事……”

在 1753 年 6 月 1 日的这个清晨，伏尔泰在金狮旅店的套房里来回踱步。

他自言自语，没有注意他的秘书科利尼说的话，科利尼在庆幸他们摆脱了弗里德里希二世的魔爪。

法兰克福是帝国城，自由城，如果普鲁士国王曾经想抓住伏尔泰，他会在这位诗人还在他的国内就这么做。

伏尔泰停留在镜子前。他这一宿睡得很平和。已经有几个星期，或许几个月，他不曾如此长时间地沉沉入眠。不过他看着自己做着鬼脸：“他形同枯骨。”

他转向科利尼。

他就想在这个上午离开法兰克福。在这座城市里有一位普鲁士的代表，国王的一位顾问，这座城市的官员们一定很关注普鲁士君主的希望和意愿，他拥有武装的“十五万士兵”！

弗里德里希一定还有反感、痛苦、愤怒萦回在心。他不是可以容忍他人抛弃他的人。再说，你不能和一位国王分手。他驱逐你或者不理睬你，他让你失宠和忘记你，他监禁你或杀死你。

不，弗里德里希二世不仅不会放弃收回保证书、侍臣的钥匙、十字奖章的缎带，而且尤其不会放弃收回这部加注的诗集，其中包含一首诗《帕拉斯塑像》，他在其中用蹩脚的拉丁文嘲笑各种各样的人。而正是这些用拉丁词和加拉丁词尾的本国词混合写的诙谐诗，他害怕见到它们发表出来。

伏尔泰没有随身携带这部诗集。他把它放在一个箱子里，这箱子还在莱比锡，应该送往斯特拉斯堡。

这是不是控制住弗里德里希二世的一种好方式，就是威胁发表一位君主笔下写的讽刺诗，而任何国家的领导人都不会允许自己嘲笑他与之商谈的人物。人们说路易十五会很愿意读这首诗，那么欧洲所有宫廷的人们也同样会乐意读。

伏尔泰不拥有“十五万武装的士兵”，但是掌握着普鲁士国王这些不得体和令人气愤的诗。

如果他带着看来这部无足轻重的诗集成功地返回法国，他将拥有对付弗里德里希二世的一件有力的武器。

人们将看到谁，在有评价能力的舆论里，将被丑化：是这位君主还是伏尔泰?

因此他必须尽快离开，就在 1753 年 6 月 1 日这一天。

为时太晚!

一群人走上前。他们自我介绍。一位是普鲁士代表，弗赖塔格男爵，神色捉摸不透并带有敌意；另一位，一位市长，吕克；后面的几位是个军官、几个士兵和一位普鲁士参赞施密特。

弗赖塔格以充满傲慢的声音索要保证书、钥匙、缎带和十字徽章、陛下的信件和作品以及那部诗集。

伏尔泰愤慨不已，然而弗赖塔格命令搜查两个箱子、几个手提箱和几个书包。

根本找不到诗集。他一再询问，然后宣布这两个旅行者被扣留在法兰克福，禁止离开他们在金狮旅店的套房。

伏尔泰只是说这部诗集在一个箱子里，在莱比锡或者在汉堡。

他宁可含糊其辞，不立即放弃这本书，这个施压的手段，这件武器。

时间过去，搜查从上午九点延续到下午五点。

现在他们是囚徒。

市当局说什么？梅南让公爵，德国皇帝弗朗索瓦一世的拥护者说什么?

伏尔泰严厉地质问弗赖塔格：

“怎么，你们的国王要想在这里逮捕我，在帝国的一座城市？为什么他不在自己境内这么做？你是一个没有怜悯心的人，你们要处死我，然而你们将全都一定失宠于国王！”

伏尔泰咳嗽，弯腰，仿佛疼痛难忍，就要呕吐。

他必须装作生病、垂死。

但是弗赖塔格，顽固不化的人，智力有限的执行命令者，似乎无动于衷，重复道：

“没有这个箱子，我就不能让你继续你的行程。”

必须坦白承认它在莱比锡，答应让人将它送来。

而且必须交还给弗赖塔格那些钥匙、带有缎带的奖章，以后再给他送去侍臣的敕许状，甚至一封由国王写的信……

面对把守着金狮旅店大门的这些士兵，怎么能不顺从呢？

伏尔泰寻求帮助，写信给皇帝弗朗索瓦一世，在这座城市里，弗里德里希二世的对手们和他接触。谨慎地、暗暗地，“开明人士”站在他一边。共济会的成员让他知道他们的支持。

但是也有这贪婪的豺狼，这个发行书商范迪朗前来索要弗里德里希二世欠他的二十来个杜卡托：伏尔泰必须把它们支付给他，自己不是陛下的侍臣？

伏尔泰在金狮旅店的花园里被质问，他走上前，对范迪朗掴了一记耳光。

但是必须付钱：市当局要求这样做。

伏尔泰明白人们也想利用这个机会来掠夺他的财产。人们知道他的首饰箱里有一些金币。这个以国王名义设下的圈套变为匪帮的伏击。

但是，他感到，这个圈套，对他的追捕，尽管看来卑劣甚至可笑——这一切是为了一本诗集，用拉丁词和加拉丁词尾的本国词混合写的一首诙谐诗——表现出在思想自由和专制权力之间的对抗。

即使他不得不让步，他这位诗人必须通过写作来取得胜利。

尽管恐慌、愤怒和焦急，他仍然从事创作。

在美因河畔，两个野蛮的强盗，
执行贪财的统治者的命令私闯民宅，
两个有敕许状的骗子，委派来的匪徒，
对我施加种种卑鄙的残忍虐待，
但我依然平静地坚持创作。
他们不懂的艺术，是我神秘的庇护所。

突然，在这些阴暗的日子，他感到一时的喜悦，6月9日，他看见外甥女玛丽·路易丝——德尼夫人——走进金狮旅店，她精力充沛，焕发出青春的光彩。终于来了一位可靠的盟友！

但是幸福感很快消散。德尼夫人递给伏尔泰她收到的马雷夏尔勋爵的来信，那位苏格兰人是普鲁士驻法国大使。

这封来信充满威胁。

“国王们手臂很长”，马雷夏尔写道。

伏尔泰应该回想起来，由此明白大多数国家已经禁止他进入。

“所有宗教裁判的国家一定认为他可疑……伊斯兰教徒一定和虔诚的基督教徒一样对他的《穆罕默德》很不满意……只有法国对他适合，而且你清楚地明白，如果他对我的国王发表冒犯他的讲话和讽刺短诗，国王命令我对法国宫廷说的一句话会足以阻止伏尔泰先生返回……”

国王们不仅“手臂很长”，而且是相互依赖的。

但是马雷夏尔勋爵走得还更远：

“如果一个高大强壮的普鲁士人被你舅舅的讲话冒犯，在他头上打上一拳，你舅舅会丧命的……”

人们可能杀死他，伏尔泰是知道的。面对弗里德里希二世，面对在金狮旅店前站岗的雇佣骑兵，他感到自己是孤单无援的。

“阻止你舅舅做出傻事吧，”马雷夏尔勋爵结束说，“他会像作诗一样做出傻事……别把我的信给你舅舅看，把它烧掉，但是从好的方面告诉他这封信的内容……”

伏尔泰害怕了。

包裹在6月17日从莱比锡送来。包裹里放着那本诗集，作为善意的证明，他让人把它送到弗赖塔格那里。

但是弗赖塔格并没有打开包。为什么？为的是有借口继续囚禁伏尔泰，直至弗里德里希二世决定让人处死他或谋杀他？

为了恢复自由必须竭尽所能。

他让外甥女给弗里德里希二世写信。

如果必须自辱，那么，让我们自辱吧！

“请还给我舅舅他曾献给你的一生，您使它的结局如此不幸，请您支持我的一生：我将像他一样为您祝福着度过自己的一生……”

必须求助于这位君主的亲近者，依然由德尼夫人写道：

“伏尔泰先生履行了他所有的义务，然而人们还是囚禁他。人们不还给他的箱子、他的两个包裹，也不让他恢复自由。”

必须装作濒死。

“我的舅舅不再能够听清楚安慰他的话……你们或许不久将得知他可悲的结局。三年前我不曾料到会是普鲁士国王造成他的死亡……”

没有别的出路，只有出逃，以此摆脱恐慌和弗里德里希二世的魔爪。

6 月 20 日，伏尔泰成功地和科利尼与一个仆人离开金狮旅店，没有让人察觉。

行李留在旅店，由德尼夫人看管。三个逃亡者只带走一个装着金钱和手稿的首饰箱，还有两个手提箱。

他们坐上一辆出租马车，尽管装干草的大车堵塞道路，他们试图离开这座城市。伏尔泰忘记把一个记事本放在哪里。他们花了一些时间来搜寻。就在这时弗赖塔格在一位士官和一些士兵的陪同下出现了。他们试图逃脱。

“最坏的匪徒，”弗赖塔格说，“也不会做这样的举动来脱身。”

在弗赖塔格身边，伏尔泰发现一个新人物，一个名叫多恩的秘书，他说：“如果我在路上抓住他，我会一枪把他的脑袋打开花……”

他们只能屈从于士兵们的武力，何况士兵的枪支上插着刺刀。

他们不再被带往金狮旅店——据弗赖塔格说，店主声称伏尔泰太吝啬，自己不愿意再接待他……而是被带往“羊角”旅店，每个囚徒由两个士兵看管。

多恩带着四个士兵前去逮捕德尼夫人并粗暴地把她带回“羊角”旅店。

伏尔泰装作呕吐，科利尼走过来，很担心他的健康，伏尔泰低语道：“我假装，我假装！”

人们没收他的金钱。他抗议。人们声称是让他支付他的“膳宿”费用。

他再一次体会到他拥有的唯一力量，就是假装表面服从的话语和诡计。

只有这样他才能解除这些“东哥特人和汪达尔人”的武装。他写信给弗里德里希二世的姐姐，拜罗伊特总督夫人；他了解她对他怀有的友好情感。

“我的外甥女处在惊厥中。我们确信国王并不赞同这种可怕的暴行。夫人，请把这封信给他送去。请向他保证在如此闻所未闻的不幸中，我死去的时候仍将充满对他同样的尊敬和同样的眷恋……我从来没有也将永远不会对国王不敬，我的心灵将永远充满对国王陛下最深切和最温情的敬意。

“遗憾，这是昔日的伏尔泰兄弟……”

他甚至恳求弗赖塔格，哀求他让自己回到金狮旅店。

“原谅我们吧，我请求您，别让我们难以忍受！德尼夫人整夜呕吐，她就要死去。我们请求您饶命！”

他同意在人们要求他接受的所有文书上签名，因为弗赖塔格似乎从此准备作一些让步，但是这位普鲁士代表希望自己行动的正确性被承认。

伏尔泰于是玩弄句子的含义：

“因此，”他写道，“我非常正确地被监禁，尽管我不知道为什么我的外甥女被监禁；我承认她也被非常正确地监禁……”

7 月 6 日，他被允许返回金狮旅店，弗赖塔格把他的荣誉佩剑交还给他，但是当多恩要求他支付比预定的价格更昂贵的膳宿费时，伏尔泰表示不能接受：“我们在 12 天里当战俘，而我们必须每天支付 140 埃居！”

当他看见还是多恩走上前，拿着自己被没收的首饰箱时，操起一把手枪威胁他，对方带着那些埃居逃跑了！

人们指责伏尔泰企图杀害多恩，必须付钱赔偿他！

7 月 7 日，他们终于离开法兰克福，伏尔泰写道：“他被勒索，大量付费，不得不借钱赶路。人们抢走了他的文件、戒指、一袋金路易，直到一把金剪刀和一些鞋扣。”

但是他自由了。

他在科利尼的陪同下出发了，在 7 月 8 日德尼将到达巴黎，伏尔泰在不了解他将如何受欢迎的情况下不愿意前往那里。他指望外甥女帮他了解情况并为他的返回做准备。

随着马车渐渐远离法兰克福，他重又讽刺起来：

“东哥特人和汪达尔人的这件事情结束了，我拥吻我的主人们，我感谢他们温馨的接待。”

实际上，他觉得已经并永远更懂人情世故。

他曾认为一位国王能够是一位“所罗门”、一位“哲学家”。但国王依然永远是专制君主。

即使作为侍臣为国王效力，接受十字奖章，接受报酬，但每时每刻都有危险仅仅成为一个奴颜媚骨的朝臣，为了交换装满食物的饭碗而接受颈圈的一条狗。

在居留弗里德里希二世身边将近三年的时间里，他懂得了许多。

他很少写作。他逢迎拍马。人们也恭维他。但是他为了恢复自由被迫卑躬屈膝。

然而他知道了：自由是一位诗人、一位思想家、一位文人最珍贵的财产。

他将不会忘记法兰克福的教训。

他将永远不会再冒险被迫放弃自由。

苦难的经历，即使离奇，最终使他成为一个了解政权现实的人。

几天后，他收到已经到达巴黎的外甥女的一封信，他几次重读，十分满意：

“在法国没有人，”德尼夫人写道，“我是说没有例外，没有人不谴责这种成为笑柄和残酷的粗暴行为。它给人们的印象比你认为的还要深……

“大家都说你只能采取你所持的立场，以忍耐对付如此不能忍受的事情。

“公众评判人们时并不考虑他们的处境，你在这个法庭上赢得了你的诉讼。

“我们完全可以沉默不语，公众会为我们说话。”

8

{第八部分}

“我的朋友，这个国家不是为了我造就的”

(1753年7月—1754年12月)

36.
“我有点像流浪的骑士”

1753 年 8 月 16 日，伏尔泰让四轮马车停在莱茵河畔的基尔。

科利尼坐在他对面，惊讶地看见他艰难地走下马车，走了几步，停下不动，在夏天的雾霭中看着远方斯特拉斯堡大教堂的尖顶。

终于进入法兰西王国，可以希望在几天后回到巴黎并受到宫廷接待。

随后，突然，伏尔泰低下头。

他回想起外甥女的话：“公众评判人物并不考虑他们的处境，你在这个法庭上赢得你的诉讼。”

玛丽·路易丝·德尼怎么会如此天真？除非她只是想平息萦回在伏尔泰心间的愤怒、痛苦和复仇的希望？因为自从他在 7 月 7 日离开法兰克福后，他恰恰得到证明人们对待人只按照其社会地位和能够利用的势力和权力。

他觉得，在一个多月的时间里，从一座德国城市到另一座德国城市，从美因茨到曼海姆，在前往基尔和斯特拉斯堡的时候，“他有点像那些流浪的骑士，从一座迷人的城堡到一处洞穴，但是然后又从一处洞穴来到一座城堡”。

他不喜欢流浪。

他希望恢复在路易十五身边的地位，不再被放逐。但是他怀疑能否实现这个愿望。即使当君主给他官职和津贴，也从来没有对他表现出热情的关注。

伏尔泰甚至得知，他从大路易中学时期就认识的达尔让松侯爵透露说：

“人们拒绝允许诗人伏尔泰回到法国。人们试图通过这个小问题，令他不快，但取悦于普鲁士国王，这样做为了达到主要的目的。”

那么如果巴黎和凡尔赛宫禁止他去，他希望拥有一处地方，在那里他将是自己手下人和自己物品的主人，他的仆人和秘书、他的书籍和图画的主人。

这是一处住所，在那里，在59岁时，他终于将不再从属于一位君主，即使君主怀有好意但也必须服从，哪怕仅仅是为了顺从君主的作息时间。

在普鲁士严酷的不幸遭遇之后，他从来没有像现在这样渴望独立自主，当家做主。

他感到他那样将能够，甚至胜过在西雷府邸——在那里他必须考虑埃米莉·沙特莱的心境——在自己的书中完全潜心于创作。

自从他离开法兰克福，这个愿望一直萦绕在他心间。

不过，在旅途中第一个歇息地美因茨，他受到热情的接待。

他在那里度过了三个星期，全城的贵族向他表示敬意，对他的接待就像要让他忘却在法兰克福承受的恶劣对待。他有时间让人“晾干被沉船事故浸湿的衣服”。

他从事创作，继续写《帝国编年史》，这部《德国历史简编》他在哥达公爵夫人家就已开始写了，尽管冯·阿尔当贝尔男爵和夫人、德国皇帝使节佩尔让伯爵为他安排了几场晚会，他还是怀念着哥达公爵夫人。

但是主人们的赞扬、他们的关注没有使他执着的意愿消失，他要获得补偿和对弗赖塔格、多恩和施密特的谴责。

他希望人们归还他被多恩和施密特抢走的那些杜卡托。

他写信给法兰克福城议院。他提出根据。他进行辩解。因为他不是自感失败的人，他回到那里两天，住在金苹果旅店，会见市参事们，但是遭到他们的拒绝，他们不肯反对弗里德里希二世。

而且伏尔泰发现普鲁士国王继续以自己的惩罚甚至仇恨来追究他。

据他所说，伏尔泰只是由他的“梅代”陪伴着的一个“疯诗人”。而当他装作“原谅”时，这是为了令伏尔泰更加难受，指控他犯下“恶意的行为和欺诈，讥讽和诬蔑”。

伏尔泰并不因此不继续进行战斗。

人们曾监禁他。人们曾虐待他的外甥女。人们抢劫了他的财产。而现在人们要让他得到教训？归还他的金钱吧！

当他最后收到一千法郎——人们剥夺他的财产的一小部分——他感到成功地使

君主和其打手们屈服，但也感到被作为一个仆从对待，人们抛给这个仆从一笔小费让他停止伸手要钱。

7 月 28 日，他怀着愤怒的心情离开美因茨。

他进入曾被蒂雷纳军队劫掠过的这片有王权的伯爵领地，因为他写过《路易十四时代》，他了解太阳王和卢瓦的士兵犯下的大规模屠杀。

是出于心计，还是因为他害怕作为法国臣民激起仇恨，在沃尔姆斯歇息地，他自我介绍为一位意大利绅士？第二天，他到达曼海姆，宫内选帝侯在其施韦特赞让府邸接待他。

伏尔泰平静下来，喜笑颜开。他重又发现了王侯宫廷的乐趣与奢华。

在这里他不是“一个”法国人，而是伏尔泰。

“这处宫廷，”秘书科利尼叙述说，“是德国最出色的一处。晚会接二连三地举行，高雅的品味给与它们全新的乐趣。狩猎曲、滑稽歌剧、法国喜剧、由欧洲第一流乐手演奏的音乐会，使选帝侯宫成为杰出外国人物美妙的逗留地……”

伏尔泰是他们之中最超群和最受推崇的人物。

当他没去看戏或不需要出席晚餐——他在晚餐上表现的才智倾倒主宾——他创作《帝国编年史》和一部歌剧《中国孤儿》。

他已经有几个月不曾感到这样幸福，创作和娱乐结合在一起。

“宫内选帝侯，”他在 8 月 10 日给达尔让塔尔写道，“殷勤地让人演出我的四出剧。这重新点燃我昔日的激情，尽管衰弱无力，我开始勾画一出新剧《中国孤儿》的计划，这出剧充满爱情。我对此感到惭愧。这是一个老疯人的梦想。”

这是因为他经常思念外甥女。

有时在他看来玛丽·路易丝·德尼独自一人在巴黎，时而会客时而出席晚餐，被人讨好，现在躲避他。

他甚至认为普鲁士大使马雷夏尔勋爵一定在诱惑她，为的是让她写一封信给法兰克福当局，放弃对普鲁士国王代表弗赖塔格和施密特提出的补偿和道歉的所有要求。

他对她发怒，拒绝人们通过他的中间人向他提议的那些住所。其中之一在诺曼底，不过这是他昔日的朋友热心的西德维尔想出的这个念头，或许西德维尔在打德尼夫人的主意。

在一座临近奥塞尔的府邸里，他也会做什么呢？

他对德尼夫人大加责难。他要求她写信给这个人或那个人，拜访这位或那位有影响人物。

他不能控制自己的焦虑。他要获得返回巴黎的权利。

突然间，激情淹没了他，玛丽·路易丝告诉他自己怀孕了。

这无疑是他们在法兰克福重逢结出的果实。

但是他还没来得及遐想，她又告诉他自己刚刚小产。这令他失望。

不过他清楚地感到她好像自由了，很满意继续她上流社会的生活，她并不要和他重聚，而容易接受这位西德维尔甚至其他人对她献的殷勤。再说，他把一天天的日子消耗在创作上，他又能向她提供什么呢？

他郁郁寡欢，优柔寡断，离开了曼海姆，在基尔停留了一些时候以后，他在1753年8月16日到达斯特拉斯堡。

他决定安顿在白熊旅店，这是一家简易旅店，位于沙尔庞捷街，在这座城市最贫穷的一个街区。

一家美因茨旅店的一位服务员曾向他推荐自己的父亲开设的这家旅店。

“一位儿子对其生命创造者的关怀，”科利尼解释说，“感动了我著名的旅伴。他答应这位儿子向他提出的要求。而且他希望通过在这里小住来使这个家庭的这家旅店生意兴隆。”

他在那里只住了五天，然后住到犹太门附近的一幢小房子。

他似乎寻求慎重行事，仿佛他希望在这个他于三年多后重逢的法兰西王国只能谨慎前行。

但是人们得知了他的来到。人们拜访他。人们向他提议在夸尼元帅的府邸里接待他。他拒绝了，与卢茨布尔格伯爵夫人，蓬帕杜尔夫人的一位女友，恢复了联系。通过她他希望打动宠妃，获得她的支持，并且能够这样获准回到巴黎。但是他越来越怀疑能否成功。

一部作品在巴黎的沙龙里流传，它嘲笑普鲁士国王，批评他的粗暴和吝啬。

人们把他说成是这部讽刺作品的作者，是他表达“对普鲁士国王本人和生活方式的见解”。

由此，人们拒绝他来巴黎和宫廷，路易十五不能欢迎丑化与自己地位相同的弗里德里希二世的一位作者。

他愤慨，难以忍受。

他的外甥女责备他宁可在斯特拉斯堡孤独生活从事创作而不来巴黎与她重逢。

仿佛他该为自己被放逐负责任！

他并不是对弗里德里希二世不合时宜的批评作品的作者。或许他仅仅是普鲁士国王酝酿的一起阴谋的受害者，这位国王希望败坏他的声誉并阻止他重新得到法国国王的宠爱？

他离开斯特拉斯堡去科尔马和吕唐巴克村庄。他前往属于维尔唐贝格公爵的奥尔布尔格府邸，公爵是他的一位债务人，不定期地支付他终身年金。

伏尔泰对这座府邸拥有抵押权，但是他见到的这座建筑已经破败。

他剩下的唯一安慰就是创作《帝国编年史》和《中国孤儿》。孤寂一人，他根据自己写给德尼夫人的或她寄给自己的信件重新梳理法兰克福的整个“翻船”事件。

这是他赢得对弗里德里希二世胜利的方式，通过这部作品，对普鲁士国王无情的控诉状，“后代将能作出审判”。

伏尔泰不是轻易放弃和接受失败的人。

他把自己幽闭在吕唐巴克的“洞穴”里，在那里他是居住在临近一家造纸厂的一幢小房子里。

他在科尔马寄膳宿。他准备《帝国编年史》的印行，这部作品将在 1754 年 1 月出版。

工作使他得到安慰，充实了他的生活，在这个不确定的时期在法兰克福经受的屈辱和恐惧还不曾结痂，他处在两位国王之间，被他们放逐：弗里德里希二世，被他称为“最卑鄙的人”，路易十五，被他起的绰号是“愚蠢的戈丹神甫”。

他像隐修士一样生活，爱上这座科尔马小城，在那里他满足于接触小城众多的低微的葡萄酒酿造工人和商人。

“科尔马葡萄酒味美，科尔马居民善良”，他这样记下。

他写信给外甥女：

“有时有人来见我，我避而不见。住在一处洞穴或是思念你：这就是我的生活。”

当他发现海牙和柏林的一位书商让·内奥尔默没有得到自己的允许就出版《世界历史简编》——这是一部不知下落的或被盗窃的手稿，还没有写完——他起初感到不安，随后读到这个盗版的最初几行文字时简直不堪忍受。

人们说他这样写：“历史学家们，在这方面与国王们相像，把人类牺牲给唯一的一个人。”

他自己写的句子原来没有提到“国王们”，而是写“几个暴君”。

一个词被改变，他一下子成为所有君主的敌人！

还有另外几个句子被篡改，他变成对基督教进行猛烈攻击的人！

而且他的敌人们在《文学通信》上把他说成“土耳其人的宗教”暗中的崇拜者，就要把自己囿于君士坦丁堡！

1754 年 2 月 22 日，他通过两位公证人确认人们对他作品进行的“种种歪曲”。

他给书商内奥尔默写道：

“几乎每一页都充满荒谬的错误……你挣了不少钱。我要恭喜你。但是我生活在这样一个国度，文学的荣誉和社交礼仪使我有责任表明我与充满错误和下流语言的这本书的出版没有任何关系……”

他想证明自己无罪，但是，为了这个目的，他必须获准前往巴黎。

他恳求蓬帕杜尔夫人支持他的申请：

“夫人，如果仅仅允许我来到巴黎用短短的时间处理在我四年离去期间混乱的事务，并且给我的家人保障生计，夫人，我在死的时候将得到安慰并对您充满最深的敬意和感激。这种感情压倒我所有深重的苦难。”

他想指望蓬帕杜尔夫人为他说情。

但是路易十五将作什么决定？

37.
“如果不说真相，会使人讨厌；如果说真相，会被粗暴对待”

1754 年 2 月 20 日，在他寄膳宿处，科尔马犹太街 10 号戈尔夫人的一幢小房子里，伏尔泰向科利尼口授一封信。

他低声抱怨着。

他现在得知国王对自己申请书的答复，他不能控制自己的痛苦和愤怒。

“国王对蓬帕杜尔夫人说他不愿意我去巴黎，”他说，“我的想法和陛下一样，我根本不想去巴黎。”

他停下来，重复他给路易十五起的绰号，这个“愚蠢的戈丹神甫”，然后继续说：

“我很高兴将允许我把我濒死的身体送到我乐意去的地方……我确信国王不愿意我死在科尔马的医院里！”

但是他有一处地方去吗？

人们刚刚告诉他耶稣会的修道士们，在阿尔萨斯势力强大，决定审查《世界历史简编》，对他手稿的歪曲和伪造之作，而且他们准备谴责这本伪造的书。

伏尔泰起初不知道面临的威胁。随后他获悉在 1750 年，耶稣会士们在科尔马的广场上焚烧培尔的《词典》，而且他们梦想同样对待被说成是伏尔泰写的这部作品。

实际上，这些修道士，昔日的传教士——塞巴士蒂安·梅拉神甫、埃内斯特神甫、弗朗索瓦·安德烈·克鲁斯特神甫，基督临终兄弟会院士修道会会长——仅仅想把他驱除出阿尔萨斯。科尔马是他们的领地。

驻在边境城市波朗特吕伊的主教亲王敦促他们行动。这位高级教士的权限延伸到科尔马，几年前让人判处一位金银器商人死刑，因为这位商人要求修改市民阶级地位的法规。这位主教亲王仅仅给以宽容在对他行刑前免除割去他的舌头。

必须小心这个家伙，小心这些修道士。

伏尔泰小心提防。他寻找应对之策，写信给国王斯坦尼斯拉斯的忏悔师梅努，因为自己也认识他：

“两年来我作出最大的努力，为的是有益于柏林的耶稣会士们，”他提醒梅努。但是人们诬蔑他。因此他要求梅努神甫约束他的修道士们：“梅拉神甫将容易地明白一张受命宣讲上帝话语的嘴巴不应当成为诬蔑的传声筒。”

他急不可耐地等待着梅努神甫的答复，而当他收到答复时，他体会到其虚伪与无耻。

梅努断言他对科尔马的耶稣会士们没有任何影响力。但是他理解他们：当宗教受到攻击时，他们不可能保持沉默。

“我一直很惊讶，”他补充说，“像你这样的一位伟大人物，有这么多的仰慕者，却还没有找到一位朋友……在阅读你的作品时我有时感到我的泪水在流淌：我越是欣赏它们，我就越同情你。啊，如果上帝能使我如愿以偿……但愿我能像热爱你一样尊敬你！”

苦恼，再一次侵袭伏尔泰。他将永远是一个被放逐者、被追捕者？

“我有被烧死的危险，我对你说，”他在2月24日给达尔让塔尔写道，“我们有一位波朗特吕伊主教——谁能相信一位波朗特吕伊人是科尔马的主教？——在他行当中的大猎手、嗜酒成性者，他通过一些德国耶稣会士管理他的教区，这些耶稣会士在我们的莱茵河畔的野蛮人中间就像在巴拉圭一样专制。你看见在我们的外省理智取得什么进步！”

然而他感到危险远去了。梅拉神甫拜访他，向他表示歉意。梅努神甫尽了力：“有一些火不应该拨旺。”

“宗教狂热就要对我进行的迫害被我在科尔马完全击退了”，伏尔泰在1754年3月10日写道。

但是这样被骚扰，被监视，一直受威胁，这也是一种生活方式吗？

“如果不说真相会使人讨厌，如果说真相会被粗暴对待！怎么办？”

复活节临近了。人们监视他。必须作出证明，表明自己是狂热的天主教信徒，复活节领圣体。

伏尔泰接待一位嘉布道会修士，以便准备第二天在科利尼的陪同下在教堂领圣体，科利尼并没有上他装模作样的当：

“我突然瞥了一眼伏尔泰的神情。他伸出舌头，两眼大睁，盯着神甫的面部表情。我了解他目光的含义。”

但是这个表演是成功的。而且伏尔泰让人给嘉布道会修道院送去十二瓶上好葡萄酒和小牛的腰肉！

这样就被认为是好天主教徒！

“如果我有十万人，我清楚地知道我能做什么，”他后来对达尔让塔尔说，“但是因为我没有这十万人，我会在复活节领圣体，只要你愿意，你可以把我称为伪君子！”

他在更晚些时候告诉达兰贝尔：

“当明智的人被围困在失去理智的野蛮人中间，能够做什么呢？有的时候必须模仿他们的装腔作势并且说他们的语言。有一些人害怕摆弄蜘蛛，还有别的人吞食蜘蛛。”

他知道如果他曾经生活在西班牙，在这狂热教士的国度，“他会作数念珠的祷告，他会每天去望弥撒，他会亲吻僧侣们的衣袖”。

他压低声音，补充说：

“我会尽力在所有的修道院引起轰动。”

面对执掌查禁、审判、处车轮刑和火刑权力的这些人，必须运用计谋！

“到敌人那里去筹备对付他们的武器弹药，这可是一个相当不错的兵法计谋。”他说。

他已经有好几年使用《对于所有旧约和新约书籍的文字评论》，它是由本笃会的学者东·奥古斯丁·卡尔梅编撰的，这位博学者懂希腊文、拉丁文和希伯来文。

伏尔泰长期以来在东·卡尔梅的作品中汲取素材，希望会见他。他离开科尔马，到塞诺纳修道院去见这位本笃会修士，在那里他将能参阅丰富的藏书。

他在那里住了整整一个月，很高兴远离喧嚣，独自一人在自己房间或静默的图书馆从事创作。

如果在他床的上方悬挂着带耶稣像的十字架，那又有什么关系！这会使弗里德里希二世惊讶和好笑吗？让人们把它给他送去吧！

他并不掩饰："我在塞诺纳成为学者，我在食堂过着温馨的生活。"

他也很喜欢置身于这座修道院，避开当局，避开它们的密探和法官。"你们是否清楚地知道我不在法国，塞诺纳是帝国的地方，在教权上我只从属于教皇？"他在1754年6月16日写道。

他在塞诺纳意识到为了自由，必须找到一个地方摆脱强大的王权，波茨坦的王权和凡尔赛宫的王权。

但是他可能独自一人在那里生活吗？

他经常想到外甥女。

他想象着和她在一起的生活。

但是她将接受他要对她作出的提议吗？

他猜测她很倔强。当他指责她开销过分时，她并不服从。

"或许抑郁使你晕头转向，"她给他写道，"但是它能败坏心情吗？吝啬使你心痛……不要迫使我恨你……你在感情上是最糟糕的人。我将尽我所能掩饰你感情上的缺陷。"

他接受她的指责。他愿意真诚地和她相处，因为他不愿意失去她，她年轻、快乐，可以在他将生活的地方在他身边当家庭的女主人。

但是她必须知道创作是他生活的法则："我永远注定要在清静中度过大部分时间，无论在什么地方，哪怕是最辉煌的宫殿。"

但是，作为交换，如果她接受的话，她将过上一种富足的生活。他对她谈到金钱，对她透露自己拥有的财富，抵押权，这个世界的达官贵人们该付给他的终身年金，在若干大商业公司里的股票，投资在卡迪斯、阿姆斯特丹、莱比锡和日内瓦的资产……

如果她拒绝和他团聚，他将向她提供定期的年金，她将能和她的仰慕者、追求者一起在巴黎继续过她的上流社会的生活。

该由她做出选择。

伏尔泰知道他的生活在此刻就要决定。是不是他觉得自己处于命运的交叉口，这个意识使他衰弱？他又一次生病了。"阿波罗的骨架"，"残废的身体，活跃的思想"，在普隆比埃遇见他的人们这样说。他前往那里是因为他的外甥女德尼夫人、侄女方丹夫人，还有他的朋友达尔让塔尔在那里进行温泉治疗。

但是他的医生热瓦西宁可要他“像鼠妇[1]似的闭门不出。我在一生中不止一次地被判过动物生活……我让鼠妇的地方人烟稀少！”他嘲笑说。

不过在普隆比埃他的感觉好转了一些。

他重新获得会话的乐趣。他享受着自己令人产生的好奇和赞赏，同时他确信自己返回巴黎已不可能，路易十五不会改变主意。至于另一位国王，“最卑鄙的人”，弗里德里希二世，也同样对他敌视，反复说：“伏尔泰的作品可以读，但是与他打交道很危险。”

人们告诉伏尔泰的这些话、路易十五对他的禁令，都没有使他绝望。

在1754年的7月，玛丽·路易丝·德尼刚刚决定和他一起生活。

他深受感动，精神振奋。

他开始一生一个新的时期，即使他还不知道它将在什么地方展开。

他想到瑞士。

“我曾想到好像阿提喀地区的洛桑地区”，他答复一位通信人，对方对他谈到位于普兰京斯到洛桑路上莱蒙湖畔的古老阿拉芒府邸，它要被售卖。

这个假设比有个时期提起的另一个假设要好，有人曾提议他动身去宾夕法尼亚，说那里是思想家的乐园。

但是伏尔泰既希望远离政权所在地并因此不受它们专制的迫害，也同时希望生活的地方离中心都市只有几天马车的行程。他是欧洲人而不是美洲人。他拥有的财富使他可以购买他所希望的得到的一切。他被放逐了，但他是自由的，因为他是富裕的。

不过，首先，他在德尼夫人的陪同下离开普隆比埃前往科尔马。“这个外甥女曾让我从哥达出发，”他在1754年7月17日写信给萨克斯－哥达公爵夫人，“她曾经作这趟到法兰克福的不幸的旅行，又来和我一起体验德国，但是这是法兰西的德国。她陪我进行了温泉治疗。她陪同我到科尔马。”

他安心地进行创作。外甥女则在他寄膳宿处默默地忙于操持家务。

他为《百科全书》撰写一些条目，他希望成为这部百科全书的核心人物之一。他修改自己的歌剧《中国孤儿》。10月23日，拜罗伊特总督夫人，也就是弗里德里

1　甲壳类动物。

希二世的姐姐，在科尔马停留，邀请他进晚餐，并邀请他陪同自己去阿维尼翁，她打算在总督的陪同下在那里过上几个月，伏尔泰感到满足、愉快、高兴。

他接待黎塞留公爵的来访，黎塞留要求他前往里昂，在那里他参加朗格多克的等级制会议。伏尔泰犹豫不决。在那里，他将靠近瑞士。他将能前往日内瓦和洛桑，看看人们向他提议的那些花园住宅。但尤其，他发现即使生活在远离国王们的地方，他并没有被忘却。

殿下和公爵们来到他这里。只要他的作品在传播，他就依然是人们希望会见的人，人们要接近的人。

他丝毫不需要当宫内侍从或侍臣。

在科尔马逗留 13 个月后，他就离开了阿尔萨斯前往里昂。再说他能够拒绝黎塞留公爵的急切邀请吗？这样可以向殿下表明为了听命于他自己可以作出的牺牲！

“不顾我的状况，”伏尔泰给他写道，“不顾我外甥女糟糕的健康，我们还是出发，殿下，我们出发……德尼夫人断言你会在我们到达时把我们俩全都埋葬。”

这是他的诡计之一：以虚弱的身体为理由来打动对方，使对方心软。

但是接触他的人们也知道在他的真正虚弱后掩藏着真正的力量、意志、无穷的意愿，甚至刚强。

“我不再可能留在我曾经依恋的人的身边，”科利尼说，“在他家里生活必须接受的方式——与我的秉性不符合——不断受到的生硬对待，完全失去的自由，这些都促使我决定在科尔马与这位奇怪的思想家分手并让他动身去里昂。他的怪诞迫使我这么做，我就在他即将动身的当天告诉了他。”

伏尔泰想让人从超载的四轮马车上卸下科利尼为数不多的行李。

这个意外事件了结以后，伏尔泰在这位秘书的陪同下动身前往里昂。

在第戎停留之后，他们终于在 1754 年 11 月 15 日到达高卢的首府。

他们住到王宫旅店。

他们和黎塞留公爵与拜罗伊特总督夫人一起进晚餐。

当伏尔泰前往上演《布鲁图斯》的剧院时，他受到人们的欢呼。

“如果我有自尊心的话，我会留在里昂。”他说。

他去向唐森枢机主教表示敬意，唐森领导着里昂总主教教区。

这位枢机主教是唐森夫人——阿鲁埃在巴士底狱邻舍的狱友——的兄弟，也是达尔让塔尔兄弟的舅舅。这位枢机主教阁下在圣让首席主教教堂的候见厅里总是坐满求见的佞人。

伏尔泰被引见。枢机主教殷勤好客，但同时表现出遗憾的神情。

过了一会儿，他压低声音：

“作为圣职者，他信赖地向我承认，”伏尔泰后来叙述道，“他不能公开请我进晚餐，因为法国国王很生气我离开他而到普鲁士国王那里。我对他说我从不进晚餐，而对于国王们我是世界上最容易打定主意的人，就像对待枢机主教们一样。”

在凌辱之下，他十分愤怒。枢机主教的胆怯在他看来是可鄙的。他转过身，离他而去。

他突然回想起这位高级教士一定指责他——并通过这种凌辱让他付出代价——曾经在《路易十四时代》中把自己主持的昂布伦主教会议形容为“小主教会议”！

然而冲动的情绪不能使他忘记该谨慎行事。伏尔泰后来让人将“小”这个字眼从《路易十四时代》的未来版本中删去。

他见到在候见厅里等待他的科利尼。他依在他秘书的胳臂上，艰难地行走：他的痛风发作了。

当四轮马车启动时他依然默默无语。

随后，以平静的声音，缓缓地，仿佛他想说服自己，他说：

“我的朋友，这个国家不是为我造就的。”

9

{第九部分}

“自由！自由！你的王位是在这些地方”

(1754年12月—1758年12月)

38.
"我本来只想要一处葬身之地，但我将有两处"

伏尔泰俯身在车门口。四轮马车刚刚停在离瑞士边境大约两百步处。一些宪兵带来一个人。

科利尼走下车，询问情况，然后回来。

事关一位想去瑞士的牧师。他来自尼姆。宪兵们将他逮捕。伏尔泰发怒了：难道他们不了解国王命令允许胡格诺派的牧师们离开这个王国？

他质问这些宪兵，他们似乎充耳不闻。他们就要领取为逮捕一位新教牧师而许诺的奖金。而这位牧师或许将在苦役中度过余生。

马车重新出发了。伏尔泰再一次低语道："这个国家不是为我造就的。"

但是他不能猛然关上身后那一道道门。

他曾写信给蓬帕杜尔侯爵夫人和达尔让松伯爵，告诉他们自己将在瑞士等待美好季节的到来，以便可以去埃克斯海滨浴场。而且他想在日内瓦征求泰奥多尔·特龙尚的意见，这位全欧洲的名医曾在阿姆斯特丹和莱登开业行医，现在回到了他的日内瓦共和国。伏尔泰已经通过这位医生的一个兄弟，让－罗贝尔·特龙尚，里昂的银行家向他探听过情况。而且他仅仅会见过一次就把自己的现金财产托付给这位银行家管理。

他信任特龙尚家族。在日内瓦接待他的是弗朗索瓦——另一位特龙尚兄弟——

市议会议员，酷爱戏剧并写过一些悲剧，保证可以找到一处适合伏尔泰的房舍。

不过，暂且，伏尔泰打算小住在普兰京斯府邸，离努瓦永不远，在沃州地方。府邸的主人，吉盖先生——伏尔泰的侄女方丹夫人的一位朋友——打算为这位诗人、德尼夫人和科利尼提供住处。

他们于 1754 年 12 月 12 日才到达日内瓦。这是“云梯攻城”日，这个节日是纪念萨瓦公爵于 1602 年 12 月 12 日试图通过“云梯攻城”来夺取这座城市。居民们击退了攻城的 5000 名“萨瓦人”士兵。

在这次攻城以后，人们在日落时分，将近四点半，关闭那些城门，但是让科尔纳万门开着，是弗朗索瓦·特龙尚“迎接伏尔泰，在家里接待他，请他吃‘云梯攻城日’习惯的晚餐，鱼和火鸡”。

随后，在日内瓦用一天时间会见各界名人和医生泰奥多尔·特龙尚以后，伏尔泰动身沿湖前往洛桑，为的是抵达普兰京斯府邸。

他看见这座巨大的建筑正面开着 13 扇窗户。他想象着在这些难以取暖的房间里停滞的严寒。他已经不寒而栗。

他心情郁闷。这处住所不适合像他这样年纪、有这样名声和这样财富的人安身。

他很快就要 61 岁了！他是一位身材瘦削、体弱多病的老人，经常不得不卧床不起，腹痛难忍。

他希望有一处对他的精神和身体都很惬意的房舍。

他曾经想买下阿拉芒庄园，但是这个地方的法律——他带着苦涩的讽刺说——“不允许像我这样如此忠于教皇的人购买”。

于是他走进普兰京斯府邸。他调侃道：

“我在这里就像得到我的君主国王旅行许可的一位旅行者！”

但是他决定停留在普兰京斯仅仅是为等待找到将使他愉快的地点。

在 60 岁的时候，以自己拥有的财富，他，达官贵人和王室宫廷的常客，希望有一处享受的地方，有一座巨大的花园、一处美丽的住所，前面是迷人的景色。是的，他希望有这样的安身之处。他应该把它买下吗?

“毕竟，为了要过的不多的日子，当房客或是当房东又有什么关系？真正重要的是和有思想的人物一起度过这些不多的日子。”

1755 年 2 月 1 日，在弗朗索瓦·特龙尚的支持下，“由于他的健康状况”，必须“向医生泰奥多尔·特龙尚求医”，他获得“日内瓦国务会议允许居住在共和国的领土上”。

"上帝，所有的特龙尚家族的人多么可爱！"德尼夫人叫喊道。

但是，在普兰京斯的这座府邸，他感到自己在流亡，因为前途不明而倍受折磨。

他听到科利尼揶揄：

"他有点腻烦，心情恶劣。吃得很少，像惯常那样，因为希望饮食有节制。他不知道今后会怎么样。"

这位秘书甚至补充说自己生活在"一位垂死者的身边，但是他却转动着充满勃勃生气和愤怒的眼睛"。

因为必须闭门不出："莱蒙湖是可怕的，风在那里肆虐，击打着普兰京斯府邸。"

德尼夫人害怕这些风暴。她嚷道"生上旺火！""关好所有的窗户！一个人要穿皮大衣，另一个人头上戴五六顶无檐帽！"

然而他像通常那样，不顾风吼，不顾寒战，一门心思地从事创作。

他雇了一位 15 岁的年轻人，让－路易·瓦尼埃勒，他将成为科利尼的"助理秘书"。

他与一些印刷书商接触，克拉梅尔兄弟开始印行《世界历史简编》。

通过他们，他得知一位银行家，日内瓦参政员让－雅克·马莱，希望出手一处临近日内瓦的房舍，它位于圣让山丘上。他前去察看了。这处房舍必须重新改造。

"建造这座房子的人显然只想到自己，完全忘记了该给朋友们留出方便的小套间。"

但是那些花园是美丽的，和任何府邸的花园一样高雅。面对着日内瓦和湖泊——湖水围绕着平台脚——的景色令人心旷神怡。在天际清楚地显现出阿尔卑斯山脉和勃朗峰。

必须艰苦地讨价还价，还想购买另一处可以过冬的房舍。通过特龙尚家族，他在洛桑附近的蒙里翁找到了这处房舍。在那里，在湖畔，将能度过寒冷的季节。

伏尔泰兴奋不已：

"我把圣让称为愉园……愉园将用来度夏，蒙里翁的房舍用来过冬……我本来只要一处葬身之地，我将有两处！"

1755 年 2 月 10 日，他支付 87000 里弗尔，达成了愉园的交易，又租下蒙里翁的房舍，他感到满心喜悦、表现了自己的力量和富裕。

他是自由的。这处房舍，愉园，就是为他的自由树立的纪念性建筑。

他召集并指导泥瓦工、木工和园丁。

他们修剪葡萄藤、树木。他们砌造家禽饲养场。

“愉园现在是我的烦恼，”他说，“德尼夫人和我，我们忙于让人为我们的朋友们和我们的母鸡建造住处。我们让人打造四轮马车和两轮车，我们种植柑树和洋葱、郁金香、胡萝卜。我们什么都缺，必须建立迦太基！”

他想在自己的住所把美、智慧和必需品融合在一起。这将是文学君主的庄园。骄傲和喜悦萦回在他心间。

他等待了六十多年才拥有和享受这一切。

但是他终于成为自己王国的主人，这个王国只来自于他自己。

“我拥有人们在日内瓦附近能够享受到的最漂亮的房舍和最美丽的花园；实用与美观在这里结合在一起。我忙于满足实用又增添美观。”

这种生活在自己家中的强烈满足感，他需要表达它，高声表达出来，让人分享。

他写作《1755 年 3 月伏……先生在到达日内瓦湖附近其地产时的书简》。

这是一首对自由的颂歌：

愿所有人拥吻，或祝愿，或让人们想起
那活在所有心灵中的人，其神圣的名字
在暴君的宫廷中也默默地受崇敬……

自由、平等和博爱这些语汇随着诗歌的节律在他心中搏动着。他口授道：

各个等级是平等的，人们是兄弟。
自由！自由！你的王位是在这些地方！

建设和布置愉园的欲求令他兴奋，着迷，他好像觉得他的身体驱走了疾病，由于年轻的外甥女德尼夫人在自己身边，他生命的一个新的时期开始了。她做自己爱做的事，监督仆人们、园丁们、厨师们。日子一天天过去。春天临近了。然后送来了雅各布・韦尔内牧师的信，这封信就像一阵凛冽的寒风：

“先生，”牧师写道，“见到像你这样一位著名人物来到我们中间，大家都感到满意，唯一搅乱这种心情的，就是人们想到一些青少年著作对公众表现你对于宗教的情感……管理我们的明智的人们和良好的市民阶级已经在他们的讲话中对此表现出严重的不安。我希望你完全驱除这些不安……牧师们明智地忠于真正的福音书，而统治者们知道福音书是必要的。”

伏尔泰做鬼脸。

难道在这里他也遇到这种怀疑，这些思想自由的羁绊吗？

人们向他要求什么？

“因此，先生，”韦尔内继续写道，“我们希望你了解我们的想法并且当机会来临时和我们团结在一起，使我们的青年人摆脱会导致放荡的无神论。请确信那时你将受到所有人的崇敬和热爱，没有人会害怕你。”

他满腔愤懑。

那么，在这里，也必须运用计谋对待这些权贵，即使他们自称牧师而不是耶稣会神甫，即使他们曾被迫害，可能是狂热的信徒，因为他们的宗教而盲目，哪怕这种宗教如他们所说是改革的。他想起昔日人们给他套上的天主教术语：“所谓的改革派”。

就是在这里，在日内瓦，在1553年，加尔文让人活活烧死让·塞尔韦医生，塞尔韦是从宗教裁判所的监狱逃出，被指控企图把宗教分解在存在于世界的上帝之中，这个上帝不是在教堂或圣殿中，而是在自然界。

在胡格诺派教徒看来，持这种泛神论的人应该被处死。

必须巧妙地、谨慎地答复韦尔内牧师，让他放心：

“对于年轻人来说，我年纪太老，病得不轻并且有点太严厉。”

但是他清楚地感到这些话语还是不够的。

“我亲爱的先生，”他补充说，“你所写的关于宗教的话语是很有道理的。我厌恶排斥异己和宗教狂热；我尊敬你们的宗教法律；我热爱并尊重你们的共和国。请你把将我和你们温情地维系在一起的情感告诉你的朋友们。”

他当然准备运用计谋，但决不会准备改变自己的看法。

39.
“我不再敢抱怨我的腹痛”

伏尔泰喜爱漫步在他让人在愉园的花园中开辟出的宽阔小径上。

他倚在一堵矮墙上，百看不厌地凝视着这个全景：湖泊、日内瓦、阿尔卑斯山。

园丁们在忙碌着。

他曾要求人们在扩大的菜园里尽量多种植物，从薰衣草到鼠尾草，从草莓到风轮菜。

他觉得在这个自己选择、自己拥有、自己随心所欲塑造的地方，他将获得宁静，一种自由和独立生活的“愉悦”。

“我们在隐居生活中忘记了，”他说，“国王们、宫廷、人们的愚蠢；我们只想着我们的花园和我们的朋友。我终于过上一种恬静的生活；这是上帝的赠与，只有当人们胡子花白时才获得，这是老年期的玩具。”

他转过身。这座花园井然有序，没有小树丛和矮林，是具有精神魅力的美妙之处，也是理性的象征，而理性应当统治一切。

几天前，他获悉1755年2月10日孟德斯鸠的死讯。他曾情不自禁地批评逝者的作品，恰恰是顾及事理和理智，说：

“《论法的精神》在我看来一直像是布置零乱的小房间，却有美丽的水晶吊灯。我有点赞同方法论，并且我坚持认为如果没有它，没有一部伟大的作品会传到后代。”

再说，孟德斯鸠没有怎么支持过他——或者带有强烈的贵族傲慢，以至于伏尔泰不曾喜爱这个认为诗歌无用的人。

“如果孟德斯鸠，”伏尔泰说，“曾有同样的公正和才华，他会不由自主地感到我们一些优美的颂歌和优秀的歌剧远远胜过《波斯人信札》的那些戏言。

“如果他曾经观看在这里，在愉园，在所有日内瓦名士显贵面前举行的《查伊尔》的戏剧演出，对此他会理解的。”

所有的人全都哭了。“我从来没有见过人们流下这么多的泪水，加尔文派的教徒从来没有这样动情过。”伏尔泰评论说。“加尔文没有料到天主教徒有朝一日会使胡格诺派教徒在日内瓦的属地上哭泣！”

他决定——德尼夫人鼓励他这样做，她醉心于这个想法——让人建造一座剧场，因为没有剧院，能够生活吗？再说这些工程的花费也没有关系。他已经为愉园的各项美化工程付出将近 40000 里弗尔。

有钱派什么用场呢？他知道人们指责他吝啬和虚荣。人们告诉他达尔让松侯爵的话语，他在其中猜出一丝酸涩和嫉妒：

“伏尔泰终于炫耀他的财富，”侯爵说，“他终生租下日内瓦湖附近的一处美丽房舍，在那里他展现许多演出并邀请他的朋友们；日内瓦的官员们在那里尊重他并厚待他，因为这个人的知名度和他吸引来的人士，会大大有益于这座城市。人们给与他十万多里弗尔的年金，还有许多现金。”

达尔让松侯爵夸大其词，但是伏尔泰倒喜欢人们认为他比自己的实际情况更富裕——因而也更强大。

如果他没有这些年金、成卷的金路易、大商业公司的股票，把它们作为盾牌和利剑，他会怎么样呢？

他或许会像那些“泥潭的昆虫”，承受凌辱，甚至连逃跑都不可能！

或者他会不得不像所有这些骗子，这些印刷书商，攫取一位名作者的手稿，复制出来，私下售出，换取十来个杜卡托。

一个书商弗朗索瓦·格拉塞，一个印刷商普里厄，他们就是这样做的，抄袭和篡改他的作品《贞女》《1741 年战争史》。

这些知识贫乏的人，这些剽窃者写出《贞女》的整篇的一些诗，为的是让这个文稿引起议论纷纷。

而且在巴黎流传和出售的手抄复本不少于 12000 份！

人们指责伏尔泰是这些不值一提的诗歌的作者，这些诗居然将贞德变为“妓女”。

一位侯爵克西默内斯，追求德尼夫人，可能为自己隐藏了《1741 年战争史》的一些笔记。伏尔泰起初对外甥女发火，随后承认“她怀着热情和坚定的友情行事”。

但是对这位弗朗索瓦·格拉塞，情况则不一样，格拉塞冒冒失失地来到愉园。伏尔泰起初殷勤地接待他，为的是试图弄明白《贞女》的手稿是如何落到这位书商手里的。他想见到这个复本，人们要他承担其责任的这个作品。

“见到如此无礼和卑劣地藐视最神圣事物的这个作品，我感到厌恶至极。”伏尔泰讲述道。

他对格拉塞宣称“无论是我还是我家中的任何人都决不会写出如此卑劣的文字，如果我有一位仆从抄下其中一行，我会立即将他撵走”。

随后他怒不可遏。他不由自主地猛然扑向格拉塞，对方挣扎着不让他卡住喉咙，这时园丁们和仆人们带着铁锹和棍棒纷纷赶来。格拉塞好不容易才逃脱。

弗朗索瓦·格拉塞后来被逮捕，被拘留了一夜，随后被释放并驱逐出日内瓦。

“那是在一个司法不严厉的国家我所能做的一切”，伏尔泰这样记载。

他知道这个事件败坏自己的名声。无论他说什么，人们怀疑他是这些“卑劣”诗歌和对贞女丑恶描写的作者。

只要几个星期就足以使谣言扩散，使人们对他的不满和保留形成定见。

还有戏剧问题。

从 1755 年 7 月 31 日起，对于伏尔泰打算让人在愉园演出的悲剧，牧师们就深感不安。他不是建造一处剧场吗？“他让人设立一座剧院并进行装潢”。人们反复说。然而“在这座城市里有对娱乐的一种奇特爱好，重要的是不要为这种娱乐提供新的精神食粮”。

这不正是伏尔泰所做的事吗？

他带着讥讽回答说：

“我很希望你们的牧师们去看喜歌剧，但是我不愿意人们在我这里，在十个人面前，上演一出充满说教和道德的剧，如果这使他们不快的话。”

他让人传播消息说他的剧《中国孤儿》——他在愉园不停地修改过——刚刚在法兰西剧院、在巴黎和枫丹白露、在王宫成功地演出了十三场。

这出剧叙述鞑靼人成吉思汗虽然入侵和征服中国，如何被中国的文明和美德所征服。文明人的美德总是胜过野蛮人的粗鲁。而戏剧就是可以最好表达美德力量的艺术。

但是伏尔泰猜测到他不能令人信服。

他再一次愤慨和痛苦地发现在这个日内瓦共和国，人们也要约束他，迫使他沉默。

尽管满腔愤怒，他不得不屈服。

或许他曾抱有幻想，愉园将不是他度过余生的家园，他将应当离开这处房舍，这个地方吗？

“他很遗憾，”他给牧师主教会议写道，“引起人们对该在自己家中演出的一出悲剧的指责，不过这不是出于他的过错而是出于他的访客们的过错，因为他们不曾提醒他。现在他清楚得知情况，将避免再违反禁忌，他的意愿始终是恭敬地遵守政府的各项法律。”

但是他的悔恨并不足够。

同样，如果说人们很少关注克拉梅尔兄弟出版的17卷《伏尔泰先生作品全集》，人们不安地看到在日内瓦流传着“人们归于伏尔泰先生的题为《奥尔良贞女》一篇可耻手稿的十一首诗”。

如何制止把如此恶劣的诗歌归罪于他的这种诬蔑？

特龙尚兄弟建议他要求焚烧这些令人愤慨的诗歌。

聚集开会的牧师们给与伏尔泰证明，表示他不可能是这些文字的作者，他们同意他的要求，那些伪劣的诗歌将被焚烧。

他再次感到自己是“病人伏尔泰”，行动困难，被腹痛折磨着。他去看医生泰奥多尔·特龙尚，医生检查以后对他说：“始终刺激性的胆汁和始终受刺激的神经，它们过去、现在和将来都是你病痛持久不退的原因。”

失望情绪折磨着伏尔泰。

他自问：他相信日内瓦共和国的美德，他是不是抱有幻想了？或许必须离开这个共和国，这个想法痛苦地扎根在他心中。

他不曾接受普鲁士国王的庇护。他怎么可能屈从于几位牧师？

当他从让－雅克·卢梭那里收到这位日内瓦公民向第戎学院竞赛提交的作品《论人类不平等的起源》，他深深地体会到把他和这些牧师分隔开的鸿沟。

日内瓦的牧师们赞扬卢梭的这部作品。

伏尔泰读了这部作品并告诉卢梭：“你会取悦于你对之说出他们实情的那些人，但是你改变不了这些实情。”

而且他并不掩饰自己与卢梭深刻的对立：

“人们从来没有用如此多的才智来想使我们变得愚蠢，”他继续说，当人们读到你的作品时，人们会想爬行。不过，因为我已经有六十多年失去了爬行的习惯……我将这种自然的动作留给那些比你和我更配得上爬行的人……我满足于充当在我——在你的祖国——选择的孤独中一个平静的野人，你本该生活在你的祖国……人们告诉我你的健康很糟糕，应该来到故乡的空气中恢复健康，享受自由，和我一起饮我们乳牛的奶，啃食我们的青草……”

他微笑着阅读让－雅克谦恭礼貌的答复，对方装作没有理解对自己的讽刺并且写道：“请美化你选择的庇护所，启发配得上得到你教诲的民族，如此善于描绘美德和自由的你，请你教我们在我们的围墙中如同在我们的作品中热爱它们吧……”

但是当大地在你的脚下裂开，当成千上万的男人、女人和孩子在几分钟内被废墟压死，又如何传授美德呢？

地震是在1755年11月1日在里斯本发生的，伏尔泰像所有的日内瓦人一样在同月23日才得知。

他惊呆了。

“这是反对乐观主义的可怕论据！”他叫喊道。

大地在摩洛哥、米兰、阿姆斯特丹颤动，在12月9日也在愉园颤动。

“我们损失了一瓶麝香兰酒，它从一张桌子上落下，为整个区域付出代价。”

但是灵魂和精神也在颤抖。

“天意带来重大损失！”他感叹道，“一切都好的说法和乐观主义不攻自破！”

他补充说：“我不再敢抱怨我的腹痛。”

同时，他知道这场灾难和逝去的人们将被忘却。的确，对死者的怀念会如何延续？

“每一天我们周围都有这样的情况。人们说：他死了；随后他就永远被忘却了。”

他不愿意出现这种情况。

必须思考这个事件的含义，为此写作。

他开始创作一首《咏里斯本灾难，或审视格言“一切都好”》。

他想质疑他的朋友诗人波普。“我很遗憾攻击他，不过同时也在赞赏他。”他说。

因为这场灾难让人目瞪口呆，的确推翻了莱布尼茨和波普捍卫的格言“一切都好”。

“这是残酷的物理学。人们将很尴尬地猜测运动的法则如何在最美好的世界引起如此可怕的灾难。十万个勤劳的人，我们的邻人，在喧闹的地方一下子被压死……

那些预言家们将说些什么，尤其当宗教裁判所的宫殿依然直立着？我很高兴至少那些可敬的宗教裁判所法官神甫们也会像其他人一样被压死。这可以告诉人们决不要迫害人，因为当一些神圣的坏人烧死一些狂热的信徒，大地会不加区分地将他们全都吞噬。”

他怀着盛怒写下这首《咏里斯本灾难》，这是他的“说教”：

当死亡使我承受的痛苦达到顶点，
被虫子啃食减轻痛苦！
对人类苦难蹩脚的计算者们，
不用安慰我，你们增加我的痛苦
我在你们那里看到的是
装作满意的一位不幸的神甫无能的努力。

他要反对波普和莱布尼茨的观点，在他们看来，在这个世界，一切都好并且一切都是必要的，如同他们“以哀怨的声音”反复所说。然而必须承认人们不可能通过宗教解释类似的灾难。

恶，善？谁受惩罚？

里斯本，不复存在，难道它比沉浸在愉悦中的伦敦、巴黎有更多的罪恶？

至多可以敢想、敢写：

有一天一切都会好，这是我们的希望
今天一切都好，这是幻想

他知道人们已经开始批评他的这首诗。牧师们指控他散布无神论，甚至亵渎神灵。不过，暂且，当潮湿的寒冷浸透日内瓦的原野，伏尔泰来到蒙里翁他过冬的住所。

这是1755年12月14日。

在这里他将“躲避凛冽的北风”。

40.
“我喜欢斥责我的园丁们胜过讨好国王们”

他读着。他口授着。

他修改自己的《咏里斯本灾难》。

他重新感到激情侵袭着他，他这样描述：

这些妇女，这些孩子，一个个堆积在一起
在断裂的大理石下压着这些散乱的肢体，
大地吞噬十万个不幸的遇难者，
他们流淌着鲜血，被撕裂，还在抽动，
埋葬在他们的屋顶下，在痛苦和恐惧中
无助地结束他们悲惨的生涯……

他知道在日内瓦、伯尔尼、洛桑的牧师们，还有在巴黎的神甫们，他们得知了这些诗歌，联合起来，从中嗅到了唯物论的迹象，发现了“无神论的不祥的种子”。胡格诺派教徒中有一位甚至叫喊：

“我们不要一个是全地球渣滓的人！”

伏尔泰由于愤怒和寒冷而颤栗着。

他竖起"美丽天鹅绒"便袍的白鼬衣领，这件便袍是外甥女为1755年圣诞节赠送给他的。他要人在所有的壁炉里烧旺炉火。他希望自己的"蒙里翁小隐居地"热得"像蒸汽浴室"。但是这不能驱除他身体的寒冷。

他感到不安，他经常恳求泰奥多尔·特龙尚这位博学的医生给自己作检查。他焦虑不安地问道：对他的"死尸样子"怎么看？

医生的含蓄和冷静令他失望，医生并不关心他发出的"可怜的病人"和"垂死者"的抱怨。他猜测到泰奥多尔·特龙尚——虽然自己将他作为一位朋友来接待——严格地审视他，指责他成为"仰慕者的奴隶"、始终"自我矛盾"、不像一位哲人那样行事并且无法摆脱"过分的奢望"。

"由此产生什么结果？"特龙尚向他指出，"对死亡的恐惧——因为人们害怕死亡——不能阻止人们抱怨人生，由于不知道指责谁，人们就抱怨天意，其实人们只该对自身不满意。"

伏尔泰拒不服从。他应该根本不征求这位特龙尚的意见，特龙尚虽说是博学的名医，但也只是和天主教徒们一样虔诚的一位胡格诺派教徒。人们随时能够担心他宗教狂热发作。

他收到一封匿名信，指责他在里斯本地震后的言谈。这封措辞强烈谴责他的信只盖着标记为字母H的印章。或许写信人是这位伯尔尼的学者和诗人，也是一位朋友，经常来访蒙里翁或愉园，但是这位阿尔布什特·冯·阿莱也完全能够谴责《咏里斯本灾难》。

因此必须谨慎，要求克拉梅尔——克拉梅尔在准备他的著作十卷的新版本——将这首诗编入《杂集》，把它和《咏自然宗教》配合在一起。

但是伏尔泰清楚地知道这将不足以使人们接受这两篇作品。

他已经得知这些作品"绝不可能获准在法国印行"！

因此人们放任这些不准确的抄本传播，这些抄本在他的名字的掩护下，包含一些令人愤慨的段落。随后，正是以这些假冒的作品为理由，人们禁止他回到巴黎和重新出现在凡尔赛宫！

而现在就在这里人们也指责他。

他就这样获悉卢梭严厉批评他的《咏里斯本灾难》。

"伏尔泰，"让－雅克说，"似乎总是相信上帝，其实从来只相信魔鬼，既然他所谓的上帝只是一位作恶者，在他看来，它只以害人为乐。"

在卢梭给他写来的信中，伏尔泰觉察出的是苦涩，或许是嫉妒：

“满足于光荣并且看穿虚幻的声誉，你自由地生活在富足之中；当然以你不朽的名声，你平静地探讨灵魂的特性；如果身体或心灵痛苦，你有特龙尚作为医生和朋友；然而你在这大地上只发现恶。而我，默默无闻的人，贫穷并且受着无药可治的疾病的折磨，我在我的隐居地快乐地思索并且觉得一切都好。这些明显的矛盾从何而来？你自己曾经对此解释过，你享受着，但是我希望着，这希望美化一切。”

伏尔泰不愿意和卢梭展开争执：有何益处？他倦于辩解。

他仅仅回答：

“你的信写得很好。但是我家里有一位外甥女三周以来处在很大的危险中；我现在是看护病人的人，我自己也病得厉害。我将等待我的身体好转和我的外甥女痊愈，以便和你一起思考……”

他在 1756 年 3 月中回到愉园。

空气已经温暖，春天美化着花园，在花园里可以散步，流连在中午的阳光下，俯身察看最初的种子发芽。

享受美景、大自然、精美的菜肴和名酒：恶在哪里？

但愿让－雅克·卢梭热衷于严厉批评并在孤独和贫穷中博得人们好感，如同他在离群索居中已经获得的那样，算他成功吧！

但是最好拥有六匹马，四辆车，一个车夫，一个车夫副手，两个仆人，一个贴身男仆，一个厨师，一个厨房小学徒，一个秘书，一个助理秘书和一些园丁，而不能穿得像个仆人一样，像穷人那样受凌辱！

人们尊敬的是富人，人们希望结交的也是富人。

在蒙里翁或愉园，人们从洛桑和伯尔尼，从日内瓦和巴黎，从英国和萨克斯前来拜访他。每个人都为佳肴美酒而高兴。

“我们今天接待了几乎洛桑全城的人，”伏尔泰说，“我会很高兴其余的日子会更多一点属于我自己，我来到这里不是为寻找人的。”

不过他很乐于接待人，让人看他的住所。

随后他回到屋里，在晚餐时才露面，很高兴以他的灵感、显露的才智、如涌的文思令人惊讶，令人着迷，当然他清楚地知道“他的死尸样子”会使人想到他处在死神的门口。

对此他感到害怕，但是夏洛特，一位年轻姑娘在她的父亲皮克泰教授的陪同下出现了，这足以使他忘却自己的状况，自己的痛苦。

这两位访客住在离愉园不远的地方。他想吸引夏洛特，为她创作了一首四行诗，以便感谢她为他绣了一顶帽子。

德尼夫人立刻自炫能够做得更好，他对外甥女的嫉妒感到高兴。他猜测到科利尼的讥讽话。

“在四十五岁的时候，嫉妒一位六十多岁的舅舅，这真是新鲜事！”

必须解雇这位秘书，他太放肆，讽刺德尼夫人。“这位暧昧的能工巧匠”，科利尼说，专心致志地做“一顶漂亮的帽子，配得上给一位苏丹戴”，以此取得对可怜的夏洛特的胜利！

伏尔泰不让自己因为这些可笑的小场景而心绪不宁。

伏尔泰更加不安的是方丹夫人患的疾病，他的这位侄女是在弗洛里安侯爵，一位军官，她的情人的陪同下来到愉园的。特龙尚给她治疗，但是从1756年6月到10月，她的疾病一连好几个月迟迟不消退。

伏尔泰每天在她身边度过一些时刻，随后回到自己屋里口授自己编写的条目，他把这些条目寄给狄德罗、达兰贝尔，因为他希望充当反对宗教狂热和偏见的这部“战争机器”的一个齿轮，这部机器一卷卷地形成《百科全书》。

“只要我还有一丝气息，”他说，“我就为《百科全书》的杰出的作者们效力：我将感到很荣幸能够，尽管只能尽绵薄之力，为民族和文学最美的纪念碑作贡献……你，达兰贝尔，和狄德罗先生，你们造就的一部作品将是法国的光荣和曾经迫害你们的那些人的耻辱。巴黎蹩脚的作家多如牛毛；但是在雄辩的思想家中，我只认识你和他。”

他喜爱这项工作，它要求严格、简短、精练和明晰。他说，必须“把一切放进词典”。他有时自我嘲笑，当他编撰某一个条目，谈到关于性交的条目时，他给达兰贝尔写道：“对于这个词我不能说很多，也不能做很多。”

但是还有多少别的方式可以“享受”生活！

他丝毫不想离开愉园，哪怕仅仅是为了前往里昂，在那里银行家让－罗贝尔·特龙尚为他管理着至少400000里弗尔。

然而，必须关注自己的资产，因为战争发生了，打乱欧洲的外交格局。

弗里德里希二世改换了盟友，选择英国并抛弃接近维也纳和玛丽－泰蕾兹女皇的法国。

在这种情况下不再谈得上回应要主动重新与他接上联系的普鲁士国王，国王让人告诉伏尔泰，自己根据他的《梅洛普》剧创作了一部歌剧，它不久将在柏林上演。

这可不是重新进入普鲁士的时候。

如果想保留有朝一日能够回到巴黎和凡尔赛宫的可能性，最好赞扬实现“马克·奥雷勒所写的一切”的玛丽－泰蕾兹。这位女皇如同昨天的弗里德里希二世一样，恭维他，“让人告诉他一些非常客气的话”。

“我深怀尊敬和感激，”伏尔泰在1756年8月9日写道，“我远远地崇敬着。我将绝不会去维也纳，我在愉园的隐居处过得非常愉快。伴随自己生活在家中的有外甥女、侄女、书籍、花园、葡萄树、马匹、母牛、老鹰，狐狸和用脚爪挠鼻子的兔子，这个人是幸福的！我拥有这一切，高耸的阿尔卑斯山赏心悦目。我喜欢斥责我的园丁们胜于向国王们献殷勤。”

他不愿意再一次上当受骗，陷入国王们为了抓住自己所需要的人而编织的蜘蛛网，当这些人显得不再对国王们有用时就会被他们吞噬。

伏尔泰比任何时候都关注自己的独立和思想自由：

“我始终坚守的文人主张，在法国国王的宫廷，在普鲁士国王宫廷，使我成为一位世界公民，崇拜任何地方的美德。”

他说，他偏爱“种植自己的花园”胜过和国王或王后们一起进晚餐。他断言，自己决定过一种“在田野里的”生活，而不是经常出入君主们的沙龙。

然而，对君主们的决定、他们各自的个性，他情不自禁地深感兴趣。

他不曾忘却弗里德里希二世对他施加的那些凌辱。

当他获得一只爱吵架、好斗的猴子——还咬他的腿——他将它称为吕克，这个称呼是由他给弗里德里希起的小名变化而来。

他傲慢的态度表明他不是一个漠不关心的目击者，在愉园幽闭不出，而是一位战士，选择了自己的武器、对抗的场地，他在自己的周围依靠他关注的财富，筑起一堵堵高墙，使自己躲避敌人的攻击。

他甚至投资于四艘军舰中的一艘的武器装备，这些军舰以西班牙国王的名义前去征服在那里建立一个王国的巴拉圭耶稣会士！

“为了完成这次冒险的喜剧性，”伏尔泰写道，“这艘船名为帕斯卡尔！”

他激励狄德罗和达兰贝尔继续他们的事业，不顾种种障碍，利用法官们与高级神职人员之间的对立。

“在最高法院和主教们斗争期间，”他给达兰贝尔写道，“通情达理的人们情况很有利，你们将有可能让《百科全书》充满二十年前人们不敢说的真相。当好为人师者互斗的时候，思想家们取得胜利！”

他很高兴在愉园接待达兰贝尔。

对这个人他怀有尊敬甚至钦佩，达兰贝尔是数学家和哲学家，物理学家和法兰西学院院士，《百科全书》的领导者，伏尔泰不停地宣称《百科全书》的重要性，他参与合作编写，把自己当作一部决定性作品的谦逊的能工巧匠，这部作品反对虚伪的虔信者，反对他开始称为无耻之徒的那些人，反对蒙蔽人、给人定罪和迫害人的这种宗教。

他知道达兰贝尔的天才必须越过多少障碍才能使人敬服。

达兰贝尔只是唐森夫人和德图什骑士遗弃的私生子。他爱着朱莉·德莱斯皮纳斯，她也是私生女，迪代方夫人的女伴。但是朱莉却不爱他。这不幸的命运令伏尔泰感动。他把达兰贝尔视为接班人，继承人。

在愉园，从1756年8月10日到30日，他在将近三周的时间里接待达兰贝尔。日内瓦所有的知名人士——特龙尚兄弟、克拉梅尔兄弟、牧师雅各布·凡尔纳和雅各布·韦尔内——前来这里会见这位哲学家，人们知道他从事的事业受到那些“歌颂教皇统治者”的谴责。

在晚餐上，这两位法国人在客人们面前表现得才华出众，达兰贝尔向客人们发问，记下他们的言谈，因为他准备为《百科全书》编写日内瓦条目。

至于伏尔泰，他不停地询问达兰贝尔，贪婪地想知道在巴黎和凡尔赛宫所发生的事。

因为返回法国的希望，无论他对此怎么说，一直折磨着他，而当时间一个个月过去，他得知自己创作的大部分戏剧已经上演，而且全都获得成功，人们宣称他是拉辛的继承者并且和拉辛旗鼓相当，他开始希望宫廷对他的成见将会消除。

他希望路易十五知道，在反对英国和普鲁士的正在进行的战争中，他当然站在法兰西王国一边。

当他得知黎塞留公爵刚刚在梅诺卡夺取马翁港，他立刻，甚至在战斗结束前，写了一篇《书简》歌颂公爵。

他需要黎塞留的支持，也需要蓬帕杜尔侯爵夫人的支持，为了她，他写了一篇《雅歌》，因为这个宠妃成为笃信宗教的人。

他甚至为了对战争作出自己的贡献设计了一种战车，它可以在攻击中支持第一线的部队。他把战车的草图交给弗洛里安侯爵，这位侯爵是军官，也是伏尔泰侄女方丹夫人情人和未来丈夫的叔叔。

但是所有这些努力依然徒劳。

他通过达尔让松侯爵得知宫廷拒绝允许他返回凡尔赛宫。

国王们，当局，全都是这样。

他对此的感觉还不止在这一件事上，他试图挽救英国海军上将炳的性命，炳是梅诺卡的战败者，被指控没有能够抵抗黎塞留公爵。

但是身为法国人却为他辩护，这样做是在自己同胞的眼中损害自己。而且，事实上，这位海军上将在 1757 年 3 月 14 日被处决。

除了压迫和不公道，对有权有势者们能指望什么呢？

日内瓦牧师们对达兰贝尔——他刚刚发表《百科全书》关于日内瓦的条目——的批评令伏尔泰十分愤慨。

然而达兰贝尔还是祝贺他们不再迷信，净化了信仰：

“对耶稣基督和圣经的尊重，”他写道，“或许是将日内瓦的基督教和纯粹自然神论区分开的唯一情感。”

牧师们提出抗议，伏尔泰对他们中的一位——雅各布·凡尔纳，他们保持着良好的关系——这样说：

“法国的教士指责达兰贝尔过分颂扬你们，而你们却抱怨没有受到应有的颂扬。你们是多么幸福，在这世界上的你们的小小角落里，只有类似的抱怨可发出，而在别处人们相互杀戮……”

但是事关不能让步：

“有些人指控我与你结成亵渎宗教的同盟，”伏尔泰给达兰贝尔写道，“你知道我的无辜……让他们抗议去吧，不要把他们放在眼里……你不要收回前言，这关系到你的命运，你的良心也卷入其中。那些人将受到人们的奚落……”

41.
“我在一个共和国里为自己建造了一个相当美丽的王国”

他战栗着。但这既是因为愤怒又是因为寒冷。

他用两手将黑色天鹅绒无檐软帽一直压到眼睛上，随后收拢便袍的下摆，他的便袍像毛皮大衣一样沉重，一样温暖。

但是他继续哆嗦着，因为他想到“加尔文残酷灵魂”附身的日内瓦牧师们，他们攻击达兰贝尔或对在愉园排练、上演《查伊尔》提出抗议。

在洛桑，人们则更加宽容。

人们前往蒙里翁，人们为演员们鼓掌喝彩，人们拥挤在位于市郊的蒙特勒波剧院。但是那里同样有宗教狂热，像一只老虎准备着一跃而起。必须作出保证，口授“立誓信教”，放在《改革的宗教》诗首，这首诗是由克拉梅尔兄弟编辑的：

“我要对你们说的一切，就是我生来是法国人和天主教徒，”伏尔泰写道，“而且主要是在一个新教国家向你们表明我对祖国的热诚和我对我生于其中的宗教及领导这个宗教的人们深深的敬意……如果在我的作品中有一些该受责备的词语，我会第一个修改这些词语。”

伏尔泰俯下身，用神经质的动作拨旺在壁炉中噼啪作响的炉火。

“狂热的罗马天主教徒，”他咕哝道，“狂热的加尔文派教徒，全都迷恋同样掺着腐败血液的粪土！”

他直起身，叹气，做着鬼脸说：

“我就像人们无法忍受时可能表现出的那样快乐。”

他已经习惯于这样生活，因腹痛而突然弯腰，不得不卧床而不能入睡，难忍长时间的失眠。

来访的客人们发现他消瘦了，“鼻子和下巴突出”，被“突然的衰弱”压垮，他在他们的目光中看出人们认为他只能再活两三年。

他不会活过 65 岁，他周围的人们这样低语。

但是他不愿意退位，听命于疾病。

他经常向泰奥多尔·特龙尚求医，而在这位医生看来，所有这些不适都是恶劣情绪的结果。

那么必须享乐，给自己快乐！

“我与生活玩耍，这样生活才美好。”伏尔泰反复说。

在 1757 年 3 月他订购了 400 瓶优质葡萄酒，还有 20 法国古斤的鳟鱼、肉和大松鸡，用来招待客人。

他让人送来来自一艘英国船只掳获物的 150 瓶马拉加葡萄酒。

当他得知达尔让松伯爵被驱逐出内阁的职位并被流放到其奥姆地方，他感叹道：

“我在愉园的境遇要远远好于他在奥姆的境遇。我们演出《查伊尔》，人们为之流泪。再说，人们在我家进晚餐，我们有一位极好的厨师。没有人要求我出访，人们可怜我身体不好，我有属于我的所有时间。”

他笑着，重复说：“我就像人们无法忍受时可能表现出的那样快乐！说真的，这完全比得上一位被免职的国务秘书的命运。”

过去的每一天都更坚定他的信念，必须提防社会生活的残忍，而在 1757 年最初几个月发生的演变令他震惊。

1757 年 7 月 7 日，罗贝尔·弗朗索瓦·达米安，曾当过士兵，后来在凡尔赛宫当仆人，他用一把小刀扎路易十五，但是小刀滑到国王的衣服上，仅仅刺破了国王的胳臂。

人们抓住这个“弑君者”。他的衣袋里有一本《新约》，还有 30 个苏。

人们断言他是在冉森教派最高法院派说教的煽动下出于宗教狂热对国王行刺的。

“我当时相当迟地得知这个可怕的消息，”伏尔泰在 1 月 13 日写道，“它使我的血液冰结。什么，在这个世纪，什么，在这个开明时期，什么，在一个如此礼貌、如此温和、如此轻松的民族中，出现了新的拉瓦亚克！这就是神甫们的争论将永远产生的现象！开明时期将只启发少数诚实的人。民众将永远是狂热的……这位可怜的私生子拉瓦亚克的行刺既可恶又荒谬……但是我如何为自己辩解曾经这样断言这些暴行不会再发生，宗教狂热的时期已经过去，理智和温和的习俗统治着法国？我希望过一段时间人们在此演出《穆罕默德》！”

他抨击巴黎高等法院和大主教的冲突。这位高级神职人员对于那些不能提供忏悔证明——证明记录忏悔的神甫接受尤尼热尼图斯谕旨，耶稣会士们捍卫的谕旨——的冉森派教徒施行临终圣事。而达米安曾经效力于高等法院的一位推事。

因此显然事关一场“神甫们的争论”，伏尔泰预感到人们即将利用这个弑君罪来谴责自由派人士。

他不安地读到巴黎大主教在 1757 年 3 月 1 日发出的训谕，它揭露“在人们中散布的那些错误，在演讲中如此的放肆，对上帝和基督如此的亵渎，对公认的真理如此的狡辩，在所有的等级和各种人中树立的如此坏表率”。

这就是人们经常指控他时使用的同样措辞。

他必须谨慎行事。

他没有评论 1757 年 3 月 28 日在沙滩广场对达米安施加的种种酷刑。

不幸的达米安“在乳房、胳臂、大腿和腿肚上被施以钳烙刑，他的右手拿着犯下弑君罪的那把刀，被用硫磺火灼烧，在他被施钳烙刑的部位，浇上熔化的铅、沸腾的油、滚烫的树脂、熔化在一起的蜡和硫磺，然后他的身体被四匹马牵拉和肢解，他的四肢和身体在火中烧光，化为灰烬，骨灰迎风抛洒”。

伏尔泰吓得目瞪口呆，因为人群聚集在沙滩广场上观看这些酷刑，听着达米安发出痛苦的叫喊。有人甚至为此以高价租下阳台。在人们的家中，有教养的男人和女人们发生性关系，室外鼓声阵阵，但也不能盖住受刑者的嚎叫。

“你们的巴黎喜欢看场面，”伏尔泰说，“大家在星期六看喜剧，在星期一到沙滩广场。我很了解我的巴黎人。”

但是什么叫做人？离开自己的花园为了加入这个人群和接触这些狂热的教徒，这是何等的疯癫！

这些问题令他苦恼。它们促使他更好地享受生活。

他从来没有在蒙里翁、在愉园接待过这么多的客人。

他从来没有举行过这么多的自己所写悲剧的演出。时而他在其中扮演一个角色，时而他为外甥女的表演鼓掌，她也是演员。

在达米安行刑的这个三月，演出后的晚餐是愉快的。

他想忘记达米安，因为必须首先关心自己。

他每天关注管理自己的财富。如果他贫穷，他能够自由吗？

他向让－罗贝尔·特龙尚，他的里昂银行家，口授自己的吩咐。他要借130000里弗尔给德国选侯，利率是百分之十，作为终身年金。经常，他希望不要作为借贷者出现，由他向一位中间人提供预付资金，再由中间人同意借贷给这位或那位殿下——例如萨克斯－哥达公爵和公爵夫人。

同意这些借贷并确定终身年金后，他还剩下超过550000里弗尔的资本。

他为购买洛桑大橡树街的一处房舍花费11000里弗尔，这对他是个小数字。他对自己在蒙里翁的幽静小住所说“再见了”。从他新的和“正面有十五扇窗户的美丽房舍，我将从我的床上看见美丽的莱蒙湖和整个萨瓦，还不用说阿尔卑斯山。我明天回到愉园，它在夏天是如此令人惬意，我在洛桑的家在冬天也将同样如此。德尼夫人善于布置家具和做出美味佳肴，这和她的音乐与朗诵才华结合在一起，构成造就我生活幸福的一出戏剧”。

临窗映入眼帘的景色使他十分愉悦：“成百座花园，明镜般的湖泊，宽阔湖面外的萨瓦，在萨瓦后面呈阶梯状高耸的阿尔卑斯山……”

但尤其，他感到自己是自由的，“没有国王，没有总管，没有耶稣会士，只看见主人们——伯尔尼的官员贵人——步行来到他家进晚餐”。

然而，他并不放弃行动、他要影响人们的决定，参加这场反对宗教狂热和宗教的战斗。

“我希望你们战胜无耻之徒，”他给达兰贝尔写道，“这是重要的问题。应当迫使他们陷入他们在英国的处境，如果你们愿意的话一定能战胜他们。这是人们能对人类作出的最大贡献。”

然而他并不愿意连累自己。

即使当他试图为弗里德里希二世扮演中间人的角色时也是这样。弗里德里希在与法国和奥地利的战争中连连失利。在1757年6月18日科兰的失败之后，伏尔泰的这位昔日国王朋友迫不得已从东普鲁士撤退。

伏尔泰起初喜不自胜。这场失败，就是他的复仇。人们将能够割下这两个坏蛋弗赖塔格和施密特的耳朵，他们在法兰克福曾经虐待德尼夫人，“让人把刺刀放在她的肚子上并且在她的衣袋里搜寻”。

随后他认为他可以“不偏不倚”，为建立欧洲的平衡作贡献。他甚至写了一封信给弗里德里希二世和这位君主的姐姐拜罗伊特总督夫人。这是和君主重建联系的方式，对其突然和温和的报复，他满意地收到“一封国王亲笔的书简”——“一位国王写一封有两百句歪诗的书简可真不容易，何况他现在是什么处境！”

总督夫人的话语令他感动，她给他写道：“我处在可怕的状态中，在我的家园毁灭以后，我将不能活下去。”弗里德里希二世给他寄来的新诗也打动了他，这位君主决心率领他的军队战斗：

对于我，有沉船的危险，
我必须迎击风暴，
希望作为国王活着和死去。

他很高兴弗里德里希选择他作为见证人，想要安慰他、使他放心：

“一位哲学家可以没有国家，”他给他写道，“尽管我不能相信你将没有足够的力量永远做一位可敬的君主。”

但是仅仅几天过去局势就翻转过来。

苏比斯率领的法国军队于1757年11月5日在罗斯巴什被击败。后来，在克雷菲尔德的另一场失败终于彻底颠覆了法国的野心。

人们告诉伏尔泰弗里德里希二世可能这样说：“我对可敬的老人伏尔泰的鼓励付之一笑！”

伏尔泰为法国的这些失败而难过。瑞士人，他们，却狂喜不已。

“人们当面笑我们，仿佛我们是苏比斯先生的副官。”他说。

他邻居们的傲慢和蔑视伤害了他的心。他问自己，他应当留在这个国家还是回到法国？但是他将被允许回巴黎吗？

他可以，像稍稍打开一扇门那样，在洛林购买一处地产，既然他在那里和公爵保持良好的关系。于是他写信给国王斯坦尼斯拉斯：

“我的年岁和宗教情感——这样的情感永不抛弃一个受惠于你的人——使我确信我不应该死于日内瓦湖畔……”

但是斯坦尼斯拉斯避而不答。或许因为他与之商量的苏瓦瑟尔先生，路易十五的新公使，想到伏尔泰获得的财产可能达到500000里弗尔左右，对此持保留态度?

即使不能回到巴黎，伏尔泰也越来越决心离开愉园，因为它太靠近日内瓦和那些教训人的牧师，他们的心中保留着宗教狂热的种子，“加尔文残酷灵魂”的种子。

然而，他并不愿意匆忙选择这处将是——他预感到——他一生最后的住所。

于是他耐着性子，掩饰自己的意图，依然在愉园照常举行一场场晚会，接待德皮奈夫人，这位夫人有一双大大的黑眼睛，富有魅力。她是格里姆的女友。格里姆是《文学、哲学和批评通信》的编订者，整个欧洲知识界都阅读这部作品。

德皮奈夫人希望征求医生泰奥多尔·特龙尚的意见，这位医生“增强妇女们的体质，决不给她们放血，也不对她们催泻”，而且，伏尔泰补充说，他“把我的侄女方丹夫人从死亡之中解救过来”。

德皮奈夫人的来访令他高兴，她思想活跃，喜爱交流，结交“自由思想家”达兰贝尔、狄德罗和在他们周围形成《百科全书》圈子的人们，她使他回想起埃米莉·沙特莱，并向他透露在巴黎和凡尔赛宫策划的事情。

人们在那里指责“哲学家宗派”造成王国遭遇的种种灾祸。

蓬帕杜尔夫人已经有五六年不再和国王发生“肉体的罪恶”，成为虔诚的教徒。她是对哲学家们这场进攻的中心人物。出版了许多小册子歌颂宗教和国王。人们纪念圣巴特勒米惨案和废除南特敕令。人们谴责《百科全书》，哲学家宗派的这个战争机器，其目的是“毁灭所有的社会、所有的政府和所有的道德”。

在失望之下，达兰贝尔准备放弃这个事业。这将是宗教狂热的胜利吗?

伏尔泰建议《百科全书》在洛桑继续编撰。他将为达兰贝尔和狄德罗提供住处。但是狄德罗拒绝了，宁可冒着风险留在巴黎。

所幸，德皮奈夫人的来访带来乐观的气氛。伏尔泰坐在她面前。他拨旺火。他笑着。他说愿意呆在她身边，即使她在写信，“为的是在她写信时看到她的黑眼睛在说什么”。

当他身体不适时，他要求她“允许自己穿便袍，每个人应该根据自己的状况穿衣服。德皮奈夫人应当优雅地戴着帽子，而我需要一顶睡帽……”

他猜测她感受到自己对她的关怀。他把自己的四轮马车提供给她使用。他称她为“妇女中真正的哲学家”。

但是他并不对她掩饰自己钟爱德尼夫人并且德尼夫人“喜爱他，既把他当作舅舅又把他当作男人！”

当她离开愉园的时候，他自己则动身前往科尔马、斯特拉斯堡、曼海姆。

他希望拜访德国的这些达官贵人，首先拜访选侯，他曾经直接或遮掩地借给选侯几万里弗尔，作为交换获得终身年金的契约。在一段段赶路时，在他停留在施韦特赞让城堡时，他开始写作一个故事，其主人公是一个男子汉，"老实人"，他在生活中的每一个时刻都遇见恶的种种表现，并因此失去他的幻想和"一切皆善"的信念。

每天晚上，伏尔泰向这位德国选侯朗读自己在白天写下的一页页书稿。

在创作这个故事时，他觉得在走遍自己的人生，得出的结论是必须"种植我们的花园"。

至于一连串的原因，在"尽可能好的世界上"，如同老实人聪明的同伴潘加洛斯所说，这是个奥秘："必须工作而不争论，这是使生活可以忍受的唯一方法。"

他在 1758 年 8 月末回到愉园，头脑里带着这些反复出现的词语："种植我们的花园"，同时也确信巴黎和凡尔赛宫的门将依然对他关闭着，因为他是哲学家之王！

由于他在愉园、蒙里翁、洛桑获得的体验，他于是决心要找到一处地方，在那里他将能够，如同在一座不可攻克的城堡里，一直生活到生命结束。

而且或许他的生命即将结束，因为他再一次腹痛如绞。不过这也促使他决心排除一切障碍，达成交易，使他可以获得位于法国领土但离日内瓦只有几法里的两处房产：一处是费尔内的房产，属于文艺复兴人物纪尧姆·比代的后裔；另一处，图尔内的房产，属于夏尔·德布罗斯，第戎高等法院的院长。伏尔泰希望买下这两处房产，终生享受。

德布罗斯是个要价苛刻的卖家，但是伏尔泰想要买下这处府邸和费尔内的府邸。而且他是有钱的。因此他接受房东们的条件。

他向比代的后代支付了 130000 里弗尔，向德布罗斯支付了 35000 里弗尔。

从此，他是一个"拥有钟楼和突廊"的人。

但是一切都必须重建，他至少还需要为此花费 50000 里弗尔。而且，他又买下一块地，这块地在他地产以内，属于另一位东家。

但是他希望在自己家里毫无障碍地当家做主。他跑遍了自己的地产。他发现这一百来位农民的苦难，他们被海关职员监视和监禁着，因为边境就在费尔内领地边上，获得走私盐的诱惑实在很大。

他要改变这些穷人的境况。

“我买下费尔内的地产只是为了在这里做一点善事。”他说。

这仅仅是又一个理由。他首先并优于一切考虑的是远离日内瓦的牧师们。

“在日内瓦，”他对银行家特龙尚说，“像别处一样也有一些神甫。你不是不知道他们想对我要他们行当的一些把戏。他们不停地在民众中散布我是来日内瓦的土地上寻找一处庇护所，他们假装不知道我给日内瓦带来荣誉，因为我相信它是自由的，由思想家们居住是当之无愧的。”

在图尔内，他骄傲地补充说，他充分地并绝对地享有所有领主的权利和所有旧时统计调查的特权。“费尔内的地产没有这样的特权，但也与王侯贵族的身份相适应。”

但是重要性不在于此。

“由于买下在法国的地产，我使自己比过去更加自由……你们的法官是可敬的；他们是明智的；日内瓦的同伴和巴黎的同伴一样好。但是你们的民众有点傲慢，你们的神甫有点危险。”

在 1758 年 12 月，他兴致勃勃地走遍他的领地，开始费尔内府邸的整治工程，抽干沼泽，改良经常被抛荒的土地。

他想使这些可怜、沮丧和毫无生气的农民重新拥有活力。他希望作为重农主义者行事。他热情地使用这个刚刚出现的词语。

他希望在自己的土地上显示农业是所有财富的源泉，并以此证明对此作出肯定的重农主义的正确性。

费尔内应当成为实践这个启蒙思想和使之胜利的地方。

他让人停下他的四轮马车。

他俯下身。他用目光将他的领地尽收眼底。

“这两处地方几乎紧靠着我的愉园，”他说，“我在一个共和国内为自己建造了一个相当美丽的王国。”

10

{第十部分}

"只需要五六位哲学家相互合作就能推翻巨人"

(1759年1月—1768年3月)

42.
“我是山岳的老人……我有两处地方，它们没有什么贡献，但是对任何人都没有任何亏欠”

伏尔泰走下装有银星图案天鹅绒座位的“豪华马车”。他看着他的外甥女德尼夫人和侄女方丹夫人，她们跟随着他。

这是 1758 年 12 月 24 日，天气寒冷，风吹过图尔内府邸前开阔的小广场。

两位女士披金戴银，用所有的首饰装饰着自己，她们紧紧地裹在皮大衣中。村庄的姑娘们向她们献上鲜花和柑子。

他们走向教堂，这时爆发出火枪齐射，向他们致敬。本堂神甫向图尔内伯爵伏尔泰先生致意，伏尔泰回答道：“你想为修缮你的神甫住所做些什么，请告诉我，我将会做的。”

他感受到人们对他表示的敬意。这种敬意是正常和必要的。因为他属于强者的世界。他是富裕的。

“我的财富，让我超越那些微小的利益，允许我，”他说，“美化我居住的所有地方。”

他要改造自己的府邸，首先是费尔内府邸。但是他拥有的不仅是财富。他具有称号并且喜爱在结束他的正式书信时表明他是“弗朗索瓦·马里·阿鲁埃阁下，骑士，国王宫内侍从官，图尔内伯爵，费尔内大人”。

他坚持要人们这样称呼他。

他对自己拥有的这一切感到自豪，而且它们只来自他自己。他顽强地捍卫自己的权利，向路易十五的新公使舒瓦瑟尔公爵求情，以便保留和他地产联系的某项特权，取消某项税负。他写信给蓬帕杜尔夫人以便她支持他的要求。舒瓦瑟尔可能在国王面前提到他的要求，而且伏尔泰获得胜诉。

他应当为蓬帕杜尔夫人写一首颂歌，为的是感谢她。

“我要骄傲地、大胆地、生动地歌颂她，因为我受过她的恩惠，”他说，“她是美丽的，而且乐善好施……她好心地将有关我地产的陈情书送交舒瓦瑟尔公爵，我的土地像我一样自由，我希望保留我的地方的独立，就像保留我思考方式的独立那样……”

他充满感激，善于表达对她的赞扬和恭维，但是没有让与任何权利。

“我为自己造就了，”他骄傲地补充说，“在阿尔卑斯山小山谷中一个奇特的小王国。我是山岳老人，除此之外我没有压制任何人……我有两处地方，它们没有什么贡献，但对任何人没有亏欠。”

做图尔内伯爵和费尔内大人，做富人，这些仅仅是做自由独立人的手段。

他很满意能够让人在他的府邸入口刻上他的纹章（天蓝色，带有三团金火焰）和德尼夫人的纹章，这和安全和自由感相比较算不了什么，他住在法国热克斯这个地方，但是邻近萨瓦、日内瓦和伯尔尼，因此如果他不得不摆脱一些仇人，他能够从一个国家转到另一个国家，从自己的一处家转到另一处家。

因为耶稣会士们就在那里虎视眈眈，他们住在奥尔内克斯村庄，疑心重重，关心的是捍卫他们的影响和他们的财产。

其中有那些本堂神甫们：莫昂村的安西昂，获得对他有利的判决，迫使贫穷的农民们向他归还什一税。还有费尔内的本堂神甫也在打一场有关什一税的官司。

还有许多人指责伏尔泰想重建费尔内教堂。人们甚至声称他将其希望迁移的十字架形容为“绞架”！这是这些“热克斯小地方的小地头蛇们”要指控他犯罪的借口！谁知道这会有什么结果！

尤其是这座新教堂，他没有把它奉献给三位一体或圣母玛利亚的一个化身，而仅仅奉献给上帝。人们甚至断言他要让人在三角楣上写上了拉丁文“上帝在土地上的建筑”，他仅仅出于谨慎才放弃这样做，以避免被指控为自然神论。但是“小地头蛇们”并不满意刻下的铭文：

DEO ERIXIT VOLTAIRE MDCCLXVI[1]

但是他感到今后有足够力量可以对抗“小地头蛇们”、安西昂神甫或德布罗斯院长，后者打算让他为在邻近图尔内府邸的森林中砍伐的木材付钱。

当事情变得更加严重，例如有关被形容为绞架的十字架——“当我把这个象征称为绞架，我只是从建筑的角度这么说的”，他为自己辩解——他请弗朗索瓦·特龙尚参事出面干预，使他摆脱这起糟糕官司的陷阱。但是令他宽慰的还是——面对这些虎视眈眈的“小地头蛇”，他没有忘记必要的谨慎——费尔内的府邸，这座坚固的房舍，他拥有的这些土地和场所：

“我不是有两只脚爪而是有四只，”他说，“一只脚在洛桑，在一座可以越冬的非常美丽的房舍；一只脚在愉园，靠近日内瓦，在那里上流社会的人们前来看望我。这是前脚所在的地方。后脚在费尔内和图尔内伯爵领地……”

但是获得财富、名声、头衔的虚荣并没有使他冲昏头脑。他懂得客观地看待他的土地和“臣民”。

“我找到一百阿尔邦没有耕作的土地，”他写道，“已经有七年本堂神甫没有主持婚礼，而且……人们没有生孩子，因为我们在附近只有耶稣会士，而完全没有方济各会修士。日内瓦消耗一切，吞噬一切。人们根本不认识法国的金钱……这就是南特敕令的可悲后果。”

他揭露“那些大农场的贪得无厌，雇工们的愤怒”。“一些不幸的人几乎只有一点黑面包可吃，每天被逮捕、剥夺财产和监禁，就因为在这块黑面包上放了在他们茅屋附近买的一点盐。一半的居民死于穷困，另一半长期呆在土牢里。当人们目睹无穷无尽的苦难时，他们的心都碎了……”

他要改变这样的情景，对所有的土地进行耕作，使用这些神奇的带有五个种子袋的犁，它们革新了田地的劳作，代替古旧的只能浅抓土地的摆杆布犁，深挖耕地、耙地、播种和翻地。

“我给这个地方引来瑞士人，”他说，“我在这里建立了一处国王的种马场。我给一个过去只有冰雪、荆棘和两个本堂神甫的地方带来了人手、马匹、牛群和羊群。如果人们不帮助我，那就大错特错了。因此，为了帮助我，必须随我怎么做。”

他雇用一些园丁，还有一个葡萄种植工，因为他要栽一千株葡萄秧。

1 伏尔泰请人为上帝建造，1766 年。

他毫不考虑费用，向让－罗贝尔·特龙尚订购咖啡、葡萄酒、糖和肥皂。他很快有 30 个人为他服务，他必须养活他们，并且给他的仆人们穿上黄里子绿呢制服。

这些仆人住在重建的费尔内府邸的顶楼。客人们的房间在二楼。客厅、餐厅、伏尔泰和德尼夫人的房间在一楼。伏尔泰在庭院里还拥有一片小小的林间空地，在那里他可以沉思和遐想。

但是他自己也乐意醉心于田间的劳作，他让人划出他的一块田，在这块田上他用锹翻土、播种、采摘。他觉得这样使病魔与他保持距离。“我从来没有像现在这样远离死神。”他说，“我没有一刻空闲的时间。耕牛、奶牛、羊、牧场、楼房、花园用去了我上午的时间；整个下午用来学习，晚餐以后人们排演在我的小剧院里演出的那些剧目。”

因为在让人重新建造费尔内教堂的同时，他让人将位于府邸和教堂之间的一座楼房改造成剧场。剧场里可以容纳三百位观众。舞台是如此宽阔，可以在那里布置人们设计的各种布景。

伏尔泰就这样从府邸到剧场，然后到教堂。

他从不缺席一次主日圣事，因为必须做出榜样，无论人们对无耻之徒有什么看法，也因为民众信奉宗教，而且启蒙思想只是留给少数人的。

然后他一直去牛棚马厩，或者察看采摘葡萄和收获庄稼的活计。

他觉得自己创造出一个井然有序、公平合理的世界。

他在题献给德尼夫人关于农业的一首书简诗中写道：

> 利用自己的暮年多么美好，
> 就像伟大的维吉尔享受他的春天！

当他在自己的田地上大步地走来走去并发现幼苗时，他低语道：

“我们能在土地上做的最好的一切，那就是耕种它！”

43.
“问题不是阻止我们的仆人去望弥撒或听布道”

他坐在让人安置在一株“高大和叶子繁茂的老椴树”下的长凳上，大树以它多节的树枝覆盖着一小片林间空地，空地周围是高高的灌木丛。在这片四方形空地的每一边，只有一处非常狭窄的出口，以至于从长凳上看去，会觉得被孤立在不可逾越的青枝绿叶组成的厚墙后面。当时间允许的时候，当他没有被疾病折磨的时候，伏尔泰喜爱幽闭在这里或者邀请他的一位访客促膝谈心。

就是在那里，在他口授之前，他构思、创作、写诗、遐想、思索。他也在那里准备反击所有不停骚扰他的敌手。

他在他的《关于农业的书简》中写过——他的外甥女经常向他提起——这两句诗：

你将明白终于为自己生活真好，
懂得离开那离开我们的世界也真好。

德尼夫人责备他每天让自己卷入那些“小地头蛇”或“巴那斯鼠辈”，“泥潭”的文人们对他进行的斗争。

他就是这样必须击退“洛桑牧师共济会分会会首”的指控，他们攻击他把一位背弃宗教的牧师约瑟夫·索兰表现为一个好人，而索兰皈依天主教只是出于肮脏的原因，出卖他的信仰换取金银币，而并非信服波舒哀的布道！

他十分愤慨人们对死去的索兰恶语中伤，他们不在乎就这样将匕首插在这改教的牧师的孩子们心上。

事实上，伏尔泰很清楚人们想要使他不再受人尊敬，想要孤立他，人们不把历史真相放在眼里。

他成为被攻击的靶子。

正是为此人们支持出版书商弗朗索瓦·格拉塞，他在匿名的掩护下出版一部《伏尔泰若干戏剧选》，又题为《文学战争》。伏尔泰否认自己是格拉塞列举的这些作品的作者。他为洛桑学院撰写了一篇《陈情书》，又向所有在伯尔尼市议会能够反对格拉塞的人写了许多信，获得的结果是人们拒绝了格拉塞提出的入籍申请。

这位书商只好离开洛桑。

伏尔泰可以向外甥女重新提起自己在《关于农业的书简》中写过的诗句：

> 我荒原周围岩石的回声
> 在我身后重复达兰贝尔的名字。

而且，他补充道：

> 就这样人们可以生活在自己的树林绿阴底下
> 与愚蠢者作斗争，平静地对待自己。

无论他写什么和怀有什么希望，虽说退隐到自己府邸的时光来临，他不可能离开上流社会，既然上流社会不离开他。

就这样他继续接受弗里德里希二世的信件，很惊讶这位普鲁士君主能够在战斗间歇写出一些诗歌，在战争中这位君主必须迎击法国军队、奥地利和俄罗斯联军，在他取得对路易十五士兵的胜利的时候，却遭到奥俄联军沉重的打击。

但是伏尔泰感到不安：弗里德里希二世的诗歌带有如此强烈的反法感情，因此接收和阅读它们这个事实本身就显得是危险的，会招致种种诬蔑。

于是他重复道：

"普鲁士国王在作战时总是给我写一些诗歌；但是请相信我还是热爱我的祖国胜过喜爱他的诗歌，我保持着我应有的所有情感。"

他补充说；

"作为法国人我对别的任何事件不感兴趣，我只有法国使我产生的关切与情感，除此之外我不关注别的什么事情。"

这些忠于王国的保证将足以证明他无罪吗？

他很惊讶弗里德里希二世的一件寄送物他收到的时候是打开的。或许人们得知其抨击"三个显赫的荡妇"：奥地利女皇玛丽－泰蕾兹，女沙皇伊丽莎白·彼得罗弗纳和蓬帕杜尔夫人？

然而这三位强有力的女子正是伏尔泰谨慎对待和极力恭维的，他甚至为女沙皇写了一部《彼得大帝治下的俄罗斯历史》。

弗里德里希二世对她们发出的侮辱令伏尔泰受到伤害。

还有更糟的情况：弗里德里希二世在送上他反对法国的诗歌时承认：

"我使用我所有的武器反对我的敌人们；我就像豪猪那样竖起刺，用所有的刺进行自卫。"

伏尔泰被吓坏了。

他的这位国王信友在谈及法国时写道：

哦，疯狂和自负的民族！
什么，这些就是它的战士
在卢森堡下，在蒂雷纳下
戴着不朽的桂冠？
……
我看见这些乌合之众
在劫掠中勇敢
在战斗中胆怯……
……
什么，你们无能的君主，
蓬帕杜尔夫人玩弄的对象，
被不止一起耻辱爱情的表现

败坏名声落得丑名
……
他以为摆布国王们的命运?
……
他在凡尔赛宫不知道
为了战斗的胜利
人们决定世界的命运。

而且弗里德里希还加上:

蓬帕杜尔将她的情人出卖给最有钱的富翁
使当今法国成为奥地利的奴隶。

既然接受这些侮辱性的诗歌，在人们眼里自己怎么会不是它们作者的同谋呢?

必须将它们告诉舒瓦瑟尔公爵——他已成为外交国务秘书——以便表明虽说自己准备在法国国王和普鲁士国王之间可能的谈判中充当中间人，但自己首先是法国人。

“我的利益和我的感情在法国。”他说。

他不愿意被这位“吕克”、他了解其粗暴的君主伤害。他赞同舒瓦瑟尔公爵为了阻止弗里德里希二世散布其敌视路易十五的短诗，写了一篇二十个诗节的猛烈抨击文，最后一段是杀伤性的。

到目前为止不那么野蛮的检察官
容忍关于本性和爱情的
过分大胆的打趣。
你是否能谴责柔情，
你只在你鼓手的怀抱中
陶醉于其中?

他想象到弗里德里希二世的狂怒，因为这位普鲁士君主的生活习惯就可能暴露在全欧洲面前。

但是伏尔泰不相信舒瓦瑟尔公爵就是，如他自己所说，这些诗句的作者。

“如果真是这样那太好了，”不过伏尔泰这样说，“我很高兴一位公使是写诗的能手，我赞赏他的熟练与敏捷。”

事实上，是一位曾经住在愉园的三十岁的文人夏尔·帕利索·德蒙特努瓦受命以国王的名义回击弗里德里希二世。这位野心勃勃的青年诗人在一出剧《聚会》——写于1755年并在吕内维尔国王斯坦尼斯拉斯的宫廷演出——中攻击哲学家们。

这是一位辛辣的雇佣文人，眼下，伏尔泰发现他对自己尊敬又恭维。

确实他是一位强者，不把指控他的人们放在眼里，无论他们叫做奥马尔·若利·德弗勒里，巴黎高等法院的次席检察官，还是叫做萨拉赞，日内瓦牧师共济会分会会首，这两个人全都指责《老实人》。

他们谴责这个故事中“作者秘而不宣的目的，作者展示最丑恶形式下的宇宙，表现——萨拉赞说——一些肮脏的事情，激起残忍，违背良好道德并且侮辱神灵”。

让这些虔信者、这些法官、这些蹩脚文人批评《老实人》吧，没有关系！人们印行这本书，在欧洲的好几个城市，巴黎、伦敦、阿姆斯特丹、里昂和阿维尼翁，这本书在传播。在1759年有不止十七个版本！就这样发行了将近20000册。

再说，伏尔泰宣称：

“人们声称有一些人相当鲁莽，竟把这部我从未见过的作品归咎于我！

“这个故事不是从德文翻译过来的吗？某个学者拉尔夫曾帮助某个上尉德马写这个故事……”

伏尔泰很高兴说这些戏谑话，它们可以用来对付和躲避法官们。

因为对于哲学家们的攻击甚嚣尘上，而且伏尔泰猜到其它的攻击也在准备着。

国王军队的军事失败——在加拿大，蒙卡尔姆被打死，魁北克和蒙特利尔落入英国人之手；在印度，同样的失败，如同在汉诺威面对普鲁士人一样——必须由对哲学家们的胜利来补偿。

1759年1月23日，对《百科全书》的攻击达到一个决定性阶段。巴黎高等法院谴责它，禁止它印刷、重印并禁止发行已出版的其七卷。爱尔维修的书《精神论》也被查禁并和其它作品一起放在法院的阶梯上焚烧。

必须抵抗、进攻，以便“摧毁诚实的人们心中可鄙的迷信”。

最好的办法就是丑化那些耶稣会的神甫、那些虔信者、为无耻之徒效力的“地头蛇”。针对可敬的贝尔捷神甫——他主办《特雷武报》，耶稣会士的出版物——伏尔泰撰写了《耶稣会士贝尔捷患病、忏悔、死亡和显灵的记述》。

这位可敬的神甫和他的秘书库蒂神甫，在这个讽刺故事里，患上一种“令人昏睡和嗜眠性”疾病，在他们马车驶过的街道，全街的居民都染上这种疾病。这种病是由两位神甫运送的一包包《特雷武报》引起的。治这种病的方法是要让病人咽下“白葡萄酒里的一页《百科全书》”。但是没有作用。为时太晚！贝尔捷和他的主办耶稣会《特雷武报》的后继者们，加里斯修士，加拉斯修士的侄子——伏尔泰发表《记述他们的旅行》——全都进了炼狱，为了他们的高傲而受到惩罚。

伏尔泰没有在这8开本的30页文字上署名，但是尽管他自己否认，谁能够怀疑他就是这篇无情讽刺的作者？从此，他只谈论“已故的贝尔捷”，一种“冷毒药”的受害者。

对于主办耶稣会《特雷武报》、进行反对哲学家们斗争的耶稣会士取得的这场胜利，就像《老实人》受到的欢迎，增强了伏尔泰的决心。

人们能够“消灭无耻之徒”，也就是说净化天主教的教义，清除其偏执与狂热，这种偏执与狂热使它迫害人们，压抑精神，焚烧书籍。

只要宗教不进行一场新的改革，思想自由的人士将受到宗教裁判所的威胁。

因此需要愿意，不满足于——如同弗里德里希二世所做——嘲讽和求助于，如同他给伏尔泰所写，“至圣圣母和她被吊死的儿子的保护”。

因为侮辱与渎圣不足以“消灭无耻之徒”。

“我就像加图那样做，”伏尔泰写道，“我在结束我的演讲时总是说去掉迦太基……只需要五六个哲学家合作就可以推翻巨人。问题不是阻止我们的仆人望弥撒或听布道；是要使父亲们摆脱骗子们的暴虐并且唤起宽容精神。”

或许，有一天，仆人们也……

44.
"除了不从属于任何人的自由，我不知道有别的自由"

伏尔泰拨开树篱的枝条和叶子，走出他的隐蔽处，这片小小的林间空地有一株高大的椴树遮掩着，他可以幽闭在那里沉思。

他看见三个园丁在忙碌着，修剪树木，翻地，耙平费尔内府邸的大花园。更远处，在车库和马厩那里，一位仆人走过，用缰绳牵着两匹马。

他注视了一会儿这些身强力壮的年轻人。他并不羡慕他们的年纪。然而他是衰老了。这一年他已经 66 岁。他的头发又白又稀疏，牙齿也掉了。疾病经常将他击倒。有时他在自己写的信末签上一个词："虚弱者"，他是如此瘦削。

他知道人们甚至发布他的死讯，在巴黎人们得知这个消息时并不惊讶。人们马上在猜想谁将占据他在法兰西学院的席位。他哈哈大笑，由于这阵喜悦而提起精神。而病魔，像每一次那样，又后退了。

他对泰奥多尔·特龙尚医生说：

"我把喜悦当做比处方更可靠的一种药物……我决定不介意一切，对一切付之一笑；这个生活方式对健康很有益，我希望它将把我治愈。"

"喜悦胜过医药！"他重复说。

他走近园丁中的一位，注视着他，向他询问。园丁感谢他的善举。这座村庄重生了。孩子们跟着老师上课，伏尔泰伯爵先生付工资给老师。

他微笑着，离去。

最好的药物，事实上，就是财富。它也可以使人愉悦，它将老年期变成一个美好的季节，比身强力壮但贫穷又依附于人的青年期更为美好的季节。

他，在66岁的时候，从来没有这样自由，因此也从来没有这样大胆。

“对付所有的翻船意外，我有三处港湾，”他说，“我为自己造就了一个小小王国……我越走近我的末日，我越珍视我的自由……我同情为了几位国王而互相残杀的人们的野蛮和疯狂。我嘲笑朝臣们可笑的疯狂和在一出糟糕戏中不停更换的场景……找到一些自由的土地，在这些土地上做绝对的主人，同时拥有三个王国并且不从属于任何人，这是一种罕见的幸福，过去我不敢希冀。”

他突然严肃地补充说：

“除了不从属于任何人的自由，我不知道还有别的自由，这是我追求整整一生之后才达到的自由。”

他是自由的。这个想法每每使他精神振奋。

当然，他没有忘记自己必须保持戒备，因此不能挥霍他的财产而是还要继续增加，既然财富是自由的首要条件之一。

有时他对德尼夫人的开销感到不安，不过，实际上，他为他的生活排场只花费他的资本的利息，他的里昂银行家让－罗贝尔·特龙尚管理着他的资本，关注着他借贷的那些债务人按期付息。但是180000里弗尔的资本，没有动用过！

因此他是自由的，但是他必须不与那些权贵绝交，像舒瓦瑟尔公爵、宠妃蓬帕杜尔侯爵夫人，这些人是有用的。

当舒瓦瑟尔通知他发给他的国王史官的年金已经恢复并就要支付给他，他很高兴！对于像他这么富有的人来说，这算不了什么，不过国王的这个表示使他十分满意。

虽然他从不承认，但是他经常梦想着返回巴黎和宫廷。而且他尽力使他众多的访客——有时候会超过49位客人在餐桌上就餐！——相信他不是流亡者。再说，难道他不是费尔内伯爵，法兰西王国乡间大别墅的主人，路易十五的臣民和王室津贴的受益人？他反复这样说，写信给他众多的通信人时也这样说，无论他们是日内瓦的显贵和牧师，或是国王在勃艮第的总管，或是高等法院的院长，还是法兰西学院的秘书或院士。

他的秘书，年轻的瓦利埃勒，每天不停地用红蜡封上几十封信，其中有好几封信是寄给德国几位亲王或俄国女沙皇们——伊丽莎白，随后，1762 年后的喀德邻。

他为她们写作《俄罗斯帝国历史》，当然他是用法语和她们通信，如同他与弗里德里希二世通信一样——不过，目前，他与后者的关系中断了。

再说他对自己在普鲁士不幸的遭遇一直保存着苦涩的回忆，当喀德邻二世——德国昂阿尔特－泽尔布斯特家族的公主，伏尔泰认识其母亲——邀请他来俄罗斯小住时，他感叹道：“我既不要国王，也不要女沙皇。我了解他们，这足够了！”

从此，他将自己的自由和独立置于一切之上。他知道必须谨慎行事，但是他觉得在自己周围筑起了壁垒，当他在大胆地外出之后撤回自己的领地时，可以抵御任何进攻。

因为虽说他谨慎，一心自我保护，为自己准备与“强者们”的结盟，他力图斗志高昂、大胆、决心发起攻势。

“我看到做温和派什么也不能获得，这是受骗，”他说，“应当进行战斗并且高尚地死于牺牲在我脚下的一堆盲目信仰宗教的人之上。”

死亡？

这只是一个词语。他顽强地生活着，所有为他体弱多病的样子感到不安的人见到他显示出的充沛精力都大为惊讶。但是，在几分钟过去后，听到他诙谐的话语、他爽朗的笑声，看见他闪着智慧、俏皮和狡黠的目光，他们忘记他的消瘦、他的苍白、他经常露出微笑的憔悴的脸庞。

这个人好像每时每刻在重生，仿佛他为抵御疾病而作出的努力给他注入力量、乐观和喜悦。

他显得愉快。

“有时我把我整个的幸福当成一场梦，”他说，“我难以告诉你们我如何使自己成为所有人中最幸福的人。我仅仅满足于此，不加思考。”

事实上，他巧妙地行事，关注他的事务，以同样的关切注视着他财产的管理与他作品的命运。他在成功中获得满足，对此他并不向他的银行家让－罗贝尔·特隆尚掩饰：

“我生来相当贫穷，”他说，“我一生从事一贫如洗者的职业，蹩脚作家的职业，让－雅克·卢梭的职业，然而我现在有两处府邸，两处漂亮的房舍，70000 里弗尔的岁入，200000 里弗尔的现金和一些王家票据，我没计算在内。你是否知道，此外，我有大约 100000 法郎投资于我在其中确定我临时住处的小领地？”

他还说：

“我通过多方努力为自己造就了一个小小的王国。我做了我愿意做的一切。”

这个成功使他每天都更加自信。他感到自己不亚于任何人，哪怕是最伟大的国王。

当然，他并不拥有武装的“十五万士兵”来捍卫自己思想的疆土。但是他已经获得这样的名望、这样的经历，以至于他自认为能够战胜所有那些——神甫或牧师，伪君子或穷文人——会攻击他或指责启蒙哲学家，他的朋友们的人。

他比任何时候都准备担当“启蒙思想阵营”战斗的首领。

然而对于他、对于被查禁的《百科全书》、对于那些被称为哲学家的人，敌视言行从来没有停止过，人们指责他们要为法国的军事失败负责任。这些哲学家难道不是一些“世界主义者”，诋毁他们的祖国，奉承德国亲王们、女沙皇们、法国与之交战的那位普鲁士国王？

更糟的是：他们是无神论者或者自然宗教——或法则——的信徒。他们容易被收买，只想着自己的个人利益。他们使人堕落。

当人们得知伏尔泰在费尔内自己的家里接待一位 18 岁的年轻姑娘，给她嫁资，向她传授知识，因为她是皮埃尔·高乃依侄子的孙女，以这个身份他必须帮助她，人们窃窃私语伏尔泰居心叵测。

然而他反复说：“伟大的高乃依的一位老兵尽力为他的将军的孙女做有用的事，这是十分恰当的。”而且他明确地说：“我丝毫没有忘记自己带她去堂区的教堂望弥撒。我们应该有榜样，并且做出榜样。”

但是由老对手《文学年》主编弗雷龙煽动的阴谋没有就此罢休。伏尔泰十分愤慨：

“我得知那些伪善的女子很生气看到一位高乃依姑娘进入应受到谴责的地方，她们希望把她从我这里带走……我没有任何事可自我责备……我们将看到谁将占上风，是这场阴谋还是你？”他给在巴黎为他的辩护的自己的朋友达尔让塔尔这样写道。

因为，在战胜诬蔑的意愿之外，伏尔泰作为一位老人，作为一位祖父，关注着玛丽·弗朗索瓦兹·高乃依。

他要促成她的婚事，使她获得年金，由王国最显赫的要人（舒瓦瑟尔公爵和公爵夫人，法兰西学院组成人员，谢弗勒斯公爵）——通过代理人——在结婚契约下签署他们的姓名。

然而，在弗雷龙笔下的《文学年》中他读到什么："最不可思议的事情就是见到伏尔泰先生对一位不幸的年轻姑娘投去同情的目光。但是在一年多前，他对喜歌剧院从前的演员勒克吕兹先生做同样的善事，让他住在自己的家里，向他提供膳食，一句话把他视为兄弟对待。必须承认高乃依小姐在走出修道院时就要落在可靠的人手里。"

伏尔泰动怒了。弗雷龙言论阴险，把伏尔泰说成道德败坏，应当上枷锁。伏尔泰拿起笔，一气呵成，写了一篇十来页的抨击性短文：《关于弗雷龙的逸事》，把《文学年》的主编变为一个罪人，他通过逃亡才摆脱苦役，又接过以前由德方丹神甫手持的诬蔑火把。

弗雷龙只是一个"从德方丹屁股下生出的小虫！"

这场战斗非常激烈。不仅仅关系到虔信者们和哲学家们之间的对抗，或者困扰伏尔泰的仇恨。他的成功和才华，他的巨产和能力，几十年以来，使"巴那斯的鼠辈"、所有呆在"泥潭"中的文人们，都感到难以忍受。

他的独立、他的"主权"、他与蓬帕杜尔夫人或舒瓦瑟尔公使保持的联系，他对自己一直捍卫的《百科全书》哲学家们的友情，使他成为众矢之的。

但是舒瓦瑟尔保护他。有一位帕利索·蒙特努瓦，公使的文人，不敢正面攻击他，甚至对他大加赞扬。

聚集在王后玛丽·莱斯兹克赞斯卡和王太子周围的人，达官贵人们在他们那方面为了赢得舆论发动一场真正的战役。必须降低哲学家们的影响，让这些人成为替罪羊，利用思想论战来掩饰王国外交的失败。就让人们谈论高乃依小姐并忘记军事上的失利吧！

因此人们支持勒弗朗·德蓬皮尼昂在莫佩尔蒂的席位上选入法兰西学院。这个人在 1759 年 3 月 10 日发表的演讲中把自己表现为哲学家们坚定的反对者。人们对他喝彩。人们断言国王许诺阅读"这篇少有的极好的作品，再说它可以受不信教者和自由思想家欢迎"。

勒弗朗·德蓬皮尼昂神气活现，"得意洋洋，为他虚假的光荣而自满"，马蒙泰尔这样说。

伏尔泰立即写了 12 开本 7 页的一个小册子，题为《当……对在法兰西学院面前发表的一篇演讲的有用的注释》，这个小册子在日内瓦印刷并立即在巴黎流传开：

"当有人不是通过自己的作品为他的时代增光，那么诋毁他的时代就是一种奇特的大胆。

“当有人几乎说不上是文人……

“当有人接替一个奇怪的人……必须沉默或至少更巧妙、更谨慎地说话……”

在《当》之后接着发表的是《如果》《啊啊》《因为》《为什么》，它们猛烈抨击勒弗朗·德蓬皮尼昂，表现出在何种程度上，在1760年代，自由思想家们、哲学家们占据着最高地位，伏尔泰如何成为他们的中心人物。

他重新拿起笔，写了《关于虚荣》，这些讽刺诗终于丑化了蓬皮尼昂，他只好躲到他的外省蒙托邦：

一座小城的小市民你有什么……
我的朋友天下人丝毫不想你……
去吧，国王根本没有读过你讨厌的演讲……
宫廷将认为你是疯子，呆在你家里吧，先生……

伏尔泰让他灵巧和无情的笔滑动着：

所有在我们的年龄为了当一个人物
而标新立异的人是多么不幸……
长眠于此的是毫无地位的人。无论值得骄傲的人对此说什么，
人类，软弱的人类，这就是我们的格言……
恺撒根本没有他亡灵安息的庇护地，
而蓬皮尼昂朋友却想当个人物！

伏尔泰狂喜。人们告诉他这首诗为巴黎全城所知。

那位失败者只好让人忘却自己。

“有时，这就是诗歌派用场的地方。”伏尔泰感叹道。

这场战役胜利了，但是战争继续进行着，而且更加艰苦。舒瓦瑟尔介入，要让帕利索题为《哲学家们》的一出剧由法兰西剧院演出。该由弗雷龙庆幸演出的成功。帕利索丑化狄德罗和卢梭，但巧妙地放过退出《百科全书》的达兰贝尔，放过伏尔泰。

“我向哲学宣战”，剧中的一个人物一开始就这么说，但是结论是谨慎和有分寸的：

> 我们分辨出当今哲人的形象，
> 我们去掉虚假的并尊重真实的。

伏尔泰明白舒瓦瑟尔是要分化哲学家们。因此他必须尽力将他们聚集起来反对“狂热者”，但同时，他也感激公使和帕利索保护自己。当他读到达兰贝尔写给与此无关的他的信时，他的内心深受伤害。“您似乎愿意为哲学家们辩护，”达兰贝尔写道，“他们期待这样，希望这样：您今天写信给我说您对此并不在乎！”

不公正。

伏尔泰写了《苏格兰女人》，这出剧在舞台上表现一个弗勒龙，在他身上人们自然认出弗雷龙，即使在演出中——首演在1760年7月26日举行——弗勒龙－弗雷龙成为瓦斯普先生：胡蜂。

这出剧成功了。弗雷龙有勇气来到狂热的剧场，所有拥护哲学家们的人聚集在那里，在正厅狄德罗高兴地做出各种手势。

帕利索的剧被人遗忘，埋没在掌声下，掌声伴随着伏尔泰的台词，他抨击弗雷龙－瓦斯普，把他说成是“平庸的作家、玩世不恭者、蜥蜴、游蛇、蜘蛛、毒蛇的舌头、性格古怪、心灵卑鄙、恶人、无赖、厚颜无耻、懦弱的混蛋、密探、看门犬，等等”。

正是弗雷龙自己在《文学年》中记下在这出剧里人们给他披上的这些名字。

至于伏尔泰，在进行这次打击后，他从费尔内宣称他从未写过这样一篇讽刺，他只是其翻译者，作者是一个英国人，一位休谟先生，著名哲学家的兄弟……

他清楚地知道他不欺骗任何人，但是这个虚构——这位作者，休谟，这位译者，他当做挡箭牌的一位卡雷先生——只是一种捏造，用来保护他，同时给这出剧加上奇特之处。

他很高兴遇到的成功，使虔信者们和弗雷龙遭受的这场新的失败。

几个星期后，1760年9月3日，他的新剧《唐克莱德》表现被摩尔人围困的锡拉库萨，使所有的观众泪流满面，并确保他和哲学家们对舆论的绝对统治。

伏尔泰满意地读到弗雷龙在《文学年》中为这出剧写的文章的最初几行文字：

“人们在剧中找到情感，找到纯朴……人们从中呼吸到豪迈的气息……”

伏尔泰希望利用这次成功，让蓬帕杜尔侯爵夫人接受把这出剧献给她。舒瓦瑟尔获得了侯爵夫人的同意，因此伏尔泰就给侯爵夫人写了一封书简：

“我非常感激您，夫人，而且，我应该说，我还敢说别的话。我要公开地感谢您为许多真正的文人、伟大的艺术家、有才能的人在不止一个方面所做的善事。”

他很惊讶她并不为他的这些话感谢他。

他不敢想象一个阴谋集团竭力在宠妃身旁损毁他的信誉，而且一封匿名信使她相信这封《书简》是要说“人们觉得伏尔泰把自己的作品题献给公众认为不该尊敬的一位女子，这是异乎寻常的事”，他不敢想象就这样他要使自己重新接近朝廷的尝试使他彻底地疏远了朝廷！

伏尔泰不知道有谁使用了哪些手段让他在蓬帕杜尔的眼中信誉败坏，但是他揣测到这些手段。他不是在《唐克莱德》中写过这两句诗吗：

自从我出生起，我看见诬蔑
从它未受惩罚的嘴里发出种种恶言。

事实上，在1760年末，在勒弗朗·德蓬皮尼昂的溃败后，在《苏格兰女人》和《唐克莱德》的成功后，他感到心满意足。

“我老朽的身体，”他写道，“我的老树干今年结出了一些果实，一些果实是甜蜜的，另一些有点苦涩，但是我树干的液汁耗尽了；我不再结果实，也不再有叶子；必须服从自然，不能抑制自然。那些愚蠢和狂热的人今年秋天和接下去的冬天将有的是时间；但是当心春天吧！”

45.
“似乎对人们处以车轮刑比补偿对无辜者的损害更容易”

他坐着，尽管壁炉里熊熊火焰噼啪作响，他还是穿着暖和的衣服。他不喜欢冬天，他咒骂凛冽的北风，在 1761 年最初的几个月里，暴雪、大雨和狂风是常见的天气。

他写作，他口授。

他开始创作一部悲剧《奥林匹亚》。它讲述珈桑德拉的痛苦，马其顿国王的儿子在不知情的情况下下了毒药，杀死了亚历山大大王。

“他的悔恨，”伏尔泰写道，“是来自一个天生具有美德的富有同情心的人，而不是来自一个害怕上天复仇的罪犯。”

但是上天的复仇表现出来，既然珈桑德拉爱上奥林匹亚，亚历山大自己的女儿。

伏尔泰描绘希腊、它的祭坛和它的奥秘，表现它的神甫们，希望揭示一个宗教的起源，它早在耶稣布道之前，只相信和只祈祷唯一的一个上帝。他就这样攻击所有的一神论。

当众多的客人来到费尔内府邸，他让人在他的剧场里演出他最新的剧中的一部，《领主权》，它表现封建贵族给与自己的特权——每个人都想到初夜权，即使伏尔泰把它转化为领主与年轻女子们之间不带恶意和规规矩矩的谈话……

当时间允许的时候，他把客人们带到花园里，指着一头啃着草皮的驴子：

“你们不认出弗雷龙吗？”他问道，放声大笑着。

这是因为他一直想着巴黎。他阅读弗雷龙在《文学年》中的文章。他与达兰贝尔和狄德罗通信。他没有忘记无耻之徒。

当他向他的一位访客指着他让人在他领地的教堂的三角楣上刻下的拉丁文铭文——伏尔泰为上帝建筑——时，他说：

“我让人建造的这座教堂是世界上唯一仅仅奉献给上帝的教堂；所有别的教堂是奉献给圣人的。对于我来说，我更愿意为主人而不是为仆人建造一座教堂。”

他对定居在离费尔内不远处的耶稣会士的态度感到十分气愤，因为他们企图扩大他们的领地：

“我手头有一些麻烦事，”他说，“我驱逐那些耶稣会士，他们侵占六个可怜的贵族、六个教友、全都是双桥军团的军官的财产……我迫使他们归还他们侵占的财产。他们向我表示放弃了。这是哲人了不起的胜利！”

他很清楚人们将把他指称为无神论者。

他给爱尔维修写道：

“我对您重复说不应当比害怕那些冉森教派教徒的狼更害怕这些狐狸，应当勇敢地猎捕这些分泌恶臭味的野兽。他们徒劳地嚎叫我们不是基督徒，我不久将向他们证明我们是比他们更好的基督徒。”

于是他现在泰然从容。这只是一场将不会停止的——他愿意和必须进行的——战争的预料中的战斗与战役。

再说，在费尔内，他觉得自己得到保护，拥有他感到的管理自己领地的快乐：

“我有一座结构引人注目的府邸，在这乐趣之外还种植了独特的花园，并为能给我选择的退隐处的地方做些有益的事而感到强烈的快乐，”他给侄女德方丹夫人写道，“我使市当局同意抽干污染这个地方并使土地贫瘠的沼泽。我让人开垦大片欧石南丛生地；一句话，我把我《关于农业的书简》的理论付诸实践。”

但是这种平静的心情突然破碎了，因为伏尔泰收到一封信，他反复读了几遍，它太使他惊愕了。

难道有可能让－雅克·卢梭就是这封信的作者吗？信中的最初几句话就是如此令人惊讶，以至于伏尔泰嘟哝着这些话，好像要让自己相信它们是黑字写在白纸上的：“我根本就不喜欢你，先生”，让－雅克给他写道。

但这是为什么？

“你对我造成可能使我最难以忍受的痛苦，我，你的弟子和热情拥护你的人。你以你在日内瓦得到的庇护的代价败坏了它……是你使我在自己国家的逗留难以被人容忍；是你将使我死在外国的土地上，被剥夺垂死者应该得到的各种安慰，被耻辱地抛在垃圾场上，而无论死活，一个人可以期待的所有的荣誉将在我的国家陪伴着你。总之，我恨你，你愿意这样……在我心中对你怀有的所有情感中，只剩下人们不能拒绝的对你美好天才的赞赏，还有对你作品的热爱……”

伏尔泰感叹道：

“我收到让－雅克·卢梭一封措辞强烈的信。他完全变疯了，真遗憾！让－雅克本来可以在这场战争中起作用，但是他实在晕头转向了。”

让－雅克现在只能够写作像《新爱洛绮丝》这样的一些小说，伏尔泰还说：“我读了这部小说，这对我来说是不幸的。如果我有时间说我对这部不得体的作品的看法，这对他来说会是不幸的……但是我没有时间谈论小说。”

他说，他是“耕种者”，“泥瓦工”，尤其，几天来，他关注着图卢兹一个胡格诺派教徒家庭卡拉们的命运。

或许这个家庭不公正地受到神甫们的迫害？

伏尔泰起初简直不敢相信。

这位父亲，胡格诺派教徒让·卡拉，住在图卢兹菲拉蒂埃街16号，据说杀害了他的长子马克·安托万，这是由于马克像弟弟路易一样决定皈依天主教：这难道可信吗？

而且他们全家，还有一位朋友，还有作为狂热天主教徒的女仆，他们可能在这处狭小的住所里听凭父亲实行杀害儿子的罪行吗？

或者马克·安托万自杀了而父亲为了避免耻辱，可能扯谎，对他的儿子皮埃尔说：“不要传播你哥哥已经自尽的消息！”

但是图卢兹民众和进行调查的市政长官达维德·德博德里格，可能立即指控让·卡拉犯下谋杀。

因为在图卢兹人们追捕胡格诺派教徒，人们刚刚将罗谢特牧师和三个企图解救他的新教贵族判处死刑，人们很快确信让·卡拉是有罪的。

人们对这位胡格诺派教徒进行拷问。

伏尔泰听说人们对这个不幸的人进行种种刑讯，因为人们想要获得他的招供，为图卢兹高等法院法官们作出的死刑判决辩解，他气得浑身发抖。

人们让卡拉躺在地上，拉长他的四肢，把它们稍稍往上提伸。

人们向这个受刑者的喉咙里倾倒十罐水，用刑者们——其中有达维德·德博德里格——在让·卡拉的泰然和平静前感到惊讶和懊恼。

人们将他带到断头台，人们将他拴在一副圣安德烈十字架上。一位修道士恳求他招供。

“什么，我的神父？”他回答道，“您也认为一个人会杀死自己的儿子吗？”

人们用铁棍打了他十一下，然后把他拖到车轮上，然而他始终不承认。人们再次勒令他说出真相：

“我已经说了，我死的时候是无辜的。”他低语道。

但是卡拉被高等法院的法官们判处死刑，而伏尔泰不能设想他们竟对一位无辜者处以极刑。

“你们或许听说，或许，”他写道，“一位善良的胡格诺派教徒被图卢兹高等法院处以车轮刑，因为他绞死自己的儿子。然而，这位改革派仁者认为做了一件好事，由于自己的儿子想成为天主教徒，而这是阻止背教。他把自己的儿子牺牲给上帝，觉得自己比亚伯拉罕优越，因为亚伯拉罕仅仅从命，而我们的这位加尔文派教徒主动地吊死自己的儿子，并且问心无愧。我们算不了什么，但是胡格诺派教徒比我们更坏，更有甚者，他们激动地抨击这出闹剧。”

他对宗教狂怀有厌恶，无论他们是胡格诺派教徒还是罗马天主教徒。他认为让·卡拉的罪行是确实的，不能设想司法程序在人们心中留下疑问。

他满怀憎恶、失望和愤怒给达兰贝尔写道：

“求求你，尽你所能让人们憎恶宗教狂热，它使父亲吊死儿子，或者使国王的八位推事对无辜者处以车轮刑。”

他想到罗谢特牧师被吊死，想到其“同谋”，那三个贵族被斩首。

他愤慨不已，因为里斯本宗教裁判所在对葡萄牙国王进行的一起行刺后，处决了被怀疑卷入阴谋的一位老耶稣会士，将他处以火刑，而且不满足于此，处决了两个伊斯兰教徒和三十二个犹太人。

宗教裁判所的这些法官是一些“野人”。图卢兹的民众也是这样，他们庆幸罗谢特和三位贵族被判死刑，目睹他们被正法和让·卡拉被处决。

渐渐地，他产生了苦恼和怀疑。他遇见奥迪贝尔，这位从图卢兹来到的马赛商人向他断言让·卡拉实际上并没有犯下被判处死刑的罪行。

这个怀疑，卡拉的儿子们——逃亡到日内瓦并由他在费尔内接待的皮埃尔和多纳——的证词坚定了他的想法。

他给贝尼斯枢机主教写道：

"我恳求阁下告诉我，对于在图卢兹因为绞死儿子被处车轮刑的这位卡拉可怕的遭遇，我应该有什么想法……这个遭遇令我时时牵挂在心上，在我的快乐中它使我忧伤，它破坏了我快乐的心境。应当带着厌恶的目光审视图卢兹高等法院或者新教徒……我关注这起灾难，因为我经常看见被在车轮上处死的这位卡拉的孩子们。"

他焦急等待的贝尼斯枢机主教的答复不能使他满意。

枢机主教断言他"不相信一位新教徒比一位天主教徒更能够犯下一桩残酷的罪行，但是我也不相信，在没有证据的情况下，法官们相互串通，做出可怕的不公正的判决……"

伏尔泰生气了。

这件事情使他苦恼，妨碍他进行创作。

"年轻的时候，"他说，"应当像疯子一样地爱；年老的时候，应当像魔鬼一样地工作！"

他发怒，泄气：

"应该什么都不管了！"他说，"卡拉是有罪的。"

可是他怎么能够忘记让·卡拉的命运呢？

卡拉最小的儿子多纳经常来费尔内拜访他。他的哥哥皮埃尔住在离愉园不远处。

一连几个星期，伏尔泰倾听他们的谈话，对他们进行观察。如果父亲是有罪的，皮埃尔就在现场，只能是他的同谋。但是他的怀疑、他的不信任感一天天地减弱了。渐渐地，他心中的怀疑转变为确信无疑：

"很长时间我对这个家庭的无辜抱将信将疑的态度，"他说，"我不能相信法官们可能通过可怕的极刑处死一位无辜的一家之长。我做了我能做的一切来弄清真相；我雇用了卡拉家身边的几个人来了解他们的习俗和他们的行为；我经常对他们本人进行询问。我敢确信这个家庭的无辜，如同确信我自己的无辜那样……"

从此，要让真相被人接受的欲望驱使着他。

"我应当可以这么说把自己视为一位证人。"他反复说。

所有的事实都可以解释得通。

父亲想掩饰他儿子自杀的声言，只是"父爱的行为"，目的是捍卫死者身后的名誉。

至于女佣让娜·维吉埃，她是天主教徒，抚养过卡拉所有的孩子，证明卡拉家的父亲和母亲、孩子们和路过的那位朋友“在人们设想犯下弑亲罪的时候根本没有分开过”。“如果她为了挽救自己的主人在法庭上作了伪证，她会在忏悔的时候认罪，人们会拒绝给她宽恕，她就不能领圣体！”

伏尔泰用全部力量投入这场战斗。他“为行动而写”，为皮埃尔和多纳代笔，皮埃尔签署了一篇《声明》，多纳签署了《致母亲卡拉遗孀的信》。

伏尔泰从费尔内关注着卡拉遗孀，鼓动她和她的两个小女儿——她们起初被关在一座修道院里，随后被释放——前往巴黎。

他求助于在巴黎、在欧洲能够影响舆论、影响当局的所有的人，以便让图卢兹司法机关“说清楚它为什么判处卡拉。秘密审判，无缘无故的判决，这是多么恐怖的事！没有丝毫理由，随意抛洒一个人的鲜血，难道还有比这更可憎的暴虐行为吗？”当最后下达命令给图卢兹高等法院将审判文件移交给枢密院时，伏尔泰愤慨地得知必须为复本支付费用。

“什么，”他叫喊起来，“在18世纪，在哲学和伦理学教导人们的时候，人们却以8票对5票的多数对一位无辜者处以车轮刑，而且为了誊写一个可恶法庭匆忙草率写出来的东西索要1500里弗尔！难道人们要遗孀付钱吗？”

他提议“凑份子”——而且“我表示参于其中”。

他感到舆论在摇摆。得到他报告情况的巴黎最著名的律师们接手这起诉讼案件。必须获得对这个案件的复审、对卡拉的平反。

伏尔泰希望这个案件成为人们的教训。1763年，他开始满怀激情地写作一篇《论宽容》。

人们没有能够阻止卡拉被处车轮刑，他说，“但是可以使那些法官被人憎恨”。

他没有忘记必要的谨慎。他不愿意在这部作品上签名。“有一些地方使人颤栗，另一些地方使人噗嗤一笑，因为，谢天谢地，不宽容既荒谬又可怕。”于是有人把这篇论著归于一位“好神甫”！

但是谁会上当受骗？伏尔泰知道人们将认出他的印记，因为他清清楚楚地说出“不宽容的权利是荒谬和野蛮的，这是残暴的人的权利！”

然而他相信《论宽容》将被允许出版。他寄送了几本到巴黎，但是所有的“权贵”，首先是舒瓦瑟尔公爵，甚至拒绝接收。这本书事实上被查禁。

伏尔泰得知可以确定危险人物的教皇会议审议了《论宽容》并准备把他列入危

险人物的名单上！

事实上，人们不接受他对宗教的批判、《论宽容》的结论、这个祈祷——“所有人、所有阶层和所有时代的上帝……你没有给我们一颗心让我们相互仇恨，没有给我们一双手让我们相互残杀……”

这种疯狂要借助于刽子手支持宗教，而正是刽子手们处死了只宣扬过仁慈和忍耐的那个人……

“但愿区分被称作人的微小东西的细小差别不是仇恨和迫害的标志……让我们用我们生存的这个时刻以一千种不同的语言，从暹罗直到加利福尼亚，祝福给予我们这个时刻的慈爱的上帝吧。”

伏尔泰是自然神论者。他在《论宽容》中对此作了宣称。而这本书，尽管遭到查禁，获得巨大的成功，无论是在法国还是在欧洲其他的地方。

人们热烈赞成他对宗教狂热的谴责。

就在此时他得知路易十五准备将耶稣会教团驱逐出法国！胜过任何时候，让我们消灭无耻之徒吧！

人们希望会见他。人们把胡格诺派教徒的案件交给他，他们由于出席了“荒漠里的布道”而被判处苦役。

由于他的奔走，他们中的一位被释放，他很愤慨人们竟然“因为一个人没有犯下别的罪行，只是用蹩脚的法语祈祷上帝，而把他送去服划船苦役！”

他知道他为卡拉呼喊的行动、这篇《论宽容》使他成为为思想自由进行战斗的象征，这场斗争反对的是那些残暴的人、那些野蛮的人，他们迫害、谴责胡格诺派教徒，盲目地执行一项法律，使他们遭受苦役、死亡和被没收财产。

“我是不幸的人们的堂吉诃德。”他说。

同时，他注意到时间一个月一个月地过去，图卢兹判处卡拉死刑的判决始终没有被枢密院撤消。

“似乎对人们处以车轮刑比补偿对无辜者的损害更加容易。”他评论说。

因此他必须继续对“权贵们”施加压力，同时利用这个有利的情况，就是，在新教徒中间，有许多人——例如内克尔家族——是国王需要的金融家。他们参加包税制，向王国的国库预付未来的税收收入。

而让－罗贝尔·特龙尚，伏尔泰的银行家，恰恰被任命为包税人。

然而，迫害没有停止！一位胡格诺派教徒西尔旺，又被指控为阻止女儿皈依天主教将她杀害。西尔旺和他的家人出逃了。他们依然在1764年3月29日被缺席判处绞刑。

但是，几个月后——1764年6月4日——枢密院撤消图卢兹高等法院的判决并且在1765年3月12日，最高法院诉状审理厅为卡拉平反。

伏尔泰喜不自胜。他赢了。是他为此目的显示非凡的力量，让舆论翻转过来。

“天才派上了好用场！”狄德罗嚷道，“这个人必须有人格，有同情心，对不公正的行为感到愤慨，感到美德的魅力！唉！卡拉一家和他是什么关系？是什么让他关注他们？他有什么理由中断他热爱的工作来为他们辩护？当基督出现的时候，我向你们断言伏尔泰会得救。”

这场胜利是全面彻底的。

图卢兹市政长官达维德·德博德里格被撤职。王后要接见卡拉遗孀和她的女儿们。国王命令支付12000里弗尔给卡拉夫人，3000里弗尔给每个儿子，6000里弗尔给每个女儿，3000里弗尔给女仆让娜·维吉埃，还为诉讼费用支付6000里弗尔！

伏尔泰充满喜悦。他在写给全欧洲的通信人的每一封信中都表达他满心的喜悦。

正义和理智占了上风，他反复说。他毫不掩饰自己的骄傲。他说，这是在为宽容进行的斗争中一个决定性的阶段。

1764年11月26日，一份敕令解散了王国内的耶稣会。

1765年3月20日，在宣布为卡拉平反的最高法院的决定一周之后，伏尔泰给他的朋友西德维尔写道：

“我亲爱的朋友，你那时在巴黎，卡拉悲剧的最后一幕如此幸运地结束。这出剧结局完满！依我看这是戏剧中最美的第五幕。”

但是伏尔泰知道在他扮演第一角色的这个舞台上，帷幕永远不会落下。

他还在庆幸让·卡拉的平反，人们告诉他让－雅克·卢梭一篇题为《山中来信》的作品将他揭露为无神论者，败坏日内瓦共和国道德的人，《五十个说教》的作者，这篇抨击性短文的确是他所写，但是他从未承认过是出自他的笔下，因为这是，据他说，“人们曾经写过的反对基督教的最强烈的讽刺短文”。

他在文中嘲笑旧约“闻所未闻的荒谬”、构成新约的“巫师的故事”，嘲笑这些作品从神化耶稣的奇谈出发让人产生的迷信和仇恨。

人们在《五十个说教》中听到口号“消灭无耻之徒！”的回响，伏尔泰要让这口号成为启蒙哲学家们全部行动的原动力，因为必须摆脱天主教并且承认，一个最高主的唯一起源，这唯一的上帝，他向其奉献费尔内教堂的上帝。

而现在卢梭这个疯子却揭露他，求助于牧师们的判断，指控他是《五十个说教》的作者，散布无神论并且攻击圣经！

伏尔泰非常愤慨，他觉得这是一种背叛。他以愤怒的文笔写下一篇反驳卢梭的文字。在这篇《公民们的情感》中他要直刺这个文人的心脏，因为卢梭把自己表现为有德行的公民，而且在《爱弥儿》中自称教育家。

只需让人们了解只有十来个人知道的情况，就是卢梭将他的孩子们遗弃在一家医院的门口。这样这位道学家“公开放弃所有自然的情感，如同他抛弃荣誉与宗教的情感一样”。

伏尔泰对让－雅克不怀怜悯，这个假慈善家自己还带着“放荡的不幸印记”，竟然敢于攻击“有德行的人士”！

以他为卡拉获得平反而施展的同样力量，伏尔泰决心要击败卢梭。

他已经进入人生的第七十个年头。他是全欧洲最著名和最富有的作家和哲学家。

人们前往费尔内，就像去朝圣一样。

谁能够相信他会让一个让－雅克·卢梭在自己身后狂吠？

他谈到卢梭时说：“人们会怜悯一个疯子；但是当疯狂变为狂暴，人们就得将疯子捆绑起来。”

46.

“我在我的时代做了比路德和加尔文更多的事”

伏尔泰以一个生气的动作推开卢梭的作品。

为什么要为这个可怜的疯子花费时间和精力呢？这个可怜虫在反对无耻之徒的斗争中，经常站在牧师们一边，随声附和那些“野蛮人”、“残暴人”和不停攻击自由思想家的虔信者们。

他为什么不关心捍卫无辜者和受迫害者，而是哀叹和指责人呢？

伏尔泰归拢几个星期来收到的信件，它们说明卡斯特尔一位档案保管员皮埃尔－保罗·西尔旺案子的情况。由于完全介入卡拉案件，他起初只了解这桩“案件”的片段情况。

西尔旺有三个女儿。她们中的一位，伊丽莎白，被从他家带走，幽闭在黑衣夫人修道院，目的是要她改信宗教。这位年轻姑娘远离父母和两个姊妹，她不能忍受在修道院与世隔绝的生活。由于她生病，身体虚弱，人们把她送回她家。几个月以后，人们发现她死在一口井里。是自杀？还是家人为阻止她改宗将她杀害？

伏尔泰觉得与卡拉案件相似的情况重新再现。但是为了逃脱判决，西尔旺、他的妻子和两个女儿都已逃跑。

伏尔泰要求秘书瓦尼埃勒给自己念对西尔旺一家作出的判决。他闭着眼睛听这份判决，因为每年冬天他的视力变得模糊，他不再看得清楚，他的眼睛有烧灼感，他害怕失明。而且他不喜欢这个季节，因为一切——小径、树木、草坪、楼房、山丘——全都隐藏在皑皑白雪之下。雪景的反光令他目眩。

“西尔旺和他的妻子，”瓦尼埃勒开始读，“被正式宣布犯有并被证实犯有杀亲罪，为了补偿这个罪行，他们被判处绞刑；让娜和她的姊妹，犯有并被证实犯有杀亲同谋罪，被判处目击对她们父母的行刑，然后永远驱逐出马扎梅城和司法管辖区，针对父亲皮埃尔·保罗·西尔旺、母亲图瓦内特·莱热和两个女儿的本判决，将通过罪犯模拟像执行，既然罪犯们在逃亡并被缺席判刑。”

伏尔泰叹了口气。他怎么能够放下他那支堂吉诃德的长枪呢？

“真有太多的杀亲诉讼案！”他惊呼，“但这是谁的过错呢？”

有时他感到倦怠。他害怕变成瞎子，即使他否认自己不能抗拒不安的感觉并愿意相信：

当平静下来的心灵放弃激情，
眼睛是无用的用具。

但是一阵阵怀旧的情绪袭上他的心头。他想到埃米莉·沙特莱，想到西雷府邸，想到昔日的时光，那时他不为“消灭无耻之徒”写作小册子和讽刺短文，而是创作韵文故事。

他再次醉心于此，但不得不口授，因为眼睛疼痛，视觉模糊。

而作诗使他欣喜：

哦，这些奇闻的时代是美好的时代……

“永远热爱美文学吧，”他给贝尼斯枢机主教写道，“我70岁了，我感到它们是好女友。它们就好像现金，在需要时从不缺少。”

但是他怎么可能忘记他投入其中的斗争呢？

他不是孤独的。

“真理的葡萄树，”他写道，“由达兰贝尔们、狄德罗们、博林布鲁克们、休谟们培育种植”，而且不能忘记霍尔巴赫们、爱尔维修们、格林们。卡拉和家人被平反了。而且甚至“地位最低微的阶级，人口最多的阶级，可以有朝一日不再满足于——作为所有的消遣和娱乐——‘大弥撒和有歌舞演出的餐馆’，因为人们在那里歌唱并且他们自己也在那里歌唱”。

伏尔泰还补充说：

“当人们使民众能够察觉它拥有一种精神的时候，一切还没有失去。相反，当人们将民众作为一群公牛对待，那么一切就完了，因为或迟或早它们会用犄角来冲撞你。”

于是他以和《论宽容》或《五十个说教》同样的观点继续写作。他发表一篇《对外国佬的演讲》，外国佬这个名称被德国人用来称呼法国人和意大利人，事实上它指的是“理智和美德的敌人、宗教狂、傻子、排斥异己者和诬蔑者”，如此懦弱而降服于罗马人和所有野蛮民族的这些法国人。

这次攻击，伏尔泰隐蔽地进行，以安托万·瓦代的名字作为掩饰。

这种伪装欺骗不了任何人，但是可以使他对付指控他的那些人。

当他发表《梅利耶神甫的遗书》——这位神甫“在死去的时候要求原谅自己曾经教授基督教史”——他可以否认曾经引起这部作品的印行。

当他编写和出版《袖珍哲学词典》——他在对无耻之徒的斗争中最为重视这部词典——他也同样避免完全承担著者的责任。

他给达兰贝尔写道：

“真的，我读了这本非同寻常的词典，我和你一样被吓坏了；但使我痛心疾首的是有一些基督徒配不上基督徒美好的名称，竟然怀疑我是这样一部反基督作品的作者……”

然而，他为自己的举动感到骄傲。

小册子、讽刺短文、词典是比大部头的《百科全书》更有效的武器。

“倒霉的是长篇大论！人生太短暂，没法连续阅读极为昂贵的大部头书。”他说。

他本人关注接二连三印行的《袖珍哲学词典》，尽管有书刊审查、警方对书商的搜查和取缔，这部词典立即大获成功。

读者们争相抢购这部词典，甚至准备为每本词典付五个路易，这对一本350页的书来说是相当可观的价格。

在巴黎、在阿姆斯特丹、在伯尔尼、在洛桑、在日内瓦，人们清楚地知道是谁躲藏在这部词典所谓的作者们之后——这些作者被杜撰为生活在荷兰。但是如何攻击伏尔泰呢，他到处叫喊这是“一部魔王撒旦的作品，一本可恶的小词典”。“上帝防止我与《袖珍哲学词典》发生任何联系。我读了其中的一些文字，它有邪教异端嫌疑！”

他根本不承认，没有任何证据，无法追究他。

只要人们愿意，让他们指控他是“所有可以设想到的亵渎宗教的罪恶渊薮”的《词典》“传染瘟疫的作者”吧，让人们梦想将他判处火刑吧！他并不在乎。

在伯尔尼、在日内瓦，这本书被撕碎、被焚烧。但是版本却越出越多。

他彬彬有礼但带着讥讽、以闪着狡黠的目光接待前来的法官，法官客气地要求他“允许烧毁某本袖珍词典”。

“我对他说他的同事们完全可以随心所欲，只要他们不把我人焚烧掉，而且我对任何袖珍词典都毫无兴趣。”

事实上，在日内瓦、伯尔尼或巴黎的“权贵们”中间，伏尔泰清楚地知道自己拥有盟友、乐于助人的朋友，他一直注意没有中断与他们的联系。

他庆幸自己的躲闪策略，它可以使他的朋友们坚持有关他无辜的虚构——当然他们自己并没有上当。他比任何时候都更决心保全面子。但是他在写所有的通信时都以“消灭无耻之徒”作为结语。这个格言对他变得如此习以为常，如此自发，他将它缩写为 ECRLINF。

他写许多讽刺短文，每个人都从中认出他的风格、他的思想、他的论据，但是他否认自己是其作者。

《历史的哲学》一砖一瓦地摧毁基督教的世界观，它就这样被说成出自某位巴赞神父。

他怀着讽刺激情嘲弄发表题为《伏尔泰的错误》作品的他的那些反对者。但是这些昔日的耶稣会士自称诺诺特和帕图耶！以这样的姓氏，他们怎么能够避免被奚落？

可怜的诺诺特，可怜的帕图耶，“外省的前耶稣会士”！“你做弥撒吗，诺诺特，那么，我将不会对你做！”在耶稣会被驱逐出王国的时候，在王后接见由卡拉女儿们陪同的卡拉遗孀的时候，在伏尔泰有舒瓦瑟尔公使作为朋友的时候，有谁能够不嘲弄这样的反对者呢？

“你为什么坐立不安，瑞士旱獭，好像在圣水缸里？人们没有对你说任何话，而且肯定人们不希望对你造成任何伤害，”舒瓦瑟尔给他写道，“你就放心吧，对你来说大家将会与你相安无事。不用人们对你提起它，你就否认是这本书的作者，好极了！但是你永远不能使我相信它不是出自你手。既不要把我们当作蠢人，也不要将我们看作迫害者，请你把我视为旱獭的侍者！”

当伏尔泰读着舒瓦瑟尔的这封信时，他觉得哲学家们的胜利已经为期不远。

人们要求为新教徒们下一道宽容的敕令。人们谴责由国王封印的圣旨不经审判就把一些令人尊敬的人士送进万森或巴士底狱的土牢里。即使没有人对君主政体提出疑问，人们还是批评法官们，人们还是揭露“政府的专制”。

伏尔泰感到自己受到舆论的推动。

他怀着激昂和喜悦的心情写作一部小说《天真汉》，它讲述一个发现法国的休伦人的不幸遭遇与种种惊讶。

这部小说赞扬宽容，嘲弄虔信者们和他们的信仰：“我们将给他取教名”，这位休伦人周围的好心人反复这样说，这使伏尔泰可以批评圣事并表现它们的荒谬。

但是，当然，他并不因此就承认自己就是人们争相抢购的这本书的作者：这部小说被说成是某位迪洛朗所写……

再一次，没有人上当，但是这个虚构保护伏尔泰。他可以假装与这部作品无关，虔信者们进行告发，使当局谴责、查封和禁止发行这本书。

但是在这哲学世纪有谁能够阻挡这主要的潮流呢？

伏尔泰自己反复说：“我在我的时代做了比路德和加尔文更多的事”，但他感到，聚集在狄德罗、霍尔巴赫、爱尔维修和给他们带来《文学通信》支持的格林周围的哲学家兄弟们，他们已经超越了自己。

他们是无神论者。他们追随英国学者——一位天主教神甫——相信自发一代的尼达姆。

“发酵和腐烂显然产生了活的动物。”霍尔巴赫这样写道。

伏尔泰发表意见反对这些“无神论者”，他在自己的《关于圣迹的通信》和《无知的哲学家》中与他们进行论战。

他拒绝狄德罗、霍尔巴赫的极端主张。他仅仅希望遏制“教会在它自己的限度内”，他表现出信奉自然神的决心。

“人们应当信奉的唯一的宗教，那就是赞赏上帝和做一个诚实人的宗教。”

自然神论者可能犯下罪行，但是那时悔恨会折磨他，而任何顾忌、任何恐惧、任何悔恨都不能约束住无神论者。

伏尔泰清楚地知道这些分歧、狄德罗的朋友们对于他这个“老头儿”提出的批评，它们阻止在哲学方面的“兄弟们”集合起来。他们中的一些人是思想界的成员，另一些人是共济会的成员。而他远离巴黎，是孤独的。

但是这孤立激励着他。

他自己一人就是首领和这支军队。而被定罪的无辜者们前来叩他的家门。

皮埃尔·保罗·西尔旺在日内瓦工作。他的妻子和两个女儿生活在洛桑并领取伯尔尼共和国一笔微薄的津贴。

伏尔泰接待他们。

“西尔旺在我家里，”他在1765年4月22日给朋友达米拉维尔写道，“他在这里潦潦草草地写下自己的无辜和西哥特人的野蛮。我们就结束了，时间很紧。”

在他看来西尔旺的无辜比卡拉的无辜还要更加“确凿”：

“对于卡拉家至少还有一些怀疑的理由，既然儿子的尸体在父亲家里被发现，而且父亲和母亲起初曾否认这个不幸的人是自己吊死的。但是在西尔旺的案件中人们找不到最轻微的迹象。”

有时候，伏尔泰无法抗拒这个反常现象对他的吸引，感叹道：

“西尔旺一家的案件使我记挂在心，但是它不会产生卡拉一家案件造成的轰动；可惜的是不曾有一个人被处车轮刑，这样我们需要博蒙律师以他的雄辩弥补未能实现的这起灾难。”

这只是一句话，一个明白的确认。但也是找借口回避，为的是掩饰自己会见西尔旺一家时怀有的同情和激动。

“请你设想被屠夫们指控吃掉一个羔羊的四只羊；这就是我看到的情况。我无法对你描述这样的无辜和这样的不幸。”

他下定决心要进行斗争，无论有什么障碍。

“三年来这个家庭沉浸在悲痛中，”他说，“人们已经擦干了卡拉家的泪水，现在该擦干西尔旺家的泪水了。”

他不能长久掩饰自己的同情和愤慨：

“这个不幸的家庭使我产生无法表达的怜悯，”他告诉达米拉维尔，“母亲刚刚痛苦地死去；本来为了确认重要的事实，她对于我们是必不可少的。你看见宗教狂热造成的可怕的不幸。”

47.
“吃人肉的丑角，我不再愿意听到谈论你们！”

伏尔泰攥紧拳头。他觉得自己的前额就要裂开。

他叫喊“瓦尼埃勒！瓦尼埃勒！”，仿佛他向秘书呼救。

确实他喘不过气来，觉得胸膛被挤压。

当瓦尼埃勒进入书房时，伏尔泰对他嚷道：

“我不愿意再听到谈论他们，这是些吃人肉的丑角！”

他紧紧地盯着瓦尼埃勒，后者的脸上表现出惊愕甚至恐慌。

“这个如此温顺、如此轻松、如此快乐的民族竟然是这样！”他以蔑视的声音继续说，“这是些野蛮人、吃人肉的丑角！”

他闭上眼睛。

他曾经知道。他曾经说过和写过宗教狂热带领人们犯下罪恶，造成可怕的不幸，但是他刚刚得知的这个不幸，他不曾想象到它可能发生。

几个星期以前，他告诉自己的朋友达尔让塔尔兄弟：“对于我来说，我年纪太老，病得太厉害，顾不上写作。我安静地呆在家里。”

他还补充说人们将永远不能证明他曾经参加过《袖珍词典》的编纂。

“我将永远有权利否认自己是人们归于我的所有那些作品的作者，而我创作的那些作品是好公民的作品。”

巧妙的提防！适时的谨慎！

因为他刚刚得知人们判处一位年轻人——拉巴尔骑士，刚到20岁的贵族——被割去舌头、砍掉头颅、烧掉尸体，而且人们将要把在这个年轻人家里诲淫的书籍之中找到的那本《袖珍哲学词典》扔进火堆。

这位不幸的人和其他年轻人受到什么指控？被指控用剑划破矗立在阿布维尔新桥上的一尊基督雕像，被指控将污物抛在圣卡特琳墓地的一个带耶稣像的十字架上。但是这只是简单的怀疑，没有任何证据。

确实这些好动爱闹的年轻人因为唱过一些放荡歌曲而为人们所知。在举着圣体的仪式队伍经过的时候，他们没有脱下帽子，也没有下跪。而且人们在拉巴尔那里发现了这本《哲学词典》。此外，在这些指控后面显现出种种报复。

报复拉巴尔的姑母，一位费多夫人，维朗库尔女修道院院长。

还有一位贝拉瓦尔先生的嫉妒，这位税务法庭的裁决官曾被这位女修道院院长打发走，是最先指控拉巴尔的一个人。

还来自一位刑事陪审官的野心，此人是迪瓦尔·德苏瓦库尔。

这些怨恨、无耻和宗教狂热错综复杂地交织在一起，导致阿布维尔法庭宣判拉巴尔和另一位年轻贵族德塔隆德斩首刑，后者因为考虑周密，已经出逃。

巴黎高等法院在进行审理后于1766年6月4日核准这个判决。

人们设想国王会赦免拉巴尔。或者多尔姆松，最高法院的次席检察官，维朗库尔女修道院院长的亲戚，会拯救这位年轻的骑士。

但是机器在运转。

1766年7月1日，在被拷问之后，拉巴尔被一刀砍去头颅，他的尸体连同伏尔泰的《哲学词典》被扔进火堆。

拉莫特大人，亚眠的主教，不是向罪人们许诺过“今世最后的酷刑和地狱的永苦吗”？

这位主教这样叫喊的时候，赤着脚，脖子上拴着绳子，带领一支仪式队伍来到渎圣行为的地方。

但是他也——据人们说——被自己的言论的后果吓坏，希望判决不会执行，希望这个20岁的年轻人——仅仅因为唱过几首下流歌曲，表现出放肆和挑衅的态度而有罪过，但是对于他，人们没有任何证据表明他与损坏基督雕像有关联——不会被拷打也不会被一刀砍去头颅。

然而拉巴尔上了断头台。拉巴尔勇敢地面对酷刑和死亡。拉巴尔没有认罪，在几千人前来观看行刑时，他对着人群大声呼喊自己的无辜。

而阿布维尔所有街区的居民，周围所有村庄的居民，在他们的神甫们的带领下，为刽子手夏尔·亨利·桑松大声喝彩，这个刽子手在1757年已经和他父亲一起处决了弑君者罗贝尔·弗朗索瓦·达米安。

“吃人肉的丑角！”伏尔泰重复道。

他口授一封给达兰贝尔的信：

“你是否听说这个名叫拉巴尔先生的年轻疯子和他的同伴被人们如此从容地判处砍去拳头、割掉舌头和剥夺生命……人们告诉我，他们在被审讯时说过他们是由于阅读百科全书派的书籍而受引诱犯下疯狂的行为。

“我对此几乎难以相信；疯子们是根本不读书的，而肯定地说，没有一个哲学家会向他们建议亵渎圣物。这件事很重要：请你深入研究这个如此卑鄙和如此危险的传闻。”

他不能相信最高法院出于这个可怕的意图而判处一些无辜者。

但是他感到不安。

既然拉巴尔被处决，为什么人们不会烧死《哲学词典》——这本会导致犯下渎圣罪行为的蔑视宗教的书——的作者呢？他并不掩饰：他很害怕。

“理智的敌人们”炮制出这种指控，是为了消灭哲学家们。

拉巴尔的死或许仅仅是迫害的开始。他得知巴黎最高法院对在阿布维尔作出的判决进行审理时，帕基耶推事“对哲学家们的那些书唠叨了一番”。他提到伏尔泰的名字。然而，这个人是哲学家们作品的读者，他并不是虔信者，但是他害怕奠定社会基础的那些原则会由于启蒙思想的传播而被动摇。

许多法官赞同这个观点，当检察长偏向推翻阿布维尔的判决时，25位法官中的15位赞成帕基耶并且核准处死拉巴尔的判决。

伏尔泰难以入眠，无法摆脱焦虑感。他不想让自己被抛进土牢里。他求助于启蒙哲学的“兄弟们”：

“刚刚发生在巴黎的最后一幕情景，”他写道，“清楚地证明兄弟们应当小心翼翼地掩饰他们的奥秘和他们的兄弟们的名字……智者，在如此不祥的情况下，应当沉默和等待。”

他收到《文学通讯》一篇文章的复本，在这篇文章中，他的朋友格林评论对拉巴尔的行刑：

“所有富有同情心的人对这个判决感到惊愕，人们等待着一位公开的复仇惩戒者，一个雄辩和勇敢的人……这无疑会是与伏尔泰先生相称的一项任务，如果他在这种情况下没有个人要保留的谨慎。他的朋友们一定恳求他关注自己的安全与安宁甚于对人道的关注，绝不要冒险给一些嗜血成性的人烙上耻辱的印记，他稍有动静，这些人就坚决要对他本人进行追究。”

伏尔泰不再犹豫，他已作出决定：他就要离开费尔内，前往瑞士、罗尔、沃州，在那里他将能进行温泉治疗，尤其能够躲避他最为害怕的情况：被逮捕。

或许他将能这样控制自己的激动和焦虑，因为对拉巴尔的判处和行刑“令人不寒而栗”。

他如此愤怒，如此恐惧，以至于他这样写：“我很后悔花费太多的钱财在这样一个国家的边界建造和设置产业，在这个地方人们不动声色地，甚至在寻欢作乐时，犯下可以使野蛮的醉汉颤抖的暴行。而这就是这个如此温顺、如此轻松和如此快乐的民族！吃人肉的丑角，我不再愿意听到谈论你们！从火刑堆跑向舞会吧，从沙滩广场行刑处跑向喜歌剧院吧，对卡拉处车轮刑吧，绞死西尔旺吧，烧死五个可怜的年轻人吧……我不愿意呼吸和你们同样的空气。这些可憎的行为表现出灵魂的丑恶。法国人被认为是快乐和礼貌的，应该最好被认为是有人道的人……没有一项法律命令在类似情况下施行恐怖行为。相比之下，宗教裁判所显得平淡无奇！”

几天以后，在 1766 年 7 月末，他得知只有拉巴尔被处决。但是他的厌恶、愤怒和失望有增无减。他以“枢密院律师卡桑”的假名写了一篇《记拉巴尔骑士之死》寄给意大利哲学家贝卡里亚侯爵，一部关于《不法行为与刑罚》作品的作者。

他告诉自己的朋友达米拉维尔：“我丝毫没让自己沮丧，但我的痛苦、我的愤怒、我的愤慨每时每刻都变得更加强烈。”

而对贝卡里亚，他明确指出：

“拉巴尔骑士以平静的勇气登上断头台，没有怨言，不带炫耀……请你告诉我谁是最有罪的人：是这样一位年轻人——他唱了在自己教派中被视为亵渎宗教的，而在世界其他地方被认为无害的两首歌曲——还是煽动自己的同事们让这个冒失的年轻人悲惨死去的一位法官？”

他写信给弗里德里希二世。他打算在克莱弗，在普鲁士的领土上，建立一块飞地，在那里启蒙哲学家们将能自由地表达自己的见解，印行他们的作品，摆脱到处跟踪他们的宗教裁判。

7 月 18 日刚过，他就给达兰贝尔这样写道：

“我不能设想能思维的动物如何能够呆在如此经常变为老虎的猴子们的一个国度。对我来说，我甚至为处在边界上而羞愧。事实上，该是断绝我的联系并且将感受到的恐怖带到别处去的时候了。”

他希望说服狄德罗离开巴黎，离开这个法兰西王国，因为启蒙哲学家们在这里不再处在安全中。他焦急地等待着回信，但一直等到 9 月才收到。

狄德罗无情地描述当局：

“我清楚地知道，”他写道，“当一头野兽将舌头伸进人血的时候，它是不会放弃的……”一个公民的生命从此算不了什么，他继续写道，“他们刚刚割喉杀死一个孩子，对他愚蠢的行为本来只要由父亲给与轻微的惩罚就行了。”他补充说：“我清楚地知道我们被裹在一个罗网的线里，这个罗网人们称之为警察，而且我们的周围有许多告密者。”

然而，狄德罗不愿意离开法国，而且伏尔泰劝说的每一位哲学家都同样拒绝离开法国。何况，他能够寄希望于弗里德里希二世吗？

他心情苦闷。他责怪狄德罗作出决定绝不离开索菲·沃兰：

“有一些魔鬼能够生存，只是因为能够摧毁它们的赫拉克勒斯们不愿意远离他们的教母。”

事实上，时间一个星期又一个星期地过去，伏尔泰发现他所害怕的对于哲学家们，首先是对于他本人的大迫害并没有展开。

相反，王家当局试图让人们忘记对拉巴尔的判决和行刑。最高法院里没有一位法官再敢于承认自己曾经投票赞成处死这个年轻人。阿布维尔的刑事陪审官迪瓦尔·德舒瓦库尔被解除职务。和拉巴尔一起被控告的那些年轻人被宣告无罪。

而遇难的骑士拉巴尔被人忘却了。

“人们成功地，”格林男爵写道，“在公众中平息了这起可怕的案件。巴黎对此并不怎么关注，大多数人，说真的，根本不了解这个案子的细节。人们对此谈论了一两天，随后，如同伏尔泰先生所说，人们照常去喜歌剧院，这起暴行和许多别的暴行一起被忘却了。富有同情心的人们将永远不会忘记这起案件并且始终热切地希望它被传到后代，作为对人们邪恶的可悲的纪念碑。”

伏尔泰感到愤慨，但安下心来，坚决地决定返回费尔内。

“我的境遇是残酷的，”他说，“我必定处在我周围迅速减少的受迫害者们之中……一段时间以来，潘朵拉的盒子被打开了。从中出来的是可怕的不幸。卡拉们、西尔旺们、拉巴尔们撕碎了我的心。出于一种奇特的天命，我介入这三起意外事件。第一起得到弥补；对第二起我只抱有一丝希望；第三起使我痛心，得不到慰藉。”

但是他不停地想到“绞刑架、苦役、没收财产”，而且，他还说，“拉巴尔骑士们没有使我的心灵得到安慰”。

48.
“至于我，我留在我的荒漠中”

伏尔泰停在客厅关闭的门前。

他听到嘈杂声。他转向瓦尼埃勒，用目光询问他。这位秘书低声说来的是科斯洛斯基亲王率领的一个代表团，由女沙皇喀德邻二世派遣。

伏尔泰叹了口气，朝着镜子迈了一步。

他身上穿着布满金点的蓝缎便袍。相同质地的无檐软帽上垂下一绺金黄色穗子。伏尔泰咕哝着：他不能穿着室内衣服接待女沙皇派来的这些俄国人。他必须穿上外衣，换上假发，下午两点要进的午餐将因此推迟。

他做了一个手势，向瓦尼埃勒示意自己将邀请这些俄国人共进午餐。

他感到疲惫。

每天来到费尔内的有访客、请愿者，自然，也有哲学方面的“兄弟们”，达兰贝尔和《百科全书》的其他核心人物，还有一些美国人，他希望完全改变其信仰的一些公谊会教徒。

“穆瓦兹，”他喜欢反复这样说，“这是引导一个愚蠢民族的骗子！”

而且他嘲笑《旧约》和《新约》的无稽之谈。消灭无耻之徒吧，不是吗？

为了表明他在这里不害怕任何书刊检查，他补充说：“我享有自由和财产，我是我自己的主人。”

他喜欢让人感到意外，刺激人，他由于受到访客们的仰慕而确实感到真正的快乐，访客们来自全欧洲，有年轻的作家、亲王或英国贵族。很少有人像这个公谊会教徒站起身并对他说：

“伏尔泰朋友，或许有一天你将更好地理解这些事情。暂且，既然我不能给你带来任何好处，我就离开你。”

人们试图挽留这个人，但徒劳。

伏尔泰有时恨不得改换这种生活方式并“进行变革”。

他吐露说：

“我对做欧洲的客栈主感到腻烦了。我只能在我的雪山之间——在这里我几乎又聋又瞎——慢慢地、快乐和惬意地死去。”

他补充说：

“这种喧闹的生活既不适合我的年纪，也不适合我虚弱的身体。”

但是只要身边围绕着每天新来的仰慕者，他就能思想活跃，就总希望能令举座皆惊。

他邀请来访的客人们进入他让人扩建的自己的剧场。

他登上舞台，在他写的这出或那出剧中扮演角色。他斥责周围的人，亚当神甫，这位昔日的耶稣会士住在他的府邸，在费尔内小教堂做弥撒。当然有德尼夫人，她乱花钱，不爱收拾，经常发怒，责怪二十七个仆人中的一个，或者责怪巴斯蒂安修士，这个嘉布道会修士从萨瓦修道院逃出，被收留了两年，随后带着偷盗的手稿、金钱和首饰逃跑了。“他还穿着我给他的一件红色外衣呢。”伏尔泰议论说。

他回想起曾经常反复说过：

“我喜爱拥有朋友胜过拥有多余的东西，我喜爱一位文人胜过喜爱一位好厨师和两个赶大车的车夫。”

那是在西雷府邸的时候。现在，即使他对德尼夫人的开销感到不安，他知道他能够在一连几个月里向这位或那位客人同时提供住处与饭食，并且有奢华的享受和舒适的日常起居设备。

但主要的是，无论他自己对此怎么说，他需要与社会保持经常的联系。

访客们、讽刺短文、论战、他所写并希望看到上演的那些剧——他在费尔内自己的剧场里扮演其中一些角色——对他来说是必不可少的。他远没有被孤立，他处在中心。

他低语道：

“生活只是烦闷或者搅拌的奶油。”

再说，他也希望，他不能不与人交往，由北欧和中欧前往意大利的大多数著名旅行者从瑞士经过，几乎所有的人都渴望前往费尔内，在那里见到伏尔泰的身影，并和他说上几句话。在几年之中，他肯定地说自己接待了三百多位英国人，也为前往伦敦的一个威尼斯代表团提供住处，在来访的许多人之中，卡萨诺瓦曾经在他家里小住。英国哲学家亚当·史密斯曾几次来到费尔内，向对一切都感兴趣的伏尔泰讲述自己的经济学理论。

他知道这种耆宿的名望保护他并同时增强他的影响力。资产者、日内瓦的公民们、共和国的参事们、像特龙尚兄弟这样控制着二百人院和下院的开业者，前来拜访他并寻求他的支持。

资产者和公民们反对议员们。让－雅克·卢梭——其《社会契约论》和《爱弥儿》被日内瓦当局取缔——支持公民们的要求并确信“伏尔泰丑角”和其“特龙尚伙伴”是他所称的迫害的根源。

伏尔泰，不赞成禁止发行卢梭的著作，但依然无情地对待冒犯他的这个“顽童”。

“所有的哲学家对我来说都是亲切的，”他说，“除了让·雅克，这个人为了骄傲与疯狂而放弃了哲学。”

而且他打算在自己开始撰写的作品《日内瓦的内战》中对卢梭进行抨击。

因为伏尔泰处在法国代表埃南监督下的日内瓦人之间密谈与谈判的中心。法国国王实际上是日内瓦秩序的保证人，而且，从1767年1月起，在这座城市动乱的危险面前，两个法国军团——孔蒂军团，弗朗德勒军团——前来围困以便迫使日内瓦人彼此商量统一意见。

“我们非常平静地与日内瓦顽固的公民作斗争，”伏尔泰说，“我在人们称为图尔内府邸的一座鸡舍周围有三十个严厉的看守……我在费尔内根本没有军团……”

伏尔泰装作置身于这些乱七八糟的敌对行为之外。

“我是个不幸的庄稼人与园丁，”他说，“有72岁了，多病，不能外出并乐于在我的墓地让人建造一座非常清洁的坟墓，但用不着任何奢华。我在这世界上已经死了……我不知道谁有最大的过错，是当局，还是资产者，或是当地人。我决不为他们而奔走。”

事实上，他在费尔内自己的餐桌上接待资产者与市民。

“我给他们派去一辆四轮华丽马车。我招待他们进晚餐而且我们讨论了他们的事情。”

他断言只为建立和谐而行动。但是结果却只是被人指责为偏向一些人或另一些人，于是他急于从这场"战争"中脱身。

"因此我对当局、资产者和当地人宣称，既然我不是他们堂区的教会管理人，我不适合干预他们的事务，而且我自己的事情已经够多了。"

他轻蔑而愉快地审视打搅他的这些纷乱，其中表现出的是可笑、愚蠢和过分的虔诚。

法庭不是要强迫公民科韦勒在其法官们面前以下跪来请求原谅他使一位年轻姑娘怀孕了吗?

这些就是一个共和国的习俗吗？伏尔泰为他只称为"私通者先生"的这位科韦勒写了一篇文字,《屈膝下跪》。

他嘲弄道：日内瓦是什么？"一个小小的蚂蚁窝，在其中人们争夺一根干草。"

他满怀激情创作一部悲剧《斯基泰人》，他承认，他搬上舞台的"不是斯基泰人和一位波斯君主而是瑞士的那些小州和一位法国侯爵"。

不过正是在《日内瓦的内战》中他对这座海尔维第城市表现出最严厉的态度：

> 高贵的城市，富有、骄傲而虚伪，
> 人们在这里算计却从不在这里欢笑，
> 人们厌恶舞会，人们厌恶戏剧……

而那座剧院，在这座城市里开设并成功上演伏尔泰戏剧的剧院，被人焚毁。

"那些日内瓦人，"他评论说，"既然敢于焚烧人们为了使他们更温顺和更可爱而在这座城里建造的剧院……"

有些居民，那些反对"放荡者们"的"严守教规的人"，甚至来到愉园房舍的门前高声辱骂并悬挂侮辱性的揭帖!

他是不是应当离开邻近日内瓦的这地方？伏尔泰考虑解除愉园的租约。

他不能忍受"群氓"的攻击，还有来自他昔日认识的雅各布·韦尔内的攻击。这个韦尔内，成为日内瓦神学讲坛的正式教授，在题为《一位英国旅行者的评论信》的一本书中，巧妙地竭力贬低伏尔泰的作品：伏尔泰被称为一个"要取悦于人的作家"，"仅仅通过自己的错觉了解基督教"。"创立世界就是放肆地行动，如同他的阵营所做的那样，把自己当作生来开导人的学者或哲人。"

这种阴险恶毒的言论深深伤害了伏尔泰。他立即创作了一篇《虚伪赞》，与他曾对德方丹、弗雷龙、勒弗朗·德蓬皮尼昂展开的批判一样猛烈：

如果我突然发现一副阴险的面孔，
一张可憎的前额，一个腹中无货的家伙拘束的神态，
弯曲的躯体上发黄的脖子，
盯着地面的猪眼，
痛苦悔恨的灵魂的镜子，
因人们看不见的恐惧而变得暗淡，
毫不犹豫地，我向你们明确宣称
这个奇丑的男人就是伪君子答尔丢夫或韦尔内。

他盛怒、狂怒，充满蔑视。

他不能忍受有人损害他的优越地位或仅仅破坏他的安逸。

法国军队的介入阻止商品的流通，使他感到不便。他写信给舒瓦瑟尔和法国的代表埃南："你们惩罚的不是日内瓦人，而是我们……我们费尔内的一百个人什么都缺，而日内瓦人什么都不缺。我们今天没有什么招待你们军队的将军们进晚餐。"

他重复道："日内瓦人吃美味的萨瓦小肥母鸡而我们什么都缺，除了白雪。哦！如果白雪可以当食物，我们能够用来供应整个欧洲！"

但是舒瓦瑟尔给与他特殊的身份。"终于，"他感叹道，"我为我和我手下的人拥有不受限制的护照。来吧，来吧。妈妈（德尼夫人）现在将盛情招待你们：我们将有好牛肉而且有更多的牛肉。"

他能够接待和留宿两个法国军团的军官们，邀请他们观看在费尔内剧场上演的他所写的剧。

"我设想，"他说，"在这场战争中人们将饮下的葡萄酒会多于将流淌出的鲜血。"

于是他恢复了自己安逸的生活、乐趣和习惯，每天上午重又写作或长时间对瓦尼埃勒口授。

他创作好几个故事，《巴比伦公主》《有四十个金币的人》。在这些作品中他要对"消灭无耻之徒"作出贡献。

而且他不放弃他特别喜爱的猎物，这位让－雅克·卢梭，他要借助于讥讽将其

打垮，直至让其吐出吞下的食物。

在《日内瓦的内战》中，他对卢梭或其女伴泰蕾兹·勒瓦瑟尔——他给她起了瓦希娜的绰号——进行无所不用其极的猛烈攻击。

他写道，卢梭只是一个“可悲的魔鬼附身者”，一个“人性的敌人”。

> 他充满高傲和刻毒，
> 逃避众人并害怕看见天空，
> ……
> 为了减轻自己的烦闷
> 他找到的确和他相称的一个美人，
> 这是卡龙爱上梅热尔；
> 这个恶毒和可憎的女巫师
> 到处追随这个奇丑的男人
> 好像猫头鹰附在灰林鸮身上。
> 这个无耻的老女人名叫瓦西娜……
> ……
> 他们的尖骨头连接他们的两具骨架
> 在他们的激情中他们突然痴狂
> 只是因为损害人类的快乐……

在写这篇文字的时候，他感到一种痛苦的满足，如同在愤怒驱使下人们感到的满足。

愤怒经常导致他过激，仿佛他不再能够忍受有人反对他，仿佛随着衰老，他的倔强、他的过敏进一步发展，他更经常地大发雷霆，越来越厉害，人们无法预见，就像晴朗天空中的闪电一样。

他可以和达兰贝尔向他推荐的一位年轻作家拉阿尔普一起欢笑，他可以接受拉阿尔普无拘无束地称呼他：“伟人爸爸”，而他自己则叫拉阿尔普“小孩子”或甚至“我儿子”。他可以欣赏拉阿尔普和其年轻妻子在演出自己戏剧时扮演一些人物的方式。但是当他得知在巴黎、在日内瓦开始流传他的《日内瓦的内战》和他甚至猛烈抨击弗里德里希二世的《回忆录》的手稿的复本时，他却动怒了。他吼叫着，确信是拉阿尔普从他这里窃取了他的手稿。

他的外甥女以惊人的执着和力度为这个年轻人辩护，他再一次对她咆哮如雷。

德尼夫人是不是又一次受到诱惑，抵挡不住拉阿尔普的魅力？

他叫喊、指责、对德尼夫人发泄他积累的对她所有的不满。她负债、她挥霍、她造成账目中的混乱！这就够了！她走吧！是的，她离开费尔内吧！他将恢复宁静，他将保存自己的财产！

他以更加尖厉的声音重复说她应当离开费尔内，这个日子，1768 年 2 月 28 日，他撵她走！

第二天上午，3 月 1 日，他来到德尼夫人的房间门前。时间是十一点三刻。他等待她睡醒。

瓦尼埃勒走过来，告知两小时前她已经动身了。

伏尔泰叫喊、嚎叫，击打瓦尼埃勒，然后浑身瘫软，倒下了。他要写信给外甥女，请求她回来，对她说没有她自己不能活下去。

为时太晚。

因此必须力图挽回脸面。写信给黎塞留公爵、迪代方夫人甚至舒瓦瑟尔公爵说“德尼夫人需要巴黎”。她的健康十分糟糕，“在日内瓦既没有医生可看，也没有可以指望的任何救助”。

她和小高乃依一起离去了。

“我曾尽力与她们分开。这是准确无误的真相，对于这个事实有人按照你们国家——我甚至认为所有国家——值得赞扬的习俗制造了许多无稽之谈。”

他也提出一些金融的理由：“我们的生意一塌糊涂，因为好几个知名的债务人——法国和德国的达官贵人——缺少记性。”所以德尼夫人要向这些债务人提醒他们必须支付在接受贷款时许诺的年金所得。

因此这一切是十分清楚的！

“忌妒我的人很庆幸，”伏尔泰给舒瓦瑟尔公爵写道，“外甥女去巴黎而舅舅在乡下，这可是一条极好的消息……”

不过这只是些流言蜚语。

他从容地推断出他的外甥女和他的养女高乃依将在巴黎看见人们“拙劣表演他们舅公的那些戏剧”。

“至于我，我留在我的荒漠中。”

11

{第十一部分}

"宗教狂热的怪物挣扎着断气"

(1768年—1774年5月)

49.
“在我的嘴里有我的上帝……”

伏尔泰停了下来，离摆好的桌子和准备上菜的仆人只有几步远。但是他没有往前走。他觉得自己就要踉踉跄跄。自从德尼夫人离开费尔内府邸后，他每天有好几次出现这种眩晕感。

他的外甥女在离去的时候给他留下静寂和空闲，他陷在其中不知所措。

他给她写信。

他告诉她他决定卖掉费尔内，府邸、地产，他列举那些可能的买主的姓名，他已经和他们讨论过出售的价格。等这件事一办完，他就前往巴黎。他说，他愿意死在她的怀抱里。

但是这座府邸和这些地产的业主是德尼夫人，即使她寄了一份委托书，她明确表示她不同意他出售费尔内，而且如果他离开他是其主人的府邸和村庄，他会死去的。

死亡？

死亡萦绕在他心间。自从外甥女离去后，他经常来到他让人在教堂附近建造的金字塔形的坟墓前遐思。他愿意埋葬在那里。

同时，他想到的而又害怕即将来临的辞世令他厌恶：

“人活不了多长时间！”他说，“为什么鲤鱼们活得比人们多？这真可笑。”

而这个反复出现的想法渐渐地使他恢复生活的意愿和乐趣。

毕竟，静默和孤独对创作是有利的。

他以重新涌现的激情写作、口授。

每天他都写上几页。从清晨六点起他就坐在书房里，由于现在他的生活不再受外甥女欲望的束缚，他的精力充沛。

他可以在晚上十点就寝。他不再接待来到庭园栅栏门前或府邸台阶上的访客。他不再邀请人在他的饭桌上就餐。他不需要因交谈中的俏皮话得到消遣。

相反，孤独并不使他难以忍受。

“我发现一个奇妙的秘密，”他说，“那就是让人在饭桌上反复朗读所有的好书并且说出我的意见。这个方法使记忆常新并阻止情趣衰退。我选择一些非常聪明的朗读者，他们更像是我的朋友而不像是我的仆人。”

他显得巧言令色，目光里闪着狡黠：

“你们将觉得我大大改变了。随着衰老，人会变得伪善；我已习惯于在就餐时让人给我读一些虔诚的作品。”

他欣赏马西永的四旬斋说教。

“这多么美啊，”他喊道，“多好的风格！多么和谐！多么雄辩！”

然后他突然以有力的声音说出：

“画马西永的肖像！”

朗读者合上书，伏尔泰笑了。

“我想，”他说，“为了做个好范例，星期天复活节领圣体。”

他是这个地方的主人，他补充说，因此以这个身份“我要去教堂领圣体”。

他转向瓦尼埃勒并猜到他秘书的苦恼，秘书是新教徒，但对基督教的攻击令其不快，不能下决心“消灭无耻之徒”。

“你愿意和我一起来到那里吗？我想劝戒一下这些老是食言的家伙。”

他站起身并低语道他可以自由地随心所欲地行动，“现在我独自一人而且没有累赘”。

因为，在几周的懊恼之后，他不但不再后悔他外甥女的离去，而且他觉得他在费尔内从来没有这样快乐过。

首先，他终于能够控制住这大出血似的花费，因为德尼夫人在他这里的时候爱好招待客人，讲究排场，挥霍无度。她留下 15000 里弗尔的债务，必须用现款偿还。而且还必须每年向她支付 20000 里弗尔的年金。而同意给予黎塞留公爵或维尔唐贝格公爵的借贷的所得没有被收进。

但是他与他的公证人和银行家一起仔细查账以后，这个结果令他放下心来。

他怎么可能破产呢？

他有 80000 里弗尔的终身年金，40000 里弗尔的不动产的定期收益，还有 600000 里弗尔的有价证券！人们欠他 160000 里弗尔，必须纠缠这些容易忘记自己义务的债务人。但是他可以继续过什么都不放弃的生活，尽管不能屈从他外甥女特有的荒诞想法。

他预订《贸易词典》。

“我肯定将看不到这五卷的版本，我年纪太老并且病得太厉害，”他说，“但是我十分乐意预订，这是我最后的意愿。我有两个基本的身份来预订，”他对莫雷莱神父——《百科全书》最坚定的一位支持者——明确表示：“我是你的朋友而且我是商人。”

莫雷莱曾在巴士底狱被监禁两个月并翻译过《供西班牙和葡萄牙法官使用的法官教程》，伏尔泰用这本书作为来源写作反对无耻之徒的那些讽刺短文。

这位莫雷莱，伏尔泰重复道，就是“咬住他们”[1]！现在必须咬住无耻之徒的颈背，是时候了，伏尔泰从来没有写过这么多简短的小册子——《布兰维里耶伯爵的晚餐》《中国驱逐耶稣会士记》、一部悲剧《有神论者表白的信仰》，《信奉祆教的波斯人》《儒略皇帝对基督教徒的讲话》——来丑化天主教信仰。是行动的时候了：“宗教狂热的怪物挣扎着断气”，他断言道。

正是为此才必须支持“咬住他们”并预订他的《贸易词典》。

“我是商人，”伏尔泰又说，“当我接到贝洛港和布宜诺斯艾利斯的消息时，我甚至很自豪。我损失了 40000 埃居。哲学从来没有使人做成好生意，但它使人承受损失。我在耕作者的职业中取得更好的成功：冒较少的风险并在精神上确信是有益的。”

他走遍他的田庄。农业劳作的情景使他愉悦。“按我的意愿没有什么比一座宽敞的乡间房舍更美。”他沿着马厩走。他目送着那些“满载田园各种收获的四轮运货马车”。他远远地注视安放在一条小溪旁的四五百个蜂箱、那些桑树林荫道、由“整齐修剪的芳香和悦目的英国山楂树组成的严实的屏障”，奶牛、耕牛、家禽。他百看不厌地注视着他这些有生命的财富。

而他自己则潜心于创作：

1　在法文中“咬住他们”与莫雷莱是谐音。

“虽然我年老体衰，”他说，“即使确信明天就要死去，今天我还将种植……无论是衰老、无论是我的疾病、无论是严酷的气候，都不能使我气馁。每当我只开垦了一片田地，每当我只种植成功二十棵树木，这总是将不会失去的一笔财富……”

他醉心于大自然的奇特并写了一本以此为题目的小册子，讲述他完成的“自然科学”的实验，截去蛞蝓的头，惊讶地发现它们的头重又长出……他在大自然的这个景象中找到有一个理由反对无神论并捍卫他的有神论：

这个非凡的体系对人来说是必不可少的，
这是社会的神圣联系，
神圣公正的首要基础，
恶人的约束，正直人的希望。

他确信无疑：“我们走出沉沉黑夜并等待着这伟大的日子”：

我看见远远地来到这些时光，这些晴朗的日子
启迪人类的哲学
应当引导他们拜倒在共同的主的脚下。

他写《一切在上帝》，在这本24页的小册子里他把上帝当作存在于一切之中的力量，所有事物的来源和能量。而且他重复说：

“假若上帝不存在，那么必须把它创造出来。”

但是，在这同时，他对无耻之徒进行持久的斗争，筹划印刷、运输和秘密发行他的一本本小册子，他对福音书和所有基督教“迷信”的批判。

他以犬儒主义的态度要弄、运用计谋，声称他只是一个好的天主教徒，作为当地的主人应当做出榜样，关心的是在他的教堂里复活节领圣体。他要忏悔，获得宽恕，当公证人面让人证实他履行了一位好的天主教徒该尽的所有义务。

1768年4月3日，复活节日，他进入他的教堂，在他前面走着的是两个持枪的猎场看守人。他在教堂里讲话，对堂区的教民们进行“强烈、雄辩和感人的劝诫”，责备他们几天前犯下的偷盗并“规劝他们要有美德”。

而“站在栏杆旁的本堂神甫，突然转过身一下子跳到祭坛边，非常生气地继续圣事”。

而伏尔泰称赞这位主持教士！

他对这个戏弄付之一笑，嘲讽阿内西主教，这位比奥尔大人并不上他的“复活节”的当，他要求大量敌对宗教作品的作者悔恨，否则忏悔和领圣体只能是虚伪的行动。伏尔泰依仗的“崇高哲学家的原则”因而只能是一场骗局，“足以使他全部的光荣退色并使他在所有能思考的人的眼中被轻视。”

伏尔泰得知比奥尔大人写信给负责宗教的大臣和国王本人，为的是揭露他的装腔作势。

伏尔泰提出根据，逃避指责，保证自己的诚意。

“为了好的动机一切都是允许的”，在哲学家们中说这话的人们赞同他的表演、他对教会表面的屈从，甚至赞同他领圣体。

但是大多数“自由思想者”怀疑他的诡诈。

在这方面伏尔泰也为自己辩解：

“对于那次‘圣餐’（4 月 1 日的领圣体），我向你们重复它是必不可少的。你们不知道神职人员以怎样的狂怒诬蔑我、攻击我！我需要一面盾牌抵挡向我射来的毒箭！国王希望人们履行基督教徒的义务？我不但履行我的义务，而且我定期送我的天主教徒仆人去教堂并定期送我的基督教徒仆人去礼拜堂。我给一位小学教师发给补贴，为了向儿童教授教理书。我在就餐的时候让人当众对我朗读《教会历史》和马西永的说教。”

他比任何时候都决心击败这位阿内西主教，这位主教声称在 1767 年复活节时禁止他忏悔和领圣体，除非他写出一份悔恨并服从教会的供词。

伏尔泰愿意接受这挑战。

“我要不顾他的反对而忏悔和领圣体，”他对瓦尼埃勒说，“为了使我自己最满意，我甚至希望根本不去教堂，而让一切宗教仪式在我的卧室和睡床上进行。这将是非常好笑的，我们将看到在这位主教和我之间谁将占上风。”

他试图收买在府邸的一位热克斯的嘉布道会修士，于是在床头柜上放了一枚崭新的埃居。但是修士把这枚钱币放进衣袋却并未让步。

伏尔泰于是装作发高热的病人，来到了死神门前。费尔内的本堂神甫和这位路过的嘉布道会修士弄得昏头昏脑说不出话来，没能成功地让他“签署”那主教要求的事先准备好的声明，给与他赦罪。

伏尔泰于是向在场的公证人示意做笔录圣体饼已经给予。他口授道：

“在我的嘴里有我的上帝，我宣布我真诚地原谅写信给国王诬蔑我但没有实现他们邪恶意图的那些人，我请求公证人拉福对我的声明给予证明。”

他胜利了。他丝毫没有收回前言并占了上风，追究写信给君主的主教，运用的这个用语“在嘴里有我的上帝”满含讽刺，几乎是渎圣者的话。

他满心欢喜，当在场者——神甫、嘉布道会修士、公证人——才离开府邸，他就敏捷地跳下他刚躺在上面假装垂危的睡床。

“和这个古怪的嘉布道会修士在一起我有点难受，”他对瓦尼埃勒说，“不过这还是挺好笑而且有益的。我们去花园转一圈吧！……”

他使人想起他在讽刺短文《布兰维里耶伯爵的晚餐》中所写的话。

他在文中嘲笑弥撒、嘲笑做弥撒的那些人——被人变为神甫的乞丐，从妓女怀抱中出来的修道士。这些住持教士装模作样，为了一点小钱，用一种古怪的语言咕哝着，“他们用三个手指在空中指画，弯下腰，直起身，向左右前后旋转。随心所欲地制造出各种上帝，他们喝它们吃它们然后把它们送回他们的便盆！”

对于无耻之徒不必有丝毫的留情……

他可以愉快地重新和亚当神甫下棋，尽管伏尔泰所有的亲近者都不信任这位神甫，害怕这个“平庸的耶稣会士野兽，因为凶恶的野兽是非常危险的”。

伏尔泰并不在乎！他会装腔作势，骗过本堂神甫、主教和嘉布道会修士，他怎么可能让自己上一个亚当神甫的当？

“他曾当过耶稣会士，你们看见他对于我所有关于无耻之徒的玩笑都发笑。所以，我怀疑这个家伙是不是基督徒：他是个伪君子！”

但亚当神甫不可能是危险人物，而且伏尔泰习惯于对抗其他更加可怕的敌人。

例如这些气愤的高等法院的法官，当伏尔泰回想起他们对拉巴尔骑士作出的判决时，他在自己刚写的《巴黎高等法院史》中大胆地对他们进行抨击。

还有这些掌握官职者，因为渴望所有的权力，起而反对国王。舒瓦瑟尔公使不冒险攻击他们，避免支持其掌玺大臣莫普，而莫普是希望压制住他们的。

伏尔泰知道，尽管费尔内不在巴黎高等法院的管辖权限内，他们之中的某些人还是希望对他发出“逮捕”令！

但是他有众多的支持者，尤其因为他太有名了，人们不敢把他抓起来。于是他并不屈服，宣称只有代表所有社会等级的全国三级会议能够面对国王声称代表这个王国。

虽然受到种种威胁，他执着地坚持自己的立场，因为在这个1769年他已经75岁了，因此拥有知道死亡不再遥远的人们倍增的勇气和大胆。

他的朋友达米拉维尔，他最忠实的同伴之一，一位“兄弟”，刚刚在难以忍受的痛苦中死去。

“我喜爱他无畏的灵魂，我本希望最后他会来和我一起隐居。”

死亡做出了别的决定。

“人们在愤慨和呻吟中度过一生。”伏尔泰叹气道。

有生命和无生命的东西如此迅速地消逝：“人在世上活不了多长时间。”

他有时考虑回到巴黎，在那里与德尼夫人重逢。但是他外甥女与舒瓦瑟尔的交涉没有成功。无论在巴黎还是在凡尔赛宫“人们”不接受伏尔泰。

他犹豫要不要要求外甥女回到费尔内。然而孤寂并不使他难以忍受，他甚至对她重复“他愿意独自一人呆着”。但是，在1769年10月末，她回来了，他向她张开双臂。而她重新占据她的位置，仿佛她从来没有离开过这个地方。

事实上，创作是他的生命，字斟句酌是他的常规。

他向瓦尼埃勒口授一封书简，祝贺南特的一位船东决定命名一艘船为伏尔泰，这位船东是为呼应一位竞争者的创举——后者决定将其自己船只中的一艘命名为让－雅克·卢梭。

伏尔泰因而口授这封书简《致我的船》。

他呼喊它，让它警惕在那些停泊港将遇到迷信、苦役或宗教裁判所：

> 但愿你像我一样经得起狂风暴雨！

50.
“我七十六岁了……我剩下的几颗牙齿已经脱落”

伏尔泰偷偷地注视着在桌子的另一头坐在他对面的外甥女。她小口小口地吃着，嘴唇微微地浸在葡萄酒里。以一个生硬的动作，她推开仆人端来放在她面前的那几道菜。

她尽力抵御美味佳肴的诱惑，从前她可是狼吞虎咽的。她控制住自己，不再像过去习惯的那样接待将近五十到一百位客人。

而伏尔泰感激她不再把与“成群的”的访客的会见强加给他，她在昔日怀着一种亢奋接待访客，他们的在场似乎令她陶醉。

从此她尊重伏尔泰的孤寂。她与伏尔泰两人单独地进午餐和晚餐，每周独自一人接待少有的几位客人。因此，一切顺利。

然而，伏尔泰不能压抑某种遗憾，甚至酸楚。

他必须承认：无论在巴黎还是在凡尔赛宫人们不愿意接受他。因而他将是“在汝拉山和阿尔卑斯山之间一个结束生涯、几乎被人遗忘的瑞士人！”

而死神，或许不远，将来这里，在费尔内夺去他的生命。

他得知在巴黎，金融家的配偶和日内瓦人内克尔夫人在她的餐桌上邀集百科全书派的“兄弟们”并且他们决定发起募捐以便为他——费尔内这位可敬的老人、舒瓦瑟尔公爵称为其“亲爱的旱獭”者——树立一座雕像，此时他由衷地感到高兴。

他知道人们为做此事选择了雕刻家皮加勒。弗里德里希二世和丹麦国王支付了一小笔捐款，黎塞留公爵也同样。普鲁士国王曾写道，“世俗的希腊本可以他造就一个上帝。人们本该给他建造一座教堂。我们只给他树立一座雕像，这只是对嫉妒使他遭受的种种迫害轻微的补偿。”

伏尔泰感谢内克尔夫人和达兰贝尔募集捐款。但是让－雅克·卢梭也分担捐款并宣称：“我为有权利参与这件荣幸的事付出相当昂贵的代价。”伏尔泰得知这个情况后十分气愤。

“让人们把让·雅克的献金归还给他吧！”伏尔泰坚决要求。

达兰贝尔辩解说不应当拒绝这笔“捐款”：“这是他对你的一种赔礼道歉。”好吧。

但是现在必须在费尔内接待皮加勒，这位雕刻家要求他每天摆出姿势！

仿佛可能保持不动，停止向瓦尼埃勒口授，尤其，仿佛人们可以照这个老朽衰弱的身体制作一座古代风格的裸体雕像！多么荒唐！

“我 76 岁了，”伏尔泰给内克尔夫人写道，“我刚刚摆脱在六个星期里严重折磨我身体和心灵的一场大病。皮加勒先生必须塑造我的面孔；但是，夫人，那必须我有一副面孔，人们几乎会猜不出它的位置。我的眼窝深深下陷，我的脸颊就像旧羊皮纸勉强贴在什么也支撑不住的骨头上，剩下的几颗牙齿也脱落了……人们从来没有雕刻过一个在这种状态下的可怜的人！”

他倾听来费尔内拜访他的达兰贝尔赞扬他的精力，达兰贝尔很兴奋见到他从事长篇著作的创作：例如《关于百科全书的问题》，有好几卷——三卷、四卷！——仿佛他想独自重新写作这伟大的全部作品；或者《上帝和人们》这本书，还有对霍尔巴赫刚发表的颂扬无神论的《自然体系》的答复。

达兰贝尔，然后是也来到费尔内的孔多塞，他们对他的工作能力感到惊讶：每天工作超过 15 个小时！也惊讶于他为捍卫“他的”宗教怀有的年轻人似的热情。

“是的，”伏尔泰重复道，“我们要一种宗教，但要简单、明智、令人敬畏、不那么配不上上帝而且更适合我们；一句话，我们要服务上帝和人们。”

而达兰贝尔断言这种精力、这种信念、这种天才都将在雕刻家的凿子下表现出来：

“你不用说你不再有面容向皮加勒先生提供；天才，只要还在呼吸，总有一副面容；皮加勒先生将在大自然给你的红宝石般的眼睛里取出火花给他创作的雕像的双目赋予活力……”

伏尔泰持怀疑态度。他感到阵阵酸楚涌上心头，这种感觉不是对着他哲学家的“兄弟们”或皮加勒，而是对着损坏体型与肌肤的时光油然而生。

“在你们的赞助下皮加勒希望雕刻的这位奇丑的老男人，他所有的牙齿已经脱落，眼睛也看不见了，”他说，“他全然不可以供人雕刻，他处在令人怜悯的状态之中。”

但是他不能够拒绝，不能够抛弃他的仰慕者们。他放弃抗拒。裸体的还是着衣形象的雕像？皮加勒选择了裸体的形象？

“应当让皮加勒先生完全自由地决定如何创作这尊雕像。在美术方面，给一位天才设置障碍，那是一桩罪恶。”

他突然改变主意，宁可企图掩饰自己的不安，自己的虚荣，一个被流逝的岁月摧残的人的虚荣。

“裸体还是着衣的？这与我有关。我不会向女士们煽动不道德的想法，无论人们以什么方式把我展现给她们。”

他得知克莱龙小姐——这位女演员以其出众的表演才华为他创作的戏剧的成功作出贡献——在她家中，巴克街的小套房里安排了一场仪式，几乎是以宗教方式进行，他既大为惊讶又十分感动。

她让人竖起一座祭坛，在上面她放了一座伏尔泰的半身像，像女祭司一样，她诵读一首赞歌，同时把一个桂冠放在诗人的前额上！

我一生最美的纪念性雕像
是我从未见过的那些雕像！

伏尔泰在向她表示感激时给她这样写道。

但是有人告诉他说他的古代风格的裸体雕像引起人们说出挖苦话、写出讽刺短诗。

他甚至在费尔内就收到一些这样的短诗，或者在《文学通信》中读到它们：

如果他不曾写作，他会谋杀

有人这样说，或者：

我今天在皮加勒那里看见
某尊雕像被人吹捧的模型。
看到这双闪着凶光的眼睛，这使人惊恐的笑容，

这对他人的荣光如此愁眉苦脸的神色，
我叫喊：这不是伏尔泰，
这是一个怪物……哦！某个蹩脚的作者对我说，
如果这是一个怪物，那正是他！

这种毫不放过他的仇恨情绪使他深受伤害。但是他对此不再感到意外。

“一尊雕像不能给人安慰，因为众多的敌人齐心要给它泼上污泥，”他写道，“这尊雕像起的作用只是激怒文学恶棍；这群恶棍狂吠，煽动虔信者；这些虔信者策划阴谋，而正直的人们无动于衷。”

幸运的是，还有写作、说服人、启迪人的激情，还有热克斯这地方，他曾在这里开辟道路，抽干沼泽，从事创作，吸引众人。

“你们想想我在费尔内建立了一处移民地，我在这里安置了商人们、艺术家们、一位外科医生，我给他们建造一些房舍，如果我去别处，我的移民地就垮了。”

而且怀着和从事写作、口授“小册子”或长篇著作一样的激情，他要把热克斯这地方变为一处烦嚣的闹市。

不过局势似乎对他是有利的。

在日内瓦，富裕者和当地人——出生在共和国领土上但其父母亲是移民的这些日内瓦人——之间的斗争激化了。参政院和组成参政院的贵族决心依靠武力——将会有人被杀死——或放逐来粉碎当地人的请愿运动。

而热克斯地方、费尔内庄园作为避难地出现，提供工作与安全。舒瓦瑟尔公爵希望将维尔索瓦港——位于法国一侧的湖岸——建成与日内瓦旗鼓相当的竞争城市。人们在弗朗什－孔泰开辟一条道路，伏尔泰醉心于将维尔索瓦变为舒瓦瑟尔城的这个计划。

他知道在伯尔尼、在日内瓦，人们感到不安。

“伏尔泰憎恨我们，”有人说，“他会建造一些房子为的是从伤害我们中取乐。他只会建造这类房子，在别处所有的地方他尽力拆毁。上天容许地震、水灾、异端，还有阿鲁埃。”

人们恼怒地把他称作“小册子家”。

而伏尔泰确实完全投入这项计划。

“我们打下维尔索瓦的基础，”他说，“德尼夫人和我，我们在这里建造第一座房子……在舒瓦瑟尔公爵先生的城市里奠定第一块基石，这个欲望使我不顾一切。我清楚地知道我将不会居住在这座房子里，但德尼夫人将拥有它，我是满意的。”

他希望成为，他也把自己视为热克斯地方和他的费尔内“移民地”的保护者。

“贸易自由和信仰自由：这是一个小国或大国富足的两个中枢！”

怀着这个想法，他牺牲了这些年他最爱的一件乐事。他把他的剧院——他引以为豪的剧院——改变为养蚕场。通过饲养蚕蛾，他生产蚕丝和一双双长袜。

“因为我不再能够演戏，我把我的剧院改为手工工场。”他说。

这位自说自明垂死的老人投入这项新的活动，仿佛他整个生命都取决于它。而且他嚷道：

“我发现了在一个一年有七个月覆盖着冰雪的地方养蚕的秘密，而且我在严酷气候下生产的蚕丝比意大利的蚕丝质量更好！”

他就要制造金色长丝袜并要将它们出售，于是给舒瓦瑟尔公爵夫人、迪代方侯爵夫人送去几双，让她们了解：

“这是我养的蚕吐出的丝制出的长袜；是我亲手和卡拉儿子一起在我家中尽力制出它们的。夫人，请将它们穿上一次吧，然后将您的双腿展示给您认为合适的人看，如果人们不承认我的丝织品比普罗旺斯的和意大利的更美丽更结实，那我就放弃这门手艺……”

怀着同样的热情，他帮助安置做钟表匠的日内瓦当地人，他像推销那些长袜一样竭力让人了解——并竭力推销——这些“移民”的产品。给舒瓦瑟尔公爵送去装满一个货物箱的表！写信给王国所有的大使，要求他们在驻在国推广这个产品，他写道，这产品“出自躲避在我在热克斯地方拥有的一小片土地上的这些善良的钟表匠……因为他们对天主教非常尊重，所以更加配得上阁下的保护……”

无耻之徒被忘记了！必须支持这些表的制造和贸易！

必须把一些表送往俄罗斯、送往西班牙，“给台伊和阿尔及尔的军人，给贝伊和突尼斯的军人”。

伏尔泰以私人方式写信给女沙皇喀德邻：

“但愿这些表的所有时间对您都是有利的，但愿穆斯塔法永远度过糟糕的时刻！”

不过，同时，他写信给法国派驻苏丹那里的大使：

“当和平实现后土耳其将是比巴黎更好的销售市场，最终必将实现和平。”

他在费尔内和热克斯地方展开的这项“制造业”活动必须在建设维尔索瓦港和

舒瓦瑟尔城的计划中找到出路。

但是伏尔泰感到不安。公爵不再答复他的申请。国库里缺少金钱发展这座城市：

要不然我们的辛劳就白费，
在维尔索瓦我们有几条街道
而我们没有房舍……

于是他将自己的金钱投资于这项事业，因为他预感到在宫廷里人们不希望参与此事。

更糟糕的是：新的宠妃，巴里伯爵夫人，依仗财务总监泰雷和掌玺大臣莫普总管，与舒瓦瑟尔作对。后者被指责不严厉惩罚高等法院，高等法院拥有不受处罚权，是反对国王的。

而伏尔泰则处于两难之中：他既接近支持他的舒瓦瑟尔公爵同时又敌视高等法院派，这些无情的法官曾对拉巴尔、西尔旺和印度前任总督拉利－托朗达尔判处死刑。

1770 年 12 月 31 日，他又惊又恐地得知一个星期之前，12 月 24 日，国王罢免了舒瓦瑟尔公爵，要求他回到安布瓦斯附近卢瓦尔河畔的尚特卢所有地，并且在那里自己的府邸里只接待家族的成员。公爵被放逐了。

伏尔泰立刻体会到这罢免的后果。这意味着创立维尔索瓦港和毗邻城市计划的终结。

“我建立迦太基，”他说，“而三个月就摧毁了迦太基！”

更严重的是：他失去他的保护者，他在宫廷的盟友。

他知道他必须尽快在凡尔赛宫找到新的支持者。

但是，眼下，他不堪忍受，非常愤慨，他要让舒瓦瑟尔公爵和公爵夫人知道他依然忠实于他们。

他给公爵夫人的女友迪代方写道：

“但愿我能自信您将乐意告诉他，在他众多的仆人之中，我是最无用和最忧伤的，而且如果我能离开我的卧床，我会愿意请他允许我置身于他的床头并给他朗读。”

因为舒瓦瑟尔失宠的消息使他如此痛苦，以至于他病倒了，卧床不起。

“舒瓦瑟尔公爵先生和公爵夫人的离去是我重大的损失。人们对取决于宫廷的事情不能寄予任何希望。第一流的政治家都从来不能安卧在自己家里。”

51.
“这是我的信仰声明，没有任何情况能使我改变”

伏尔泰闭上双目。

从 1771 年 1 月初起，纷飞的大雪不停地落下，当天空放晴时，雪景的反光是如此强烈，以至于伏尔泰觉得好像灼热的箭射进他的眼睑下，刺穿他的眼睛。

每年冬天天气总是这样。虽然人们从不让壁炉里的火熄灭，但寒气还是渗进所有的房间。

“这个地方的气候对于老年的我可是太恶劣了。”他低语道，要瓦尼埃勒别再往下念寄给他的越来越多的来信。

这些来信讲述莫普掌玺大臣如何解散了高等法院，结束终生官职的买卖，取代官职世袭以来这些对立的机构，创设行政法院。法官不再是终生官职的所有者。而是由国家付酬的国王的代理人。

至于巴黎高等法院，这个扩展到王国三分之一国土的怪物，它被分为几个管辖区。在布卢瓦，在阿拉斯，在克莱蒙，在里昂，在普瓦蒂埃，受管辖的人不再从属于巴黎，而是从属于设置在他们城市的行政法院。

怎么能不赞同？伏尔泰叫喊道。“国王将是主人，而且他应该是主人！”

那些在得知高等法院的改革时愤愤不平的人，忘记了这些法官对卡拉、对拉巴尔骑士处以的刑罚、想对西尔旺处以的刑罚；忘记了他们如何将巴尔的一个农民马丁——被指控谋杀和处车轮刑——送上断头台，尽管缺少证据，尽管他高呼冤枉；也忘记了另一个无辜者蒙贝利如何被指控杀害自己的母亲，被拷打，砍断手，然后在圣奥梅尔被处以车轮刑。要是伏尔泰没有干预此事，人们会在让他的妻子生下腹中怀的孩子后将她绞死！正是这个期限使伏尔泰得以介入……

那么人们希望他惋惜这些法官、这些经常像嗜血成性的虎狼一样行事的高等法院派?

不，人们别指望他反对莫普掌玺大臣的改革!

他气愤不已，因为他听到瓦尼埃勒开始念的这些抨击莫普的讽刺短诗:

没有希望了，君主制
垮塌在它的基础之上。
莫普使我们最初的
无政府状态的时代再次出现……

还有十来篇接二连三写出的相同的作品。

伏尔泰做了一个手势，要瓦尼埃勒别再继续念收到的书信，还是让这位秘书准备书写吧!

他着手向秘书口授。

他为莫普掌玺大臣效力。这场改革，他通过小册子、好几页的讽刺短文给与支持，这些作品送到巴黎，掌玺大臣在那里安排传播。莫普还支持《巴黎高等法院史》，这是伏尔泰从1769年起开始写的。如果高等法院没有在1月19日到1月20日夜间被解散，那么或许这些虎狼法官会将他们的警察一直派遣到费尔内。

高等法院的次席检察官塞吉耶，在经过热克斯地方来到费尔内府邸时，在他曲意奉承的谈话中曾经回顾这种威胁。

伏尔泰于是满怀着青年人的热情口授这些小册子，驳斥莫普的对头们提出的种种理由。

他重复道:“国王将是主人而且他应当是主人！”

他称颂掌玺大臣的改革比得上古代人的业绩:

莫普独自一人，从杂乱的法律中

能够取回王冠，
他独自一人将它送回我们国王的宫殿，
这就是我所知道的，这就是令我惊讶的情况……

人们告诉他莫普对他的作品极其重视。

这位掌玺大臣经常对米尼奥神甫倾吐衷肠，米尼奥是伏尔泰的侄子，新的御前会议第一主席的左右手。他转述掌玺大臣的谈话：

“说真的，这位杰出作家拥有伟大的灵魂，高尚宽容的情感，”莫普说，“他答应我在他的《关于百科全书的问题》的第九卷中写上一大段文字……他把我与海格立斯相比较……他许诺作另一个比较，使我超越洛皮塔尔掌玺大臣……”

伏尔泰听着，口授一封致莫普的书信。

应当从这位掌玺大臣那里得到一些好处，提请注意米尼奥神甫的功劳、他的贫苦，“他的副助祭职位、他的贫困境地。我大胆地对您谈论此事，再说我敢自信您一定会保护我们叔侄俩”。

但是他必须保持慎重并且不与“舒瓦瑟尔阵营”决裂，这既出于忠诚也出于谨慎，他要拿另一个侄子做挡箭牌：多尔努瓦，高等法院的推事，莫普改革的牺牲品。因而被迫流亡。

“我置身于，”他说，“我的侄子米尼奥和我的侄子多尔努瓦之间。我对他们俩都喜爱，因为他们都有诚实的心灵。”

他不抱幻想。这些日子收到的多少来信告知在尚特卢，在舒瓦瑟尔公爵的流亡地，伏尔泰偏向莫普的立场使人们愤慨，甚至脸色失常。有人叫喊道：

“哦！这个伏尔泰多么可恶！他不知做什么，他两边讨好……他的来信叫我厌恶，我不要再听，”公爵夫人补充说，“这封信在我看来是真正乱七八糟的文字。”

另一封这样的信被认为是“可鄙的”，公爵夫人继续对迪代方夫人说道：

“他告诉您他忠实于他的激情。他应该说忠实于他的短处！他一直在没有危险时胆怯，无缘无故地傲慢，毫无缘由地懦弱。这并不妨碍他成为他的时代最伟大的才子，不妨碍人们必须欣赏他的才华，熟知他的作品，理解他的哲学，接受他的道德；必须极力奉承他和极端鄙视他：这是几乎所有受崇拜对象的命运。”

人们对他进行恶毒的指责，在发表的讽刺短文中指控他“亲近有地位的人并抛弃不再在位的人”，这使他感到深受伤害。

他对莫普改革的支持对于某些人来说只是个借口，可以用新的内容来充实他们的反伏尔泰指控状。高等法院的次席检察官们、诉讼代理人、文学“泥潭”的鼠辈们则喜不自胜。

有个新的指控者，第戎的克莱芒，起初作为一位仰慕者出现，但很快明白没有大才成不了大事，写出《批评观察》、几篇《致伏尔泰先生的信》，指责他是“所有才子中收入最多的人”。

伏尔泰是知道的：人们嫉妒他的财富或许胜于嫉妒他的才华。

“对于从来没有使布瓦洛们、拉辛们、拉封丹们和莫里哀们操心的事情，你非常精通，”克莱芒写道，“你以何等的精明留心贪财吝啬的所有微小的细节！我将闭口不谈书商们的所有那些抱怨，还有那些犹太人的抱怨，他们很惊讶在自己的科学中被击败而且被谁击败？被一位诗人击败……你的心灵以及天才因而在你夸张表达的所有美好感情中不起任何作用：

在你尴尬的神色中将只看到
登上露天舞台的一个江湖骗子。

伏尔泰感到伤心透顶。吝啬？当事关为卡拉、拉巴尔、西尔旺和蒙巴伊夫人斗争时，他从未吝啬过他的时间，也没有吝啬过他的钱财。

而且在热克斯地方他曾动用自己的金钱与缺粮作斗争：

“我让人从日内瓦、里昂、马赛、西西里运来小麦和面粉。周围所有的人立刻像饥民一样突然来到我家。我不得不将小麦分发给他们，连弗朗什-孔泰人也给。我穷尽所能，我有八十个人要养活！”

他一直花费自己的金钱，支持热克斯地方的钟表匠。

他还为汝拉山的农奴们的解放而斗争，因为这些农奴不得不服从圣克劳德议事司铎们无情行使的中世纪以来的永久管业权！

而人们竟指责他吝啬？

他对此感到痛苦甚至盛怒。这样的不公正和对他进行的指控不能不使他狂怒。

“我非常蔑视人类！”他叫喊道，“在巴黎许多人好像猴子，在这里费尔内他们是熊罴。”

他感到自己是孤独的：

“大量被称作人的野兽，与能够思考的少数人相比，在许多民族中的比例是一百比一。”他以尖刻的言词估算道。

他也指责像维尔唐贝格这样的达官贵人，他们签下终身年金却不支付他们的债务，而伏尔泰必须出售价值 80 000 法郎的证券来支持热克斯地方的钟表匠!

有这个“犹太帮”，“最粗鲁、最凶恶、最狂热和最荒谬民族的”“啃钱者们”参与借贷和银行。有一些对手，“其易传染的恶习、狂热的情绪和重利盘剥是他们的特性”。

无法控制的暴怒使他再也不能忍耐。他嚎叫起来。这个几年前反对他的拉博梅勒——他成功地让人监禁、他不停地让人监视的拉博梅勒——刚刚死去，但配不上任何宽恕：

“拉博梅勒不仅是胡格诺派，而且我认为世界上没有人比这个文学恶棍更卑劣、更无耻、更蛮横、更刁滑！”

至于其他的批评家、这个克莱芒，必须让他们闭嘴，揭露他们的帮凶的面目：“有的卑鄙的王家书刊审查官，有的思想海关的刁滑雇员和他们、和他沆瀣一气。我将揭露这个伎俩。”他要求助于王家法庭。人们不能攻击伏尔泰而不受惩罚。

然而“现在乱涂乱画的人居然参与评判画家”。他了解那些玩世不恭的“蹩脚文人”。皮龙，在死神将临时还写一些讽刺短诗，伏尔泰倒愿意读这些诗，就像为了使自己疼痛以头撞墙。

瓦尼埃勒犹豫不决要不要读出每一个诗句，注意着会示意他停下的手势，但是伏尔泰似乎急于了解皮龙的整篇文字：

在皮肤紧包骨头的
那位作家那里，
死神迟迟不使劲敲门
以免弄缺它的镰枪。
当他合上眼睛的时候
（因为他必然有这个结局）
再见名气、声望和荣光！
时代将庆幸他的死亡。

可恶!

伏尔泰谩骂道:

“一个人踩死一只咬自己的癞蛤蟆是丝毫不用自责的,”他一字一顿地说,“惩罚那些恶人是快乐和正义的……打死在污泥中聒噪的癞蛤蟆可是一件好事。”

他的怒气再一次发作,对着这“人类烦恼的时代”,对着犹太人、阿拉伯人、土耳其人、对着让－雅克·卢梭,此人“好像是一位哲学家,就像一只猴子与人相像。它跳到一根棍子上,做出各种鬼脸并且咬过路的行人。卢梭是一只忘恩负义的小猴子,一只刚愎自用的小丑猴!”

这样的狂怒令伏尔泰心力交瘁。他感到发热,下腹疼痛。他难以站起身,双腿沉重,总有排尿不尽的感觉。

“我像一个入地狱的人一样受苦。”他低语道。

瓦尼埃勒和德尼夫人召来卡巴尼斯医生,这位大夫吩咐将他浸泡在浴盆里四个小时。

但是热度不退,是排不出的尿使机体、下肢发炎红肿。

在1773年的这个2月,伏尔泰已经79岁了。他怀念已经辞世的自己的朋友们——最后一位是蒂罗。怀念死去的侄女方丹夫人;她的丈夫,弗洛里安侯爵已经再婚并和他的新配偶住在费尔内庄园的一座独立小屋里,这座房屋是伏尔泰让人给他们建造的。“这座精美的建筑,”他说,“酷似马利的一座小屋,此外还更漂亮和更鲜艳。”但是这一切都已经过去。弗洛里安的第二任妻子也被疾病带走了。

“我就像一个死人。”伏尔泰说。

随后,恢复生机,一位年轻女子——像当他进晚餐时坐在他身边的这位索绪尔小姐——在座令他心绪不宁:

“我正在我的房间里吃一盘蔬菜;剧团的一位美丽的小姐,她年轻、体态丰满、衣着讲究,前来安慰我。日内瓦人和加尔文派很狡猾并乐意给天主教徒造成麻烦,但是事实是这位庄重的小姐令我浑身发抖,如果我失去知觉,那是因为恐惧和尊敬……”

他很高兴人们给与他自己不再拥有的活力。

“人们给了我太多太多的荣誉。这种恶意中伤一直传到国王那里。这些老爷能够在所有的事情上被欺骗。”

这只是暂时的平静,意料之外的间歇晴朗。如同宠妃巴里伯爵夫人对他作的这个姿态，她给他送来一枚奖章，信使肯定地告诉他伯爵夫人两次亲吻了这枚奖章。

他对与最能影响君主的人这样恢复联系感到又惊又喜。他多么盼望获准返回巴黎！费尔内使他难以忍受了。他甚至写了一部悲剧《梅诺斯的法令》，希望这部剧在巴黎演出成功能给他重新打开首都和宫廷的大门。

但是法兰西剧院没有留下这个剧本。它已被印制出来，这个盗版使作品失去新鲜味，无法上演并获得成功。

“我曾寄希望于《梅诺斯》，让我能在巴黎恭维你，”他给一直有权有势的黎塞留公爵写道，“我的希望被毁了。这是雄心勃勃计划破灭的寓言。”

还有巴里伯爵夫人。

“我是对女士们彬彬有礼的一位老者。”伏尔泰低语道。他要首先给她送上几句诗，感谢她赠送奖章：

什么，在我生命将尽时两次亲吻？
您乐于给我送来多好的保障：
两次亲吻！一次就足够，可爱的灵感启示者，
得到第一次亲吻我就会快乐地死去。

他也给她寄送“我在我的土地上建立的移民地成果的一件试验品。这块表装饰着钻石，而且，将令您惊讶的，就是在我眼前将其制作出来的塞雷与迪富尔先生为此只要求一千法郎……”

在1773年末，他恢复了一点精力。人们转告他的孔多塞的一席话使他平静下来，就像香膏敷在伤口上，平息了他的愤怒。“伏尔泰，”孔多塞说，“他的确是一位非凡的人物，无论人们对此能说什么，如果美德在于做善事和热爱人类，哪个人具有更多的美德？对善和光荣的热爱是他怀有的唯一激情。”

不过但愿孔多塞不要太快对他盖棺论定！

他还为行动而写作。他喜欢格里姆的这个说法：“伏尔泰好像对死亡说：等这一页吧！”

他继续与喀德邻二世通信。他鼓动女沙皇消灭土耳其人：

“请不停地告诉我对五万或六万土耳其人的屠杀，如果您希望让我高兴得跳起来！”

他补充说：“陛下通过杀死土耳其人还给我生命。”

而且他希望喀德邻二世——他曾对达兰贝尔说过她是“地球上最专制的统治者”——将消灭“地球上的两大祸害：瘟疫和土耳其人”。

他企图这样影响事情的进程，希望波兰的一位国王治理好其介于俄罗斯和普鲁士之间的国家。

但是他不再像过去那样天真了。

他给弗里德里希写道：“你们国王，你们就像荷马笔下的诸神，让人们为他们的意图效力，却让这些可怜人意识不到。”

他要摆脱这种命运，不再上当受他人欺骗。无论是喀德邻二世、弗里德里希二世，还是舒瓦瑟尔公爵、莫普掌玺大臣或是他们的主子，路易十五。

他反驳指责自己背叛与怯懦的舒瓦瑟尔公爵夫人：

“我死的时候将忠于我对你发誓过的信仰，也保留我正当的仇恨，我仇恨那些尽力迫害过我而且如果他们当家做主还会迫害我的人，那些抛洒无辜者鲜血的人，那些在礼仪之都犯下野蛮行径的人。这是我的信仰声明，没有什么能使我改变……”

此外他发现，尽管他帮助莫普掌玺大臣，尽管哲学家们取得成功——从此掌管法兰西学院，达兰贝尔成为其终身秘书——那些“虔信者”始终在暗地里准备厉声喊叫，准备横行霸道。

《关于百科全书的问题》始终必须秘密发行！某个胡格诺派教徒，埋葬在基督徒的土地上后，应宗教当局的要求，必须被挖掘出来！

因此必须继续斗争，但是要巧妙、隐蔽地斗争。

他写给达兰贝尔：“打击吧但藏起你的手。亲爱的理智捍卫者，快乐地度过你的生活用你的手压碎七头蛇的头，不让它在死的时候能够说出杀死它的人的名字。消灭无耻之徒！……”

至于莫普的改革，它尝试设立的新的行政法院，并不比旧的高等法院强多少。像格兹芒这样的一位新大法官能够叫人给博马舍定罪并显得和高等法院的法官一样腐败！而伏尔泰将博马舍视为自己的精神后代。

至于王国的局势，它在恶化！

财务总监泰雷，无法填补赤字，相反，它不停地恶化。

1774 年 5 月 16 日，伏尔泰得知路易十五在六天前死于天花，他为这位去世的国王撰写的《悼词》，尽管对两位年轻的新君主玛丽 – 安托瓦妮特和路易十六寄予希望，但表现出忧心忡忡。

“我们等待着一种完全的幸福，”他写道，“如果它在人们的能力范围内。”

那一年，他八十岁了并把自己视为一个幸存者。

他说：

> 我曾在黑夜中行走，没有向导没有火炬
> 唉！在自己的坟墓边是不是看得更清楚？

死亡将临的想法纠缠着他。

“一切都过去了，”他写道，“人们终于自己去找到虚无或者和我们没有任何关系的东西，因而对我们来说就是虚无的东西。”

12

{第十二部分}

“应当在这个人生中战斗到最后一刻”

(1774年5月—1778年5月30日)

52.
“在王位旁的哲学思想不久将在王位之中”

伏尔泰以一个手势示意巴尔贝拉走开，“这位胖胖的瑞士女仆”每天上午都给他“送来他的衬衣”。

她嘟哝着往后退，很惊讶他想起身了，因为通常他一直睡到中午，在床上工作，对瓦尼埃勒口授，有时还打盹。

但是，在1774年6月的这天上午，他感到精神饱满，仿佛疾病的混浊污水已经退去了。

他喊道：“国王死了！国王万岁！”

这位几乎只有20岁的路易十六使他愉悦。这位王后玛丽－安托瓦妮特——大家都写道18岁的她使宫廷光彩夺目——她是如此美丽，使他着迷。

当然，路易十六从流放地召回这位老臣莫勒帕，把政府的管理权托付给他，但这或许只是一种方式，用来驱逐泰雷财务总监，戴吉永外交国务秘书以及莫普掌玺大臣，不把政权交还舒瓦瑟尔公爵。

被提出取代这“三头政治”的人们是伏尔泰尊重的人，他曾在费尔内接待过他们，其中有些人曾为《百科全书》撰过稿。

“那位国王死了！这位国王万岁！”伏尔泰重复道。

一位20岁的君主选择杜尔哥、马勒泽布、莫雷莱神甫，并同意新的财务总监杜尔哥由孔多塞、杜邦·德内穆尔协助，这位君主是一位明理的国王。

再说，他刚刚对此作出证明：他决定让人给自己“预防接种”——他的兄弟们和王后也仿效他的榜样——防止天花。

一位开明的国王！这个勇敢的行动一定令所有的仿效者、灵魂丑恶者、虔信者、盲目者感到不快，他们拒绝科学的发现。他们偏爱泻药甚于疫苗！

当有人要路易十六提防杜尔哥这个“百科全书派”的时候，国王回答说：“他是老实人，而这对我就足够了！”

伏尔泰兴奋不已，甚至感到狂喜。

病魔缠身已经有几个星期了。几乎每一天他都重复说：“我死了”，而当他罕见地同意会见访客的时候，他老态龙钟、弯腰曲背地走向前，反复地说他 80 岁了：“谁愿意见一个幽灵？”又补充说：“我又老又瘦，”并且用他始终炯炯有神的眼睛盯着一位年轻的女仆或一位女访客，压低声音：“而且放荡。”

如果有人企图反驳他——例如这位叙阿尔夫人，在其兄弟发行书商庞库克的陪同下，断言他有一副“充满热情和表情丰富的面容”，没有一条皱纹不“形成一种魅力”——他低声斥骂道：“有一些人非常野蛮，竟然说我身体状况很好！”

他补充说他准备好“死在明天”，“去和上帝会合”。

而且，以有力的声音，一字一顿，他清清楚楚地说出：“我们大家在这世界上就像囚徒们在监狱的小院子里，每个人等待着轮到自己被绞死但不知道那时刻，而当这个时刻来临，发现曾白白无用地生活！”

但是来自巴黎和凡尔赛的消息驱散了所有这些黑色幽默。

他甚至不愿意询问法国驻日内瓦的代表昂南，传言说昂南接到路易十六的秘密指令，等伏尔泰一死，要将这位诗人哲学家的所有手稿、信件、档案全部查封。

他宁可不知道路易十六这隐蔽的一面，它泄露这位君主的表里不一。

任命杜尔哥、任命韦尔热纳为外交大臣，让孔多塞发挥作用，这样的做法“展现的不是一个被贼神甫控制的过分虔诚的人，而是一个心灵正直而坚定的人”。而杜尔哥决定的最初的那些措施满足他的期待。

“粮食贸易自由，还有废除劳役是我视为法国得救的两个开端……”他说。它们将给热克斯地方带来繁荣。“在这里如同在法国其余地方一切将会改变。”他补充说。

杜尔哥也有意取消控制和行会管事权，以此解放劳工。这位大臣不是曾宣称：

“劳动的权利是所有人的权利；这个兴旺是所有兴旺中首要的、最神圣和最不受时效约束的。”

自由贸易和劳动的时代终于来到了，被从劳役和古老规章中解放出的人们利用，无论他们是农民还是工匠。

伏尔泰感到自己在几十年前，在1734年，在介绍他的英国经历的《哲学通信》中所写的一切，在法兰西王国终于被实行了。

他觉得理智和美德的统治开始了。

“在王位旁的哲学思想不久将在王位中。”他说。

他愿意相信路易十六如同《亨利亚特》的主人公一样，是一位新的亨利四世，而杜尔哥会是其叙利。

再说不是有人在新桥的亨利四世的雕像脚下放了一块板，在其上写下：“他复活了”？

伏尔泰觉得他重又恢复了原以为一去不复返的精力和活力。

他自己的外甥女，卧床不起一个多月，已经63岁的老妇人，他曾担心她的健康严重受损，她居然康复，脱离了危险。

必须为此庆贺，在1775年5月18日，通过检阅将近一百个骑马和穿制服的男子汉来庆贺。这次检阅，“穿军队制服，用军队队形”，证明这位诗人在费尔内事业的成功，昨天的村庄，今天成为有1300人的产业兴旺的小镇，有它的钟表工场，还有它的养蚕场。

人们开枪鸣炮向费尔内的继承人德尼夫人致敬。

伏尔泰怀着愉快的心情倾听对他外甥女发表的演讲：“夫人，请用您的仁慈为不朽的伏尔泰创立的这个新兴的移民地争光吧；我们将尽力通过我们的工作和我们的灵巧无愧于它。”

伏尔泰对前途充满信心，决定让人为他的移民地建造一座剧院，仿佛他想以此表明一切在继续——或者，更好，一切重新开始！

1775年8月25日，人们以盛大的排场庆祝圣路易。随后，同年10月4日，庆祝圣弗朗索瓦。在那时，人们致敬的是他，弗朗索瓦·马里·阿鲁埃·伏尔泰，费尔内大人。

人们用灯彩装饰他让人建造并租给工匠的80座房舍。

一些士兵护卫着检阅的45辆豪华马车，人们又一次鸣响礼炮。

他为这个领地，他建造的这个小小的王国，感到自豪。在与财务监督官特吕代纳——特吕代纳也与哲学家们亲近，是经常来到费尔内的圣朱利安夫人的丈夫——进行艰苦谈判之后，他刚刚获准热克斯地方被视为外国土地，这就是说他不用再交纳使他恼火的关税。

当居民们得知伏尔泰争取到这个优惠，他们聚集在热克斯地方三级会议所在地前面。当他从一扇窗户呼喊“自由！”的时候，他们向这位诗人发出欢呼。

他们在拉他车子的高头大马身上拴上饰结，在返回费尔内的路上，在穿过的每一座村庄，人们让他的车停下，欢呼声在回荡，在地方民兵12位龙骑兵护卫下的豪华马车周围，人群形成一道人墙。

但是伏尔泰知道这些胜利是短暂的。必须商谈在总包税制下由于没有支付关税要补偿的税收总额，而热克斯地方所有的居民重新对此负有义务。

尽管特吕代纳财务监督官对哲学家们怀有亲近感，他对于几万里弗尔税收总额没有让步的余地。

然后发生了这场“面粉战争”，战争的双方是在王国几处城市和乡间里最贫穷的人们和利用放松粮食贸易来垄断“面粉”，囤积面粉，等待涨价的那些人。

面包的价格疯涨了，而面包是穷人、民众基本的食物。由此发生了这些暴动。

他预感到杜尔哥的处境是艰难的，尤其因为路易十六刚刚恢复高等法院，一笔勾销莫普改革。

伏尔泰感到气愤和不安：曾经将拉巴尔骑士处以极刑的那些法官因此恢复他们全部的权力？他们将“用司法的匕首”重又开始惩罚无辜者？

他对他们进行持久的斗争，决心为拉利－托朗达尔——被指控于1761年在本地治理向英国人投降——或者拉巴尔的同伴德塔隆德受到的不公正对待获得补救，后者只是在伏尔泰的支持下逃离到普鲁士才摆脱刽子手。

因此必须重新拿起笔，为德塔隆德写作《无辜生命的呼喊》。

但是当迷信主宰人的时候，理智如何占上风呢？

路易十六于1775年6月在兰斯举行加冕礼，而且这位会魔术的国王触摸两千多位病人的颈淋巴结核，他们相信他能治愈他们!

伏尔泰并不气馁：“必须在这个人生中战斗到最后一刻。”

他的武器，就是他的笔。

他捍卫“叙利－杜尔哥”，写了一篇《抨击》来揭露神甫们和高等法院法官们联合起来反对他的阴谋，无疑正是“狗教士”激起骚乱，维持“面粉战争”。

没有什么能对此证明，但伏尔泰这样设想！

于是在他的笔下出现了一些神甫，他们叫喊：“洗劫一切吧，朋友们，上帝愿意这样！……我们为了这个善行收到金钱！”

他对杜尔哥的谨慎感到惊讶，杜尔哥虽然周围有不计其数的敌人敌视其改革，似乎却对他的支持感到为难。

莫勒帕，主要的大臣，嫉妒他。王后敌视他。虔信者们把他视为哲学家们的代理人。国王现在只是表面上支持他，甚至银行家内克尔，这位开明人士也希望打倒他取而代之，而一部分哲学家也在步内克尔的后尘……

1776 年 5 月，伏尔泰得知杜尔哥颁布葡萄酒贸易自由的法令！

杜尔哥在抵抗，他的改革政策不仅在继续，而且在扩大。

随后，伏尔泰放下心来，重新开始创作，同时写作几部悲剧，开始撰写一篇《关于亨利亚特作者的作品的历史评论》，一篇《学院的信》，在这封信中他批评这位“粗野的丑角莎士比亚”，这时他收到一封异乎寻常的邮件，得知杜尔哥被免职。

这是绝望的时刻。

仿佛疾病突然间重又袭来。

伏尔泰低语道：“对于我，不幸的人来说……我处在困扰我余生的难以忍受的疾病中。”

他重又拿起笔。

他要表达他对叙利 – 杜尔哥的忠诚：

“只是为了从善才寻找真。”

但是他责怪“这个轻浮的、或许忘恩负义的民族”，这个民族没有教养，自负，反复无常，还屈从形形色色的迷信。

这个民族有朝一日将能够摆脱宗教，像一位有神论者那样说：“强大的上帝，我相信！至于那位儿子先生和他的母亲夫人，那是另一回事！”

或许因为他想忘记杜尔哥这位“公民大臣”的失败，伏尔泰重又展开他对过分虔诚的批判，写下一篇《终于被几位指导神甫解释的圣经》和一篇《基督教创立史》。

但是也必须考虑绝不能和宫廷决裂，不能和内克尔决裂，他的配偶曾经发起募捐，为的是树立这座由雕刻家皮加勒完成的雕像。

伏尔泰于是给内克尔写信。

他清楚地知道人们会指责他抛弃杜尔哥，就像人们曾经指责他在拥护舒瓦瑟尔之后转而支持莫普！

但是这些评论对他无关紧要。

他必须在巴黎的沙龙里拥有支持，而内克尔夫人的支持是最有影响力的一种。

同样，在凡尔赛宫，他必须获得年轻的玛丽－安托瓦妮特的支持。

他询问他的朋友达尔让塔尔，后者宽慰他：

“你长久以来获得王后的好评。这必然会使她保护你，但是如果你在她身边，这种保护会更有力。”

伏尔泰早就梦想返回巴黎，但是每一次他都遭到路易十五的拒绝。

或许这些新的年轻君主上台之后，他可以不用恳求他们的同意，动身前往巴黎？

1776 年 8 月 27 日，伏尔泰写信给达尔让塔尔：

“我将对你说如果我有点步履轻健，如果我不满 82 岁，我将为了王后和为了你旅行到巴黎。我对你承认为了我的王后靠山我急切地要作这趟旅行。”

53.
“我认为这里只有我这个私货”

伏尔泰放下笔，闭上眼睛。

他询问自己：他写的悲剧《伊雷娜》，它将在法兰西剧院的舞台上取得成功吗？这或许是旅行到巴黎的机会，他自己这样考虑，他的朋友们也邀请他去。

他犹豫不决。他想象着法兰西剧院的演出。谁将扮演伊雷娜的角色，这个万分悲痛的女子是一位拜占庭皇帝的配偶，她不爱这位皇帝，却狂热地爱着就要杀死他的亲王。但是，成为寡妇之后，她将不能屈服于这种激情，她宁可自尽，以保持对她蔑视的篡位丈夫的忠诚。

伏尔泰后来告诉瓦尼埃勒：

“这出剧的中心仅仅是对疯狂爱上谋害她丈夫的凶手的无尽的悔恨。它不能有五幕，我不得不压缩到三幕。”

他希望了解外甥女的见解，因为有好几次，他体会到她评论的中肯。

“我如此害怕，所以我不想把这出悲剧的概要拿给德尼夫人看，”他解释道，“昨天，我克服了我的厌恶和担心，我把这出剧给她读，她哭泣了因此这使我放下心来。”

他梦想着在杜伊勒利宫的新剧场里从一间包厢观看首场演出。他会站起身对向他欢呼的观众们致意。

但是，突然间，他的梦想破灭了。

他已经“半死不活”。

他在让利斯夫人——她曾经在费尔内逗留——的目光中读出，对于她来说自己只是个“弯腰曲背”的老人。

他知道她还说“他哥特式的站立方式使他更加衰老”，他“有一种阴沉的嗓音……”

在巴黎，在这间包厢里，他会像什么呢，大概只是像莎士比亚笔下的一个幽灵吧？

他愿意忘记自己的状况。

有时，当他抓住德尼夫人的女伴雷娜－菲利贝尔特·德瓦里库尔丰满的胳臂，触摸到她粉红色的丝一般光滑的皮肤，这个“年轻、丰腴、诱人的”女子使他感到一种肉体的快乐，这种快乐压制疾病，掩盖衰老。

他将他所说的是他“守护天使”的这位忠实、热心的年轻女子称呼为“美善女”。

她就像光明和温暖的源泉。他经常怀着柔情激动地亲吻她的双手。他也高兴地看到维莱特侯爵爱上美善女，而且与她结婚。

伏尔泰希望在1777年11月的这场婚礼是令人难忘的。他赠送给“美善女”一副钻石首饰，把新郎新娘带到府邸教堂的祭坛，自己这位贵人可是穿着厚实的毛皮大衣，不顾高龄和寒冷前去参加在午夜举行的这场结婚仪式。

为了庆祝他的两个“孩子”的结合，他就像君主召集自己的臣民。

但是这只是短暂喜悦的时刻，身体暂时的康复。

来访的客人有的称赞他充满活力、思维敏捷、眼睛有神、目光中闪现出激情，伏尔泰则要他们醒悟。

他对前来拜访他的年轻的维旺·德农——这个爱好冒险和佳人的人曾在俄罗斯居留，回国后已经是国王侍从——说道：

“我可敬的同伴先生，我不仅可能生病，而且我有病，并且将近八十年来就是这样！”

冬天和其“可怕的降雪”对于他是一种长期的苦难。他甚至想离开费尔内，不过不再是去巴黎，而是要去阳光明媚的地中海岸，去马赛。

但是当残冬将尽，在1777年的春天，突然，他心脏感到难受，视力模糊，词不达意，仿佛他的语言记忆破碎了，变为难以察觉的细粒灰尘。

惶恐使他麻痹。他害怕成为没有记忆、没有知觉的行尸走肉。

随后，渐渐地，在这“自然的警告”之后，他成功地重新组织起语汇，恢复了兴头。

他可以嘲笑一位英国的访客，这位访客为莎士比亚捍卫表现民众性格的权利，说民众的性格“存在于自然之中”。

“照你这么说，先生，”伏尔泰反驳说，“我的屁股就是在自然中，然而我穿着裤子！”

人们迸发出的笑声使他感到欣慰。

但是他依然摆脱不了恐慌的情绪，这不仅因为死亡临近，也因为不知道如果教会禁止为他举行基督葬礼，人们将如何处理他的遗体。人们可能将它埋葬在远离墓地——安息地——的地方，他不能设想这个下场。

然而他看到，在法官们的支持下，无耻之徒没有放弃对哲学家们进行追究。

这些哲学家中的一位，德利勒·德萨勒，由于写作了《自然哲学》被监禁在沙特莱。有段时间人们甚至考虑将他处死、将他斩首！

伏尔泰感到愤慨：

“我去瑞士的边界上死去是做对了。伯尔尼愤世嫉俗的人们比巴黎轻薄浮浅的人们更加明理达观。”他说。

他沉下脸，焦虑，不安。他知道他的本钱没有动用，然而他害怕破产，因为他的债务人那些达官贵人们，例如维尔唐贝格公爵，不偿还他们欠下的债务，这些终身年金，而伏尔泰需要它们，他希望随心所欲地生活，同时让他的本钱存在他的银行家那里丝毫没被动用。

到了老年期，就有不安全感，他低语道。他坚持创作，修改他的悲剧《伊雷娜》，把它交给有批评眼力的孔多塞。

他为拉阿尔普主办的《政治和文学杂志》撰写一些文章。他对这样或那样的作者表现出毫不留情，例如对这位医学博士让-保罗·马拉，此人刚刚发表一篇《论人或论灵魂对身体和身体对灵魂影响的原则与规律》。他在其中感受到卢梭的影响，抨击马拉的自负：

“当一个人没有任何新的主张要说，”他写道，“除了灵魂的所在地是在脑子里，他不应当对他人乱加蔑视和对自己乱加赞扬，以至于让他所有要取悦的读者产生反感！”

事实上，伏尔泰感到他周围的世界改变了，而实际上他不再想认识它，他不愿意并且不能够注视这场革命。

他年迈了。他甚至不再感到需要会见这些访客，他们一直聚集在府邸周围，当他来到花园的时候，他们组成人墙，恭敬地向他致意，对他的穿着感到惊讶。

他脚上穿着白色的长袜，头上戴着假发，身上是“割[1]天鹅绒的上衣和裤子”，他是另一个时代的人了。

他扮演伟大老人和主人的角色，来自路易十四时代，这是他诞生的时代，也是他撰写其历史的时代。

然而他选择的孤独使他受到伤害。他觉得被凌辱：1777 年 7 月，奥地利皇帝约瑟夫二世，以法尔康斯坦伯爵的名义，在巴黎他的姊妹玛丽－安托瓦妮特身边长时间地居留，而没有在费尔内拜访他，在府邸旁经过，甚至不屑在此停留。

然而，伏尔泰本来是指望这次来访的。

弗里德里希二世曾经告诉他这次来访：

是的，你将看到这位皇帝
为了学习而旅行，
向《亨利四世》和《查伊尔》的作者
表达他的敬意……

伏尔泰曾经反复说一位“有趣味的贵人不会为看望一个垂死的人改变方向……我所处的状况甚至不允许我出现在他面前”。

但是他怀有这个希望，要会见这位年轻的君主。

他曾经，在费尔内府邸周围，“召集他所有手下的人，刚过早晨 8 点就戴上大号假发，为了午餐做了大量准备，为了这位君主甚至仔细到让人清除从费尔内直到维尔索瓦大路上所有的石块”。

但是这位皇帝“高声两次呼叫：‘车夫，快马加鞭！’”，这使伏尔泰受到“凌辱，皇帝毫不理会，一刻也没有停留”。

这不仅仅是自尊心的损伤或一场误会。

“两位日内瓦的钟表匠可能拦住皇帝的马车并询问这位君主去哪里，是不是去等

1　割绒；某些绒类织物生产过程之一。

待他的伏尔泰那里……约瑟夫二世可能十分恼怒地离去了。"

即使伏尔泰相信这种说法，也清楚地知道玛丽－泰蕾兹女皇不会容忍她的儿子拜访他这个宗教的敌手。而路易十六，尽管表面上直率善良，也怀有同样的成见，就像他的祖父路易十五一样，他不欣赏伏尔泰而且不信任他。

在他于 1774 年登基的时候，他不是曾经下令在伏尔泰死的时候查封这位哲学家和诗人所有的文件吗？

约瑟夫二世屈从母命，伏尔泰感到痛苦。但是他决定斗争到底。于是决定前往巴黎而不通知国王也不通知大臣们。没有一封密札禁止他去首都。

他有权利观看预计在 1778 年 3 月举行的《伊雷娜》的演出。

为了这次旅行，他已经让人建造了一辆马车。他将在 2 月动身，由于天寒地冻，他要人在车子上安放一个火炉。

瓦尼埃勒和一位厨师将和他一起旅行。德尼夫人、"美善女"和她的丈夫维莱特侯爵将在 1778 年 2 月 3 日离开费尔内，伏尔泰在 5 日离开。

仆人们、工匠们、农民们、伏尔泰的居民们聚集在府邸前面。人们哭泣。人们祝愿这位 84 岁的贵人旅行顺利并迅速归来。而且人们感到难受：人们担心不能再见到他。

马车启动了。第一宿在南蒂阿过。

在布尔冈布雷斯，人群围着马车，因为人们认出了伏尔泰先生。人们向他欢呼。人们紧紧追着他。

为了避开他的这些仰慕者，他只好把自己关在驿站的一间房子里。驿站店主对驿站马车夫叫喊道："快速前进，让我的马尽力奔跑，没关系，我不在乎！你送走的是伏尔泰先生！"

在第戎这一新的旅站，他们投宿在金十字旅店。又一拨人群希望见到伏尔泰。有些年轻人，满怀热情，化装成侍者以便招待他用餐。

这些表现令伏尔泰精神振奋。人们鼓掌欢迎他，对他表示尊敬和仰慕。

他呼吸得更加顺畅了，仿佛令他窒息的焦虑感在消退。

他们急速行驶，但是在快到莫雷的时候一根车轴折断了，只好乘坐前来迎接伏尔泰的维莱特侯爵的马车结束这次旅行。

2 月 10 日将近下午 3 点的时候，他们到达巴黎的城门口。

栅栏旁的警卫们询问这些旅行者有没有丝毫违反国王的命令，伏尔泰回答他们说：

“确实，先生们，我认为这里只有我是私货。”

有个警卫对他的同伴说：

“这当真是伏尔泰先生！”

他们立刻停止检查车辆，惊讶而尊敬地请求伏尔泰先生自由地继续旅行。

他们前往住宿的地方是位于博纳街和泰阿坦堤岸街之角的维莱特侯爵的第宅。

昔日，当他 28 岁的时候，在 1722 年，伏尔泰曾经居住在这处第宅，当时它属于鲁昂高等法院院长贝尔尼埃所有。那时候他和慷慨大度的贝尔尼埃侯爵夫人保持着亲密无间的关系。

这已经是 56 年前的事了！

但是他还怀有青年的热情。

这趟旅行对于他是一剂重返青春的灵丹妙药。

他想前往离住处不远的地方，多尔赛堤岸街他的朋友达尔让塔尔的住处。

他稳步行走，漠不关心行人的目光，他们惊讶地看到这位穿毛皮大衣的老人在羊毛假发上戴着一顶皮里帽子。

他新生了，他终于来到巴黎！

过了些时候，在维莱特侯爵家，他方才见到达尔让塔尔。达尔让塔尔把他搂在怀里，告诉他演员列肯在两天前刚刚死去。

失望：伏尔泰摇摇晃晃，仿佛他突然回想起死神就在他面前，它临近了。

“我既没有偏见也不迷信，”他低语道，“但是既然演员死了，那么作者也就走不远了。”

54.
“啊，上帝！难道您想让我光荣地死去吗？”

伏尔泰坐在摆放在他床边的安乐椅上，把头缩在肩膀里。

他听着嘈杂声，好像觉得挤满维莱特侯爵第宅整个二层楼的这些访客就要强行打开房间的门，在这间房间里，从清晨起——他听见时钟敲响五点——他进行创作，涂改或重写《伊雷娜》的几幕。

从泰阿坦堤岸街和博纳街传来的喧嚣声打乱他的思绪。这是几乎连续不断的喧哗声，脚夫、驿站马车夫、赶大车的车夫的高声喧嚷。一时间他怀念费尔内的寂静，只有风声、树木的飒飒作响声、动物的叫声才会打破这寂静，而且所有这些声响全都消失在茫茫原野和天空中。

怀疑袭上心头：巴黎，这座一直隆隆轰响的火山，会把他掩埋在它的浓云之下吗？

他的外甥女、秘书瓦尼埃勒、“美善女”和维莱特侯爵，还有达尔让塔尔试图保护他不受访客们的干扰，这些访客极度的好奇心难以得到满足，他觉得他们就要把他折磨掉。

一些人对他的好身体感到惊讶。拉阿尔普对他说他们有十年没有相见了，“他觉得他既没有改变也没有衰老”。

还有人——诗人勒布兰－潘达尔——对他断言他的寿命将超过活到一百岁才死去的丰特内勒先生，伏尔泰回答他说：“您看见，先生，一个可怜的 84 岁的老人做了九万件蠢事；丰特内勒是幸福和贤明的而我既不幸福又不贤明。”闻者大为惊讶。

人们看着他，仿佛他是一个“自然的奇迹”，一个久不见面重又现身者，一位预言家，一位使徒，虽然他是一付“走动的骨架”。人们说他的视力和听力就像年轻人一样，“尽管二十年来他不停地抱怨说他的听觉和视觉都不行了”。

所有的诗人，“从泥潭诗人到顶尖诗人”，全都到了，在候见厅里原地踏步，而他有时会躲到两个小房间中的一间，这两个小房间在凹室旁，凹室靠近他经常呆在里边的卧室。

在那里，他写作，阅读关于他返回巴黎的最初的评论，其中有些评论是中肯的，令他心绪不宁。

“伏尔泰先生，”有人这样提出疑问，“突然离开了他歌颂过的费尔内的树林，他建造的费尔内的房舍，他如此满意的费尔内的安宁，来到卑劣、喧嚣和恭维他的巴黎。只有他自己将能在一段时间以后说出他是否在这场交换中得到好处。”

他觉得自己好像醉了。他听着达尔让塔尔和维莱特侯爵对他反复说，在巴黎除了他的来到，别的什么都不重要。战争的传言、音乐家格卢克和皮克西尼之间的争论、宫廷的阴谋，它们全都被忘却了。

全巴黎拜倒在他的脚下，仿佛他是一具偶像。

但是也有阴险恶毒的做法、辛辣的言辞、尖酸的抱怨。即使他最新的悲剧《伊雷娜》是糟糕的，人们说，“它将受到赞许；这不是他今天令人产生的尊敬，这是人们认为对他应有的崇拜”。

他知道虔信者们认为他在巴黎是不吉利的，他是某一类反基督者。而路易十六禁止王室的任何成员会见他。王后曾经有这个想法，但是根本不可能在凡尔赛宫或者哪怕在剧院的一间包厢里见伏尔泰。

他的敌人们写了许多诽谤文章攻击他。有时他怒不可遏，但是他还是要一直读到底，体会他激起的仇恨和嫉妒。

他尽力微笑着说：

“我在费尔内每个星期都收到这样的垃圾而且我支付它们的邮费；在这里每天人们都给我送来这样的一些垃圾而我不用花费分文：这种交易对我有利可图。”

他知道这个时刻——或许是最后一次——是他一生最幸福的时刻之一。

他接见即将在 3 月 16 日上演他的《伊雷娜》的演员们。

他对将扮演不幸皇后角色的韦斯特里夫人说：

“夫人，今夜我就像一个 20 岁的小伙子一样为你工作了。”

而确实他好像被一股新生的力量推动，仿佛他接受的每一份敬意维持还在他身上燃烧的这生命之火。

格卢克在他面前鞠躬：

“我推迟了 24 小时动身去维也纳以便有荣幸和幸福见到您。”这位作曲家说。

随后他的对手皮克西尼来到了。

接着杜尔哥来了，伏尔泰是如此动情，以至于他在这位改革家面前抽噎了：

“让我亲吻这只签署了拯救民众文书的手吧！”

他在拥抱携其孙子一起前来的邦雅曼·富兰克林时也哭泣了：

“他希望，”伏尔泰叙述道，“希望我祝福他的孙子。我给了他孙子祝福，说道：‘上帝和自由！’当时在我的房间里有许多人在场。”

他理所当然地接待黎塞留公爵、内克尔夫人，甚至还有不顾她自己失明前来的尖刻的迪代方侯爵夫人。

“我要死了，”他对她说，“我只愿意为了匍匐在你的膝下而复活。”

访客络绎不绝。达兰贝尔和“百科全书”派的弟兄们，孔多塞与狄德罗在巴里伯爵夫人之前来到。

每一天，即将演出《伊雷娜》的演员们接二连三地来到，而他必须对他们的为难与猜忌作出决断，也必须屈从黎塞留公爵，接受他力主的“他的”女演员人选。

有时他觉得好像被围困在自己的房间里，他不再走出房间，全身裹在皮里便袍里，一顶无檐软帽一直压到眼睛上。疲惫经常把他压垮，他的膀胱变得如此疼痛，以至于他忍不住叫喊起来。当他能够排尿的时候，他排出一些粘液！他的双腿变得简直像“水桶”一样粗。

他恳求十年来在巴黎执业的大夫泰奥多尔·特龙尚前来给自己做检查。

这位医生终于来到了，他神情严肃地要求伏尔泰休息、安静、与外界隔离，痛斥德尼夫人拿伏尔泰的生命当儿戏，让他接待这许多来访者，弄得他筋疲力尽。

但是伏尔泰烦躁地叽咕起来。谈不上他放弃指导演员们、放弃在他们面前示范扮演每个人物。他希望一直预计在 3 月举行的《伊雷娜》的演出受到观众齐声喝彩。

他惊讶而恐慌地在 2 月 20 日的《巴黎报》上读到特龙尚大夫的一封短笺，这位大夫好像要维护自己的名声和摆脱自己的责任：

“我真愿意亲口对维莱特侯爵先生说伏尔泰先生自从来到巴黎以后依靠他精力的本金活着，而他所有真正的朋友应当希望他在这里只是依靠他精力的利息活着。按照目前的情况，他的精力不久即将耗尽而且我们将目睹——如果我们不是同谋——伏尔泰先生的死亡。”

死亡：这个词语白纸黑字印在那里，不再仅仅是作为一种念头，一种恐惧，而是作为一种现实。

伏尔泰试图将死亡驱走。

他丝毫没有改变他日程的作息安排。他从黎明起就工作。他接待客人。他向瓦尼埃勒口授。

而突然间，一阵咳嗽划破他的喉咙，他的嘴里充满一股带点甜味的浓稠液体，它喷涌而出：

“哦！哦！我吐血了！”

血通过鼻子和嘴巴冒出，“简直就像打开喷泉的龙头时水猛烈喷出那样”。

出血没有停止。

人们叫来特龙尚医生，他决定放血。三品脱的血液流出来，出血减缓了；但每次咳嗽时，血重又往外涌。

死神一直等在那儿。

恐慌的情绪重又袭来。

如果教会拒绝给他做临终圣事，人们将如何处置他的遗体?

他回想起女演员勒库夫勒，她被埋葬在一处垃圾场。

“不该被抛到垃圾场，就像我看到的可怜的勒库夫勒的下场那样。”他对达兰贝尔这样说，达兰贝尔则建议他明智行事，做必须做的事，以便被教会接受，如同孟德斯鸠和丰特内勒曾经做过的那样。

“当一个人在苏拉特死去的时候，”伏尔泰低语道，“必须在手里抓住一头母牛的尾巴。”

达兰贝尔见到他这样滔滔不绝并筋疲力尽深感不安，但他不顾达兰贝尔的劝阻继续往下说：

“不管愿意不愿意，我必须说！你是不是回想不起来我必须忏悔？这一切使我非常厌烦。这个贼神甫使我伤心。但我现在握在他的手里。我必须从中解脱出来。现在是时候了，如同亨利四世所说的那样，作冒险尝试。所以我刚刚派人找戈尔捷神甫，我等着他。”

他想着他与这位神甫的几次会见，这位昔日的耶稣会士在给他写了一封毕恭毕敬、充满仰慕的信后，曾来到维莱特的第宅，伏尔泰如此答复这封信：

“我不久就要出现在万物造世主上帝的面前。如果你有什么话要对我说，我应该也有幸接待你的来访，尽管我痛苦不堪。”

戈尔捷神甫来了。伏尔泰注视着他。这位神甫并非如同伏尔泰曾经设想的那样，是巴黎大主教或圣绪尔比斯本堂神甫泰尔萨克的一位派遣人员。他完全是主动行事。他是这样的教士之一，他们希望拯救伏尔泰的灵魂，获得宗教的这个敌人的忏悔，表明哲学家中最坚决的人、这个“宗派”的首领、想要“消灭无耻之徒”的这个人，在死亡快要来临的时候颤抖着转向教会，向上帝请求原谅。

伏尔泰听着他说话，不停地想到那可怜的女子勒库夫勒死后被扔到垃圾场。

如果必须“抓住一头母牛的尾巴”来获得与一个人相称的一块墓地，他要抓住它。

他拿起笔。

他写道：

“我，签字人，宣布因为在 84 岁的时候 4 个月来吐血不止，不能艰难行走到教堂，在戈尔捷神甫面前我向他作了忏悔，如果上帝安排我，我死于我诞生于其中的天主教，希望神的怜悯，能够原谅我所有的过错，如果我曾经得罪教会，我为此向上帝和教会请求原谅。

“伏尔泰，1778 年 3 月 2 日，于维莱特侯爵先生家。”

他希望有两位证人联名签署他的声明。

他对他的秘书瓦尼埃勒的拒绝感到惊讶，瓦尼埃勒似乎无法忍受自己这个新教徒视为背叛和弃教的行径。

但是既然这是为自己的遗体安息必须付出的代价，伏尔泰准备再加上几句话。

他重又拿起笔并写道：

“戈尔捷神甫先生提醒我有人在某一个圈子里说我在死去的时候会反对自己所做的一切，我宣布我从来没有说过这样的话，这是昔日的一句老笑话，长期以来错误地归因于几位比伏尔泰更加开明的学者。”

他微笑着看着瓦尼埃勒，后者低下了头。

已经有三天了，伏尔泰交给瓦尼埃勒自己所说的信仰声明，它毫无算计地表达自己的情感、说出自己的信仰：

我在死的时候崇敬上帝、热爱我的朋友们，我不仇恨我的敌人们，但憎恨迷信。

伏尔泰，1778年2月28日

但是，既然入土为安只能通过屈从迷信才能实现，他为戈尔捷神甫撰写了上述几份声明。

而现在，因为每次咳嗽鲜血都流满他的嘴，他向瓦尼埃勒口授致戈尔捷神甫的短信：

“先生，您曾经答应我来听我说。我请求您尽可能早地来到。”

当这位神甫来到时，他想独自和他呆在一起，听神甫说话，自己喃喃低语。

随后，当这位神甫打算给他领圣体，因此去堂区教堂寻找“仁慈的上帝”，伏尔泰拒绝了，他把手贴在嘴上，哽咽着，好不容易地说出：

“神甫先生，请注意我持续吐血，而且我完全可能吐出别的东西。应当提防将仁慈上帝的血和我的血混杂在一起……”

他回避，做出假动作，以便不在迷信面前投降。他要完全自由地表明自己的信念，虽然略施诡计和稍作让步，但是维护自己的基本信念。

神甫走后，瓦尼埃勒询问他：

“您忏悔了吗？”

伏尔泰耸耸肩膀。

“没错，你知道在这个地方发生的一切：入乡随俗，和狼在一起就得学狼叫！”

瓦尼埃勒并非不知道是教会划分人生的所有时刻，洗礼、结婚、安葬。

伏尔泰又重复道：

“假使我在恒河岸边，我愿意在断气的时候手里握着一根母牛尾巴。”

他呼吸得顺畅些了。出血现象似乎止住了，仿佛它原来只是焦虑、恐惧的一种表现，他并不害怕死亡，只是害怕他84年来病弱的躯体死后的命运。他又支撑起精神倾听渴望将其最新悲剧介绍给他的拉阿尔普念这部悲剧。

“一直念下去吧，这将使我重新振奋。”伏尔泰对他说。

他考虑要是告诉拉阿尔普这个剧本是“一部似是而非的小说，包含一些美好但不得体的诗歌”，那会伤及对方，于是补充说：

“如果你愿意的话，请把你的剧本给我留下，我会在空白处写上一些意见。”

但是，他不顾特龙尚大夫的忠告，每天上午重新修改自己写的悲剧《伊雷娜》。而且他一直希望这出戏如果获得成功，将使他能在凡尔赛宫被王后甚至可能被国王接见。

人们试图使他相信他将永远不能获得这个许可、获得王室的接见。

疲惫、咳嗽、一阵阵出血重又出现，当演员们在维莱特侯爵先生的客厅里排练的时候，特龙尚强迫他躺着，用帘子将他遮挡起来。

3 月 16 日，首场演出的那一天，他还躺在床上，精疲力竭，没有血色。当他在凹室的帘子后半睡半醒的时候，他听见候见厅里窃窃私语的声音。

人们说在四天的时间里他老了四岁。人们告诉聚集在二楼几间房间里的访客：

“伏尔泰吐出血来，伏尔泰濒临死亡……”

他呼叫人来，想知道这场演出进行得怎么样。他好像觉得他的命运取决于他的这部悲剧的成功或失败。

这个命运，就是活在世上还是离开人间。

他闭着眼睛，头垂在胸前，听着信使说，信使是从最近设立在杜伊勒利王宫的剧院刚刚赶来的。

这个人气喘吁吁地说宫廷里所有的人全都出席观看这场演出，围绕在王后、波旁公爵夫妇、阿图瓦伯爵身旁。只有国王缺席，但是在正厅里的观众是如此之多，他们一个紧挨着另一个，甚至在幕布升起和演员们开始演出之前，人们就听到“伏尔泰先生万岁！”的呼喊声。

伏尔泰重又抬起头，重新睁开眼睛。

第二位信使从剧院来到。他说，几乎在演员说出每段台词甚至念出每段诗歌时，观众们都迸发出掌声，而王后玛丽－安托瓦妮特手持一支铅笔，似乎记下某些诗句。

他等待着在演出结束时才会离开剧院的最后一位信使。

这位信使来到了，不一会儿，所有观看了演出的哲学家和朋友们也接着来到。大家告诉他演出非常成功。人们祝贺他。他低语道：

“你们说的情景使我得到安慰，但是不能治愈我的病。”

但是他目光炯炯，以急切的声音询问详情。他想了解最受观众欢迎的台词与场景。人们告诉他剧中所有对教士的攻击都受到观众的喝彩，他感到十分快乐。

他喜不自胜。人们这样将知道他不曾放弃消灭无耻之徒，即使他在向戈尔捷神甫忏悔时曾经抓住“母牛的尾巴”。

他一直问到全无气力，声音变得低哑。但是他仿佛服下一杯酏剂。

在这次首场演出的两天以后，他的身体感觉好转了一些，他的房门再次对访客们打开。他甚至接待前来祝贺他的悲剧成功的法兰西学院的一个代表团。

他决定把这部悲剧题献给他们，他立刻开始写献辞，院士们几天以后将读到并赞扬这份献辞。

他是快乐的。他不再咳嗽。出血的那些日子被忘记了。他要发现他不认识的这新的巴黎，3 月 21 日星期六他登上马车，拉车的马慢步前行，他环绕他从未见过的这路易十五大广场转上一圈。

人们认出他来。人群汇集在马车周围。人们向他欢呼，人们一直把他送回维莱特宅邸，人们呼喊“伏尔泰先生万岁！”

他丝毫不感到疲惫，仿佛人们对他尽情表达的赞赏与尊敬抹去了岁月。他不再有 84 岁。他仅仅是诗歌王子，《查伊尔》《穆罕穆德》《梅洛普》，诸多其他剧本、几千首诗、几百篇讽刺短文的作者。

他不再是虔信者们称为“小册子家”并梦想监禁起来的那个人。他是卡拉、西尔旺、拉巴尔骑士的捍卫者，他是其词语改变了时代精神的那个人。

他像一位亲切的君主接待文艺九女神共济会会员，其中有富兰克林、尚福、格勒兹、皮克西尼、乌东，这些作家、这些艺术家、这些学者全都说惊讶于他的激情、他的好斗、他的敏捷。

而且他不装扮“半死不活”。他感到自己精神振作，充满无穷无尽的力量。

他要看《伊雷娜》的本子，提台词的人掌握的那个本子，以便在需要时，在这里和那里修改一段台词、一个诗句。

他的眼睛模糊了，因为他发现他的剧本被改动过，有人把某些接台词改得枯燥无味，用平庸的诗句重写许多段落，仿佛是害怕观众被他老怪人的诗句弄得窘迫难堪。结果，这是一些可笑的诗句，以雅趣名义排列的平庸乏味的话语。

他责备德尼夫人，她承认是自己在达尔让塔尔的赞同下听凭对作品进行这样的肢解。

他嚎叫起来。

人们就这样对待他吗？人们认为他已经死了吗？

他大步走向客厅，在那里达尔让塔尔试图为自己辩解。

但是伏尔泰要求人们把他所有的手稿交还给他，既然人们将它们处死而没有明白是他被拷问。他是一个初学者吗，他该料想到自己的朋友们、自己的外甥女这样做吗？

突然间，他感到精疲力竭。他感到头晕，他的愤怒平息了。他不愿意失去达尔让塔尔，一直帮助他、捍卫他的少有的几个人中的一位。他不应当撕碎在生命的尽头和少数亲近者维系的最后联系。

他拿起笔，给达尔让塔尔写道：

“对不起，我亲爱的天使，我 84 岁的头脑只有 15 岁，但是你应当怜悯一个受伤的人因不能说话发出喊叫……我就像死了。然而我承认，我不该如此大声地喊叫……”

他给另一位“校阅者”——总是在法兰西剧院支持他的蒂布维尔侯爵——写道：

“我绝望了，我承认，我认为自己被最可敬的朋友们鄙视和轻视。他们一贯的善意治愈我心灵可怕的创伤并阻止我死于吐血更阻止我死于忧郁。让我见到你，得到慰藉……”

他知道他们将全都到剧院，在 3 月 30 日星期一，那一定是伟大的日子，既然伏尔泰将被召开特别大会的法兰西学院接待，然后将前往杜伊勒利王宫剧院观看《伊雷娜》的一场演出。

他套上 40 年前就戴的有浅灰色装饰花结的宽大假发。它罩住他消瘦的脸庞。他穿上白鼬皮里的红色外衣，戴上一顶同样红色王冠状的方顶帽。他拿起自己的尖头短手杖，在中午过后登上他的马车。

上路前往卢浮宫。

人群密集。人们叫喊，人们鼓掌。在院子里，2000 多人向他欢呼，有节奏地高呼：“伏尔泰先生万岁！”

他因此激动得颤抖。

20 位院士一齐走向前迎接他。神职人员——除了两个例外——，高级教士们缺席，但是有什么关系？

人们一直将他引到主任座席并请求他同意为 4 月起的三个月任期占据这个席位。达兰贝尔发表一篇演讲而伏尔泰情不自禁地流下眼泪。在 28 年缺席之后返回法兰西学院，这使他激动不已。

他从来不曾敢梦想到这样的欢迎，梦想到他在哲学思想上的一位兄弟对他这样的称颂，梦想到他的思想和作品取得胜利的这标志。

从卢浮宫到杜伊勒利王宫，从法兰西学院到剧院，一路上密集的人群簇拥着他，呼喊“伏尔泰万岁！”，他们证实他的胜利。

当他从马车往下走的时候，他不禁后退了一下，面前的男人和女人们登上车子，企图亲吻他的双手，呼喊着，拔下他皮衣的毛，这件紫貂皮衣可是女沙皇喀德邻二世的礼物。

直到维莱特侯爵在人群中给他开出一条通道，把他一直引到德尼夫人和“美善女”已经呆在那儿的包厢，他这才放下心来。

一位演员急忙走上前，在伏尔泰的前额上放上一顶桂冠。

“啊，上帝！”伏尔泰叫喊道，“你可是希望让我倚仗着荣光死去啊！”

他想要摘去桂冠，人们重又给他戴上。于是他不再反对了。他怀着局促甚至惊恐的心情沉醉于人们澎湃的热情。

他感到不自在。他必须一直走到包厢的边上，因为一些观众跪在正厅以便能看见他。整个大厅“由于激动的人群起伏掀起的尘埃”而变得昏暗。

众人的昂奋和狂热延续了二十多分钟。

伏尔泰猜测演员们难以开始演出这出剧。幕布终于升起。

他既高兴又局促。人们没有听完大段台词就鼓掌，而演员们自己似乎也被狂热所驱使。

在剧终时人们把伏尔泰的一座半身雕刻像抬到舞台中央，演员们围绕着它并给它戴上桂冠。他们挥舞着棕榈叶和花环。

格里姆，目睹这个场面，低语道：“嫉妒和仇恨，狂热和偏执只敢在暗中发出咆哮，或许人们第一次看到在法国公众舆论光荣地享有它全部的威望……”

伏尔泰躲在包厢的深处。人们嚷着要见他。他走向前去，俯下身，把前额一直垂到包厢的栏杆，当他重新直起身时，人们看到他流出泪水。

于是扮演伊雷娜角色的韦斯特里夫人开始朗诵：

在欣悦的巴黎眼前
在这个日子请接受一个敬意
苛刻的后代
将把它代代相传。
为了享有不朽的荣誉

不，你不需要达到黑河岸。
伏尔泰，接受人们刚献给你的桂冠吧，
是法国把它给你
无愧于它是多么美好！

人们鼓掌，然后幕布落下又升起，人们演出 29 年前创作于 1749 年的这出喜剧《纳尼娜》，伏尔泰又惊讶又感动。

但是，今天，当他走出包厢并看到所有这些女子迎着他组成人墙，有的在他走过时哭泣，有的欢笑并亲吻他的双手，他似乎觉得这三个十载是轻松的。

在外面，人们呼喊道：

“拿来火炬，火炬！让大家都能见到他！”

人群跟随着缓缓徐行的马车，“伏尔泰万岁！”的喊声伴随着他。

他回到维莱特侯爵的宅第。

激动使他心力交瘁。

他不能压抑渗入内心的不祥念头，它对他低语这个胜利是完美的结局，标志着他生命即将终结。

他长时间地哭泣，身体随着呜咽而颤动。

然后疲惫使他熟睡，这个日子一下子过去了。

早晨，瓦尼埃勒对他讲述在剧院里，有个人曾高叫：“既不再有道德也不再有宗教，一切都完了！”

他听着这位秘书给他念格里姆即将在《文学通信》上发表的文章：

“人们在伏尔泰先生在世的时候刚刚给与他特殊的荣誉，这种热情不仅是对他的天才创造的奇迹正确的奖赏，也是对他对自己时代的风尚与思想进行的可贵革命的正确奖赏，他反对各个社会等级与不同身份的人们的偏见，给与文学更多的尊重与尊严，给与舆论本身更加自由和更加独立的影响，使舆论独立于天才与理智之外的任何力量。”

他平静下来。

他想到费尔内的那些钟表匠，当他们组装完一块表的零件时，长时间地看着这块表，倾听它发出的嘀嗒声。

他就像他们一样。

他刚刚听到生命搏动的声响。

他重又开始接待来访者，他们全都颂扬他，庆贺他出色的成就，称赞他的精力。

伏尔泰听着他们说话，向他们表示感谢，然而他们说的称赞的话越多，他越感到这一切是多么靠不住，会转瞬即逝。

黄昏时分，他向瓦尼埃勒转过身，他摇着头说：

“啊，我的朋友，你不了解法国人。他们曾经为日内瓦人让－雅克也这样做过。好几个人甚至曾给脚夫们一个埃居，为的是站上他们的肩膀看着他走过。人们随后却对他发出逮捕令，而他不得不逃亡！”

人与人之间就是这样。生活，就是这样。

55.
“让我平静地死去吧”

他难以起身。他的下腹好像有一团烈火在燃烧，折磨着他。但是他想忍住和克制疼痛，忘记自己化脓的肠子，这些暗黄的粘液，混杂着血丝的脓，他在勉强能够排尿时惊惶地察看到这些危象。

死亡就要降临到他身上，病痛变得如此强烈，以至于他忘记了他刚刚经历的那些幸福与光荣的时刻。

仿佛他身体的疾病不仅毒害他的膀胱、他的肠胃，而且毒害巴黎和凡尔赛宫。

他得知在 4 月 22 日，人们于宫廷在玛丽－安托瓦妮特和路易十六面前演出了《伊雷娜》，有人说路易十六对这出剧感到腻烦。

这位国王不愿意剧作者被邀请观看这场演出。

伏尔泰感到痛苦，他身上的病痛在不断加剧。

还有更糟糕的情况：在凡尔赛城堡的小教堂里，博勒加尔教士在宫廷前发表讲道，谴责软弱的人们竟容忍褒扬这位作家、这个“祖国的祸害”、这个基督的敌人，宣称其每一篇作品都是对耶稣基督的侮辱、是渎圣的行径、对宗教的攻击。

在凡尔赛宫人们说，法兰西民族褒扬的是路易，而不是伏尔泰！这位哲学家是上帝的敌人、国王的敌人、良好习俗的敌人、所有政府和所有信仰的敌人。

伏尔泰深感不安。或许他应当离开巴黎，回到费尔内？但是人们可能抓住这个机会，以便永远禁止他回到首都。再说，在费尔内，由于他远离巴黎舆论的保护，人们可能更加轻易地控制住他。

他听着达兰贝尔对他证实他辉煌的归来重新激起的仇恨：

“不幸，这特殊的荣誉激怒了一些比宗教狂更可畏的人，他们感到他们的地位、他们的势力、他们的权力永远不能使他们从这个民族那里获得这样一种令人心满意足的敬意，而这敬意只给与这个天才的人。”

伏尔泰蜷缩成一团，因为他疼痛得就好像有钩子深深扎进他的体内，他的下腹好像被撕裂开。

他希望重新找回费尔内的宁静。他向特龙尚医生吐露这个想法。

“我马上可以付一百路易让您到费尔内，”医生对他说，“您富有才智，不会不感到绝不能移植一棵84年树龄的老树，除非想让它死去。一星期以后就出发吧，我有一辆极好的可以睡卧的轿式马车，随时准备好可以旅行。”

“依我的身体状态，我能够动身吗？”伏尔泰问道。

“可以，我以我的性命担保。”

伏尔泰抓住特龙尚的手，握住它，哭泣起来。

“我的朋友，你可救了我的命。”他低语道。

他觉得疼痛缓和了，疾病与死亡远去了。

但是他听从德尼夫人和维莱特侯爵的意见，他们坚持要他留在巴黎，买一栋房子并定居在那里。

这个计划重新激活他的精力。他准备购买一栋与维莱特宅第邻近的房子，随后，当他的外甥女热衷于此事，打算签下出售契约时，他拒绝了，因为他担心被幽禁在巴黎，他需要费尔内的宁静，他感到，在那里，他可能稍许延长自己的寿命，而在这里他就要死去。

他放弃这笔买卖后立刻感到轻松了，生活再次充实。他决定一直步行去法兰西学院。

人群聚集在他周围，护卫着他；一位女子走上前来，一边轻轻地咬一块面包一边对他说：

“善良的伏尔泰先生，写一些书吧，然后您把它们给我，我不久就会发财；您已经这样向多少人提供了财富！哦，我的好先生，请您给我写一些书吧，我是一个可怜的女子……”

他听到其他一些人反复地说：“这是伏尔泰先生，这是不幸的被压迫者的保护人；拯救了卡拉和西尔旺家庭的人！”

人们鼓掌，人们呼喊："这是伏尔泰，属于卡拉们的人！"

他再次改变想法。为什么不留在巴黎呢？

第二天，他受到文艺九女神共济会的修士们的接待。共济会的一位会首天文学家拉朗德欢迎他，对他宣布所有被征求意见的修士都决定将他作为"学徒"接纳进共济总会，在入会宗教仪式之后，人们在他的腰身上系上曾属于共济会创立者爱尔维修修士的围裙，上面装饰着角尺和圆规。拉朗德对伏尔泰这样致词：

"哪位公民比你更好地为祖国效力，你启示它关注它的责任和它真正的利益，你使宗教狂热可憎，使迷信可笑。因此，亲爱的兄弟，你在接受共济会的特性之前就已经是共济会会员，你在我们手间应承其义务之前就已经履行其责任。"

拉朗德表达修士们的赞赏和感激。他交给伏尔泰白色的手套——纯洁的标志——和镘刀，团结的象征。

伏尔泰致谢。他说，他从未如此强烈地感受到感激之情。

然后，是共济会的宴会，席间他只吞咽下几勺蚕豆泥，这是人们向他推荐的最易消化的菜。

这几口豆泥对他已足够。他好像觉得疾病后退了。他前往法兰西学院，前往科学院。他隐姓埋名，从一间包厢的后座观看他的悲剧《阿尔齐尔》的演出。当观众得知他在场的时候，他们起立，鼓掌，呼喊着他的名字，演出因此中断将近一个小时。

他不再想离开巴黎。他察看黎塞留街的一处房子，它离舒瓦瑟尔公爵和德皮奈夫人的住所不远。他将生活在那里，直到死神抓住他为止。

他看着这座尚未完工的房子宽大的楼梯。他低语道："这是我购买的一座坟墓和一栋房子。"

因为怀疑、痛苦、惶恐的感觉依然刺激着他。

但是他试图忘记这些感觉，回访奥尔良公爵和他的配偶，蒙特松女侯爵。他们把他作为文学泰斗接待。波旁家族的小房对启蒙思想开放。

伏尔泰跪在女侯爵面前，她赶紧走上前扶他重新站起来，他对她低语道："这是我幸福生活最美好的日子。"

他愿意重新见到几十年前维系过几个月关系的情人，在他被监禁在巴士底狱时背叛了他的苏珊·德利夫里，她成为拉图尔－迪－潘－古韦尔内侯爵夫人。

在走进她的客厅的时候，他看见拉吉利埃绘制的肖像：这位二十来岁的年轻人，就是他，伏尔泰，对着生活微笑，这生活就像他年轻的面颊一样饱满。

坐在这幅画前的这位满脸皱纹的老妇人，几乎是个幽灵，这就是苏珊变成的样子，好像他自己现在样子的映像。

他没有多耽搁。他回到维莱特侯爵家。

"我从冥河的一边回到另一边。"他这么说。

但是他还不愿意听凭自己被冥河卷走。

他写作，口授。他没命地喝咖啡。他为维莱特侯爵撰写《老人的告别》，为他曾多少次批评过但现在不再是野蛮人的法兰西民族恢复名誉：

> 我的眼睛在三十年后只看到一个可爱的民族，
> 有教养而宽容、温和、活跃并易交往。
> 它生来就是为了爱：法国人的精英
> 是世界的榜样并比得上所有的英国人。

他写信给喀德邻二世。

他又作诗，回应给他寄来诗歌者：

> 我顽强地忍受
> 我长期伤心的痛苦
> 没有错误的期望。

他口授与《伊雷娜》同时开始创作的悲剧的大段台词；那是他想写完的《阿加托克勒》。

因为生活就是写作，生活就是行动。他还应当，如同他经常所说的那样，"为了行动而写作"。

5 月 7 日他前往法兰西学院，以响亮的嗓音介绍他制定的词典计划。他希望动摇他的同仁们的怠惰。

他说，必须毫不迟延地努力，恢复那些"蒙田、阿米约优美和富有表现力的用语……希望再现这些被我们的邻国人借鉴的用语……可以造就一部既令人愉快又必不可少的著作……这会同时是一部语法，一部修辞学、一部诗学，虽然我们没有抱负追求这个目标。每位院士可以负责字母表的一个字母；法兰西学院将审查它的每个成员的工作……”

他兴致勃勃。他猜到并感到听众迟疑不决。他将把字数最多的字母 A 部分归于自己。

他继续说着，不停地饮咖啡，获得法兰西学院的赞同。

“先生们，我以字母表的名义感谢你们。”他说。

他们回答他说：

“我们以这些字母的名义感谢您。”

随后，在 5 月 10 日，无法忍受的病痛迫使他卧床不起。他不可能前去出席确定在 11 日，随后确定在 18 日举行的法兰西学院的会议。剧痛折磨着他。

人们给他喝一种糖浆状的甜烧酒，又给他硬塞阿片，但什么都不起作用。

他对拉阿尔普低语道：

“人不能逃脱自己的命运；我来到巴黎是为了死去。”

他吃“仅仅一点桔子冻或口含小块的冰来平息煎熬他的高热”。

他在说谵语，随后又清醒过来。他认出特龙尚大夫：

“先生，让我解脱吧，”他对大夫低语道，“我什么也做不了了，先生，必须死去。”

他紧盯着特龙尚，明白了在这位医生的眼前，他只是一个“80 岁的人，生来怯懦，多少与永恒的生活不和……生命的终结对于伏尔泰将是一个讨厌的时刻。如果他把他的生命一直保持到底，他将是一个平庸的垂死的人”。

他稍稍欠起身要对特龙尚说话，吐露真情，他刚刚发现这位医生无情而好奇地窥视着他的死亡。

但是为什么怨恨特龙尚呢？

“是的，我的朋友，”伏尔泰开始说道，“只有您给了我一些好的建议。假使我照着那样做，我就不会处在我现在的可怕状态，我就回到费尔内了。”

他停下来，不再看特龙尚大夫：

“我就不会陶醉于使我晕头转向的昙花一现的光荣，是的，这只是过眼烟云。”

他充满酸楚的声音出奇地响亮。

然后他摇着头：

“您对我再也无济于事了。给我派来治疯子的医生吧。我是出于什么厄运必须来到巴黎！您曾经对我说：决不能移植一棵 84 年的橡树，您对我说的是真话！为什么我没有相信您？而且我已对您发誓我会乘坐您为我提供的轿式马车动身，为什么我不曾出发？”

他的声音变得哀怜：

“怜悯我吧，我疯了！”

仿佛突然间他整个的身体垮下，他就这样心力衰竭，呻吟着，要求人们再次给他饮阿片蒸馏水，索要黎塞留公爵让人给他送来的小药瓶，这位公爵使用阿片来对付痛风的疼痛。

几个小时以后，他摆脱了麻木感。他又低语道：

“我很担忧用我的幸福与短暂的光荣作了交换。”

他懊悔“在巴黎买下一处房子”，也懊悔把他的秘书瓦尼埃勒派去费尔内。他很惊讶没有收到 80000 法郎，瓦尼埃勒应当已经吩咐里昂的银行家谢雷将这笔款项记入巴黎的一位经纪人的账户贷方。

他怀疑德尼夫人阻止这笔款子的转账。她是不是在等他死去好占有这笔钱，她与特龙尚和瓦尼埃勒的意见相反，一味坚持要伏尔泰和她一起留在巴黎，不要再恢复费尔内严肃刻苦和有规律的生活。

他低语道：

“啊，有人这样欺骗了我，我不再能忍受。”

他意志消沉。

当他走出这个渐渐延伸的黑夜，打发白日几乎所有的时光，有人低声告诉他拉利－托朗达尔的儿子——其父亲被极其不公地定罪和处决——获准对其父的判决被彻底翻案。

伏尔泰试图坐在他的床上。他示意他想要口授，他说：

“这个垂死的人在得知这个消息时复活了。他温情地拥抱拉利先生。他看到国王是正义的捍卫者；他将满意地死去。”

他要求在他房间的挂毯上贴上一张告示，他要人在上面写上：

“今年 5 月 26 日，由帕基耶高等法院推事对拉利人身的司法谋杀由枢密院复仇了。”

他久久地看着这张纸。

他知道他刚刚获得他一生最后的胜利。

他觉得痛苦减缓了，仿佛疾病在粉碎了最后的抵抗后，不再需要侵袭他、引起剧痛，而是慢慢地占据他整个被征服的身体。

伏尔泰在沉沉黑夜中听到神甫们的低语声，他们是圣叙尔皮斯本堂神甫泰尔萨克教士、戈尔捷教士，还有他的侄子米尼奥教士。

他试图抓住靠近他的人们中的一位的双手。

他低语道：

“戈尔捷教士先生，我请求您替我向戈尔捷教士致意。”

是圣叙尔皮斯本堂神甫俯下身并说道：

“伏尔泰先生您处在您生命的终点，您承认耶稣基督的神性吗？”

伏尔泰绷紧身体，尽力想坐起来，做出一个发怒和气愤的动作要撵走这位神甫，用有力的声音说道：

“让我平静地死去吧！”

他把手伸到本堂神甫的圆帽上，推开他，然后突然把背转向他。

当生命慢慢离去的时候他还在睡觉吗？

在 1778 年的 5 月 30 日将近 11 点时，他做出几个动作。

他似乎在按脉搏，以头示意，好像表示他什么也不再隐瞒，表示他完了。

他抓住站在床边的贴身男仆莫朗的手，低语道：

“永别了，我亲爱的莫朗，我就要死去了。”

他用手臂做了最后一个动作，仿佛他试图触碰一个人，或许是德尼夫人。

“关照妈妈。”他说。

最后的这些话语的声音是非常清晰的。

{尾　声}

“我因而是一个死人了”

（1778 年 5 月 31 日—1794 年 11 月）

在 1778 年 5 月 30 日到 31 日的这个夜里，他已经只是一具尸体，由人们剖检并作防腐处理。

必须把他运出巴黎，既然圣叙尔皮斯本堂神甫泰尔萨克先生和戈尔捷教士没有能够使教会所说的“一个蔑视宗教的集团的这个高傲的族长”收回他一生发表的任何渎圣的言论，他不能被埋葬在首都基督教的土地上。但是伏尔泰的侄子米尼奥教士说服这两位神甫签署证明书，证明戈尔捷教士没有能够听伏尔泰先生忏悔，因为伏尔泰“没有知觉”。至于泰尔萨克教士，他写道：

“我同意伏尔泰先生的遗体不用举行宗教仪式就运走，对于他我放弃所有本堂神甫的权利。”

米尼奥教士这样就能躲过教会的注意，将伏尔泰埋葬在塞利埃勒，在属于西托修会的这座小修道院的教堂里，它位于离特鲁瓦不远处，负责教士就是逝者的侄子。

说服组成塞利埃勒整个修会的这两位修士，没有什么比这是更加容易的事了。

但是必须加紧行事。

一位年轻的外科医生打开伏尔泰的遗体、他的脑颅，“对大量的脑浆感到惊讶”，保留下一部分，将心脏交给维莱特侯爵。

博纳街的药剂师用防腐香料保存遗体，人们给遗体穿上一件便袍，头上戴一顶宽大的睡帽，仿佛把他当作一位沉睡的旅行者，将他安放在一辆六马豪华马车上，一位仆人站在遗体旁。

在 6 月 1 日黄昏时分，一行人到达塞利埃勒。第二天，周围所有的神甫接连做小弥撒，随后做追思大弥撒。

罗米伊的本堂神甫向塞利埃勒的修院院长提供了自己的全部人马：合唱队队员、教堂执事、教堂侍卫、在仪式行列中持十字架的提香炉的辅祭、打钟人和掘墓人。

在教堂内与祭坛隔开的非常局促的地方，人们挖掘好了墓坑。

米尼奥教士就这样比巴黎大主教行动得快，这位大主教在他周围人的压力下曾希望伏尔泰死后没有基督教的墓地。

某些虔信者得知伏尔泰获得了墓地，打算掘墓以便将他的尸体扔到垃圾场。

至于方济各会修道院，虽然其惯例是每当一位法兰西学院的院士去世就做一次弥撒，这一次，尽管达兰贝尔甚至法兰西学院的高级神职人员提出迫切的要求，它却予以拒绝。

宫廷则更加谨慎。它害怕舆论。它满足于禁止报纸谈论伏尔泰的逝世，禁止法兰西剧院上演亵渎宗教的这位作家的一出剧。

但是如何钳制、阻止有利于伏尔泰的议论流传开呢？

人们讲述对于神甫们提出的有关耶稣基督神性的问题，他作为有神论者回答的话语使教士们大惊失色：

“以上帝的名义，先生，不要对我谈论这个人！”

然后他补充说：“让我平静地死去吧”，在神甫们离开他的床头时，他还说：“我因而是一个死人了！”

这种表现、他对自己思想的忠诚，与特龙尚医生的预言截然不同，特龙尚曾到处告诉人说“伏尔泰会放任自己陷入恶劣的心境、怯懦、恐惧离开已知世界进入未知世界。”

伏尔泰面对死亡的表现就这样成为人们争论的中心，争论的双方是启蒙思想的信奉者和敌视《百科全书》、异端的自然神论和这个“可敬的老人”的那些虔信者，这位老人体现着消灭无耻之徒的意志，巴黎人刚刚给予褒扬。

1778 年 7 月 7 日，人们可以在《科隆杂志》上读到：

“这次死亡不是一次平静的死亡，如果一位非常可敬的人士从巴黎告知的、并且被人们不能否认的见证人特龙尚证实的情况的的确确是真实的：‘在伏尔泰先生死亡前不久，他进入极度的烦躁不安，狂怒地呼叫：我被上帝和人们抛弃了。他咬着自己的手指，把双手伸向他的便盆，抓起便盆里的东西，吃了下去。

“‘我希望，特龙尚先生说，所有被他的书吸引的人能见证他的死亡。不可能忍受住这样的情景。’这个宗派——认为因他而荣光——的可敬的老人就这样死去了。”

伏尔泰不再能够通过讽刺短文回击的所有那些人、在六十年之中反对他的所有那些人都重复这段叙述，他们漠不关心这个事实，就是人们援引其证词的特龙尚大夫在 5 月 30 日那天并不在伏尔泰的房间里。

“美善女”兄弟的秘书、奥尔良主教德佩里教士就能这样写道：

“在致命的时刻将要来临时，一阵加剧的绝望攫住这个垂死者；他高喊他感到一只看不见的手把他拽到上帝的法庭；他发出可怕的嚎叫乞灵于他终生反对的耶稣基督；他咒骂他的不信宗教的同伴，然后时而祈求上天时而诅咒上天；最后，为了解脱使他难忍的饥渴，他把他的夜壶送到自己的嘴边；他发出最后一声呼喊，在他的污物和他从嘴里和鼻孔排出的鲜血中断了气……”

伏尔泰在整个一生中激起的仇恨，不仅死亡没有使它熄灭，相反，它变得更加强烈，沉浸于这捏造的、病态的和肮脏的描述中，试图扼杀不会消逝的对伏尔泰的仰慕，而这种崇敬之情促使博马舍发起出版伏尔泰的全集。

从 1779 年起，他从出版商庞库克那里获得出版伏尔泰手稿的权利。

他安顿在巴德地方，向总督租下基尔堡垒，这处建筑面对着斯特拉斯堡。这样他避开法国国王的禁令。24 台印刷机用孚日三家造纸厂提供的纸张印刷两个版本，一个版本是 8 开本 70 卷，另一个版本是 12 开本 92 卷。

至于伏尔泰的手稿、档案和藏书，是喀德邻二世整个买下，瓦尼埃勒将它们一直护送到圣彼得堡。

费尔内府邸在清空了这批财富之后成为维莱特侯爵的房产，这是由德尼先生出售给他的。

“伏尔泰先生的房间，”侯爵写道，“自从他去世之后从来没有任何人居住过。房间里的家具就像在他生前一样摆放在原处。在这间房间的门上人们读到：‘他的精神到处都在而他的心脏在这里。’存放在这间房间里的伏尔泰先生的心脏被锁藏和密封在一块墓石的内部……”

这心脏，公民们在攻占巴士底狱、一砖一石地将其摧毁之后，觉得它重新有力而自由地跳动，既然曾经将伏尔泰关在这座王国监狱的那些人就是 1789 年 7 月 14 日的失败者。

从 1790 年 11 月起，法兰西剧院上演伏尔泰的《布鲁图斯》。

人们为每段诗歌喝彩。

米拉波和奥尔良公爵的儿子，路易 – 菲利普，沙特尔公爵，也在剧场观看。

在第四场演出时，维莱特公爵——他放弃了他的特权并且是“新思想”的信徒——跳上舞台并以祖国的名义要求将伏尔泰的棺材运到巴黎。他已经主动地更改泰阿坦堤岸街的名称并在他府邸的正面挂上一块牌子，铭文是“伏尔泰堤岸街”。

人们向他欢呼。

他说这次迁葬将是“宗教狂热最后的悲歌”。他要求伏尔泰的埋葬地是圣热纳维耶芙教堂。

国民议会在1791年4月4日表决通过一项法令，决定圣热纳维耶芙教堂将“准备用于接受伟人们的遗骸”。

第一位埋葬在那里的是4月2日去世的米拉波。

1791年5月30日，是伏尔泰去世十三周年，国民议会决定他也将安息在这座“先贤祠”。

1791年7月11日，送葬的行列在曾经监禁伏尔泰的巴士底狱矗立着巴齐尼埃尔塔的地方停了下来，随后举行葬礼。

仪仗马队、步兵队伍、巴黎的市长、市政官员们簇拥着安放伏尔泰棺材的灵车。

随后跟着声势浩大的人群，他们手持鲜花，发出欢呼。

人们用石头制作了一块岩壁。

在其中的一块石头上可以读到：

伏尔泰，
在专制政府监禁你的这个地方，
请接受祖国给你的荣誉！

由于国王一家在1791年6月20日企图逃跑，以便与流亡者会合，他们在瓦伦被人认出并逮捕，押回巴黎，受到人们蔑视沉默的对待，所以为伏尔泰送葬的人群情绪更加激奋昂扬。

人们恐惧奥地利入侵——它为恢复法国国王的王权可能制造一起“对革命党人的圣巴泰勒米惨案”——因而恐惧专制主义，将为伏尔泰举行的迁葬仪式——这就像他第二次凯旋回到巴黎——改变为政治行动，改变为围绕在抵抗专制的象征周围巴黎人动员起来的征兆。

君主制的拥护者们在许多报纸上表态，揭露这场“骗人的把戏”，将铭刻在伏尔泰斑岩石棺上的其诗句视为推翻国王们王位的号召。

在石棺的一面人们难道读到：

如果人生来就是自由的，他应当自治。

在另一面：

如果人有暴君，他应当将他们赶下王位。

就在石棺的底座上，人们写下：

他为卡拉、拉巴尔、西尔旺和蒙巴伊复仇。
他是诗人、哲学家、历史学家，他使人类精神飞跃发展，
让我们准备成为自由人。

1791 年 7 月 11 日，送葬的行列走遍巴黎。它停在伏尔泰堤岸街，维莱特私邸前，在那里人们已竖起一道青枝绿叶凯旋门，在让·卡拉的两个女儿走向前的同时，50 位年轻姑娘手持公民奖冠，迎接送葬队伍。

然后人们在法兰西剧院原剧场和国家剧院前停留。32 幅椭圆形画像让人想起伏尔泰的剧作：

“在 17 岁时，他创作《俄狄浦斯》……在 84 岁时，创作《伊雷娜》。”

倾泻到队列上的骤雨没有淹没人们的热情。

巴黎人对伏尔泰的敬仰似乎是全体一致的。

几天以后，在 1791 年 7 月 17 日，由拉斐特率领的军队在练兵场向另一队人群开枪，因为他们递交一份反对国王的请愿书，既然他试图逃亡，他在国民面前是违背誓言的人。

大革命，人们以为业已结束的大革命，于是改变了面目和节奏。

1792 年 3 月 14 日，在法兰西剧院，在《恺撒之死》的演出后，人们将“伏尔泰王”的一尊半身雕刻像搬上舞台，如同人们在 1778 年 3 月 30 日做的那样，演员们围绕在它身边。

人们不再给他戴上一顶桂冠，而是戴上一顶红色弗里吉亚锥形高帽。

几个星期以后——1792 年 6 月 20 日——涌入杜伊勒利王宫的暴动者给路易十六戴上这顶高帽。

几个月后，1793 年 1 月 21 日，人们将国王斩首。

二年雾月——1794 年 11 月——25 日，国民公会颁发法令：

“迷信和无知的受害者，拉巴尔和德塔隆德，将被恢复名誉。”

这是伏尔泰身后的胜利。

但或许其后的革命事件，从 1792 年 9 月大屠杀到恐怖时代或罗伯斯庇尔企图策划的对上帝的崇拜，它们证实伏尔泰的意愿，就是看到“人们实际上的样子：在一丁点污泥上互相吞食的一些昆虫”。

因而，“如果上帝不存在，那就必须把它创造出来”。

作于 2006 年至 2007 年 6 月至 2008 年 4 月

图书在版编目（CIP）数据

伏尔泰的一生 /（法）加洛著；刘自强，严胜男译．-- 北京：中国文联出版社，2015.4

ISBN 978-7-5059-9790-5

Ⅰ．①伏… Ⅱ．①加… ②刘… ③严… Ⅲ．①伏尔泰，F-M.A.（1694 ~ 1778）—人物传记 Ⅳ．① B565.25

中国版本图书馆 CIP 数据核字 (2015) 第 079677 号

Moi, j'écris pour agir : Vie de Voltaire (Broché) de Max Gallo(Auteur)

版权登记：01-2015-0939

伏尔泰的一生

作　　者：马克斯·加洛【法】　　译　者：刘自强　严胜男

出 版 人：朱　庆

终 审 人：朱彦玲　　复 审 人：刘　旭

责任编辑：王　萌　　责任校对：潘传兵

封面设计：马庆晓　　责任印制：陈　晨

出版发行：中国文联出版社

地　　址：北京市朝阳区农展馆南里 10 号，100125

电　　话：010-65389138（咨询）65067803（发行）65389150（邮购）

传　　真：010-65933115（总编室），010-65033859（发行部）

网　　址：http://www.clapnet.cn

E - mail：clap@clapnet.cn　　wangm@clapnet.cn

印　　刷：中煤涿州制图印刷厂北京分厂

装　　订：中煤涿州制图印刷厂北京分厂

法律顾问：北京市天驰洪范律师事务所徐波律师

本书如有破损、缺页、装订错误，请与本社联系调换

开　　本：710×1000　　1/16

字　　数：350 千字　　印 张：25.5

版　　次：2015 年 6 月第 1 版　　印 次：2015 年 6 月第 1 次印刷

书　　号：ISBN 978-7-5059-9790-5

定　　价：56.00 元